权威·前沿·原创

皮书系列为
"十二五""十三五""十四五"时期国家重点出版物出版专项规划项目

BLUE BOOK

智 库 成 果 出 版 与 传 播 平 台

新疆蓝皮书

BLUE BOOK OF XINJIANG

新疆乡村振兴发展报告（2023）

ANNUAL REPORT ON THE RUAL REVITALIZATION
IN XINJIANG (2023)

主 编／赵 妤 阿布都伟力·买合普拉

社会科学文献出版社
SOCIAL SCIENCES ACADEMIC PRESS (CHINA)

图书在版编目（CIP）数据

新疆乡村振兴发展报告. 2023 / 赵妤，阿布都伟力
· 买合普拉主编. --北京：社会科学文献出版社，
2024.5
（新疆蓝皮书）
ISBN 978-7-5228-3456-6

Ⅰ.①新⋯　Ⅱ.①赵⋯ ②阿⋯　Ⅲ.①农村-社会主
义建设-研究报告-新疆-2023　Ⅳ.①F327.45

中国国家版本馆 CIP 数据核字（2024）第 066185 号

新疆蓝皮书
新疆乡村振兴发展报告（2023）

主　　编／赵　妤　阿布都伟力·买合普拉

出 版 人／冀祥德
责任编辑／丁阿丽
责任印制／王京美

出　　版／社会科学文献出版社（010）59367092
　　　　　地址：北京市北三环中路甲 29 号院华龙大厦　邮编：100029
　　　　　网址：www. ssap. com. cn
发　　行／社会科学文献出版社（010）59367028
印　　装／天津千鹤文化传播有限公司

规　　格／开本：787mm×1092mm　1/16
　　　　　印张：22.25　字数：331 千字
版　　次／2024 年 5 月第 1 版　2024 年 5 月第 1 次印刷
书　　号／ISBN 978-7-5228-3456-6
定　　价／168.00 元

读者服务电话：4008918866

《新疆乡村振兴发展报告（2023）》
编 委 会

主要编撰者简介

赵　妤　新疆社会科学院副院长、二级编审，入选全国文化名家暨"四个一批"人才，享受国务院政府特殊津贴。曾长期从事报刊采编工作，策划组织并撰写过大量经济领域的报道及评论文章，担任主编或主持编写图书9部，荣获国家级奖项4项、省部级奖项十余项。

阿布都伟力·买合普拉　理学博士，新疆社会科学院农村发展研究所所长、研究员，入选新疆维吾尔自治区（以下简称"自治区"）"天山英才"培养计划和宣传文化系统"四个一批"人才。主要研究方向为区域经济。主持自治区社会科学基金项目4项、自治区科技支撑计划项目1项、自治区专家顾问团项目5项、自治区自然科学基金项目1项、国家部委委托项目1项，参与完成国家和自治区社会科学基金项目6项、科技部项目1项、中国科学院项目3项、省部级及横向课题30余项。出版著作5部，发表论文100余篇，荣获省部级奖项6项。

摘 要

《中共中央 国务院关于做好 2023 年全面推进乡村振兴重点工作的意见》提出了我国做好 2023 年和今后一个时期"三农"工作的总要求，即"要坚持以习近平新时代中国特色社会主义思想为指导，全面贯彻落实党的二十大精神，深入贯彻落实习近平总书记关于'三农'工作的重要论述，坚持和加强党对'三农'工作的全面领导，坚持农业农村优先发展，坚持城乡融合发展，强化科技创新和制度创新，坚决守牢确保粮食安全、防止规模性返贫等底线，扎实推进乡村发展、乡村建设、乡村治理等重点工作，加快建设农业强国，建设宜居宜业和美乡村，为全面建设社会主义现代化国家开好局起好步打下坚实基础"。

新疆各级党委和政府、各地各部门深入贯彻习近平总书记关于"三农"工作的重要论述，坚决把思想和行动统一到以习近平同志为核心的党中央的决策部署上来，充分认识建设农业强区对于实现新疆社会稳定和长治久安的特殊重要意义，坚持从战略和全局高度谋划推进新疆"三农"工作，立足资源禀赋和区位优势，发挥粮食、棉花、果蔬等资源和产业在全国经济大局中的重要作用，为建设农业强国、保障粮食和重要农产品稳定安全供给作出了新疆贡献，乡村发展、乡村建设、乡村治理等重点工作不断取得阶段性成效。

《新疆乡村振兴发展报告（2023）》是新疆社会科学院组织经济、社会、文化、生态方面的科研人员撰写的年度报告。报告全面总结新疆乡村振兴各方面工作的特点，全面反映新疆乡村振兴取得的新进展、新成效，面临的新机遇，出现的新难题，科学判断新疆乡村振兴的发展趋势。《新疆乡村振兴发展报告（2023）》在篇章结构上分为总报告，农业和农村经济篇，社会、文化和农村治理篇，市县乡村案例篇4个部分。

新疆作为特色农业大区，准确把握发展现代农业的资源禀赋优势和巨大潜力，着力推动乡村振兴战略取得新进展，主要表现在：以粮食安全为主线，抓紧抓好粮食和重要农产品稳产保供；以农田水利为关键，加强农业基础设施建设；以防止返贫致贫为基础，全力巩固脱贫攻坚成果；以乡村建设行动为重点，完善基础设施和公共服务；以党建引领为保障，建立健全乡村治理体系。新疆一些县（市）、乡、村在乡村振兴和农村改革试点、示范方面进行了积极探索，取得了一定成绩。新阶段，新疆乡村振兴面临有利的宏观政策环境、超大规模市场、农业结构调整等机遇，同时也面临加强农业科技和装备支撑、建设涉农产业集群、拓展农民增收致富渠道、建设宜居宜业和美乡村、激活农村发展潜力等挑战。本报告据此提出了开创新疆特色乡村振兴新局面的基本对策，即启动乡村基础设施改造提升工程，缩小城乡差距；打造创业发展型村干部队伍，深度激发乡村发展活力；大力推进村容村貌环境整治行动，全面提升农村环境品质；探索实施农产品溯源体系工程，构建标准化生产经营体系；深化土地资源配置改革，增加农牧民资产性收入；强化村规民约法治建设，推动乡村现代文明等。

关键词： 新疆 乡村振兴 乡村建设 农业农村现代化

Abstract

Adhere to and strengthen the comprehensive leadership of the Party over the work of agriculture, rural areas, and farmers, prioritize the development of agriculture and rural areas, adhere to the integration of urban and rural development, strengthen scientific and technological innovation and institutional innovation, firmly adhere to the bottom line of ensuring food security and preventing large-scale poverty return, solidly promote key work such as rural development, rural construction, and rural governance, accelerate the construction of an agricultural power, and build livable, business friendly, and beautiful rural areas, To lay a solid foundation for the comprehensive construction of a socialist modernized country and take good steps.

Based on resource endowments and geographical advantages, Xinjiang has played an important role in the overall national economy by leveraging resources and industries such as grain, cotton, and fruits and vegetables. It has made contributions to building an agricultural power, ensuring stable and safe supply of food and important agricultural products, and has continuously achieved phased results in key work such as rural development, rural construction, and rural governance.

Annual report on the rural revitalization in Xinjiang (*2023*) is an annual report written by researchers from the economic, social, cultural, and ecological fields organized by the Xinjiang Academy of Social Sciences. Strive to comprehensively grasp the situation and characteristics of various aspects of annual rural revitalization work, comprehensively reflect the new progress and achievements, new opportunities, and new challenges that Xinjiang's rural revitalization has achieved; Scientifically assess the trend of promoting rural revitalization in Xinjiang. *Annual report on the rural revitalization in Xinjiang* (2023) is divided into four parts in terms of chapter structure: general reports; agriculture and rural economics; society, culture and rural governance; case report on cities, counties and villages.

As a characteristic agricultural region, Xinjiang accurately grasps the resource endowment advantages and huge potential of developing modern agriculture in Xinjiang, and focuses on promoting new progress in the rural revitalization strategy. This is mainly reflected in: taking food security as the main line, we must ensure the stable production and supply of food and important agricultural products; Strengthening agricultural infrastructure construction with agricultural water conservancy as the key; Based on preventing poverty from returning to poverty, we will make every effort to consolidate the achievements of poverty alleviation; Focusing on rural construction actions, improving infrastructure and public services; Taking party building as the guarantee, establish and improve the rural governance system. Some counties, townships, and villages in Xinjiang have actively explored and achieved certain results in the pilot and demonstration areas of rural revitalization and rural reform.

In the new stage, the opportunities faced by rural revitalization in Xinjiang include: favorable macro policy environment, super large-scale market opportunities, opportunities for agricultural structural adjustment, etc; However, at the same time, there are still heavy tasks in supporting agricultural technology and equipment, building agricultural industry clusters, channels for increasing farmers' income and wealth, building livable and beautiful rural areas, and activating rural development potential.

This report proposes basic strategies for creating a new situation of rural revitalization with distinctive characteristics in Xinjiang: comprehensively improving rural infrastructure and public service facilities, narrowing the urban-rural gap; Efforts will be made to promote the construction of agricultural industrial clusters and promote the integration of primary, secondary, and tertiary industries; Accelerate the revitalization of rural talents and deeply stimulate the vitality of rural development; Learn to apply the experience of the "Ten Million Project" and vigorously promote the action of village appearance and environmental regulation; Accelerate the construction of agricultural science and technology parks and improve the level of modernization equipment in agriculture and rural areas; Promote modern rural civilization and promote the revitalization of rural culture.

Keywords: Xinjiang; Rural Revitalization; Rural Construction; Agricultural and Rural Modernization

目 录 ↖

I 总报告

II 农业和农村经济篇

III 社会、文化和农村治理篇

Ⅳ　市县乡村案例篇

皮书数据库阅读**使用指南**

CONTENTS ↖〉

I   General Reports

II   Agriculture and Rural Economics

Ⅲ　Society,Culture and Rural Governance

Ⅳ　Case Report on Cities, Counties and Villages

CONTENTS ⏎

总 报 告

General Reports

B.1
2023年新疆乡村振兴推进报告

阿布都伟力·买合普拉*

摘 要: 在党的二十大提出以中国式现代化推进农业强国建设的背景下，作为特色农业大区，新疆准确把握发展现代农业的资源禀赋优势和巨大潜力，着力推动乡村振兴战略取得新进展，主要表现在：以粮食安全为主线，抓紧抓好粮食和重要农产品稳产保供；以农田水利为关键，加强农业基础设施建设；以防止返贫致贫为基础，全力巩固脱贫攻坚成果；以乡村建设行动为重点，完善基础设施和公共服务；以党建引领为保障，建立健全乡村治理体系。新疆面临有利的宏观政策环境、超大规模市场、农业结构调整等机遇，同时也面临加强农业科技和装备支撑、建设涉农产业集群、拓展农民增收致富渠道、建设宜居宜业和美乡村、激活农村发展潜力等方面的挑战。本报告据此提出了开创新疆特色乡村振兴新局面的基本对策，即启动乡村基础设施改造提升工程，缩小

* 阿布都伟力·买合普拉，新疆社会科学院农村发展研究所所长、研究员，研究方向为区域经济。

城乡差距；打造创业发展型村干部队伍，深度激发乡村发展活力；大力推进村容村貌环境整治行动，全面提升农村环境品质；探索实施农产品溯源体系工程，构建标准化生产经营体系；深化土地资源配置改革，增加农牧民资产性收入；强化村规民约法治建设，推动乡村现代文明等。

关键词： 新疆　乡村发展　乡村建设　乡村治理

习近平总书记强调："新疆工作在党和国家工作全局中具有特殊重要的地位，事关强国建设、民族复兴大局。"[①] 作为中国的西北门户，新疆是中国最大的农业生产基地之一，具有得天独厚的农业资源优势。新疆耕地面积1.06亿亩，居全国第一。作为全国粮食平衡区，2023年，新疆粮食总产量在2000万吨以上，居西北五省之首，总产增量、面积增量居全国第一，已成为地区性重要粮食生产基地。[②] 新疆棉花产量500多万吨，占全国棉花产量的90%以上。[③] 新疆大气、水、土壤质量较优，是生产绿色有机生态农产品优势区，拥有林果优质品种300多个，绿色食品、有机农产品和地理标志农产品达2000多个，番茄产量居亚洲第一。作为世界六大果品生产地之一，新疆红枣、葡萄、杏的种植面积和产量居全国第一，核桃产量居全国第二。[④] 新疆是中国六大牧区之一，草原面积居全国第二。马匹存栏量约占全国的28%，居全国第一。[⑤] 新疆的畜牧业以肉羊、奶牛和骆驼养殖为主，肉类和乳

① 《在乌鲁木齐专门听取汇报，习近平对新疆工作作出这些重要部署》，中国经济网，2023年8月26日，http://www.ce.cn/xwzx/gnsz/szyw/202308/27/t20230827_38688597.shtml。
② 李自良、荀立锋：《新疆粮食大幅增产，成中国重要粮仓》，《新华每日电讯》2024年1月7日，第1版。
③ 刘毅：《2023年新疆棉花总产511.2万吨 占全国总产超九成》，《新疆日报（汉）》2023年12月26日，第1版。
④ 李道忠、孙宗亮：《天山南北岁丰年稔》，《农民日报》2023年10月9日，第3版。
⑤ 巴莎·铁格斯：《看伊犁马如何"一马当先"》，《新疆日报（汉）》2023年3月10日，第1版。

制品产量居全国前列。新疆地处亚欧大陆腹地，陆地边境线长5600多公里，周边与俄罗斯、哈萨克斯坦、吉尔吉斯斯坦、塔吉克斯坦、巴基斯坦、蒙古国、印度、阿富汗八国接壤，发展外向型农业和开展农产品进出口贸易空间巨大。

党的二十大擘画了以中国式现代化全面推进中华民族伟大复兴的宏伟蓝图。全面建设社会主义现代化国家，最艰巨最繁重的任务仍然在农村。党中央提出，必须坚持不懈把解决好"三农"问题作为全党工作重中之重，举全党全社会之力全面推进乡村振兴，加快农业农村现代化。

《中共中央　国务院关于做好2023年全面推进乡村振兴重点工作的意见》提出了我国做好2023年和今后一个时期"三农"工作的总要求，即"要坚持以习近平新时代中国特色社会主义思想为指导，全面贯彻落实党的二十大精神，深入贯彻落实习近平总书记关于'三农'工作的重要论述，坚持和加强党对'三农'工作的全面领导，坚持农业农村优先发展，坚持城乡融合发展，强化科技创新和制度创新，坚决守牢确保粮食安全、防止规模性返贫等底线，扎实推进乡村发展、乡村建设、乡村治理等重点工作，加快建设农业强国，建设宜居宜业和美乡村，为全面建设社会主义现代化国家开好局起好步打下坚实基础"。

新疆各级党委和政府、各地各部门深入贯彻习近平总书记关于"三农"工作重要论述，坚决把思想和行动统一到以习近平同志为核心的党中央决策部署上来，充分认识建设农业强区对于实现新疆社会稳定和长治久安的特殊重要意义，坚持从战略和全局高度谋划推进新疆"三农"工作，立足资源禀赋和区位优势，发挥粮食、棉花、果蔬等资源和产业在全国经济大局中的重要作用，为建设农业强国、保障粮食和重要农产品稳定安全供给作出了新疆贡献，乡村发展、乡村建设、乡村治理等重点工作不断取得阶段性成效。

一　战略部署与指导思想

以习近平同志为核心的党中央高度重视"三农"工作，站在统筹中华民族伟大复兴战略全局和世界百年未有之大变局的高度，引领推进新时代农业农村现代化事业发展，带领全党全国各族人民为农业强、农村美、农民富不懈奋斗，推动农业农村取得历史性成就、发生历史性变革。党的二十大对农业农村工作进行了总体部署，首次提出加快建设农业强国。这是以习近平同志为核心的党中央着眼全面建成社会主义现代化强国作出的战略部署。

习近平总书记关于"三农"工作的重要论述是习近平新时代中国特色社会主义思想的重要组成部分，是我们党的"三农"理论在新阶段新时代的新发展，是做好新时代"三农"工作的科学指南。习近平总书记结合贯彻落实党的二十大精神，着眼全面建成社会主义现代化强国的全局大局，围绕加快建设农业强国，系统阐释了一系列重大理论和实践问题，明确了当前和今后一个时期"三农"工作的目标任务、战略重点和主攻方向。习近平总书记强调锚定建设农业强国目标，切实抓好农业农村工作；强调保障粮食和重要农产品稳定安全供给始终是建设农业强国的头等大事；强调全面推进乡村振兴是新时代建设农业强国的重要任务；强调依靠科技和改革双轮驱动加快建设农业强国；强调大力推进农村现代化建设；强调加强党对加快建设农业强国的全面领导。①

2023 年 8 月 26 日，习近平总书记在听取新疆维吾尔自治区（以下简称"自治区"）党委和政府、新疆生产建设兵团工作汇报时强调："新疆工作在党和国家工作全局中具有特殊重要的地位，事关强国建设、民族复兴大局。""实现新疆社会稳定和高质量发展，最艰巨的任务在农村。要把巩固拓展脱贫攻坚成果、推进乡村振兴作为发展的重要抓手，加大经济发展和民生改善工作力度，加强水利设施建设和水资源优化配置，积极发展现代农业和光伏等产业园区，根据资源禀赋，培育发展新增长极。"以习近平同志为核心的党中央高度重视新疆工作，每当进入关键时期，习近平总书记都亲自为新疆谋篇布局、把脉定向、掌舵领航，引领新疆工作在错综复杂中守正创新、在矛盾风险中胜利前进。习近平总书记时隔一年再次莅临新疆，听取工作汇报并发表重要讲话，再次对

---

① 《新时代新征程加快建设农业强国的战略部署》，环球网，2023 年 3 月 16 日，https：//m. huanqiu.com/article/4c6MLmkivY8。

做好新疆工作下了"指导棋"、教了方法论，进一步丰富和发展了新时代党的治疆方略，为推进新疆社会稳定和长治久安提供了科学指南和制胜法宝，为新疆奋进新征程、建功新时代，指明了根本方向、提供了根本遵循。

习近平总书记关于"三农"工作的重要论述以及在新疆考察时的讲话，对于做好新时代新疆的"三农"工作，举全区全社会之力推动乡村振兴，促进农业高质高效、乡村宜居宜业、农民富裕富足，书写中华民族伟大复兴的新疆"三农"新篇章，具有十分重要的指导意义。

自治区党委书记马兴瑞在2023年自治区党委农村工作会议暨推进乡村振兴高质量发展大会上指出："坚持从政治和全局高度认识做好'三农'工作的特殊重要意义，坚决扛起建设农业强区的战略使命，准确把握新疆发展现代农业的特殊优势和巨大潜力，清醒认识当前制约农业高质量发展的突出矛盾和问题，坚定做好新征程'三农'工作的信心决心，采取强有力措施为保障国家粮食安全和重要农产品供给作出新疆贡献。"马兴瑞书记围绕新疆"三农"工作总要求和主要预期目标，提出要突出抓好各项重点工作：全力提升粮食和重要农产品生产能力，打造全国优质农牧产品重要供给基地；加强水资源优化配置，扎实推进高标准农田建设；坚持科技和改革双轮驱动，为加快建设农业强区提供有力支撑；突出抓好涉农产业集群建设，加快构建具有新疆特色的现代农业产业体系；巩固拓展脱贫攻坚成果，坚决守住不发生规模性返贫底线；千方百计促进农民持续增收，不断增进民生福祉；牢牢把握农村现代化基本要求，扎实推进宜居宜业和美乡村建设；健全党组织领导的乡村治理体系，建设充满活力、和谐有序的善治乡村。①

二 主要工作举措与重点

新疆各级党委和政府、各地各部门按照"产业兴旺、生态宜居、乡风文明、治理有效、生活富裕"总要求，开展保障粮食安全、加强农业基础

---

① 王兴瑞：《深入贯彻习近平总书记关于"三农"工作重要论述 铆足干劲全面推进乡村振兴 加快建设农业强区》，《新疆日报（汉）》2023年2月7日，第1版。

设施建设、防止规模性返贫、扎实推进乡村建设、健全乡村治理体系等重点工作，形成了以点带面、重点突破、协调推进的良好局面。

（一）以粮食安全为主线，抓紧抓好粮食和重要农产品稳产保供

全面提升粮食和重要农产品生产能力，打造全国优质农牧产品重要供给基地。优化粮食生产布局和种植结构，推动国家优质棉花棉纱基地建设，大力推进果蔬产业提质增效，深入实施畜牧业振兴行动。

1.构建农业生产目标管理工作机制

自治区党委和自治区人民政府坚持粮食安全党政同责，逐级压实农业生产责任，严格粮食安全责任制考核。按照国家新一轮千亿斤粮食产能提升行动要求，制定实施方案、细化工作安排，推动粮食工作方针向"区内结余、供给国家"转变。全面落实粮食播种面积目标任务，力争2023年全年粮食产量达到1850万吨以上，大豆种植面积达到100万亩，油料作物种植面积达到190万亩，为保障国家粮食安全多作贡献。促进棉花产业稳产提质增效，支持扩大长绒棉种植面积，确保棉花产量稳定在500万吨以上，巩固新疆在全国的优势主导地位。深入实施林果业提质增效工程，推动标准化果园和示范园建设，推进重点水果批发交易市场建设和产加销一体化项目建设，加快发展南疆设施农业，力争全区果品产量达到870万吨、蔬菜产量达到1600万吨。[①] 深入实施畜牧业振兴行动，推进优质饲草料基地、标准化养殖基地、畜禽种业基地建设，实施肉羊综合产能提升工程，力争全区肉、奶、禽蛋产量分别增长10%、9%、2%。[②]

各地州、县市党委和政府通过组织召开农业农村专题会议、党委常委会、政府常务会议、现场观摩会、推进会等研究部署年度各项工作任务，明

---

① 艾尔肯·吐尼亚孜：《政府工作报告——2023年1月14日在新疆维吾尔自治区第十四届人民代表大会第一次会议上》，《新疆日报（汉）》2023年1月23日，第2版。

② 《2023年自治区人民政府工作报告》，新疆维吾尔自治区人民政府网，2023年1月23日，https：//www.xinjiang.gov.cn/xinjiang/xjzfgzbg/202301/7cc6e53ea0da40beb436177ed60b2044.shtml。

确工作重心，有力确保各项生产工作举措落地见效。各地主要领导带头深入基层调研指导，聚焦工作推进过程中存在的困难和问题，现场办公，精准施策发力，切实打通政策落实的"最后一公里"。

2. 强化农业生产全过程要素保障

为确保新疆春耕农业生产开好局、起好步，全区各级农业部门以农资储备为基础，全力保障农资物资供应，加强农资市场监管。农机部门根据生产需求，及时组织力量开展农机检修调试工作，全面加强农机手培训。全区培训农机手、修理工等农机管理及技术人员 20 余万人次，完成检修农机具超 45 万台，有效保障春耕农机作业需求。农业农村部门与水利部门一起分作物、分县市、分灌溉周期，科学制订农业灌溉供水计划，为农作物灌溉用水提供有效保障。① 常态化加强与气象等部门间的沟通协作，及时发布气象灾害预警信息，积极防范灾害性天气带来的影响。加强对红蜘蛛、玉米螟等病虫害发生情况的监测预警，定期开展采样分析并发布病虫害情报，科学指导农户做好病虫害防治和防灾减灾应对方案。

为全面做好春耕备耕的金融服务，自治区财政厅 2023 年累计下达中央及新疆维吾尔自治区农业相关转移支付资金 129.03 亿元支持春耕生产，新疆农村信用社投放春耕备耕贷款 630 亿元，为全面推进乡村振兴提供更加有力的金融支撑。

在乡村人才保障方面，实施"三农"骨干人才培养项目、乡村振兴巾帼行动、高素质农民培育计划、现代农业产业技术创新团队支持计划、乡村振兴青年人才开发行动等，为乡村全面振兴提供重要人才支撑。自治区乡村振兴局等 8 个部门联合印发《关于推进自治区乡村工匠培育工作的实施意见》，从传统建筑、陶瓷烧造、刺绣印染、器具制作、编织扎制、纺织服饰、乐器制作、剪纸刻绘、金属锻铸、文房制作、雕刻彩绘、漆器髹饰、印刷装裱、美食制作等领域中认定若干技艺精湛的乡村工匠，遴选 500 名乡村

---

① 刘毅：《自治区春耕主要农资到位率超八成》，《新疆日报（汉）》2023 年 2 月 27 日，第 1 版。

工匠名师，培育一支服务乡村振兴的乡村工匠队伍。

3. 增强产业集群建设工作政策导向

自治区党委十届五次全会明确提出，推动建设粮油产业集群、加快建设棉花和纺织服装产业集群、打造绿色有机果蔬产业集群、建设优质畜产品产业集群等"八大产业集群"，推动产业链向"高端化、智能化、绿色化发展"。同时，加快培育种粮大户、家庭农场、农业龙头企业等新型经营主体，鼓励引导龙头企业采用"公司+农户""公司+合作社+农户"等模式，实现土地、资金、技术等生产要素有效配置，推动农业产业链和价值链提升。

按照自治区党委、自治区人民政府安排部署，自治区发展改革委加快构建"1+8+N"制度体系，着力推动"八大产业集群"规划研究工作。2023年5月，自治区发展改革委牵头起草《关于培育发展自治区特色优势产业集群的指导意见》（新党发〔2023〕7号），并牵头制订油气生产加工和煤炭煤电煤化工产业集群行动计划。同时，推动自治区相关部门制订绿色矿业、粮油、棉花和纺织服装产业、绿色有机果蔬、优质畜产品、战略性新兴产业集群等6个行动计划和35个配套重点产业链实施方案。自治区地方金融监督管理局印发《金融支持新疆"八大产业集群"发展若干措施》，建立银行、融资担保、基金、保险等多元金融服务支持机制，推动"八大产业集群"融资实现"增量、扩面、降价、提质"，确保未来3年自治区"八大产业集群"贷款增速不低于各项贷款增速。

全区进一步完善农业全产业链重点链培育工作，力求打造一批综合产值超千亿元的农业产业集群和超百亿元的重点链，为全面推进乡村振兴，加快建设农业强区贡献力量。加快现代农业产业园建设，力争新创建国家级现代农业产业园2个、自治区级现代农业产业园10个、兵团级现代农业产业园5个，深入推进农业现代化示范区建设。[①]

---

① 《自治区党委、自治区人民政府贯彻〈中共中央、国务院关于做好2023年全面推进乡村振兴重点工作的意见〉的实施意见》，《新疆日报（汉）》2023年3月2日，第5版。

（二）以农田水利为关键，加强农业基础设施建设

自治区深入实施"藏粮于地、藏粮于技"战略，加大高标准农田建设力度，提高水资源利用效率，增强农田防灾减灾能力，全方位夯实粮食安全根基。

1. 加快高标准农田建设工作进程

自治区农业农村部门、发展改革部门印发《关于下达 2023 年自治区农田建设任务的通知》（新农建〔2023〕9 号）、《关于 2023 年中央预算内高标准农田建设任务调整建议方案的函》（新农建函〔2023〕793 号）和《关于下达藏粮于地藏粮于技专项（高标准农田建设方向）2023 年中央预算内投资计划的通知》等文件，下达 2023 年全区高标准农田建设任务，确定新疆新建高标准农田 410 万亩，改造提升 135 万亩。各地州聚焦永久基本农田，优先在粮食生产功能区、重要农产品生产保护区和自治区认定的"四个百万亩"[①] 制种基地建设高标准农田。围绕田块整治和高效节水两项核心内容，统筹安排项目年度实施计划，紧盯土地平整、高效节水、田间道路和耕地质量提升等重点工作，配套实施灌排水工程、农田输配电和农田防护林等建设。

各县市认真落实《新疆维吾尔自治区高标准农田建设质量管理办法》各项要求，坚持进度和质量两手抓、两手硬，落实好农田建设项目管理、质量管理、安全管理和竣工验收等相关规定，严格落实工程质量管理责任，规范项目全流程管理，进一步提高建设质量和效益。发挥中央和自治区财政资金杠杆作用，多渠道争取地方政府债券、乡村振兴衔接资金、社会融资、土地出让收入、新增耕地指标调剂收益、社会资本投入和相关支农涉农资金投入高标准农田建设。统筹衔接农业农村、自然资源、水利、林草、交通、电力等部门的路林渠土电相关项目，形成多部门资金集中投入高标准农田建设，确保高标准农田建设任务当年立项、当年实施、当年100%完工。

---

① "四个百万亩"：新疆小麦、玉米、棉花、特色农作物制种基地面积。

2. 加大水资源配置改革力度

2023年自治区党委农村工作会议暨推进乡村振兴高质量发展大会对水利工作提出了明确要求，强调调整完善水资源集中统一管理体制机制、系统推进重大水资源配置工程和水资源调蓄能力建设、系统强化水资源集约节约利用等。自治区党委水资源管理委员会于4月25日召开第一次会议。会议研究审议了《自治区党委水资源管理委员会议事规则》《自治区党委水资源管理委员会办公室工作细则》《自治区党委水资源管理委员会专家委员会机构设置及组成人员建议方案》《自治区党委水资源管理委员会专家委员会工作规则》《2023年自治区党委水资源管理委员会工作要点》，研究部署2023年全区水资源管理和南疆水资源可持续利用工作。[1]

各地各级水利部门不断健全水资源管理体制机制，尽力发挥水资源管理委员会各项职能，统筹推进地方与兵团、流域与区域等协同治理，推进水利重点领域和关键环节改革，形成丰枯互济、多源互补的流域水网格局，提升规范化、精细化、法治化管理水平。制定科学的流域、区域水资源配置方案，落实最严格水资源管理制度，统筹优化水资源配置，最大限度提高地表水利用率，加强地下水超采区综合治理，推动各项工作取得突破性进展。着力提高农业用水保障能力，围绕服务国家新一轮千亿斤粮食产能提升行动，不断加大重点节水工程推进实施力度，全面做好农业用水精准调配、确保应灌尽灌，全力保障实现粮食增产目标。坚持把构建节水蓄水调水体系作为基础性保障工程，系统推进重大工程建设，加大水资源合理开发利用力度，加快构建新疆水网骨架，提高水资源配置能力和水安全保障水平。[2]

3. 积极探索戈壁设施农业发展路径

新疆具有地域广、气候差异大、地理生态类型多样等优势，为发展设施农业提供了有利条件。依托戈壁沙漠，新疆加快设施农业建设布局，突破耕

---

[1] 王兴瑞、张磊：《坚持系统观念 强化科学管理 推动水资源高效配置合理利用取得新突破》，《新疆日报（汉）》2023年4月26日，第1版。

[2] 王兴瑞、张磊：《坚持系统观念 强化科学管理 推动水资源高效配置合理利用取得新突破》，《新疆日报（汉）》2023年4月26日，第1版。

地等自然条件对农业生产的限制，"向戈壁要产出"。按照《全国现代设施农业建设规划（2023—2030年）》，新疆制定了自治区戈壁设施农业发展规划，针对性利用戈壁、沙漠等区域发展设施农业。全区鼓励各地州、县市对设施农业建设给予信贷贴息，着力实施设施农业现代化提升行动，有力构建以南疆为重点的现代设施蔬菜产业体系。支持蔬菜集约化育苗中心建设，集中连片推进老旧蔬菜设施改造提升，不断提高日光温室、拱棚装备水平和利用率，不断优化设施农业产品生产结构，大力推进标准化生产，努力提升设施农业质量和效益。①

各地州、县市立足资源优势，因地制宜，通过基地建设、政策引导、项目扶持等措施，大力发展设施农业。通过"合作社+农户+市场"的模式，紧盯市场需求，种植西红柿、辣椒、芹菜、韭菜等热销蔬菜，通过合理倒茬，推动温室大棚逐步向高效化、精细化方向发展。保障资金落实地块，加大招商引资力度，全力推进日光温室建设。

4.增强农业防灾减灾能力

2023年极端异常天气多发频发，防灾减灾形势严峻复杂。强度较大的降温、风沙天气，对小麦、设施农业、瓜菜、特色林果生产等带来严重威胁。新疆各级农业农村部门牢固树立"防灾减损就是增产增收"理念，联合印发《农业气象灾害预警评估》《关于应对近期天气过程对农业生产影响的紧急通知》等，完善与气象、应急管理、水利等部门的信息共享机制，积极向发展改革、财政等部门争取资金、物资支持，协同搞好防灾减灾工作。各地强化组织领导，把工作力量压到一线，督促指导制定细化应急预案，做足物资储备和技术准备，及时帮助协调解决实际问题，派出科技小分队驻县进村搞好蹲点指导服务。

各地加强灾害风险常态化预报预警和灾情监测调度。准确分析研判天气条件和灾害发生趋势，关键时期、关键岗位坚持全天候值班制度，持续开展灾害

---

① 《自治区党委、自治区人民政府贯彻〈中共中央、国务院关于做好2023年全面推进乡村振兴重点工作的意见〉的实施意见》，《新疆日报（汉）》2023年3月2日，第5版。

性天气预测预报，提供全链条、精细化、定制式气象服务，将天气预报和灾害风险预警精准到县市和乡村。充分利用网络、广播电视、自媒体、12316 等渠道，及时发布预警信息和技术措施，确保做到预警信息到户、防御措施到田。加强灾情调度，实行周调度、月会商、重大灾情及时报告制度，准确掌握雨水情、墒情、苗情和灾情，科学评估灾害影响，适时启动应急响应。[①]

（三）以防止返贫致贫为基础，全力巩固脱贫攻坚成果

自治区积极落实防返贫监测帮扶，推动脱贫群众持续稳定增收，抓好衔接资金项目管理，统筹落实各项就业促进政策，扶持壮大乡村特色产业，保持帮扶政策稳定。

1. 常态化摸排监测低收入家庭情况

2023 年，自治区调整年度监测范围，指导各地结合实际调整并确定监测范围，重点监测"三类户"[②]，常态关注未纳入"三类户"的脱贫户和人均纯收入低于 1 万元的农户。健全完善防止返贫动态监测和帮扶机制，通过个人申报、干部走访、部门筛查预警三种渠道，做到动态监测、实时预警、未贫先防、突贫速扶、常态清零，确保早发现、早干预、早帮扶。在落实常态监测方式的基础上，借助 12317、12345 平台、局长信箱等多种渠道，及时核实处置群众反映的问题，做到不漏一户一人。动员地县乡村业务人员、驻村工作队、村干部等力量，在第二季度组织开展了防止返贫监测帮扶集中排查，包括及时解决由自然灾害、严重疾病等引发的返贫致贫风险隐患等。按照"应纳尽纳、应帮尽帮、应消尽消"的原则，巩固拓展"两不愁"成果，摸清易返贫致贫户基本情况。

多元化巩固"保底线、保基础、保民生"成果。巩固拓展义务教育保障成果，做好农村义务教育控辍保学，落实教育资助政策。巩固拓展基本医疗保障成果，落实医疗救助分类资助政策和家庭医生签约服务。重点关注有

---

① 梁京文：《四部门：抓好防灾减灾　千方百计夺丰收》，《粮油市场报》2023 年 7 月 6 日，第 1 版。

② "三类户"：脱贫不稳定户、边缘易致贫户、突发严重困难户。

大病重病和负担较重的慢性病患者、重度残疾人、失能老年人口等特殊群体的家庭。落实"基本医疗保险+大病保险+医疗救助"三重医疗保障体系，施行"先诊疗后付费""一单式结算"政策。落实传染病、地方病防治，持续推进全民免费健康体检。实施全民参保计划，全面提高农村居民基本医疗保险、养老保险参保率。巩固拓展住房安全和饮水安全保障成果。

2. 动态实施多元化灵活保障措施

针对监测对象风险点制定"一户一策"帮扶方案，针对收入不升反降脱贫户制定"一户一提升"方案，织密兜牢基本生活保障网。根据监测对象的风险类别、发展需求等，按照"缺什么补什么"的原则，开展针对性帮扶。对风险单一的家庭，实施单项措施，防止陷入福利陷阱；对风险复杂多样的家庭，因户施策落实综合性帮扶措施；对有劳动能力的家庭，优先采取产业就业等开发式帮扶措施；对弱劳力半劳力的家庭，创造条件探索落实开发式帮扶措施；对没有劳动能力的家庭，及时做好兜底保障，对监测对象户均落实帮扶措施2项以上。

逐步提高中央衔接资金用于产业发展的比重，2023年达到60%以上。精心谋划和打造实施一批市场竞争力强、百姓期盼度高、联农带农效果好的产业发展项目。[1] 落实《关于促进农民大幅增收的指导意见》，促进脱贫人口收入较快增长。实施庭院经济高质量发展专项行动，打造一批庭院经济重点县、乡、村、户，确保重点户庭院经济收入达到2000元以上。

做好集中安置点和分散安置点群众各项后续帮扶工作，实施产业可持续发展和就业帮扶，完善集中安置点基础设施和公共服务设施建设，加强和规范安置社区管理服务。聚焦46个800人以上安置点，兼顾其他287个小型安置点，开展巩固易地搬迁脱贫成果专项行动和搬迁群众就业专项行动，支持安置点特色产业质量提升，落实搬迁群众户籍管理、合法权益保障、社会融入等举措，持续开展搬迁群众急难愁盼问题排查整改。实现有劳动力的搬

---

① 刘翔：《巩固拓展脱贫攻坚成果 全面推进乡村振兴》，《新疆日报（汉）》2023年2月28日，第2版。

迁家庭至少有 1 人就业、有 1 个产业增收项目。

3.持续保持固本性社会帮扶力度

各地州坚决贯彻落实《乡村振兴责任制实施办法》，全面落实地委负责同志包联县市、县市负责同志包联乡村、乡村负责同志包联脱贫群众制度。实施好"雨露计划+"就业促进行动等帮扶政策，使脱贫人口务工就业的岗位更多、渠道更宽。加大以工代赈实施力度，保障更多脱贫群众务工就业。增加公益性岗位和帮扶车间的数量，不断增强吸纳就业人员的能力。根据脱贫群众接受职业教育和技能培训需求情况，组织开展好旅游服务、电子商务、家政康养等实用技能培训，让脱贫群众获得更多政策红利。①

夯实乡村振兴重点帮扶和对口帮扶机制，充分运用好对口援疆、定点帮扶、区内协作、社会助力等机制，凝聚形成帮扶工作合力。各援疆省市围绕项目建设、劳务协作、园区共建、产业协作、干部人才交流、消费帮扶等，进一步细化任务和举措，确保80%以上的援疆资金用于保障和改善民生、用于县及县以下地区。33 个区内协作帮扶县（市、区）和 27 个被帮扶县（市）依托双方资源禀赋优势，在产业互补、稳岗就业、项目引进、人员交流、协同发展等方面聚焦发力，努力实现数量、质量"双提升"。自治区各部门调整优化单位定点帮扶结对关系，更多区直单位参与定点帮扶和助力示范工作。同时，深入推进"万企兴万村"行动，引导更多民营企业到脱贫县（市）投资兴业、开展帮扶。

（四）以乡村建设行动为重点，完善基础设施和公共服务

围绕贯彻国家乡村建设行动工作要点，借鉴兄弟省市的经验做法，结合实际制定新疆乡村建设行动工作要点、项目库建设指南、任务清单管理指南、农民参与乡村建设实施办法等系列指导性文件。按照"一项任务一个推进方案"的要求，制定出台水、路、冷链、综合服务、农房、人居环境、基层组

---

① 刘翔：《巩固拓展脱贫攻坚成果　全面推进乡村振兴》，《新疆日报（汉）》2023 年 2 月 28 日，第 2 版。

织等9个专项任务推进方案，持续改善农村基础设施和公共服务条件。

1. 聚力推进示范创建工作

自治区制定《新疆维吾尔自治区全面推进乡村振兴示范引领县创建标准（试行）》《新疆维吾尔自治区全面推进乡村振兴示范乡镇创建标准（试行）》《新疆维吾尔自治区全面推进乡村振兴示范村创建标准（试行）》《新疆维吾尔自治区乡村振兴示范村建设考核验收指标》，按照8个"好"29个方面创建指标，明确重点任务，强化政策衔接，加大资金投入力度，细化工作措施。加快建设自治区20个示范县、100个示范乡、230个重点示范村，进一步扩大示范建设成果，积极申报创建国家级乡村振兴示范县（乡、村）。各县市按照示范村创建要求，每个村制定一套示范村创建方案，有序推进工作，形成和推广一批可借鉴、可复制的经验。有序推进有条件有需求的村庄分类编制规划，按照统筹推进、分层分类、示范引领导向，倾斜支持自治区乡村振兴重点示范村发展工作。

自治区探索建立乡村建设行动专项任务联席会议推进机制，成员单位由涉及乡村建设行动的27个牵头部门（单位）组成，旨在加强沟通、密切配合，相互支持、形成合力，共同推进《自治区乡村建设行动实施方案》重点任务落实落地落细。2023年6月，召开部门协调推进会议，审议2023年乡村建设行动工作要点、协调解决相关问题，以学习浙江"千万工程"经验为引领，研究部署建设宜居宜业和美乡村。

2. 持续开展综合整治行动

2023年，全区高位谋划农村人居环境整治工作，计划新建户厕3.5万座，整改户厕20.5万座。农村污水处理率达24%左右，垃圾处理率达88%左右，支持1000个村庄开展绿化、美化，新改建农村公路7200公里等。

自治区分别于6月底和7月初，在南疆拜城和北疆博乐召开农村人居环境整治现场推进会，深入实施自治区农村人居环境整治提升行动，因地制宜推进农村厕所革命、生活垃圾分类和生活污水治理。自治区发展改革委、农业农村厅联合组成农村人居环境整治项目专项调研组，赴伊犁、塔城、阿克苏、克州、昌吉、巴州、哈密、阿勒泰等地开展项目推进指导服务，通过实地察看、查阅资料、座谈了解、入户走访等方式对已实施和计划申报项目进行实地调研。常态化开展人居环境整治工作，持续推进户厕问题摸排整改和厕所改造，确保实现"净起来、绿起来、美起来、亮起来"目标。

3.量力补齐农村公共服务设施短板

牢牢把握农村现代化基本要求，抓好普惠性、基础性、兜底性民生建设，扎实推进宜居宜业和美乡村建设。各县市项目安排既聚焦"硬件"又突出"软件"，在加强乡村道路、供水、绿化、亮化等基础设施建设的同时，统筹推进农村养老、教育、公共卫生和基本医疗服务、文化等方面的公共服务设施建设。

各地州、县市农业农村和乡村振兴部门建立健全部门协同推进工作机制，强化农村基本公共服务供给县乡村统筹。着力推动公共服务向农村延伸、社会事业向农村覆盖。不断增强县乡村统筹，促进县域内基本公共服务标准统一、制度并轨，推进县域内各类公共设施统一规划、统一建设、统一管护，将乡镇建设成为服务农民的区域中心。根据各地财力条件和城乡基础设施规划计划，全面改善农村的水、电、路、气、房、讯等设施条件，尽力支持5G等新基建向农村覆盖延伸布局，着力完善自然村道路和冷链物流等各类基础设施，积极探索建立长效管护机制。

（五）以党建引领为保障，建立健全乡村治理体系

增强农村党组织的政治功能和组织功能，不断加强农村精神文明建设，维护农村社会和谐安宁，不断提高乡村治理体系和治理能力的现代化水平。健全完善以党的基层组织为核心、以村民自治组织为主体、以法治为准绳、以德治为基础的乡村治理体系，不断健全乡村基层组织建设体系、村民自治管理体系、信法守法行为体系、崇德向善民风体系。

1.提升党支部基层堡垒作用

深入推进抓党建促乡村振兴，始终坚持党对"三农"工作的全面领导，不断压实推进"三农"工作责任，全面完善落实五级书记抓乡村振兴的体制机制。建立健全县、乡、村三级治理体系，压实县级责任，推动乡镇扩权

赋能，夯实村级基础。鼓励各地在乡村振兴工作中推行"党建+网格化+数字化"模式，不断推进信息化支撑、精细化服务和网格化管理。常态化落实"四议两公开"，不断完善村级重要事项、重大问题由村党组织研究讨论机制，全面增强村民自治组织能力。

各县市不断探索选优配强乡村党组织书记，逐级开展村级后备力量培养、乡村干部培训。深入推广务实管用的乡村治理方式，用好新时代文明实践站所点，引导拓展积分应用领域，创新积分载体平台，扩大积分制覆盖范围，激发农民参与村级公共事务的积极性。在地州、县市层面统筹编制统一规范清单，结合实际探索建立小微权力、村级事项、公共服务等各类清单，规范村级组织运行，全面从严治党不断向乡村基层延伸。

2. 加强优化新时代驻村工作

围绕深入贯彻习近平总书记视察新疆时重要讲话重要指示精神，完整准确贯彻新时代党的治疆方略，牢牢扭住社会稳定和长治久安总目标，更加科学地加强优化驻村工作，紧扣部门工作实际和基层工作需求，进一步完善驻村工作机制和职责分工，因地制宜、分类分步精准优化驻村布局，统筹优化派驻人员结构，全面提升驻村工作质效，不断提高新疆基层治理体系和治理能力现代化水平。

各级组织部门做好新时代"访惠聚"驻村帮扶工作，强化对驻村第一书记和工作队员的培训与管理，充分发挥其在建强村党组织、推进强村富民、提升治理水平、为民办事服务等方面的作用，用好驻村第一书记和"访惠聚"工作队，强化派出单位联村帮扶。推动全面落实县级领导班子成员包乡走村、乡镇领导班子成员包村联户、村干部经常入户走访制度。

3. 塑形铸魂厚植文明乡风

有形有感有效做好铸牢中华民族共同体意识工作。切实将铸牢中华民族共同体意识主线贯彻到各项工作中，牢牢把握将铸牢中华民族共同体意识主线贯穿经济建设、政治建设、文化建设、社会建设、生态文明建设和党的建设的总要求。加强理论问题研究、创新文化宣传载体、推进民族团结进步创建工作转型升级。深入实施文化润疆工程，广泛践行社会主义核心价值观，在乡村常态化开展"听党话、感党恩、跟党走"宣传教育活动,推动党的二十大精神进农村、进农户。

加强农村精神文明建设,持续增加农村文化产品供给,更加注重在滋润人心、德化人心、凝聚人心的"软件"上下功夫。各县市组织参加首届全国农村精神文明建设微视频、微电影、微动漫作品征集比赛,积极参与"一县一品"特色文化典型案例征集评选,开展村级"乡风文明建设"典型案例征集工作。开展年度全国学雷锋志愿服务"四个最美"先进典型宣传推选活动。持续深入开展高价彩礼、大操大办等农村移风易俗重点领域突出问题专项治理。教育引导农牧民改变陋习、提高精气神,推动乡村实现由表及里、神形兼备的全面提升。

三 主要工作成效与进展

(一)粮食安全和重要农产品供应保障能力进一步增强

1.粮食生产超额完成国家任务

新疆粮食生产能力得到显著提升,如期完成目标任务。全区围绕国家新一轮千亿斤粮食产能提升行动,通过新增耕种面积、调整种植结构、提高复种指数等措施,全力扩面积、提产能。2023年新疆夏粮种植面积、总产、单产实现"三增长"。新疆夏粮种植面积达1816.4万亩,较上年增加79.2万亩,种植面积增量居全国第一;总产达701.2万吨,较上年增产46万吨,总产增量居全国第一;单产每亩386.1公斤,每亩增长8.9公斤,单产增量居全国第二。① 截至10月29日,全区夏粮收购工作已基本结束,各类粮食企业累计收购小麦387万吨,较上年同期增加59.8万吨,同比增长18.3%。收购均价

① 《前三季度新疆经济稳中向好亮点突出》,新疆维吾尔自治区农业农村厅官网,2023年10月23日,http://nynct.xinjiang.gov.cn/xjnynct/c113572/202310/6e256e967e954abaa38beff1ca4d4585.shtml。

2.63元/公斤，高于自治区应急收购价格，没有出现农民"卖粮难"等问题。[①] 在粮食生产"扩面"的基础上，新疆还启动实施了粮食产能提升行动和以玉米为重点的粮食单产提升工程，在15个县市开展了小麦、玉米、大豆和油料作物绿色高产高效行动，发挥典型示范带动作用，促进全区粮油作物大面积均衡增产。伊宁县冬小麦千亩连片、百亩实收单产782.9公斤，刷新全国大面积单产最高纪录。察布查尔锡伯自治县冬小麦试验田实收单产880.3公斤，刷新新疆单产最高纪录。伊犁哈萨克自治州玉米分别以亩产1545.94公斤、1427.66公斤、1300.67公斤刷新全国百亩、千亩、万亩三项高产纪录。[②] 数据显示，2023年，新疆粮食总产达2119.16万吨，比上年增加305.67万吨，增长16.9%。其中，稻谷、小麦和玉米产量均实现增长，豆类和薯类产量稳中有增。全年粮食播种面积达4237.15万亩，比上年增加586.30万亩，增长16.1%。[③]

2. 特色农产品生产供应保持稳定

棉花生产稳中有减，种植结构调优向好。近年来，新疆不断优化棉花区域布局和品种结构，大力推动棉花产业化、规模化、集约化种植，促进棉花产业高质量发展。引导存在气候风险、无水源保障、果棉间作的低质低效棉田逐步退出棉花种植，棉花生产进一步向地方25个主产县（市、区）和兵团73个团场集中。2023年，主产区棉花种植面积和产量均占到全区的93%以上。棉花生产布局呈现种植区域更加集中、单产水平逐渐提高的发展态势。在种植结构调整的背景下，2023年新疆棉花播种面积达3573.92万亩，种植面积稳中有降；同时，国家对新疆实施棉花目标价格补贴政策，坚持质量兴棉、市场导向、政策引导，促使棉花产业总体调优向好，提升了新疆棉

---

① 《新疆夏粮集中收购顺利收官》，新疆维吾尔自治区粮食和物资储备局官网，2023年10月30日，http：//www.lswz.gov.cn/html/hybd2023/2023-10/30/content_277173.shtml。

② 《新疆全年粮食增产丰收已成定局》，新疆维吾尔自治区农业农村厅官网，2023年11月17日，http：//nynct.xinjiang.gov.cn/xjnynct/c113576/202311/df502f40c5e345e8af5b306cd5b0db1d.shtml。

③ 刘毅：《新疆粮食总产2119.16万吨 总产及面积增量居全国第一》，吐鲁番网，2023年12月30日，http：//www.tlfw.net/sy/xwzx/202312/t20231230_18267269.html。

花产业的核心竞争力，实现了棉花价值链提升、产业链完善、供应链安全稳定，为我国棉花高质量发展做出了较大贡献。2023 年，全区审定棉花优良品种 16 个，建立棉花新优品种试验展示基地 1 个，组织 8 个主产地州立足当地产业发展需求、生态气候条件、种植生产条件等，筛选适合当地的棉花优良品种，加快推广普及新陆中 54 号、新陆中 67 号、塔河二号等一批高产优质棉花品种，从源头上提升棉花产量和品质。

实施林果业提质增效工程，林果质量、效益实现双提升。自治区党委、自治区人民政府将林果产业链作为重点产业链来抓，以基地建设、科技支撑、加工转化、"两张网"建设为抓手，使林果业成为"一产上水平，高质量发展"的主导产业、农民增收的富民产业。截至 2023 年 11 月，全区（含兵团）林果种植总面积达 2113 万亩，果品总产量达 1356 万吨。林果业收入占果农人均纯收入的 37%，其中，若羌、且末、温宿、叶城等县市占比达 50% 以上。自治区党委、自治区人民政府大力实施新疆林果产品市场开拓战略，在国家和 19 个对口援疆省市的大力支持下，先后在北京、上海、广州等城市建起了上万家新疆农产品专卖、代理、加盟店。特别是在国内五大重点经济区域举办新疆特色农林产品展销会，为树立新疆林果"金字招牌"发挥了积极作用。[①]

大力发展标准化规模养殖，畜产品生产保供能力持续提升。2023 年前三季度全区猪牛羊出栏 3454.61 万头（只），同比增长 9.7%；猪牛羊禽肉产量 147.17 万吨，同比增长 11.1%；奶产量 169.21 万吨，同比增长 3.3%；禽蛋产量 28.51 万吨，同比增长 4.8%。全区畜牧业产值 863.83 亿元，同比增长 7.6%。优质奶牛群体规模扩大，新增荷斯坦奶牛 1.48 万头。全区认定生猪产能调控基地 37 家，新建及改扩建标准化规模养禽基地 9 个，新增蛋禽存栏 100 万羽以上。[②]

---

① 《新疆特色林果产品专区亮相森博会成效斐然》，新疆维吾尔自治区林业和草原局官网，2023 年 11 月 10 日，http://lcj.xinjiang.gov.cn/lcj/lcdt/202311/3587a29a021f4c74a3df344f03418cd8.shtml。

② 《新疆前三季度主要畜产品产量稳步增长》，新疆维吾尔自治区畜牧兽医局官网，2023 年 11 月 9 日，http://xmsyj.xinjiang.gov.cn/xjxmsyj/c113688/202311/3f893fdc686e4352810cfc5e74a4e4af.shtml。

3.水资源集约利用局面初步形成

新疆各地坚持"节水优先、空间均衡、系统治理、两手发力"的治水方针，全面落实河湖长制，立足区情水情民情，处理好经济社会发展和水资源配置的关系，解放思想、拓展思路，千方百计提高水资源利用效率，以水资源可持续利用支撑自治区经济社会可持续发展。统筹考虑枢纽工程、引水调水、河流整治和大中型灌区等水利设施建设，推进发展新时代"坎儿井"输水模式，加大田间高效节水灌溉推广力度、提高覆盖率，深入实施生态治理修复工程，实现了生产、生活、生态用水全口径计划和调整、全方位配置和调度。2023年上半年，全区（含兵团）累计供应农业灌溉用水223.04亿立方米，比上年同期多供9.42亿立方米，水资源节约集约高效利用局面初步形成，新疆水资源潜力得到进一步释放，为保障国家、新疆粮食产能提升行动打下了坚实基础。①

各地州、县市水利部门坚持开源节流增效多管齐下的工作原则，根据地区经济社会发展需求，不断解决区域性、季节性、工程性、结构性缺水问题。新疆有力推进水利重点领域和关键环节改革，建立统一的水资源管理体系。在工作思路上，把蓄水作为水资源调控的基础、把调水作为战略性水源补充，系统推进重大水资源配置工程和水资源调蓄能力建设。坚持以水定地，统筹实施高效节水灌溉，系统提高水资源集约节约利用水平。2023年，自治区争取中央水利发展资金1.1亿元，对539处农村饮水工程实施维修养护，项目覆盖全区11个地（州、市）30个县（市、区），巩固提升203万农村人口供水保障水平。在各级水利部门的全力推动下，在发展改革、财政、农业农村、乡村振兴等有关部门的积极配合下，全区30个县（市、区）农村饮水工程维修养护项目已全面开工建设，累计完成投资9094.04万元。②

---

① 刘东莱：《集中管理，合理配置 新疆水资源利用展现新气象》，新疆塔里木河流域管理局官网，2023年8月1日，http://www.tahe.gov.cn/xwzx/mbbd/naqaUj.htm。

② 冉虎：《巩固提升农村人口用水保障水平——"推进乡村建设 夯实振兴基础"系列报道之二》，天山网，2023年7月3日，https://www.ts.cn/xwzx/jjxw/202307/t20230703_14464937.shtml。

4. 高标准农田建设提质增效

到 2023 年初，新疆（含兵团）已建成高标准农田 5003 万亩，占新疆全部耕地面积的 47.39%。① 为了进一步健全高标准农田建设的多元化投入机制，自治区农业农村厅积极争取国家部委支持，申请对新疆进行差异化补助。统筹整合各渠道资金，建立多部门资金投入高标准农田建设的良好机制，鼓励和引导金融、社会资本投入高标准农田建设，高效利用农业农村其他政策和资金，让高标准农田建设标准更高、成色更足。2023 年上半年，自治区完成支付高标准农田项目补助资金 5.17 亿元。②

2023 年，中央和自治区财政将新建高标准农田亩均补助提高到 1740 元，比上年度增加了 240 元。各地州、县市以中央和自治区财政资金为撬棒，不断拓宽资金渠道，整合使用支农涉农资金，并鼓励社会各界参与高标准农田投入建设，形成了多元化的高标准农田投入建设机制。到 2023 年 11 月底，新疆全面完成了年度高标准农田建设任务，新建和改造提升高标准农田 435 万亩，为夯实粮食和重要农产品稳产保供打下了坚实基础。据测算，高标准农田建成后，农业生产可实现亩均节水 70 立方米左右，粮食产能可以提高 5% 至 20%，农业适度规模经营比重增加 30% 至 50%，农民种植环节亩均收益提高 100 元至 200 元，农业生产综合效益将实现不断提升。③

5. 设施农业发展数量和质量明显提升

新疆加快设施农业现代化，通过数字化、智能化、绿色化和节能化，实

---

① 《新疆近一半耕地已建成高标准农田》，新疆维吾尔自治区生态环境厅官网，2023 年 3 月 3 日，http：//sthjt. xinjiang. gov. cn/xjepd/xwzxzhxx/202303/05852f1007424561ab989fbb1a3a1154. shtml。

② 《今年新疆立项批复高标准农田建设项目 249 个》，新疆维吾尔自治区人民政府官网，2023 年 6 月 7 日，https：//www. xinjiang. gov. cn/xinjiang/bmdt/202306/1a1823ca84794b178a277f f8230d6174. shtml。

③ 《新疆今年建成高标准农田 435 万亩》，新疆维吾尔自治区农业农村厅官网，2023 年 11 月 28 日，http：//nynct. xinjiang. gov. cn/xjnynct/c113576/202311/b006f45c6aeb49439dd40e95e8 7ceed7. shtml。

现了设施农业量质齐升。新疆几乎所有的县（市、区）都有设施农业分布，为蔬菜的全年均衡供应提供了保障。到2023年，全区已建成在用大棚100多万座，设施农业成为脱贫群众增收致富的主要产业之一。[①]

新疆启动实施南疆设施蔬菜产业发展三年行动计划，着力打造和静县（辣椒）、和田市（蔬菜）、阿克苏市（蔬菜）、和田县（中草药）等4个特色作物绿色高产高效行动县（市）。投入660万元资金开展自治区戈壁设施农业示范点建设项目。积极争取中央财政资金8082万元，在南疆、东疆9个县市开展戈壁设施农业示范点生产设施条件改造提升和新建工程。[②]

新疆多渠道引进和打造设施蔬菜全产业链龙头企业，将生产、加工、销售、服务有效聚集串联，不断提高设施蔬菜产业链水平，不断增强联农带农纽带作用，推进设施蔬菜产业链由生产供给向保鲜配送、加工储藏等方面转变发展。2023年，新疆力争实现蔬菜产量1600万吨以上，冬春蔬菜自给率持续提升。[③]

（二）各地积极探索涉农产业集群建设路径

1. 各地涉农产业集群培育思路初步形成

各地州积极探索"八大产业集群"的发展路径，纷纷梳理各自资源、区位和产业发展条件等，进一步调整产业引导目录，以各类产业园区为依托开展全方位招商活动。各地围绕涉农产业集群的探索主要体现在加强产业基地建设、调整产业结构、融入全区产业集群发展体系等诸多层面。

喀什地区坚持用工业化思路谋划农业全产业链发展，集中力量补短板、强弱项，按照"稳粮、优棉、增菜、促经、强果、抓特色"的发展思

---

① 《昔日戈壁荒滩　今朝果蔬飘香——新疆设施农业高质量发展见闻》，新疆维吾尔自治区财政厅官网，2023年4月18日，https：//czt.xinjiang.gov.cn/czt/nyy/202304/eeb56ad99d42413eb65b0afd97ab8139.shtml。
② 资料来源于新疆维吾尔自治区农业农村厅。
③ 《昔日戈壁荒滩　今朝果蔬飘香——新疆设施农业高质量发展见闻》，新疆维吾尔自治区农业农村厅官网，2023年4月14日，http：//nynct.xinjiang.gov.cn/xjnynct/c113576/202304/97f96c74a9b542af9a7bed4f0f0ff34b.shtml。

路，不断强化政策支持，培育发展模式，优化产业结构，大力发展特色现代农业，打造集生产、加工、流通、科技、服务、品牌为一体的产业集群，加快构建现代农业产业体系。①

阿克苏地区围绕纺织服装产业链后端的化纤、织布、服装、辅料加工及印染，研究谋划产业链延链、补链、强链、拓链项目，重点推动库车利华纺织有限公司70万锭棉纺生产项目、阿克苏天翔家纺有限公司10万锭紧密纺432台宽幅喷气织机项目建成投产。②

昌吉州聚焦自治区"八大产业集群"建设，确定符合本州现代农业发展目标的重点产业链23条，积极谋划招商项目1000个，依托"链式集群"发展模式，积极打造"三个千亿、四个百亿"的优势产业集群，努力探索出一条具有昌吉特色的现代农业发展之路，全力建设中国式现代化新疆实践的典范地州。昌吉州依托昌吉农高区优势，做强做深粮油、乳制品加工、牛羊猪禽、小麦玉米、大豆花生红花油料、番茄加工产业链；立足呼图壁县、玛纳斯县、昌吉市等棉花生产优势产区，重点打造纺织服装、棉纺加工产业集群。③

巴州围绕产业振兴，重点抓好粮食产量稳定、棉花质效提升，扩大焉耆盆地"三红"产品市场份额，继续实施林果提质增效工程，深入开展牛羊扩繁、生猪增产、奶业振兴、特色家禽发展和畜禽种业提升行动，确保优质商品棉总产40万吨以上，林果业标准化生产率达到87%，牲畜存栏量保持在千万头（只）以上。④

① 陈昭淋：《喀什奏响产业集群强势崛起新乐章》，中国喀什网，2023年3月16日，http：// m.zgkashi.com/c/2023-03-16/960282.shtml。
② 《阿克苏地区培育壮大特色优势产业 推动重点产业集群发展》，新疆维吾尔自治区人民政府网，2023年2月22日，https：//www.xinjiang.gov.cn/xinjiang/dzdt/202302/73762c8b7e0 c40e3aee6a62d8973ff8b.shtml。
③ 《新疆昌吉州：多点发力推动特色优势产业集群发展》，阜康市人民政府网，2023年11月1日，https：//www.fk.gov.cn/xwzx/jrfk/901377.htm。
④ 《打造优势产业集群 推进经济高质量发展——访巴州党委书记任广鹏》，新疆维吾尔自治区人民政府网，2023年2月13日，https：//www.xinjiang.gov.cn/hd/zxft_details？id= 53c5fed2541944 eca4e48eb0f4adaff3&site=6500000034&url=/xinjiang/zxft/new_hd_zxft_ details.shtml。

伊犁州围绕建设纺织服装产业集群，全力推进纺织服装全产业链发展，以奎屯市、伊宁县、乌苏市为重点布局化纤纺织产业，加快乌苏纺织服装产业园基础设施一期、沙湾兴泰纤维科技项目建设，支持天棉纺织、利泰丝路、昌茂纺织等优势企业提产增效，推动华曙纺织、贻程纺织、大胜织造等企业全面达产达效，规划建设伊宁县集中印染产业，打造家纺产业优质坯布供应基地。围绕打造绿色有机果蔬产业集群，巩固提升苹果、树上干杏、葡萄、新梅、桃李、沙棘等林果基地建设水平，加强储藏保鲜能力建设，推动果蔬产品走俏国内外市场，建设林果基地示范园 110 个、蔬菜种植面积达 155 万亩。① 围绕建设有机粮油产业集群，积极参与国家实施的新一轮千亿斤粮食产能提升行动，抓住耕地和种子两个要害，大力推进高标准农田建设。州直新建高标准农田 100 万亩、塔城地区新建 32 万亩、阿勒泰地区新建 20.4 万亩；州直粮食作物稳定在 580 万亩、塔城地区稳定在 413 万亩、阿勒泰地区稳定在 150 万亩。加快发展伊犁粮油集团、塔城粮食集团、阿勒泰地区粮食购销有限公司，培育壮大一批重点粮油加工企业，延伸粮食产业链，构建粮油"产购储加销"全产业链经营模式。围绕建设优质畜产品产业集群，大力提升绿色有机畜产品生产加工水平，加强品牌建设，推动畜产品优质优价。② 深入实施塔城地区"肉牛、肉羊百千万"工程、鹅产业十万级工程、家禽产业工程，培育壮大阿勒泰地区牛羊马驼渔特色优势产业，扶优扶强一批畜牧业龙头企业和产业化联合体，推动畜牧业规模化养殖、标准化生产、产业化经营。③

2. "一群一策"特色优势产业集群建设初见成效

近年来，新疆积极争取中央财政支持，先后开展新疆薄皮核桃、库尔勒香梨、新疆葡萄、伊犁马、新疆棉花、新疆褐牛等六个优势特色产业集群建设，建设范围覆盖全区 11 个地州的 41 个县市。这六个优势特色产业集群全产

---

① 叶尔夏提·吐尔逊拜：《政府工作报告》，《伊犁日报（汉）》2023 年 1 月 11 日，第 1 版。
② 叶尔夏提·吐尔逊拜：《政府工作报告》，《伊犁日报（汉）》2023 年 1 月 11 日，第 1 版。
③ 《2023 年政府工作报告》，伊犁哈萨克自治州人民政府网，2023 年 1 月 10 日，http：//www.xjyl.gov.cn/xjylz/c112794/202301/5032bfef919a4f07856e63715097bceb.shtml。

业链产值均突破 100 亿元，形成了具有核心竞争力的重点产业链。六个优势特色产业集群已吸引 270 多家各级农业产业化龙头企业、农民专业合作社等各类经营主体和 45 所科研机构、事业单位及社会团体共同参与建设，累计撬动地方和社会资本投资 30 余亿元。① 优势特色产业集群项目主要支持集群内规模生产基地标准化生产水平的提升，农产品初加工、深加工和物流设施设备建设，农业全产业链数字化建设，市场品牌体系和公共服务平台建设等方面。

在中央财政奖补资金的撬动下，温宿县、阿克苏市、乌什县、新和县、叶城县、和田县、墨玉县 7 县市围绕薄皮核桃标准化生产基地建设、仓储保鲜、农产品加工流通、品牌建设、市场开拓、农旅融合等全产业链环节，建立联农带农利益联结机制，贯通"产加销"，全产业链发力，推动产业集群年产值突破百亿元。仅阿克苏地区，就建成以林果为主的农副产品加工园区 9 个，培育林果加工企业 196 家、林果农民专业合作社 818 家，实现果品年加工能力 112 万吨。②

库尔勒香梨产业集群建设以品牌塑造为引领，持续推进标准化生产、促进一二三产业融合，使库尔勒香梨产业带动乡村经济能力更强、促进农民增收作用更明显，实现了年产值破百亿目标，成为自治区鲜果产品产业化发展的样板之一。库尔勒市已建成 11 个香梨标准化生产示范基地以及州市级林果基地示范园。示范区的无公害香梨平均单产增长 23%，香梨优质果率达 80% 以上，生产的香梨被认定为绿色食品 A 级产品。③ 截至 2022 年底，巴州地区香梨面积达 48.96 万亩，产量达 38.64 万吨，果品产值近 26 亿元，香梨人均纯收入达 2366.6 元，从事香梨生产、贮藏、加工、经销、运输等企业（合作社）300 余家，在国内 295 个城市建立产品直销网点，形成生

---

① 刘毅：《新疆 6 个农业优势特色产业集群产值均超百亿元》，《新疆日报（汉）》2023 年 2 月 14 日，第 1 版。
② 魏永贵：《小核桃咋撬动百亿元产值——新疆农业优势特色产业集群系列报道之一》，《新疆日报（汉）》2023 年 2 月 22 日，第 1 版。
③ 魏永贵：《阅卷！六个产业集群"考"得咋样——新疆农业优势特色产业集群系列报道之七》，《新疆日报（汉）》2023 年 3 月 16 日，第 4 版。

产、包装、贮藏、加工、运输、销售等为一体的产业化格局。[①]

新疆加大葡萄优势特色产业集群建设力度，重点实施葡萄基地生产能力提升、葡萄酒高质量发展提升等五大工程 37 个子项目，新疆葡萄全产业链产值已突破百亿元。截至 2023 年初，新疆酿酒葡萄种植面积达 32.1 万亩，是我国最大的葡萄原酒生产基地，葡萄原酒及葡萄蒸馏酒年生产能力达到 55 万千升。[②]

中央财政计划三年支持新疆伊犁马优势特色产业集群建设，奖补资金 1.5 亿元，重点实施良种繁育体系建设、优质马产品原料供给基地建设、马产品精深加工增值、现代马产业农旅融合培育、特色品牌创建、马产业服务保障体系建设等六大工程 30 个子项目。新疆伊犁马产业逐渐形成产业多元、联结机制紧密、市场竞争力强、品牌溢价空间大、带动区域经济发展效果好的优势特色产业集群。新疆伊犁马优势特色产业集群马存栏量稳定在 60 万匹以上，年产值突破 116 亿元，带动 5 万户以上农牧民增收。全区已初步建立了现代马产业发展架构和较为完善的马良种繁育体系，形成了以自治区级、地方国营马场为主导的马繁育生产体系，年繁育改良马匹 15 万匹以上、调教训练运动马 1 万匹以上、1.5 万匹马销售到新疆以外地区。[③] 伊犁马已成为国产运动马第一品牌，约占国产运动马市场的 60% 以上。[④]

新疆棉花优势特色产业集群覆盖昌吉州呼图壁县、阿克苏地区沙雅县、喀什地区巴楚县、巴音郭楞蒙古自治州尉犁县、博尔塔拉蒙古自治州精河县、塔城地区沙湾市 6 个县市。[⑤] 重点实施数字农业与科技创新引领、标准

---

① 杜建辉：《库尔勒香梨为何站到全国梨类 C 位——新疆农业优势特色产业集群系列报道②》，天山网，2023 年 2 月 23 日，https://www.ts.cn/xwzx/jjxw/202302/t20230223_11828768.shtml。

② 张瑞麟：《小葡萄咋串起百亿元"产业矩阵"——新疆农业优势特色产业集群系列报道之三》，《新疆日报（汉）》2023 年 3 月 1 日，第 1 版。

③ 巴莎·铁格斯：《看伊犁马如何"一马当先"》，《新疆日报（汉）》2023 年 3 月 10 日，第 6 版。

④ 巴莎·铁格斯：《看伊犁马如何"一马当先"》，《新疆日报（汉）》2023 年 3 月 10 日，第 6 版。

⑤ 张治立：《新疆棉如何续写新传奇——新疆农业优势特色产业集群系列报道之四》，《新疆日报（汉）》2023 年 3 月 3 日，第 1 版。

化生产基地建设、棉花加工业提档升级、生产经营体系提升工程、绿色发展工程等五大工程 19 个子项目。新疆织造、印染、服装家纺针织行业初具规模，承接产业转移步伐明显加快，产业结构得到优化，集聚发展效果逐步显现，已成为我国最重要的棉纺织生产基地、粘胶纤维生产基地和西北地区主要的服装加工基地。[①] 2023 年上半年，新疆规模以上纺织服装企业工业增加值同比增长 7%，较新疆工业增速高 1.8 个百分点。生产纱 116.7 万吨，同比增长 9.8%；布 5.58 亿米，同比增长 27.6%。[②]

新疆褐牛产业集群主要分布在北疆地区，包括伊犁州直、阿勒泰地区和塔城地区的新源县、昭苏县、伊宁县、察布查尔锡伯自治县、尼勒克县、巩留县、塔城市、额敏县、阿勒泰市、布尔津县等 10 个县市。到 2023 年，新疆有国家级新疆褐牛核心育种场 2 个、自治区级新疆褐牛种畜场 6 个、种公牛站 1 个，核心群生产母牛存栏量超过 3000 头，每年可为牧区提供优质种公牛 800 余头。新疆褐牛产业集群建设共实施了六大工程 19 个建设项目，总投资 5.94 亿元。全区涉及新疆褐牛的牛肉加工企业和合作社有 40 家，精深加工企业 6 家，涉及乳品加工企业和合作社 40 家，涉及新疆褐牛交易流通企业 5 家。在养殖园区建设方面，新疆以集群项目为依托，初步建成以华凌牛业集团有限公司、伊犁创锦犇牛牧业有限公司为引领，存栏量达万头以上的新疆褐牛养殖园区 6 家。不仅如此，新疆福润德农业投资有限公司、新疆创锦福云食品有限公司、新疆伊哈牧场乳业有限责任公司、伊犁伊牧欣乳业有限公司等企业还形成了以新疆褐牛奶制品、肉牛屠宰加工冷藏贮运等牛肉制品与副产品精深加工为一体的增值基地和产业链。[③]

3. 积极培育壮大农业产业化龙头企业

全区积极培育壮大农业产业化龙头企业，支持由龙头企业牵头并与农民

---

① 王丽丽：《新疆加快建设棉花和纺织服装产业集群》，《乌鲁木齐晚报（汉）》2023 年 8 月 18 日，第 2 版。

② 《新疆加快建设棉花和纺织服装产业集群》，新疆维吾尔自治区人民政府网，2023 年 8 月 15 日，https：//www.xinjiang.gov.cn/xinjiang/bmdt/202308/652bb151da1f4fa68b13569640c92e16.shtml。

③ 热依达：《新疆褐牛方队拉动 165 亿元产值——新疆农业优势特色产业集群系列报道之五》，《新疆日报（汉）》2023 年 3 月 4 日，第 3 版。

合作社、家庭农场、广大农户分工协作，组建生产专业分工、收益共同分享的农业产业化联合体，以全产业链建设为载体，聚合上中下游完整环节，聚拢全产业链各类经营主体，进一步增强产业发展活力，使小农户与现代农业实现有机衔接。全区国家级、自治区级、地州市级、县市级"四级"农业产业化龙头企业达1617家，其中国家级企业57家。①

以龙头企业培育壮大引领涉农产业集群高质量发展。利用全国农业援疆机制，搭建企业合作交流平台（"引龙头"）；抓好龙头企业运行监测和认定（"育龙头"）；加大涉农产业集群企业支持力度（"壮龙头"），力争到"十四五"末，自治区级以上农业产业化重点龙头企业由目前的500家增加到600家以上。②

2023年，新疆对上市后备企业继续实施分类分层管理。围绕"八大产业集群"重点调整上市后备企业名单。2023年自治区上市后备企业资源库共有企业233家，涵盖全区13个地州市，其中A池16家、B池58家、C池159家。③

4. 现代农业科技园区建设初见雏形

农业科技园区建设是新疆维吾尔自治区近年来农业现代化工作中重点推进的一项战略举措。在过去几年，新疆农业科技园区建设取得了显著的成绩。新疆农业科技园区以"政府主导、市场运作、企业主体、农民受益"为原则，通过新品种引进、示范和推广，实现人才、要素、智力、项目和资金的集聚，辐射带动产业和农村经济的发展，引导涉农科技型农业企业和科技服务机构入驻，建造星创天地、众创空间，提供创业服务和创业孵化的空间，激活了乡村振兴新动能。

全区农业科技园区按项目级别来分，主要有国家级农业科技园区和自治

---

① 刘毅：《新疆"四级"农业产业化龙头企业达1617家》，天山网，2023年5月23日，https://www.ts.cn/xwzx/jjxw/202305/t20230523_13637829.shtml。

② 张云梅：《新疆：齐心协力　打通"八大产业集群"建设堵点》，腾讯网，2023年8月2日，https://new.qq.com/rain/a/20230802A009XD00.html。

③ 王永飞：《围绕"八大产业集群"重点培育　自治区调整上市后备企业名单》，《新疆日报（汉）》2023年4月19日，第2版。

区级农业科技园区。截至 2023 年 8 月，新疆已有昌吉、伊犁、阿拉尔、五家渠、和田、乌鲁木齐、哈密、塔城、克拉玛依、五一农场、青河等 11 个国家级农业科技园区，总产值达 511.07 亿元。自 2020 年新疆维吾尔自治区科技厅发布《新疆维吾尔自治区农业科技园区管理办法》以来，已验收通过 22 个自治区级农业科技园区，在建的有 59 个，自治区级农业科技园区总产值达 218.23 亿元，经济效益显著。①

截至 2023 年 8 月，全区 33 个农业科技园区引进培育企业 935 家，其中培育高新技术企业 71 家，培育新品种 2899 个，涉农企业在促进农民群众增收致富上取得了显著成效，辐射带动 200649 户农户。② 新疆农业科技园区的发展目标是，到 2025 年实现国家级农业科技园区所有地州覆盖，自治区级农业科技园区县市全覆盖。目前，部分地州已实现该目标，例如克州、伊犁州、阿克苏地区等。

（三）守住了不发生规模性返贫底线

1. 防止返贫监测帮扶工作水平稳步提升

各级乡村振兴部门、脱贫地区村"两委"和帮扶力量常态化开展监测户风险消除工作，严格对照标准，认真履行程序，逐户研判核查，确保监测对象风险消除精准，监测对象户均享受帮扶措施 2.14 项，90.45% 的监测对象已经消除了返贫风险，其余的均落实了帮扶措施。③

2023 年上半年，自治区财政下达 2023 年中央及自治区衔接资金 207.24 亿元，其中中央资金 149.7 亿元、自治区资金 57.54 亿元，用于支持各地巩固拓展脱贫攻坚成果同乡村振兴有效衔接。④ 8 月中旬，自治区发行支持巩

---

① 资料来源：新疆维吾尔自治区科技厅农村处调研数据。
② 资料来源：新疆维吾尔自治区科技厅农村处调研数据。
③ 刘翔：《巩固拓展脱贫攻坚成果 全面推进乡村振兴》，《新疆日报（汉）》2023 年 2 月 28 日，第 2 版。
④ 《自治区财政安排 207.24 亿元衔接资金有力保障巩固拓展脱贫攻坚成果同乡村振兴有效衔接任务落实》，新疆维吾尔自治区财政厅官网，2023 年 6 月 5 日，https：//czt.xinjiang.gov.cn/czt/fpp/202306/c24d11a124484fcb8f44e5d09ffa71e0.shtml。

固拓展脱贫攻坚成果同乡村振兴有效衔接的新增地方政府一般债券38.4亿元，用于12个地州市70个县市区223个巩固拓展脱贫攻坚成果同乡村振兴有效衔接任务项目建设。[①] 2023年前10个月，新疆财政共安排衔接资金211.24亿元，支持全区14个地州市93个县市区巩固拓展脱贫攻坚成果同乡村振兴有效衔接。[②]

2.脱贫地区和脱贫人口收入稳定增长

新疆聚焦"守底线、抓发展、促振兴"，把脱贫群众增收作为中心任务，把促进脱贫地区发展作为主攻方向，发展"土特产"乡村特色产业，提质扩容促进稳岗就业，用好各类帮扶力量，增强脱贫地区和脱贫群众内生发展动力，坚决防止出现整村整乡返贫现象。统筹落实各项就业促进政策，推动财政、金融、投资、消费、产业等政策聚力支持就业，确保2023年工资性收入占脱贫人口人均纯收入的比重增加2个百分点，达到58%。[③]

切实用好防返贫监测信息系统，强化收入监测分析，及时准确掌握脱贫人口和监测对象的总量规模、分布特点、人群特征和收入变化原因等。对脱贫人口和监测对象要采取超常规的帮扶措施，不断缩小收入差距。2023年，对人均纯收入低于1万元的脱贫人口进行逐户摸排，分级、分类、分层次对收入情况进行分析，制定《自治区关于促进农民人均纯收入万元以下脱贫人口和监测对象稳定增收专项行动方案》，逐县逐村逐户制定针对性措施，将人均纯收入低于1万元的脱贫人口由2022年底的25.71万人降至15.06万人，使其占脱贫人口总规模的比例降到5%以下，力争2024年底前所有监测脱贫人口收入达到1万元以上。

① 《自治区发行38.4亿元新增地方政府一般债券支持巩固拓展脱贫攻坚成果同乡村振兴有效衔接》，新疆维吾尔自治区财政厅官网，2023年8月14日，https://czt. xinjiang. gov. cn/czt/gzdt/202308/5fd101fd26674ff2a1179f006c564c01. shtml。

② 《支持巩固拓展脱贫攻坚成果同乡村振兴有效衔接 前10月新疆财政安排衔接资金211亿元》，新疆维吾尔自治区财政厅官网，2023年11月22日，https://czt. xinjiang. gov. cn/czt/gnxw/202311/590b645bbd0c4ac5b5f3dc3406d05348. shtml。

③ 《用好考核"指挥棒" 激发乡村振兴"精气神"》，新疆维吾尔自治区乡村振兴局官网，2023年9月22日，http://xczx. xinjiang. gov. cn/xjfp/fpywgz/202309/f9796b91f6594e7a9a14a3343c4767d7. shtml。

3. "两不愁三保障"和饮水安全成果持续巩固提升

持续强化"控辍保学"措施,全区九年义务教育巩固率达100%。脱贫户、"三类户"基本医疗保险参保率达100%。提升脱贫村和脱贫地区医疗服务能力,乡镇卫生院和村卫生室建设标准化率达到100%,常住脱贫户、"三类户"家庭医生签约率达100%。建立健全农村脱贫人口住房安全动态监测机制,通过农房抗震防灾工程建设等多种方式保障低收入人口基本住房安全。

各级政府全面落实地方政府主体责任、水行政主管等部门行业监管责任和供水单位运行管理责任,补齐了贫困人口饮水安全短板。加强组织领导,大力实施农村饮水安全工程,加快补齐农村供水基础设施短板,完善供水设施条件。推进农村饮水安全巩固提升工程建设提质升级,确保农村饮水安全工程建得成、管得好、用得起、长受益,让群众喝上干净、安全、稳定的放心水。加强农户饮水安全动态监测,农村自来水普及率达97.9%,集中供水率达99%,水质合格率明显提升。①

(四)乡村公共设施持续完善

1. 乡村公共服务均等化水平显著提升

公共服务一体化建设水平和均等化水平显著提升,农村教育普及水平与均衡化水平稳步提高,公共卫生与医疗服务体系更加完善,系统化就业服务体系更加完善,现代化技能培训实效不断增强,城乡低保、各类救助和供养等兜底措施更加精准及时。乡村生态保护与修复效果显著提升,农业产地环境治理水平显著提升,农业资源保护和利用效率显著提高。2022~2023年,新疆农业农村厅统筹各类资金4.16亿元,在全区13个地(州、市)103个行政村实施农村粪污一体化试点示范项目,坚持将农村改厕、粪污处理与农村污

---

① 《新疆念好"五字诀",稳步推进乡村建设工作》,新疆维吾尔自治区乡村振兴局官网,2023年10月11日,http://xczx.xinjiang.gov.cn/xjfp/fpywgz/202310/82a56c1907a348ba9046a07b8b082010.shtml。

水治理相衔接同步推进，不断加大农村基础设施建设，提升生态文明建设水平。[1]

2023年，新疆乡村建设任务清单预算总投资199.13亿元，截至6月，已完成投资185亿元；截至2023年6月，93个县（市、区）均已建立乡村建设项目库，共涉及乡村建设项目5210个，投资约888.92亿元。全区农村电网供电可靠率达99.83%，全区4G网络已实现行政村全覆盖，建制村快递服务通达率达到96.19%。[2]

截至2022年底，新疆（不含兵团）农村公路总里程约15.1万公里，较10年前新增约4万公里。全区现已建成一二三级客运场站104个，乡镇客运站662个，农村客运班车数达到1.79万辆。[3] 截至2023年10月底，新疆已累计新改建农村公路6969.2公里，提前超额完成全年新改建农村公路6000公里的目标任务。以县城为中心、乡镇为节点、建制村为网点的农村公路网络基本形成，农村公路已基本实现通村畅乡入户。[4]

2. 乡村建设示范创建成效明显

新疆成功申报博州博乐市、巴州若羌县、乌鲁木齐市乌鲁木齐县3个县市为国家乡村振兴示范县，农村人居环境整治水平不断提升，10个县市获评全国"四好农村路"示范县，创建全国文明村镇96个。[5] 根据中共中央办公厅、国务院办公厅印发的《关于推动城乡建设绿色发展的意见》《乡村建设行动实施方案》部署要求，喀什地区泽普县被确定为2023年102个全

① 《新疆加大农村基础设施建设 助力推进乡村振兴》，中国经济网，2023年6月6日，http://www.ce.cn/xwzx/gnsz/gdxw/202306/06/t20230606_38578215.shtml。
② 《新疆念好"五字诀"，稳步推进乡村建设工作》，新疆维吾尔自治区乡村振兴局官网，2023年10月11日，http://xczx.xinjiang.gov.cn/xjfp/fpywgz/202310/82a56c1907a348ba9046a07b8b082010.shtml。
③ 《新疆农村公路总里程突破15万公里》，新浪网，2023年4月28日，https://news.sina.cn/2023-04-28/detail-imyrwinf3007934.d.html。
④ 《新疆今年已新改建农村公路6969.2公里 提前超额完成全年目标任务》，天山网，2023年11月17日，https://www.ts.cn/xwzx/shxw/202311/t20231117_17384541.shtml。
⑤ 《新疆念好"五字诀"，稳步推进乡村建设工作》，新疆维吾尔自治区乡村振兴局官网，2023年10月11日，http://xczx.xinjiang.gov.cn/xjfp/fpywgz/202310/82a56c1907a348ba9046a07b8b082010.shtml。

国乡村建设评价样本县之一。[①] 霍城县、额敏县、木垒县、巴里坤县、阿瓦提县、乌恰县等6个县获得国家发展改革委下达的乡村振兴专项农村人居环境整治2023年中央预算内投资1.2亿元（其中2000万元为奖励资金），用于开展农村生活污水、生活垃圾治理等农村人居环境基础设施建设，助力打造自治区宜居宜业和美乡村。[②]

从全区已建设的示范村来看，农民人均收入增速均高于全区增速，最高人均收入近4万元；主导产业占全村产业比重75%以上，村级集体经济平均收入超过50万元，最高为1250万元；卫生厕所普及率、生活污水治理率均达到90%以上，村庄绿化率均超过23%，垃圾收运处置设施配备齐全；网络、村组道路、电商物流配送进村实现全覆盖。[③]

3. 乡村建设数字化水平进一步提高

为给统筹各类资源要素，精准聚焦农村基础设施和基本公共服务弱项，扎实推进宜居宜业和美乡村建设提供数据支撑，新疆抽调骨干力量成立乡村建设信息采集指导组，通过层层培训、比对分析、推送错误、核实修正等方式，全过程指导县乡村人员进行入户采集、数据录入、错误校验，建立了乡村建设信息采集有保障、有指导、有复核、有整改的全过程闭环管理模式。全区已采集录入11594个行政村（社区）、294.51万户农户的基础设施、人居环境、公共服务等方面的乡村建设信息。[④]

从乡村振兴数字化发展水平看，全区89.41%的县域建有自然灾害综合监

[①] 《泽普县入选2023年全国乡村建设评价样本县名单》，泽普县人民政府网，2023年6月12日，http://www.xjzp.gov.cn/zpx/c106957/202306/5f0c96881c4a4a499fza85eof089eza1.shtml。

[②] 《国家发展改革委下达中央预算内投资1.2亿元支持自治区农村人居环境整治项目建设》，新疆维吾尔自治区发展和改革委员会官网，2023年6月6日，http://xjdrc.xinjiang.gov.cn/xjfgw/c108297/202306/414cff5fc1ba4f6eb011dca281549e37.shtml。

[③] 《新疆念好"五字诀"，稳步推进乡村建设工作》，新疆维吾尔自治区乡村振兴局官网，2023年10月11日，http://xczx.xinjiang.gov.cn/xjfp/fpywgz/202310/82a56c1907a348ba9046a07b8b082010.shtml。

[④] 《新疆念好"五字诀"，稳步推进乡村建设工作》，新疆维吾尔自治区乡村振兴局官网，2023年10月11日，http://xczx.xinjiang.gov.cn/xjfp/fpywgz/202310/82a56c1907a348ba9046a07b8b082010.shtml。

测预警中心，统筹协调地震、地质、气象、水旱、森林和草原火灾等自然灾害的监测预警工作。行政村4G网络覆盖率超过99%，43.53%的县域对农村水网进行了智能化升级，45.88%的县域对农村水利工程进行了智慧化升级。[①]

（五）农村消费市场得到进一步激活

1. 乡村人员流动性增加，刺激社会消费稳步增长

2023年初，社会流动性逐步恢复，春节期间人员流动明显反弹，城乡市场需求稳步回升。尤其是到劳动节、端午节、古尔邦节等节日，新疆内外旅游人口呈现井喷式增长，自治区城乡人口实现大规模流动。一方面，全国新疆旅游热全面升温；另一方面，新疆本地人外出国内游态势全面加速，全面激活新疆旅游市场和激发乡村旅游发展潜力。大量乡村人口开展区内旅游，流动规模大幅度增加。

在政府工作层面，召开各层次旅游发展大会，优化旅游业发展环境，全面刺激旅游消费。在旅游产品和线路方面，相继推出了踏青赏花游、亲子游、文化游、乡村游、民俗游、红色游等系列产品，积极发展周边游、近郊游，鼓励学校组织学生或家庭亲子开展研学游等。根据城郊区域和景区特点，不断提升绿色通道、骑行道、郊野公园、停车设施等休闲设施服务能力，因地制宜布局旅居车、自驾车等停车场服务设施。积极打造富有地域文化特色的乡村旅游发展村镇，推动实施旅游民宿自治区标准和地方标准，着力开展"游购乡村"等系列活动。结合休闲农业新业态发展，积极发展农耕体验、休闲渔业、户外运动、美丽田园、景观农业等。依托各类国家公园、森林公园、沙漠公园、湿地公园、地质公园、自然保护区、风景名胜区等生态旅游资源，合理发展森林康养、生态观光、自然教育等生态旅游新业态。所有来自市场和政府调控的机制，使旅游业增势强劲，全社会消费市场快速回升。

---

① 黑宏伟：《〈新疆数字乡村发展调研报告（2023）〉发布 县域数字乡村建设全面升级》，《新疆日报（汉）》2023年10月9日，第2版。

2023年前三季度，全区累计完成经营性道路客运量1.16亿人次，同比增长25%，占综合交通运输的61.1%。新疆铁路部门已开行旅游专列134列，创历史同期最高纪录。南疆五地州完成客运量占比49.4%，同比增长8.8%。前三季度，全区累计完成经营性道路货运量4.7亿吨，同比增长11.4%，占综合交通运输的61.8%。南疆五地州完成货运量占比28.5%，同比增长10.8%。分区域看，北疆地区、东疆地区、南疆地区日平均交通量分别为7269辆、12735辆和7370辆，同比分别增长23.7%、39.0%和22.8%。中秋、国庆期间公众出行显著增长。受上年基数较低及2023年假期时长、天气等影响，公众出行意愿强烈。全区高速公路及普通国省干线交通通行总量达2912.19万辆，同比增长近2倍，是2019年同期的1.8倍。其中客车1386.03万辆，同比增长5.2倍，是2019年同期的1.7倍。全区收费公路前三季度累计减免车辆通行费31.1亿元，同比增长33.4%，占收费总额的22.7%；累计减免（优惠）车次1.7亿辆，同比增长41.5%，近77%的通行车辆享受到了优惠政策。中秋、国庆期间，全区减免车辆通行费2.83亿元、减免车次715.2万辆。同时多措并举保障独库公路在本年度115天开通时段实现平稳有序运行，其间日均交通量同比增长90.6%。[1]

大规模城乡人员流动，进一步刺激和拉动全区"吃住行游购娱"消费，全面激发城乡服务业发展和消费潜力。2023年前三季度，新疆服务业增加值6458.44亿元，同比增长6.1%，增速比上半年提高1.8个百分点，高于全国（6.0%）0.1个百分点。其中，交通运输仓储和邮政业、批发和零售业、住宿和餐饮业、其他营利性服务业增加值分别增长11.7%、6.6%、17.2%和7.3%，增速分别比上半年提高2.1、3.5、7.2和2.3个百分点。全区社会消费品零售总额2763.56亿元，同比增长12.9%，增速分别比上半年和1~8月提高6.5和3.5个百分点，高于全国（6.8%）6.1个百分点，居全国第4位。前三季度，限额以上住宿业、餐饮业营业额同比分别增长

---

① 《2023年前三季度新疆维吾尔自治区公路交通运输行业经济运行分析报告》，新疆维吾尔自治区交通运输厅官网，2023年10月20日，https://jtyst.xinjiang.gov.cn/xjjtysj/jttj/202311/a1f8317ac f0642848e706d7c723431c6.shtml。

59.3%和19.9%，增速比上半年分别提高18.7和11.6个百分点。①

2. 牛羊肉价格稳中有降，消费预期进一步增强

2023年，新疆牛羊肉价格告别过去持续上涨的趋势，呈现稳中有降趋势，进一步增强了城乡居民消费预期。例如，从新疆喀什地区2023年10月上半月对牛羊肉价格趋势的分析看，活牛本期平均价格28元/公斤，环比下降2.47%，较全区活牛平均价格（29元/公斤）低1元/公斤。牛肉本期平均价格58.92元/公斤，环比下降0.56%，较全区牛肉平均价格（66.59元/公斤）低7.67元/公斤。牛奶本期平均价格5.02元/公斤，环比下降1.55%，较全区牛奶平均价格（3.75元/公斤）高1.27元/公斤，奶站收购价平均4.60元/公斤。羊产品价格走势为，活羊本期平均价格25.79元/公斤，环比下降6.35%，较全区活羊平均价格（28元/公斤）低2.21元/公斤；带骨羊肉本期平均价格54.08元/公斤，环比下降4.77%，较全区羊肉平均价格（63.28元/公斤）低9.2元/公斤。②

从农业农村部官网发布的2023年8月第3周畜产品和饲料集贸市场价格情况看，全国牛肉平均价格81.92元/公斤、羊肉平均价格78.03元/公斤，均高于新疆牛羊肉价格15元左右。③

3. 农村电商规模快速扩张，流通体系持续完善

2023年1~9月，新疆农村网络零售额实现252.45亿元，同比增长25.32%，较全国平均水平高出9个百分点。农村网络零售结构中，农村实物型网络零售额实现130.52亿元，在农村网络零售额中的占比为51.70%；农村服务型网络零售额实现121.93亿元，在农村网络零售额中的占比为48.30%。

---

① 《新疆举行前三季度国民经济运行情况新闻发布会》，中华人民共和国国务院新闻办公室官网，2023年10月31日，http://www.scio.gov.cn/xwfb/dfxwfb/gssfbh/xj_13856/202311/t20231101_777400.html。

② 《喀什地区畜产品价格分析》，麦盖提县人民政府网，2023年10月25日，http://www.mgt.gov.cn/mgtx/c109069/202310/c8381b8c321f4dce814dfcc39d8e0115.shtml。

③ 《2023年8月第3周全国牛羊肉、猪肉、禽肉等肉类产品价格及走势》，搜狐网，2023年8月23日，https://www.sohu.com/a/714193613_121788692。

"数商兴农""直播助农"助力新疆农产品销售加速上行，农产品电商规模持续扩大。1~9月，新疆农产品网络零售额实现139.41亿元，同比增长17.45%。农产品网络零售额中，水果、坚果、畜禽分别实现79.17亿元、16.65亿元、9.61亿元。农产品品类中，枣子、核桃、葡萄干线上表现较好。①

县域物流持续完善，电子商务赋能本地就业，网商及就业人群持续增加。截至9月底，新疆网商数量达26.08万家，较6月底新增6753家，创新创业氛围浓，经营主体活力足，带动新疆电商量质齐升。从电商带动就业情况看，新疆电商带动就业人数69.92万人，其中直接带动就业人数35.54万人。

以直播电商为代表的电商新业态快速发展。1~9月，新疆直播交易额实现35.01亿元，同比增长52.93%，直播观看人次累计5.16亿人次，同比增长71.64%，累计直播场次达4.30万场。休闲零食、生鲜食材、珠宝首饰较受消费者关注，直播热度排名靠前。②

（六）农村和谐文明水平进一步提升

1. 乡村文化振兴成效显著，助力赋能乡村发展

新疆不断促进优质文化资源向基层倾斜延伸，全区共有8269个村级综合性文化服务中心。③共有群众文艺团队2746支（自治区级55支、地市级及以下2691支），成员共计5.6万余人。④各地依托新时代文明实践中心（所、站）、村史馆、乡村大舞台等活动阵地，深入开展多层次、多领域、

---

① 郭玲：《前三季度新疆网络零售额同比增19.04%》，《乌鲁木齐晚报（汉）》2023年10月22日，第3版。

② 黑宏伟：《前三季度新疆网络零售额同比增19.04%》，《新疆日报（汉）》2023年10月21日，第1版。

③ 银璐：《公共文化服务空间疏通"经络"》，天山网，2022年6月21日，https://www.ts.cn/xwzx/whxw/202206/t20220621_7612404.shtml。

④ 银璐：《站C位！群众成为舞台的主角》，天山网，2023年4月7日，https://www.ts.cn/xwzx/whxw/202304/t20230407_12673557.shtml。

多样化的学习宣讲和交流联谊活动。各地进一步丰富公共文化活动，继续组织好"村晚"等群众性文化活动，优化"群星耀天山""百日文化广场""乡村百日文体竞赛"等活动，更好地带动五级公共文化活动在各地动起来、活起来、火起来。2022年，自治区各级公共文化场馆共开展各类群众文化活动3.9万余场，服务群众1933万人次，1.6万余名文化志愿者活跃在天山南北。①

各地保护传承发展中华优秀传统文化，进一步铸牢中华民族共同体意识。深入推进文化润疆，繁荣发展基层文化事业。谋划实施乡村文化振兴工程，促进公共文化服务标准化、均等化，切实以文化振兴助力乡村振兴。截至2023年2月，新疆共有全国民族团结进步示范区示范单位90个，全国民族团结进步教育基地14个，自治区民族团结进步示范区示范单位370个。②克拉玛依市乌尔禾区、巴音郭楞蒙古自治州库尔勒市、新疆生产建设兵团第四师可克达拉市等三地入选2023年文化和旅游部首批文化产业赋能乡村振兴试点名单。③

2.法治乡村水平显著提升，推进基层和谐善治

组织实施乡村"法律明白人"遴选、培训、使用、管理、考核等相关工作，规范推进乡村"法律明白人"培养工程，着力培养一支群众身边的普法依法治理工作队伍，为实施乡村振兴战略、推进法治乡村建设提供基层法治人才保障。截至2022年底，全区已完成乡村"法律明白人"队伍组建工作，首次实现平均每村3名、全区共28362名"法律明白人"。2022年，全区乡村"法律明白人"作为群众身边的法治人才，共调解81967起矛盾

---

① 任江、张小宓：《新疆着力构建现代公共文化服务体系》，新疆维吾尔自治区人民政府网，2023年2月6日，https://www.xinjiang.gov.cn/xinjiang/bmdt/202302/652bbec08dd345d58ce7310 5f0272511.shtml。

② 米日古力·吾、李丰俊：《〈自治区"十四五"民族团结进步模范区创建规划〉出台》，《新疆日报（汉）》2023年2月16日，第1版。

③ 张小宓、娄林毅：《新疆三地入选首批文化产业赋能乡村振兴试点》，《新疆日报（汉）》2023年10月29日，第3版。

纠纷。①

乡村"法律明白人"培养工程实施以来，全区农村各族群众办事依法、遇事找法、解决问题用法、化解矛盾靠法的意识不断提高，乡村治理工作得到有效推进。同时，全区农村基层党组织政治功能得到充分发挥，乡村自治、法治、德治体系更加健全，乡村治理结构更加优化，乡村治理制度更加完善，乡村发展安全保障更加有力，法治乡村、平安乡村、和谐乡村建设水平显著提升，已创建全国文明村镇96个。②

3. 乡村治理体系更加完善，焕发乡村文明新气象

新疆各地以社会主义核心价值观为引领，采取符合农村特点的有效方式，着力深化乡村思想道德建设，培育文明乡风。例如，2023年以来，新疆昌吉州各县市结合自身实际，分别制定实施方案和推广应用指南，有序推进"党建+网格化+数字化+积分制"模式，基本形成"党委领导、政府负责、社会协同、公众参与、法治保障"的现代乡村治理体系。截至9月底，全州设置积分兑换超市427个，开展积分集中兑换活动1060场（次），兑换商品价值103.43万元，各族群众常态化参与积分的比例达到40%。如今，全州440个涉农行政村，积分制、清单制、网格化等乡村治理方式已基本完成全覆盖，其中推行"党建+网格化+数字化+积分制"模式试点村47个。阜康市城关镇良繁中心村入选第四批全国"文明乡风建设"典型案例。昌吉市六工镇十三户村、呼图壁县二十里店镇二十里店村入选第三批全国乡村治理示范村镇名单。③

全区积极争取全国乡村治理体系建设试点示范，扎实推进自治区试点示范。大力选树宣传乡村治理先进典型，推广试点经验做法，发挥好示范引领作用。已设立全国乡村治理8个示范乡镇、32个示范村。2023年11月，农

---

① 隋云雁：《法治乡村苗壮成长——我区推动实施乡村"法律明白人"培养工程》，《新疆日报（汉）》2023年1月3日，第6版。

② 《新疆创建全国文明村镇96个》，新疆维吾尔自治区人民政府网，2023年10月27日，https://www.xinjiang.gov.cn/xinjiang/bmdt/202310/0e2d12125b63464d9b1e4a0c3505c99f.shtml。

③ 王薇：《荣誉积分兑出美好生活——昌吉州"党建+网格化+数字化+积分制"模式激发乡村治理新活力》，《昌吉日报（汉）》2023年10月30日，第3版。

业农村部、中央宣传部、司法部联合印发通知，公布第三批全国乡村治理示范村镇名单，认定 100 个乡（镇）为第三批全国乡村治理示范乡镇、1001 个村为第三批全国乡村治理示范村。其中，新疆吐鲁番市高昌区葡萄镇、和田地区于田县托格日尕孜乡入选第三批全国乡村治理示范乡镇，另有 20 个村入选第三批全国乡村治理示范村。[①]

四　面临的机遇与挑战

（一）乡村振兴工作面临的机遇

1. 面临前所未有政策机遇

对乡村振兴的重视程度前所未有。粮食安全和重要农产品供给乃是"国之大者"。在自治区党委提出的"八大产业集群"建设中涉及农业的四大产业集群建设将提升新疆粮食等重要农产品的供给能力。此外，党的二十大报告描绘了我国建设现代化强国的目标，其中推进乡村全面振兴是持续到 2050 年的重点建设目标。习近平总书记亲自谋划推动我国粮食安全工作，部署我国乡村振兴工作。作为全国土地面积最大的行政省区以及特色农业特征突出的经济区域之一，新疆现代农业发展和乡村振兴面临着前所未有的历史发展机遇。

对新疆的支持力度前所未有。围绕世界百年未有之大变局，党中央、国务院审时度势，提出国内大循环、国内国际双循环发展思路，进一步加大对外开放力度，全面提升国家经济一体化、全球化发展水平。根据外向型经济发展变化，我国将对外经济合作的范围扩大到发展中国家板块和东盟、中亚、南亚等新兴经济增长板块。新疆处于扩大中亚、南亚板块的纵深发展区域，具有得天独厚的区位发展优势和巨大发展潜力。党中央、国务院宣布在

[①] 刘风静：《新疆 2 个乡（镇）20 个村入选！第三批全国乡村治理示范村镇名单公布》，天山网，2023 年 11 月 20 日，https://www.ts.cn/tssp/tswyc/202311/t20231119_17406628.shtml。

新疆建立自由贸易试验区，赋予其重要的政策功能和区域发展功能。同时，伴随中欧班列发展迅猛，新疆作为我国西部地区枢纽地带地位得到进一步提升。至此，新疆迎来重大互联互通体系建设和外向型产业体系建设的重要历史发展机遇。随着国内超大规模市场体系建设与新疆绿洲市场体系建设的全面融合，以及自由贸易区经济体系的日益培育发展，新疆的农业农村现代化迎来千载难逢的良好发展机遇。

对农业强区建设的推进力度前所未有。自治区党委高度重视依托新疆资源优势推进农业强区建设。自治区党委在多次会议中强调，全面发挥新疆的资源优势，加大新疆土地资源和水资源的改革配置力度，大力发展新疆粮食产业集群、棉花产业集群、果蔬产业集群和畜牧业产业集群等，为国家粮食安全和重要农产品供给做出更多新疆贡献。新疆特色农业具有集中连片发展、产业链体系建设、设施设备现代化、有机绿色发展和数字智能化发展等方面的巨大潜力。如何有效、科学利用新疆光热水土气候等资源，通过提高农业科技装备水平全面改造农业生产体系，构建现代农业经营体系和形成有效的农业可持续发展政策体系等是摆在新疆农业农村部门和广大干部群众面前的重大时代课题。全区各地各部门需要坚决扛起建设农业强区的战略使命，准确把握新疆发展现代农业的特殊优势和巨大潜力，清醒认识当前制约农业高质量发展的突出矛盾和问题，加大突破性改革创新力度，进一步发挥资源、区位、政策等优势，加快构建现代化农业产业体系。

2. 面临超大规模市场机遇

市场规模扩大前所未有。超大规模市场优势是由我国超大规模的人口数量决定的。"十四五"时期，我国超大规模消费市场优势将进一步强化。2022年底，我国人口规模达到14.12亿人，社会消费品零售总额达到43.97万亿元，成为世界最大消费市场之一。此外，中等收入群体人数的快速增长是促成中国消费市场规模不断壮大的重要原因。改革开放四十多年的经济高速增长孕育了一大批具有较高消费能力的中等收入群体。目前我国中等收入群体的人数已经超过了4亿人，按照同样的标准（三口之家年均收入10

万~50万元人民币），欧盟、美国和日本的中等收入群体数量分别约为2.1亿人、1亿人、8500万人。换言之，按照该标准，目前我国的中等收入群体人数已经大致相当于欧、美、日的总和。如此超大规模市场孕育着"吃、住、行、娱、游、购"巨大的可持续消费潜力。全面建成小康社会后，我国经济增长方式逐步进入到消费、投资、进出口贸易并列拉动的新发展阶段。国内对绿色有机食品的需求以及旅游需求的增长，为新疆特色农业发展和乡村旅游发展带来巨大的可持续市场机遇。

食品消费升级前所未有。国内对绿色、有机食品的强劲需求是在中国居民食品消费升级、农产品产业升级、食品安全形势严峻的大背景下应运而生的。中国轻工企业投资发展协会发布的《2022中国食品消费趋势白皮书》指出，健康成为消费者最看重的选购要素，高品质、零添加或少添加的产品将更受消费者喜爱。新疆特色农产品具有天然、绿色、有机、优质、营养、安全的特点。新疆水土光热资源丰富，本身就非常适宜农作物种植，因而其成为生产高品质绿色有机农产品的理想之地。近年来，新疆通过大力发展绿色有机种植，越来越多的农产品凭借优良品质和健康安全获得市场青睐，开始走向国内外市场。口感好、品质佳是很多消费者对新疆特色农产品最直观的印象，除此之外，消费者对新疆农产品质量安全水平也有着较高评价。新疆"红旗坡"冰糖心苹果、新疆"库尔勒"香梨、新疆"皮亚曼"石榴、新疆"楼兰"红枣等一大批新疆绿色有机品牌农产品，享誉国内外。[①] 新疆干果、羊肉等产品越来越受到国内消费者青睐。这种口碑和印象，为新疆发展绿色有机农业打下了很好的基础，是发挥新疆农业资源优势，释放消费潜力的重大立足点。

旅游市场升温前所未有。随着国内旅游市场的升温，新疆成为全国各族人民热切盼望的旅游目的地之一。2023年前三季度，国内旅游总人次36.74亿，比上年同期增加15.80亿，同比增长75.5%。居民国内出游总花费3.69万亿元，比上年增加1.97万亿元，增长114.4%。其中，城镇居民出

---

① 曹华：《擦亮新疆绿色有机"金字招牌"》，《新疆日报（汉）》2023年4月17日，第5版。

游花费 3.17 万亿元，同比增长 122.7%；农村居民出游花费 0.52 万亿元，同比增长 75.8%。[①] 伴随国内长线旅游市场的崛起，新疆旅游市场异常火爆。大美新疆声名远播，"新疆是个好地方"唱响全国。自治区党委连续两年召开旅游发展大会，推动"旅游兴疆"战略深入实施，让新疆旅游业迎来厚积薄发、蓄势聚能、大有可为的重要黄金期。前三季度，新疆接待游客 2.14 亿人次，超过 2019 年同期水平，同比增长 77.7%；实现旅游总收入 2337.62 亿元，同比增长 1.6 倍。[②] 新疆旅游资源基本分布在乡村地区，火爆的旅游业进一步刺激新疆特色农产品等土特产消费和销售，旅游快递业也相应迎来井喷式增长。新疆邮政管理局公布的数据显示，1 月至 9 月，新疆邮政行业寄递业务量累计完成 62107.74 万件，同比增长 14.89%；业务收入（不包括邮政储蓄银行直接营业收入）累计完成 65.28 亿元，同比增长 34.64%。其中，快递业务量（不包含邮政公司包裹业务）累计完成 20952.23 万件，同比增长 51.36%；快递业务收入累计 42.8 亿元，同比增长 45.18%。前三季度，新疆快递业务量和收入分别超 2 亿件、40 亿元。其中，异地业务量累计完成 17363.73 万件，同比增长 51.88%；国际/港澳台业务量累计完成 15.76 万件。[③] 总体上来看，持续火爆的新疆旅游市场昭示着农牧产品消费和包括土特农产品在内的旅游商品市场有广阔的发展前景。

3. 农业结构调整孕育强大市场动力

经济结构调整机遇前所未有。伴随国内经济结构的调整，农业领域成为社会资本快速聚集、追逐的重要投资领域之一。进一步提升农业综合生产能力、重塑现代农业生产体系和经营体系、推动农村地区的高质量发展等都成为国家政策重点支持的投资领域。2023 年以来，到新疆的各类央企国企、上市公司、基金主体等考察团络绎不绝。庞大的社会金融资本纷纷探索新投

---

① 《2023 年前三季度国内旅游数据情况》，网易网，2023 年 10 月 31 日，https://www.163.com/dy/article/IICCU34G051481OF_ pdya11y.html。
② 刘翔：《经济运行向好　发展质效提升——前三季度新疆经济观察》，《新疆日报（汉）》2023 年 10 月 30 日，第 1 版。
③ 范琼燕：《前 9 月新疆快递业务量同比增长超五成》，《新疆日报（汉）》2023 年 10 月 25 日，第 1 版。

资空间，以实现其拥有资本保值增值。新疆作为各类产业都具有充足发展空间的后发赶超区域，所有行业领域尚处在全面重塑和整合的新发展阶段，大规模产业投资的空间仍然较大。一方面，新疆农业领域将迎来更多新兴投资企业的涌入；另一方面，原有大中型涉农企业也面临重新整合资源、重新洗牌的新发展形势。其中，数字技术与农业生产、经营体系的融合具有十分广阔的发展空间。数字化装备水平的提高和新平台经济体系的构建成为新疆农业结构调整的重要动力和方向。涉农产业链、供应链和价值链体系的重塑孕育着农业生产力和生产关系领域的重大变革。这一切都将带来农业的快速增长和规模扩张。

改革创新的热情前所未有。除了资本要素，新疆农业结构调整的主要动力来自各级党委、政府的涉农管理部门和各基层经济组织。依托国家的政策性文件和产业导向目录，新疆各地各级干部的改革创新热情进一步高涨，区域创新动力进一步增强。在新时代乡村振兴的背景下，农村经济组织拥有更加灵活的发展机制，在农村发展领域将涌现一批新时代农村致富能人，带领广大农牧民奔向农村经济快速发展新阶段，农牧民奔小康致富的积极性进一步增强。新型农业经营主体的投资、建设和可持续运营，都将引起新疆农业生产领域的巨大时代变革。广大干部群众关注最多的是革新发生在哪个生产环节或哪个领域。总体上来看，新兴农村发展力量正蓄势待发，等待政策释放重要的信号。新疆既有开展规模化、集约化、机械化经营的农业生产条件，也有小农户众多的基本区情农情，可以家庭经营为基础，推进统分结合的双层经营，广泛开展面向小农户的社会化服务，推动土地经营权市场化流转，培育规模化的新型农业经营主体。①

对外开放优势前所未有。新疆资源禀赋得天独厚，农牧产品特色鲜明，发展现代农业优势突出、潜力巨大，建设农业强区基础扎实、前景光明。新疆粮食连续 7 年丰产增产。新疆可依托自由贸易试验区建设的政策、人才、资金等，抢抓丝绸之路经济带核心区建设机遇，用好"两个市场、两种资

---

① 刘毅：《建设具有新疆特色的农业强区》，《新疆日报（汉）》2023 年 4 月 9 日，第 2 版。

源"，拓展粮食国际贸易，打造国家进口粮食储备加工基地，努力为国家粮食安全多作贡献。

（二）乡村振兴工作面临的挑战

1. 强化农业科技和装备支撑任务仍然繁重

新疆农业总体上是半传统半现代的农业，农业生产容易受气候变化和市场变动影响的被动发展局面没有根本性改观。从农业生产体系层面讲，农业的机械化装备水平、数字化管理水平和绿色化保障水平与发达地区农业相比较，还存在较大差距。新疆种植业和畜牧业的从业人员大部分为传统农牧民出身，生产方式仍旧保留着较多传统特征，基本实现农业现代化还需要较长的时间。从农业经营体系层面讲，新疆农业尚未构建基于现代市场经济的运营组织体系，从种植、管理、生产、收获、商品化到高质量配送至消费者等所有重要环节还未实现全面的现代农业社会化服务体系。

农业科技研发与农业生产脱钩的问题相对突出。尽管自治区每年加大农业科技支撑方面的投入，多渠道增加各类研发投入等，但是科技贡献率相对较低。科研经费基本聚集于科研机构、高校和国有企业等，大量灵活且创造力较强的中小型民营企业的研发经费投入较少。大量科技经费围绕政策逻辑和理论逻辑配置和运作，未全面转化成实际的生产力和经济效益，导致农业生产领域先进技术的普及速度较缓慢，科学技术市场转化效率较低。

2. 涉农产业集群建设工作任务仍然繁重

自治区根据新疆农业资源条件提出了粮油产业集群、棉花和纺织服装产业集群、绿色有机果蔬产业集群和优质畜产品产业集群四大涉农产业集群体系建设目标，各地进行了一些积极的探索。但是从一般意义上的产业集群表现特征来看，新疆农牧业生产自始至终以原料生产为主，各产业集群延伸的产业链体系未能全面建立起来。如果四大涉农产业集群在所有重要的产业链环节不能形成相应的市场化企业群体，那么产业集群体系大致上不能实现最终落地。此外，由于新疆的交通物流成本高以及与国内供应链中心的市场距离远等原因，产业集群建设受到天然的"距离不经济"约束，因此，首先必须在降低产品交通物流成本层面进行重大改革，采取有效措施，为新疆产业转移创造可行环境。

在产业集群培育创新层面，突破性工作比较少。自治区党委和政府全面落实了党中央、国务院交办的各类工作任务，年度工作和重要农产品生产取得了重要进展。但作为特色农牧业大省区之一，新疆在三农领域的自主创新发展力度还不够，没有形成在全国具有较大涉农工作影响力的产业发展案例或者改革创新案例。在新疆这样具有广阔、平坦土地的区域，在合理配置水资源条件下，可大规模建设高标准农田和农业生产基地，但是这些资源优势始终没有转化成产业竞争力。

3.拓宽农民增收致富渠道任务仍然繁重

近年来，自治区党委和政府克服疫情等各种困难，采取多种举措增加农牧民收入，取得了一定的成绩。但是，持续快速增加农牧民收入的困难越来越大。例如，新疆城乡居民收入差距和区域收入差距在加大。数据显示，2018年，新疆城镇居民人均可支配收入（32764元）与农村居民人均可支配收入（11975元）的收入差距为20789元。2022年，新疆城镇居民人均可支配收入（38410元）与农村居民人均可支配收入（16550元）的收入差距扩大到21860元。可以说，2018~2022年，新疆城镇居民和农村居民的收入差距呈现扩大趋势，2022年城乡居民收入差距比2018年增加了1071元。此外，从新疆与农牧业产业结构相似的省份比较来看，农村居民人均可支配收入差距也比较明显，例如，根据2022年底相关省份统计数据，新疆农村居民人均可支配收入比山东省低5560元，比河南省低2147元，比内蒙古自治区低3091元。同样，与2022年底全国农村居民人均可支配收入（20133元）相比较，新疆比全国平均水平还低3583元。

在新疆深入开展脱贫攻坚战和建设小康社会阶段，中央加大了对深度贫困地区的基础设施和产业投入力度，广大农牧民从惠农政策中受益，收入有了可持续增长。但是新疆农村现有的种植业、养殖业生产力条件有限，农户通过扩大再生产获得经济效益的机会越来越少。对于新疆农牧民的收入增长路径，还需要从多个层面进行思考和探索。比如，从农牧民资产性收入的视角做一些政策设计和探索。通过改善农村的营商环境，从而增强农业农村领域的社会资本投入和加大基础设施建设力度。拉动农村投资增长，增加农村社会的要素流通量也是需要探索的一个方向。

4. 宜居宜业和美乡村建设任务仍然繁重

尽管新疆农村人居环境整治取得了显著成效，但当前仍然存在进展不平衡、区域差距较大、督导监督不完善、长效管护机制不健全、农民参与不充分、社会力量参与不足等方面的问题。在各地州、县市、乡镇人居环境综合整治工作中存在的主要问题是环境整治不够彻底。从全区各县市、乡镇的整体外围景观看，南北疆地区、城市周边乡镇场、农村边缘地区都存在不同程度的环境不规整和脏乱差等现象。从新疆基层调研的整体判断看，南北疆农牧区仍有大量的环境整治任务，一些村存在 2~3 年的综合整治工作量，另一些县存在 3~5 年的环境整治工作量。主要的问题是党中央三番五次开展村容村貌综合整治工作，但是一些地州、县市、乡镇没有彻底地落实工作要求。每次的督导考核，都以倾向性抽查为主，以考核档案材料和印证材料为主，没有下大力气开展整乡整县全覆盖实地评估工作。新疆农村环境整治中最为现实的约束是村干部不会干、工作队不愿干问题，而一些乡镇、村组搞的形象工程、城市化建筑工程更是不太成功的做法，不可持续，没有充分考虑当地的特色和农村生活环境的原始风貌。

村庄规划的编制和公共服务设施的建设配置不健全是制约和美乡村建设的重要因素。至今，部分乡村振兴示范村编制了村庄规划，但由于部分县市空间规划还未审核完等因素，仍有众多村没有实现村庄规划编制工作。村庄多规合一是一项十分严肃的系统工程，需要充分考虑农村的公共服务设施、建设用地、农户宅基地等综合因素，而且必须考虑有长远的土地资源储备等，不能以信息系统的图标划线来全面限制乡村的土地使用。首先，用好村庄规划编制的有利时机，在坚守底线的前提下，应根据农牧业发展实际和乡村振兴需求，全面修正原有的村庄划线，为农村长远发展预留充足的土地等空间资源。其次，从已编制的村庄规划看，部分行政村由于财力有限，村庄规划编制质量不高，规划内容不全面，未能体现自身特色。一些边、远、散村庄污水处理、垃圾处理等基础设施覆盖率较低。在规划编制中，群众的主体地位体现不够，农村风貌提升效果不够明显。再次，公共服务不均衡，教育、医疗、养老、托育等民生领域还有不少短板，公共卫生应急能力有待提升。

5. 激发农村发展潜力任务仍然繁重

农村是新疆区域经济的重要组成板块，也可以说是区域经济的"半边天"。当前新疆区域发展的动力聚集在城市经济层面，广大农村经济的发展潜力尚未全面发挥出来。从严格意义上讲，县域经济以下的经济范围都涉及农村经济，农村区域分布着新疆各类工矿资源、农牧资源和自然资源，而农村人口占新疆人口的一半左右。长期以来，区域发展改革重点放在城市层面，而农村地区的改革显得相对滞后。农村的营商环境与市场主体的期望值有较大差距。因受土地、环境、自然资源、规划等各种约束，以及指导社会资本进入农村的方案和政策都比较模糊，众多社会资本不知道怎么进入农村和农业。此外，新疆旅游资源基本分布在县域内、分布在原来的乡镇村范围内，但是新疆的乡村旅游未能构建系统化的生产体系、经营体系，与云南等资源条件相似的西部省份相比较，乡村旅游发展水平有较大差距。总之，在新疆现有的农村环境条件下，如何构建经营体系强、产业韧性强、竞争能力强的农业强区是一个十分严肃的政策问题。

由于观念、政策、成效和资金筹措等原因，城乡建设管理部门对城镇建设的关注度较大，但对农村基础设施建设的规划、建设支持力度相对较小。一些管理部门以城镇化建设、开发区建设和房地产开发等效益为工作目标和载体，不断征收城郊乡村的土地等资源，但对农村集体经济组织及其成员土地补偿较少。新疆广大农村在基础设施建设、宅基地改造、农村公共服务体系建设等层面，完全可以成为固定资产投资、劳务性就业和农村消费拉动的热土，但这种发展潜力尚未全面发挥出来。由于农村致富带头人较少，农产品加工业发展力度不够，农村劳动力优势未能全面转化为产业发展优势。农产品的商品化率、市场转化率、精细化管理率仍然较低，在降低涉农产品物流成本层面缺乏有效的工作措施等。

五 政策建议及基本对策

要全面把握习近平总书记关于"三农"工作的重要论述的理论体系，深刻领会蕴含其中的价值观、方法论和"三农"情怀，加快建设农业强区，推进乡村全面振兴不断取得实质性进展、阶段性成果。要将深化农村建设管理体制改革和巩固完善农村基本经营制度作为乡村振兴的重要突破口，彻底保障村集体经济组织合法权利，改革和发展农村生产力，全面激发农村经济潜力，稳步淡化乡村经济计划经济色彩，坚决保障市场经济机制对乡村资源配置的决定性作用。

（一）加大解放思想更新观念力度，全面融入农业现代化进程

要深入学习贯彻习近平总书记关于"三农"工作的重要论述和重要指示精神，站在坚定拥护"两个确立"、坚决做到"两个维护"的政治高度，完整准确全面把握内涵要义和实践要求，不折不扣抓好贯彻落实。要加强自治区党委对全区"三农"工作的全面领导，压实五级书记抓乡村振兴责任，落实农业农村优先发展要求，强化政策支持和要素保障。全区"三农"战线的全体同志要将习近平《论"三农"工作》作为必学内容，开展多形式、分层次、全覆盖的学习培训。要把学习贯彻活动同做好"三农"工作、推动全区乡村振兴结合起来。要改进工作方式方法，加强作风建设，大兴调查研究，顺应自然规律、经济规律、社会发展规律，把握好工作时度效。

要全面解放思想，更新观念，举全区之力，加大"三农"工作改革创新力度，努力赶上和融入全国农业农村现代化发展进程。要全面领会总书记视察新疆工作时提出的"根据资源禀赋，培育发展新增长极"的殷切教导和期望，充分认识到新疆乡村振兴和农业发展在全国的战略地位，采取突破性举措，全力提升新疆对保障国家粮食安全和重要农产品供给的贡献能力。要科学判断和评估新疆农业农村现代化所处的发展阶段，结合新疆的农业发展资源条件和农业现代化发展规律、趋势，合理确定农业强区建设的长远目

标和阶段性目标，提出基本实现新疆农业农村现代化目标的行动纲领和重点工程。要对农村地区进行深入调查，全面掌握广大农牧民群众的实际需求和广大村干部的工作需求，根据基层人民群众需求和基层工作需求，提出相对接地气的工作任务目标和清单，为农业农村发展增添更多活力和动力，全面激发农牧民群众和基层干部的创业精神，不断提高新疆农业农村高质量发展水平。

（二）启动乡村基础设施改造提升工程，缩小城乡差距

城乡经济社会发展最直接的差距体现在基础设施服务能力层面。"十四五"期间，要将天然气入户设施和农村污水处理设施建设作为新疆乡村建设的重点工程，加以统筹规划和建设，全面解决农村能源问题和生态环境问题。条件允许的乡村优先开展天然气管网建设和入户工程，使广大农牧民拥有与县城同样的能源使用条件。要积极探索农村地下管廊建设的新型基础设施建设模式，利用农村区域空间小、村组分布集中、可统筹规划建设综合基础设施等特点，通过集中建设农村地下管廊，将自来水、电、暖、燃气、污水、通信等基础设施进行一体化管廊布置，彻底解决分类建设投入成本高、重复施工影响村庄环境、综合基础设施统一协调管理困难、设施维护成本高等问题。条件允许的农村要规划建设环村公路，为村民机动车辆出行提供更加便利有效的道路交通设施。条块农田建设管理水平较高的乡村，要优先将机耕道硬化纳入乡村公路改造范围。

按照"农村要有农村的样子"的要求，科学合理地编制村庄规划，留足乡村基础设施建设的土地空间，保持乡村生活风貌，减少现代城镇建设景观，多保持天人合一的农村环境风貌。要合理确定村庄布局和建设边界，立足乡土特征、地域特点和民族特色提升村庄风貌，充分尊重农牧民意愿，防止大拆大建、盲目建牌楼亭廊"堆盆景"。要构建符合新疆农村发展实际的公共基础设施管护机制，更多发挥县乡两级要素支撑作用和行业部门的专业保障作用，着力构建系统化、规范化、长效化的建管用并重制度和机制。首先，根据人口、产业、功能等科学规划布局，建立健全市县责任主体、镇村

管理主体、农民受益主体的"三位一体"管护责任体系。其次，要在村集体经济条件较好的地方，探索建立村级运营管护组织或企业。再次，要推动农村生活污水处理设施设备和村庄保洁等专业化运行管护，逐步建立完善有制度、有经费、有队伍的长效管护机制。

（三）打造创业发展型村干部队伍，深度激发乡村发展活力

做大做强农村集体经济组织，使农村集体经济组织成为村里生产经营活动的主体力量，统筹全村的经济社会发展。建立农村集体经济组织职业经理人制度，聘请专业人才或村里致富能手担任农村集体经济组织负责人，全面运营农村集体经济资产，逐步做大做强农村集体经济规模，彻底解决农村集体经济缺乏投入资金和建设资金的问题。要科学合理地建立和改进农村集体经济章程和议事规章制度，既要发挥农村集体经济组织领导的充分决策作用，又要全面保障农村集体经济组织全体股东的合法参与权利。鼓励和支持农村集体经济组织以现金、实物、土地经营权、林权等入股农业企业、农民专业合作社、供销合作社等，探索保底收益、按股分红等合作机制。支持农村集体经济组织成立股份合作社，发展具有区域优势的"一村一品"特色产业。探索成立乡镇联合发展平台，统筹配置辖区内集体资产、土地、项目、财政扶持资金等资源要素，采取以强扶弱、强强联合、友好共建等方式开展村村联合发展。以专项乡村振兴人才工程的方式，引进专业运营人才，盘活南疆众多扶贫资产，逐步实现有效的市场化运营。全面改革和完善村集体经济财务管理制度，全力保障农村集体经济组织市场法人地位和财务独立配置权，全面提高村集体经济组织财务运行效率。积极探索提高村干部合法绩效收入的考核激励机制。

合理开发利用集体土地，发展乡村特色产业。支持依法合理利用村集体机动地、闲散果园、养殖水面以及通过土地清理、土地整理、村庄整治、宅基地盘活等方式增加的资源，发展现代农业、特色产业或用于村级公共服务设施建设。要聚焦粮油、棉花和纺织服装、绿色有机果蔬、优质畜产品等产业集群建设，因地制宜培育发展现代种养殖业、劳动密集型产业、乡村休闲

旅游业等特色优势主导产业，培育发展乡村新产业新业态，加快一二三产业融合发展。要做好"土特产"文章，围绕红枣、核桃、杏、优质牛羊肉、特色美食、民族手工艺品等农特产品，发展"小而精、特而美"的"一村一品""一乡一特"，通过延链、补链、壮链、强链，把好资源转化为好品牌，把好品牌转变为好收益。要强化规划引领，优化产业布局，促进产村融合。要强龙头、补链条、兴业态、树品牌，推动乡村主导产业做大做强、做精做优。

（四）大力推进村容村貌环境整治行动，全面提升农村环境品质

按照人居环境建设行动计划的要求，在全区范围内进行相对彻底的村庄环境综合整治工程。各地州、县市、乡镇、村组领导要亲自挂帅，层层签订军令状，压实主体责任，按照"六好建设"要求，对全区农村进行一次全覆盖彻底深入的整治行动。可采用脱贫攻坚战期间的工作体制机制，加大督导督查力度，坚决打赢环境整治攻坚战。通过强化监督与指导，实现社会监督常态化，提升农村人居环境治理效能。在完善监督机构、健全规范程序的基础上，通过"随手拍""红黑榜"等活动建立监督奖惩机制，实现"人人监督人居环境"的良好氛围，激发村民有效参与的内生动力。要特别注意工作作风建设，以保持农村自然风貌和干净整洁为主，不能搞大拆大建，不能搞刷墙等形象工程和一些低级景观工程，不能让百姓增加任何公共环境建设支出。改进村容村貌工作要充分考虑村里的经济、社会、生态等因素的差异性，要同当地的文化和风土人情相协调。农村厕所改造工作也要符合当地的发展实际，选择合适的改造模式，新阶段着力解决牧区村组、偏远区域、人员稀少区域的农户厕所改造问题。

建立健全农民参与机制和社会动员机制。通过农牧民群众喜闻乐见的形式，加大宣传引导力度，不断提高广大农牧民建设美丽庭院、美丽村庄的认识，激发村庄生态环境保护和环境综合整治的内在动力，增强农牧民在村容村貌整治中的主人翁意识。多采取鼓励、奖励、评选、"积分兑换"等方式，不断增强农牧民建设美好家园的热情和荣誉感。要鼓励农牧民全面参与

村容村貌综合整治和重要设施改造建设的讨论，让热情参与环境建设的村民代表等发挥更大作用。突出基层党组织领导效能的同时，合理调动整合社会资源，形成农村人居环境整治合力。既引导农村集体经济组织、农民合作社等积极发挥作用，又以乡情乡愁为纽带，吸引和凝聚各方人士支持家乡建设。

（五）探索实施农产品溯源体系工程，构建标准化生产经营体系

新疆特色农产品溯源体系建设是新疆农业农村现代化的标志性工程之一，要充分认识特色农产品溯源体系建设的重大意义，将其作为新疆农业农村现代化重大工程加以推进。特色农产品溯源体系建设，将全面实现数字赋能特色农业生产环节，提高产品集约化、规范化生产水平，增强"一村一品"品牌集约化能力和龙头带动能力，配置和提升冷链预处理包装环节功能，构建高效的商品化流通体系和电商物流配送体系。农产品溯源体系建设将全面加速新疆特色农产品的标准化生产进程，从源头上着重保障特色农产品的质量，可进一步维护新疆特色地理标志农产品的品牌形象和提升市场销售收益。

要在新疆各地州、县市、乡镇、村组广泛开展农产品溯源体系建设试点和示范，积极探索并推广低成本数字化配置模式和真空包装模式等，逐步扩大农产品溯源体系规模和冷链物流体系规模，不断提升新疆土特农产品标准化生产水平、一体化销售水平、规范化包装水平、便利化识别水平和高效率配送水平。要及时总结归纳各地州、县市、乡镇、村组已有溯源体系建设的有效案例，梳理好溯源企业的技术、包装、冷链预处理等资源要素，加大对溯源企业的支持、培育和奖励力度，将新疆土特农产品行业引领到数字化发展的大趋势中，彻底突破新疆土特农产品的原始生产格局、零散化收购格局、低效率配送格局和低价值销售格局，从源头上增强特色农业的数字化发展运营水平。

（六）深化土地资源配置改革，增加农牧民资产性收入

深化农村土地制度改革，赋予农民更加充分的财产权益。依托全区宅基

地改革试点和村集体建设用地入市试点，及时总结评估较好的改革试点做法，依托政策导向不断扩大改革试点范围，允许各地结合实际积极探索改革实践。要避免以城镇化建设、开发区建设、重点项目建设等为缘由不断改变村集体土地性质。在各类开发区、园区建设中，更多地采取租赁等方式，全面保障村集体用地的直接收益，且参照同等区域城镇土地市场化价格对村集体土地租赁提供合理经济收入。在宅基地改革进程中，全面保障农牧民的权益，要尊重历史事实，以保障农牧民权益为前提妥善处理历史遗留问题。改革工作中，要充分尊重农牧民意愿，在农牧民自愿的前提下以充分市场化手段推进改革工作，要从增加农牧民资产性收入的视角推进改革。要尽量保持宅基地使用制度和政策的稳定性，稳慎推进宅基地改革，保障进城落户农牧民的合法土地权益，鼓励依法自愿有偿转让，更多地使用租赁经营的方式推进闲置宅基地盘活和经济效益转化工作。

依托自治区改革领导小组办公室，专题研究部署全区农村土地资源配置改革。首先，要全面总结全区已经形成的改革试点经验，给予科学合理的评价和认可，按照相关政策导向，稳步将较好的经验在全区范围内进行推广试点。其次，要组织专业化改革政策力量，到国内沿海发达地区和相关权威政策研究机构，专题调研农村土地资源配置改革工作，要将切实可行的成功的改革实践经验，结合实际在区内试点、实施和铺开。再次，要赋予农村集体经济组织一定的配置辖区农村土地资源的权力，全面提高村"两委"参与辖区空间规划的参与程度。在坚守底线的前提下，合理调整乡村土地资源利用空间规划，全面保障村里的乡村振兴建设用地需求和公共基础设施便利化建设需求。最后，农村土地资源配置改革的方向和重点放在"租赁经营""共建共享"等市场化资源配置层面，使村集体经济组织行为更具开放性和市场性。

深化农村改革，必须继续把住处理好农民和土地关系这条主线，把强化集体所有制根基、保障和实现农民集体成员权利同激活资源要素统一起来，让广大农民在改革中分享更多成果。因此，改革的目的是激活农村土地资源的有效使用配置活力，通过农牧户或者现实房屋使用者房屋要素，提升农村土地或宅基地的使用效率和流通效率，最终增加农牧户的资产性收益。要通过扩大农牧民土地使用权和房屋财产权的使用范围，允许农牧民以合理合法合规协议的方式转让使用权，确定最长租赁年限。允许农村宅基地按照乡村房屋建设规范，进行地面两层、地下一层的房屋全面改造，以拉动农牧地区的固定资产投资增长和劳务工程性建筑行业发展，培育农牧民收入和农村经济新的增长点。

新疆农村土地和农牧民宅基地资源条件与内地省区市有一定的区别，区内农区和牧区之间也存在差别，广阔的边境区域和易地扶贫搬迁区域也存在一定的特殊性。因此，在开展全区农村土地资源配置改革工作中，坚决不能搞"一刀切"，要在相关法律法规和政策允许前提下，结合新疆的地域实际，以及一些历史事实和遗留情况，以"以人民为中心"的发展思想为指导，以将更多利益让给群众和百姓为原则，开展农村土地和宅基地资源普查和确权工作，将一定范围和面积的土地和宅基地的研判确认权交给村"两委"或农村集体经济组织，以历史事实和已有各类凭据为依据，尊重和认可村民大会的决议，赋予农牧民更加充分的财产权益。

（七）强化村规民约法治建设，推动乡村现代文明

改革完善"三农"工作体制机制，全面增强农村基层党组织核心引领作用，优化和增强村干部队伍建设，打造政治过硬、适应新时代要求的"三农"干部队伍，将农村党组织打造成坚强有力、凝聚力强的基层堡垒。完善村规民约体系，加强乡村法治建设，增强农村社会群众性自组织能力，不断提升乡村系统治理水平。进一步深化农村管理体制改革，除加强党的基层组织建设、平安乡村、粮食安全等工作之外，全面减少对农村工作的各类行政干预，减少各类检查、会议、表格等。强化农村改革创新，在坚守底线的前提下，鼓励各地开展实践探索和制度创新。全面贯彻落实《村集体经济组织法》、党的群众工作路线要求和主题教育活动要求，着力改革县乡两级经济管理体制，全面减少对村级事务的计划经济管理和过度行政管理，实现由"管理型"县乡体制彻底向"服务型"县乡体制转变。相对于国有经

济，农村集体经济具有一定的生产决策权和自组织能力。依托村"两委"和村集体经济组织，农村拥有更加广泛全面的群众自组织能力。除粮食安全之外，生产什么、生产多少等问题必须由村集体经济组织自行确定。要减少农村一切带有计划经济色彩的行政干预，更多发挥市场机制对乡村经济的调节作用。

加强村规民约建设，不断提升农村现代文明建设水平。强调乡村塑形与铸魂并重、物质文明与精神文明协调，以"和"的理念滋润人心、德化人心、凝聚人心，确保农村人心向善、稳定安宁，培育和践行社会主义核心价值观。铸牢中华民族共同体意识，激励各族农民群众更加自信自强、团结和谐、艰苦奋斗，推动形成新时代乡村振兴的强大精神力量。着眼乡村治理体系和治理能力的现代化，推进人的现代化，促进农民全面发展。坚持和发展新时代"枫桥经验"，建设平安乡村，促进农村和谐稳定。持续推进农村移风易俗，引导广大群众破除陈规陋习、培树文明新风。引导农村社会树立喜事新办、丧事简办、节俭养德、弃恶扬善、诚实守信等文明风尚。突出村民自治，以广大农民群众喜闻乐见、易于接受的方式，推动农民群众自觉践行移风易俗，创文明乡风、树良好家风、育淳朴民风。向广大群众发放村规民约、现代文明倡议书等宣传材料，讲解移风易俗和文明健康新风尚相关内容，引导广大农牧民从自身做起、从小事做起，争做移风易俗的践行者和传播者，为创建文明和谐社会贡献力量。

B.2

2018~2022年新疆乡村振兴战略
成效评价及对策研究

吾斯曼·吾木尔 如山古丽·吾斯曼*

摘　要： 新疆始终坚持农业农村优先发展，保障粮食和重要农产品稳定安全供给，坚持城乡融合发展，全面推进乡村振兴，加快建设农业强区。本研究在深入分析新疆乡村振兴战略成效和现状的基础上，遵循乡村发展规律，立足全区农业农村发展的阶段性特征和南北疆农业农村发展的不同特点，根据乡村振兴战略实施目标，对新疆乡村振兴成效进行动态评价。研究表明：2018~2022年，新疆乡村振兴综合水平呈逐年上升趋势，产业兴旺、生态宜居、乡风文明、治理有效和生活富裕水平也呈现逐年上升趋势。报告针对产业基础薄弱、人才缺乏、农村改革亟待突破、生态环境问题依旧严峻等问题，提出加快三次产业融合发展、强化乡村振兴人才支撑、激发改革创新的活力、强化人与自然和谐共生等对策建议。

关键词： 乡村振兴　农业农村现代化　乡村转型　新疆

实施乡村振兴战略，是以习近平同志为核心的党中央从党和国家事业全局出发、着眼于实现"两个一百年"奋斗目标、顺应亿万农民对美好生活

---

* 吾斯曼·吾木尔，管理学博士，新疆社会科学院农村发展研究所副研究员，研究方向为区域经济；如山古丽·吾斯曼，新疆社会科学院经济研究所研究实习员。

的向往做出的重大战略决策，是决胜全面建成小康社会、全面建成社会主义现代化国家的重大历史任务，是新时代做好"三农"工作的总抓手。新疆各级党委、人民政府坚持以习近平新时代中国特色社会主义思想为指导，全面贯彻党的二十大和中央经济工作会议、中央农村工作会议精神，深入贯彻习近平总书记关于"三农"工作的重要论述，完整准确贯彻新时代党的治疆方略，坚定不移贯彻新发展理念，围绕补短板、强弱项、抓重点，加快农业农村现代化，扎实推进乡村振兴战略。

实施乡村振兴战略影响深远、意义重大，为了确保乡村振兴各项目标任务如期完成并取得实效，需要构建一个功能完善、科学简便、适应性强的乡村振兴战略实施成效评价指标体系，对其进行定量评价和动态检测。国内学者相关探索研究缺乏对五大目标任务的整体理论解构，评价指标体系中多数指标欠缺因地制宜的地域性特征，难以适用新疆的特殊环境。本研究立足新疆区情实际，对全区实施乡村振兴战略的成效做出阶段性评价，利用 AHP 法对新疆乡村振兴成效进行测度和定位，以期为乡村振兴发展提供理论基础和方法借鉴。

一 新疆实施乡村振兴战略现状和成效

（一）围绕产业兴旺，建设特色现代农业

1. 打造特色鲜明的农产品优势区

大力实施乡村振兴战略，优化农业资源配置和生产力布局，推进以粮食、棉花、特色林果业、畜牧为代表的特色农业向产业化、市场化、优质化发展，打造产业融合、优势聚集的农产品优势区和生产力布局。[①] 2022 年，新疆粮食总产量 1813.5 万吨，比 2018 年增长 309.27 万吨，年均增长率

---

① 艾尔肯·吐尼亚孜：《2022 年新疆维吾尔自治区政府工作报告》，《新疆日报（汉）》2022年 2 月 7 日，第 2、3 版。

4.79%，粮食连续 5 年实现丰产增产，粮食安全得到有效保障；棉花总产量 539.06 万吨，比 2018 年增长 27.96 万吨，棉花面积、单产、总产、商品调拨量连续 20 余年居全国首位，全国优质商品棉基地的地位更加稳固；肉类产量 198.7 万吨，奶类 222.58 万吨，禽蛋 38.22 万吨，比 2018 年分别增长 36.74 万吨、24.57 万吨、0.92 万吨，年均增长率分别为 5.24%、2.97%、0.61%，建成了全国重要的畜产品生产基地（见表 1）；实施林果业提质增效工程，林果质量、效益实现双提升，2022 年特色林果产量 1815.60 万吨，比上年增产 1.5%[①]，建成了全国最大的优质特色林果基地。

表 1　2018~2022 年新疆主要农产品产量

单位：吨

主要农产品	2018 年	2019 年	2020 年	2021 年	2022 年
粮食	15042300	15270700	15834000	17357800	18135000
棉花	5111000	5002000	5161000	5128500	5390600
奶产	1980100	2094000	2069000	2219000	2225800
肉类	1619600	1707400	1737000	1830800	1987000
禽蛋	373000	405000	402000	410000	382200

资料来源：根据国研网数据整理计算。

2. 以市场需求为导向，深入实施推进农业产业化

新疆加快推进农产品加工业发展，2021 年上半年新疆农产品加工总产值超 800 亿元。[②] 有序扩大"四级"农业产业化龙头企业雁阵，目前全区"四级"农业产业化龙头企业达 1617 家，其中国家级 57 家，[③] 通过"龙头企业+合作社+农户"等多种模式，鼓励引导农民以资产、劳动力、土地经

---

① 《新疆维吾尔自治区 2022 年国民经济和社会发展统计公报》，新疆维吾尔自治区人民政府官网，2023 年 3 月 28 日，http：//www.xinjiang.gov.cn/xinjiang/tjgb/202303/a527e6eb22524 c40 bc7fca952a05710e.shtml。

② 刘毅：《新疆：深耕产业链　质效双提升》，人民网，2021 年 8 月 23 日，https：//xj.people.com.cn/n2/2021/0823/c186332-34879603.html？ivk_sa=1023197a。

③ 江斌伟：《新疆壮大"四级"农业产业化龙头企业雁阵》，《乌鲁木齐晚报（汉）》，2023 年 6 月 1 日，第 2 版。

营权入股，推动农村产权改革，盘活农村资源资产，促进农业发展、农民增收、农村繁荣。以乡村特色优势产业为支撑，推进5个现代农业产业园、4个优势特色产业集群、28个农业产业强镇、134个农业产业化联合体建设，形成了具有核心竞争力的优势特色产业带，产业发展水平迈上新台阶。① 不断加速乡村产业融合，推进粮油、棉花和纺织服装、绿色有机果蔬、优质畜产品等产业集群建设，努力打造一批综合产值超千亿的农业产业集群和超百亿的重点链。目前，全区有薄皮核桃、香梨、葡萄、伊犁马、棉花、褐牛等6个产业集群，全产业链产值均突破百亿元。②

3. 打造农业发展"升级版"，助力一二三产融合发展

培育壮大特色优势产业、强化农产品产销对接、加快"农业农村+文化旅游"深度融合发展，共同加快构建全区现代农业产业体系，培育全国乡村旅游重点村（镇）42个、自治区乡村旅游重点村70个，推介精品农庄42个、精品线路60条，打造旅游民宿5734家。③ 2023年前三季度，全区接待乡村旅游游客约8056.67万人次，同比增长81.69%，实现乡村旅游收入278.33亿元。④ 发展线上展销、农村电商、直播带货等新业态新模式，打造电子商务进农村综合示范县51个，实现脱贫县全覆盖。通过创新推进农产品电商销售、"县长直播带货"、抖音销售、"云签约"等新营销模式，2023年，网络零售额、农村网络零售额、农产品网络零售额分别实现640.93亿元、338.88亿元、193.20亿元，实现同比增速23.68%、31.07%、22.81%，分别高出全国平均水平10.57、14.55、11.72个百分点。⑤ 新疆农产品网络零

---

① 刘毅：《优先发展农业农村　全面推进乡村振兴》，《新疆日报（汉）》2021年10月15日，第2版。

② 陶拴科：《新疆全面推进乡村振兴　多措并举建设农业强区》，新疆兴农网，2023年5月23日，https://www.xjxnw.com/c/2023-05-26/1872862.shtml。

③ 刘毅：《优先发展农业农村　全面推进乡村振兴》，《新疆日报（汉）》2021年10月15日，第2版。

④ 任红、姚刚：《2.65亿人次！新疆2023年接待游客创历史新高》，《新疆日报（汉）》2024年1月11日，第1版。

⑤ 黑宏伟：《2023年新疆网络交易额首次突破3000亿元》，《新疆日报（汉）》2024年1月24日，第3版。

售额中，水果、坚果、畜禽分别占比55.34%、12.53%、7.78%。农产品品类中，枣、葡萄干、核桃较受欢迎。

4.质量兴农、绿色兴农取得新的突破

新疆全面推进绿色、特色、优质农产品品牌建设，加快推进农业由增产导向转为提质导向，突出农业绿色化、优质化、特色化、品牌化。围绕粮油、优质林果等特色农产品，鼓励农业产业化重点龙头企业、合作社、家庭农场等经营主体积极申报绿色食品，因地制宜发展有机农产品，加强农产品地理标志登记保护，让特色农产品有了绿色"身份证"。推行"展会+绿色食品、有机农产品""互联网+绿色食品、有机农产品"模式，创建全国绿色食品原料标准化生产基地93个，共1368.91万亩。①

5.农业装备和信息化水平不断提升

加快实现生产智能化、管理数据化，不断推动物联网、智慧农业、人工智能技术在农业各领域的融合应用。农机装备结构优化升级，全区农机总动力达2531万千瓦，采棉机保有量达4574台，拖拉机、联合收割机保有量64.5万台。农机作业水平不断提高，农作物综合机械化水平达85.7%，农林牧渔综合机械化水平达71%。通过加快粮棉和特色作物全程机械化技术示范区建设，有效推动大型、高端、智能农业机械推广应用，为全区现代农业发展提供了重要装备支撑。②

（二）围绕生态宜居，建设清新富饶美丽乡村

1.人居环境整治取得突破

随着新疆全面推进开展"千村示范、万村整治"工程，新疆天山南北万千乡村已焕发出新的面貌。新疆各地因地制宜推进农村人居环境整治工作，9180个行政村开展村庄卫生治理，实现村庄清洁行动全覆盖，14个地

---

① 艾尔肯·吐尼亚孜：《2022年新疆维吾尔自治区政府工作报告》，《新疆日报（汉）》2022年2月7日，第2、3版。

② 刘治文：《2022年新疆农业机械化工作取得显著成效》，农业农村部农机推广与监理网，2023年3月30日，http://www.came.net.cn/contents/269/88821.html。

州市均进行了农村卫生厕所的新建、改造，农村生活垃圾和污水处理水平大幅提升，农牧民生活环境持续改善。[1] 全区科学实施农村"四旁"绿化，重点支持1000个村庄开展绿化美化，全区2022年完成村庄绿化面积10.49万亩，种植各类绿化苗木812.55万株；同时还进一步重视村庄公共活动空间的布局和建设，统筹行业部门力量，统领乡村容貌特色，保持村内街巷清洁，构建干净、整洁、有序的乡村空间。[2]

2. 全面推进农村"厕所革命"

新疆把农村改厕作为农村人居环境整治的重中之重，及时指导各地抓紧制定改厕实施方案，坚持宜水则水、宜旱则旱、简单实用、成本适中、群众接受的原则，合理选择改厕模式。2022年，新疆共新建农村卫生厕所6.1万座。2023年计划完成新建户厕3.5万座，整改问题户厕20.5万座。[3]

3. 加快推进村庄清洁行动

农村人居环境整治三年行动任务圆满完成后，自治区持续加大资金投入，加强环卫配套设施建设，农村生活垃圾收集、转运和处置体系不断健全，形成了"户集、村收、乡镇转运、县市处理""户集、村收、乡镇处理""户集、村收、就近处理"等多种农村垃圾治理模式。自新疆所有行政村开展村庄清洁行动以来，累计清理农村生活垃圾1133.96万吨。哈密市伊吾县、喀什地区叶城县、乌鲁木齐市乌鲁木齐县被农业农村部、国家乡村振兴局评为2022年"全国村庄清洁行动先进县"。[4]

4. 加快重要生态系统保护和修复工程

新疆聚焦乡村建设和农村人居环境整治，持续提升乡村的发展品质，打造美丽宜居乡村，完善乡村基础设施建设，更好满足广大群众对美丽家园、

---

① 刘毅：《优先发展农业农村　全面推进乡村振兴》，《新疆日报（汉）》2021年10月15日，第2版。

② 李道忠、商维先：《新疆：推进人居环境整治　建设美丽乡村》，中国农网，2023年4月15日，https：//www.farmer.com.cn/2023/04/15/99926498.html。

③ 曹华：《新疆稳妥有序推进农村厕所革命》，《新疆日报（汉）》2023年7月3日，第2版。

④ 李道忠、商维先：《新疆：推进人居环境整治　建设美丽乡村》，中国农网，2023年4月15日，https：//www.farmer.com.cn/2023/04/15/99926498.html。

美好生活的追求。深入开展生态文明体制改革综合试验,实施乡村山水林田湖草生态保护和修复工程,完善生态系统保护制度,有力地促进了乡村自然生态系统功能和稳定性的提升,切实全面改善农村生产、生活、生态环境,提升广大农牧民的获得感、幸福感和安全感。开展草原生态保护与修复,深入实施退牧还草和退化草原修复治理试点工程。"十三五"以来,新疆累计完成重点区域生态系统保护与修复工程 5166 平方公里、"三北"防护林工程 1.01 万平方公里、塔里木盆地周边防沙治沙工程 546.93 平方公里、退耕还林 3195.87 平方公里、退耕还草 676.66 平方公里、退化草原生态修复治理 4014 平方公里、防沙治沙综合示范林 61.8 平方公里。① 全区共设立沙化土地封禁保护区 46 个,面积达 5393 平方公里,占全国封禁保护区面积的 30.44%,其中"十三五"以来新增沙化土地封禁保护区 28 个,面积达 2983.98 平方公里。全区国家沙漠公园总数达 27 个,保护沙漠面积 1919 平方公里,其中"十三五"以来新增国家沙漠公园 9 个,保护沙漠面积达 341.63 平方公里。②

(三)围绕乡风文明,繁荣兴盛农村文化

1. 文化润疆工程稳步推进

坚持以社会主义核心价值观引领文化建设,坚定不移举旗帜、聚民心、育新人、兴文化、展形象,深入实施文化润疆工程,铸牢中华民族共同体意识。③ 提高社会文明程度,提升公共文化服务水平,推动创作一批文化艺术精品,繁荣发展文化事业和文化产业。

2. 覆盖城乡的公共文化体系逐步建立,文化事业实现快速发展

广泛开展送文化设备、文化产品、文艺演出下基层活动,免费开放各级"四馆一站"。强化乡村文化阵地建设,县级图书馆、文化馆实现全覆盖,

---

① 尹素萍:《新疆:从"沙进人退"到"绿进沙退"》,《中国绿色时报》2023 年 7 月 4 日,第 2 版。
② 尹素萍:《新疆:从"沙进人退"到"绿进沙退"》,《中国绿色时报》2023 年 7 月 4 日,第 2 版。
③ 雪克来提·扎克尔:《2021 年新疆维吾尔自治区政府工作报告》,《新疆日报(汉)》2021 年 2 月 7 日,第 1 版。

各族干部群众的精神文化生活不断丰富。提高社会文明程度，提升公共文化服务水平，推动创作一批文化艺术精品，繁荣发展文化事业和文化产业。[①]坚持文化为民，全区1130个文化站、63个博物馆、117个文化馆、110个公共图书馆、57个美术馆实施免费开放。因地制宜建设文化大院、文化中心、文化广场、乡村戏台、非遗传习场所等主题文化功能空间，打造乡村"半小时文化圈"。加强县级公共图书馆、文化馆总分馆建设，96个县（市、区）建成分馆1998个。[②]加快推进公共数字文化建设，全区完成公共数字文化服务提档升级项目1796个。大力实施"春雨工程"，大力开展"文化志愿者边疆行"活动。实施"大讲台""大舞台""大展台"项目220余个，派出精干文化志愿者队伍近260支、人员近4000人，开展各类文化艺术专题讲座280余场次、演出420余场次、展览480余场次，直接受益群众100万余人次，受到了各族群众的热烈欢迎。[③]

（四）围绕生活富裕，增强农民获得感幸福感

1. 人民生活逐步改善

新疆深入推进农业农村现代化，经济实力持续增强，农民收入稳步提升，农村居民生活持续改善。2022年，人均GDP达68552元，2018~2022年年均增长率为8.49%；农村居民家庭恩格尔系数31.8%，2018~2022年年均增长率为-0.37%；农村居民人均可支配收入16550元，2018~2022年年均增长率为8.43%（见表2）。

---

① 雪克来提·扎克尔：《2021年新疆维吾尔自治区政府工作报告》，《新疆日报（汉）》2021年2月7日，第1版。

② 《新时代新疆文化和旅游工作概况——党的十八大以来新疆文化和旅游工作取得历史性成就、发生历史性变革》，中国旅游新闻网，2022年10月15日，http：//www.ctnews.com.cn/news/wntent/2022-10/15/content_131787.html。

③ 《新时代新疆文化和旅游工作概况——党的十八大以来新疆文化和旅游工作取得历史性成就、发生历史性变革》，中国旅游新闻网，2022年10月15日，http：//www.ctnews.com.cn/news/content/2022-10/15/content_131787.html。

表2 2018~2022年新疆经济发展部分指标

年份	人均GDP（元）	农村居民家庭恩格尔系数（%）	农村居民人均可支配收入（元）
2018	49475	32.27	11975
2019	54280	—	13122
2020	53593	32.2	14056.1
2021	61725	30.5	15575
2022	68552	31.8	16550

资料来源：根据国研网数据整理计算。

2.持续改善民生

教育质量不断提升，全面实施农村学前3年和南疆四地州15年免费教育，实现适龄儿童和青少年就学全覆盖、国家通用语言文字教育教学全覆盖、家庭经济困难学生资助全覆盖，义务教育由基本均衡向优质均衡迈进。[①] 在全国率先试行农村户籍人员在所在地公立医院"先诊疗、后付费"一站式结算。持续开展城乡居民免费健康体检，全面落实结核病"应查尽查、应治尽治"，乡镇卫生院和村卫生室标准化率达到100%；[②] 三项社会保险参保人数达到2082.36万人次、增长31.95%，企业退休人员基本养老金和城乡居民基础养老金分别提高20.8%和34.8%，城乡低保标准分别提高44%和53%；[③] 建设城镇各类保障性住房98.8万套，建成农村安居房56.98万套，开工改造老旧小区4879个、涉及居民75.38万户；实施"煤改电"工程，南疆110万农户实现了清洁取暖。[④]

---

① 艾尔肯·吐尼亚孜：《2023年新疆维吾尔自治区政府工作报告》，《新疆日报（汉）》2023年1月17日，第3版。

② 艾尔肯·吐尼亚孜：《2023年新疆维吾尔自治区政府工作报告》，《新疆日报（汉）》2023年1月17日，第3版。

③ 艾尔肯·吐尼亚孜：《2023年新疆维吾尔自治区政府工作报告》，《新疆日报（汉）》2023年1月17日，第3版。

④ 艾尔肯·吐尼亚孜：《2023年新疆维吾尔自治区政府工作报告》，《新疆日报（汉）》2023年1月17日，第3版。

二　新疆实施乡村振兴战略成效评价

（一）新疆实施乡村振兴战略成效评价指标体系构建

本研究围绕乡村振兴战略的总体要求，以符合新疆区情实际为基础，以完成新疆目标任务为导向，总结提炼工作成果，参照产业兴旺、生态宜居、乡风文明、治理有效、生活富裕等 5 项子目标 21 项具体分类指标组成新疆实施乡村振兴战略成效评价指标体系（见表3）。

表 3　新疆实施乡村振兴战略成效评价指标体系

	分类	主要指标	单位	指标性质
新疆乡村振兴战略成效评价体系	产业兴旺	农村居民人均可支配收入	万元	正向
		第一产业增长值	亿元	正向
		农业机械总动力	万千瓦	正向
		有效灌溉面积	公顷	正向
		粮食每公顷产量	吨	正向
	生态宜居	畜禽粪污综合利用率	%	正向
		对生活垃圾进行处理的村占比	%	正向
		对生活污水进行处理的村占比	%	正向
		农村卫生厕所普及率	%	正向
		乡村绿化覆盖率	%	正向
	乡风文明	县级及以上文明村和乡镇占比	%	正向
		电视人口覆盖率	%	正向
		村党组织书记兼任村委会主任的村占比	%	正向
		集体经济强村比重	%	正向
	治理有效	农村特困人员集中供养人数	人	正向
		农村居民最低生活保障人数	人	正向
		调解纠纷	份	正向
	生活富裕	城乡居民收入水平比		负向
		农村居民恩格尔系数	%	负向
		通硬化路的建制村占比	%	正向
		农村集中供水率	%	正向
		农村居民基本医疗保险参保率	%	正向

（二）新疆实施乡村振兴战略成效评价结果

1. 新疆实施乡村振兴战略成效评价综合水平

本部分采用熵值法，测评了新疆乡村振兴战略成效总体发展水平。如表4所示，新疆乡村振兴战略成效综合水平呈逐年上升趋势，乡村振兴步伐正逐年加快。新疆实施乡村振兴战略成效综合水平由2018年的0.95增长到2022年的1.65，年均增长15%，实现快速增长，评估结果符合新疆乡村振兴战略进展的实际情况。

表4　新疆实施乡村振兴成效评价综合水平

年份	乡村振兴成效评价综合水平
2018	0.95
2019	1.15
2020	1.49
2021	1.58
2022	1.65

2. 新疆实施乡村振兴战略成效评价的分领域分析

（1）产业兴旺水平评价

产业兴旺既是推动乡村振兴的核心动能，也是实现乡村振兴的关键因素，本部分将进一步分析新疆产业兴旺水平及各指标因素情况。从表5可以看出，新疆产业兴旺水平也呈逐年上升趋势，从2018年的0.32增长到2022年1.13，年均增长37%，高于乡村振兴综合水平。

从准则层内各指标来看，5项指标中，农村居民人均可支配收入、第一产业增长值、农业机械总动力、有效灌溉面积和粮食每公顷产量等5个指标均保持增长态势，分别从2018年的0.29、0.25、0.37、0.70、0.00增长到2022年的1.09、1.11、1.16、1.25、1.06，其中农村居民人均可支配收入和第一产业增长值两项指标增长速度高于产业兴旺水平，年均增长率分别为39%、45%（见表5）。

表5　新疆产业兴旺和准则层内各指标情况

年份	农村居民人均可支配收入	第一产业增长值	农业机械总动力	有效灌溉面积	粮食每公顷产量	产业兴旺水平
2018	0.29	0.25	0.37	0.70	0.00	0.32
2019	0.61	0.71	0.76	0.00	0.76	0.57
2020	1.00	1.00	1.00	1.08	1.00	1.02
2021	1.04	1.03	1.12	1.13	1.02	1.07
2022	1.09	1.11	1.16	1.25	1.06	1.13

（2）生态宜居水平评价

良好的生态环境是守住乡村劳动力、实现乡村可持续发展的关键。生态宜居既是乡村振兴的基础要求，也是构建良好的乡村人居环境的核心要求。乡村是农民生产、生活的基本载体，建设生态宜居的家园既是吸引外流人口回乡创业的保障之一，也是践行习近平总书记"绿水青山就是金山银山"思想的核心所在。从表6可以看出，新疆乡村生态宜居水平上升较快，由2018年的1.26增长到2022年的1.91，年均增长11%。

表6　新疆生态宜居和准则层内各指标情况

年份	畜禽粪污综合利用率	对生活垃圾进行处理的村占比	对生活污水进行处理的村占比	农村卫生厕所普及率	乡村绿化覆盖率	生态宜居水平
2018	1.30	1.28	1.29	1.41	1.04	1.26
2019	1.48	1.88	1.71	1.59	1.18	1.57
2020	1.66	2.10	2.00	1.85	1.18	1.76
2021	1.79	2.15	2.01	1.90	1.24	1.82
2022	1.91	2.24	2.03	2.01	1.36	1.91

2018~2022年，新疆生态宜居各指标上升速度有所不同，畜禽粪污综合利用率、对生活垃圾进行处理的村占比、对生活污水进行处理的村占比分别

由 1.30、1.28、1.29 增长到 1.91、2.24、2.03，均保持 10% 以上的年均增长率。农村卫生厕所普及率、乡村绿化覆盖率分别由 1.41、1.04 增长到 2.01、1.36，年均增长率分别为 9%、7%。

（3）乡风文明水平评价

乡村振兴除提高村民物质生活水平以外，满足村民精神层面的需求也是非常重要。从表 7 可以看出乡风文明水平由 2018 年的 1.16 增长到 2022 年的 1.66，年均增长 9%。从准则层内各指标来看，4 项指标均保持增长态势，其中集体经济强村比重、县级及以上文明村和乡镇占比从 2018 年的 1.19、1.04 增长到 2022 年的 2.61、1.39，保持年均 22%、8% 的增速。村党组织书记兼任村委会主任的村占比、电视人口覆盖率 2 项指标分别实现 4%、0.3% 的年均增速。

表 7　新疆乡风文明和准则层内各指标情况

年份	县级及以上文明村和乡镇占比	电视人口覆盖率	村党组织书记兼任村委会主任的村占比	集体经济强村比重	乡风文明水平
2018	1.04	1.01	1.40	1.19	1.16
2019	1.07	1.01	1.50	1.80	1.35
2020	1.14	1.01	1.60	2.27	1.51
2021	1.23	1.02	1.61	2.43	1.57
2022	1.39	1.02	1.62	2.61	1.66

（4）治理有效水平评价

基层治理是乡村振兴的基础，加快推进乡村治理体系和治理能力现代化、破解农村发展不充分难题是"三农"工作的重要任务。2018～2022 年，新疆农村治理有效水平由 1.00 增加到 2.40，年均增长 25%。农村特困人员集中供养人数、农村居民最低生活保障人数、调解纠纷分别由 1.00、1.00、1.01 提升到 2.11、2.47、2.61（见表 8）。

表8　新疆治理有效和准则层内各指标情况

年份	农村特困人员集中供养人数	农村居民最低生活保障人数	调解纠纷	治理有效水平
2018	1.00	1.00	1.01	1.00
2019	1.21	1.34	1.18	1.24
2020	2.03	2.43	1.98	2.15
2021	2.09	2.46	2.43	2.33
2022	2.11	2.47	2.61	2.40

（5）生活富裕水平评价

乡村振兴的最终目标在于保证农民过上富裕的生活。从表9可以看出，2018～2022年，新疆农村居民生活富裕指数由0.99增长到1.16，年均增长4%。从准则层内各指标来看，城乡居民收入比、农村居民恩格尔系数、通硬化路的建制村占比（具备条件的）、农村集中供水率、农村居民基本医疗保险参保率水平呈增长趋势，分别由0.94、0.94、1.01、1.02、1.02增长到1.19、1.03、1.23、1.34、1.03。

表9　新疆生活富裕和准则层内各指标情况

年份	城乡居民收入比	农村居民恩格尔系数	通硬化路的建制村占比	农村集中供水率	农村居民基本医疗保险参保率	生活富裕水平
2018	0.94	0.94	1.01	1.02	1.02	0.99
2019	0.97	0.91	1.03	1.06	1.02	1.00
2020	1.00	1.00	1.03	1.10	1.02	1.03
2021	1.08	1.01	1.16	1.21	1.03	1.10
2022	1.19	1.03	1.23	1.34	1.03	1.16

三 新疆提升乡村振兴战略成效面临的困境和对策建议

（一）新疆提升乡村振兴战略成效面临的困境

实施乡村振兴战略是以习近平同志为核心的党中央做出的重大决策，在农业农村发展历史进程中具有里程碑意义，是广大农民群众的殷切期盼。必须抢抓机遇，发挥优势，推动农业农村全面发展，确保农业农村现代化建设迈出更加坚实步伐。经过几年的快速发展，新疆乡村振兴取得明显成效，但也面临一些困境，主要表现在：第一，产业基础薄弱，品牌效应有待提升。农业品牌化、特色化、优质化、绿色化还得进一步加强，农业由增产导向转向提质导向还不明显；农业品牌市场认知度还不高，品牌溢价能力还不强；农村一二三产业融合发展不够，农业比较效益低；农业产业链条短，农产品加工转化能力不足。第二，乡村人才普遍缺乏。乡村人才总量不足、素质偏低、结构失衡、老龄化严重等问题较为突出；致富带头人少，新型职业农民队伍薄弱；人才外流严重，科技人才不足，专业人才缺乏，人才后劲不足。第三，农村改革亟待突破。资本、人才、技术等要素下乡通道不畅，推进城乡融合发展的体制机制障碍多；产权制度改革进展慢，保障措施不够有力；农村大量资源资产闲置，盘活路径不宽，集体产权流转交易需强化具体举措。第四，乡村生态环境问题依旧严峻。乡村受自然环境影响，农业产业发展面临水资源紧缺、生产方式落后等诸多问题；农作物秸秆、畜禽粪便污水、农用残膜回收等农业面源污染问题依然突出，推进乡村农业由增产导向转向提质导向的任务非常艰巨；传统粗放的农业生产方式使化肥、农药等使用强度较高，给大气、水、土壤等带来严重污染。

（二）新疆提升乡村振兴战略成效的对策建议

1. 强化农业产业基础，加快三次产业融合发展

突出抓好涉农产业集群建设，加快构建具有新疆特色的现代农业产

业体系。大力实施粮油、棉花和纺织服装、绿色有机果蔬、优质畜产品产业集群行动计划，培育发展一批优势龙头企业，加快现代农业产业园和农业现代化示范区建设，积极开拓农产品市场，培育发展乡村新产业新业态。推进全产业链发展，打造产业融合、市场竞争力强、特色鲜明的农业产业布局，推动农业由增产导向转向提质导向。大力支持农产品加工业发展，建设一批农产品生产基地、加工销售物流基地，打造特色农业品牌和区域公用品牌，不断提升农业产业化水平。积极创建农村一二三产业融合发展示范园，开发一批乡村旅游精品，丰富乡村产业业态。强化现代农业科技支撑，促进农业科技成果转化应用，加快农业科技创新平台建设。

2. 强化乡村振兴人才支撑

健全乡村人才工作体制机制，加快培育农村二三产业发展人才、乡村公共服务人才、农业生产经营人才、农业农村科技人才，高位推动乡村人才振兴。探索公益性和经营性农技推广融合发展机制，全面实施农技推广服务特聘计划，完善科技特派员、专家服务团等选派政策，逐步实现创业服务和科技服务行业、产业全覆盖。引导推动专业人才服务乡村，建立城乡、区域、校地之间人才培养合作与交流机制。强化实用技能培训，支持龙头企业、高校、农民专业合作社、专业技术协会等主体承担培训任务，加大专业生产型、技能服务型人才队伍培育工作。

3. 激发改革创新的活力

加大"三农"领域投入力度，强化农业科技服务，集中精力、资源联合开展关键核心技术攻关，推动农业科技创新取得更大突破。着力发展农村新产业新业态，加快供给侧制度体系的建构，深化农村集体经济制度改革，激活市场主体、要素，调动各方力量投身乡村振兴。建立符合市场经济要求的农村集体经济运营新机制，推进农村集体资产监督管理平台和农村产权交易市场建设，全面开展农村集体资产清产核资，保护集体经济组织成员权利，明晰产权归属，完善农村集体资产股份权能，发展壮大新型农村集体经济。健全土地经营权流转服务体系，强化土地流转用途管制，推动土地经营权规范有序流转。更好发挥市场机制作用，强化金融服务方式创新，发挥好证券、期货、担保、保险、信贷等支持作用，创新农业支持保护方式，构建政府支持有力、市场运行有效的支持保护体系。

4.加强农村生态文明建设，强化人与自然和谐共生

科学规划村庄布局，扎实推进农村人居环境整治提升，统筹推进城乡基础设施和公共服务体系规划建设，抓好普惠性、基础性、兜底性民生建设。提升农业资源利用效率，加强畜禽粪污资源化利用和病死畜禽无害化处理。推广新型高效植保机械和高效低毒低残留农药，推进化肥和农药减量增效，积极打造地方有机品牌。全面推进养殖废弃物资源化利用、秸秆综合利用和地膜科学使用回收。探索绿色发展激励约束机制，集成推广绿色发展技术模式，探索建立生态产品价值实现机制。整治提升农村人居环境，因地制宜推进农村厕所革命、污水处理和生活垃圾无害化处置。整体提升村容村貌，开展绿化、清洁行动，创建一批美丽宜居村庄。

参考文献

张挺、李闽榕、徐艳梅：《乡村振兴评价指标体系构建与实证研究》，《管理世界》2018 年第 8 期。

屈楠楠、郭文强、武赛龙：《新疆乡村振兴评价指标体系构建及实现度测定分析》，《赤峰学院学报（自然科学版）》2021 年第 6 期。

农业和农村经济篇

Agriculture and Rural Economics

B.3
新疆粮食产能提升研究报告

唐 慧*

摘 要: 新疆是我国农业大区,具有发展现代农业的环境资源优势,粮食连年丰收,总产量已多年稳定在 1500 万吨以上。但在国内资源环境与粮食供需状况以及国际市场环境均已发生重大历史性变化的新形势下,新疆想保障粮食自给自足、供给绝对安全,牢牢端稳新疆饭碗,就要从政策、科技、产业发展等多方面综合施策,切实做好耕地保护、大力发展设施农业、持续强化惠农政策、深化人才培育、加快产业转型、推动三产融合发展,从而巩固提升粮食产能,增强粮食安全保障能力。

关键词: 粮食安全 粮食产能 新疆

---

* 唐慧,国家统计局新疆调查总队农业调查处二级主任科员,主要研究方向为粮食统计调查。

民为国基，谷为民命。保障粮食安全是"三农"工作的头等大事，是实现新疆社会稳定和长治久安的重要基础和支撑。作为全国粮食平衡区，2023年，新疆粮食总产量达2119.16万吨，居西北五省区之首，已成为地区性重要粮食生产基地，全区粮食安全保障处于历史最好水平阶段。但新疆粮食生产面临后备耕地开发难度大、农业用水调配难、农业基础设施薄弱、农业新技术推广不足、农业生产成本持续走高等问题。为进一步巩固提升粮食产能，增强新疆粮食安全保障能力，需要以辩证的眼光看待问题，以发展的思路解决问题，全面提高粮食产业发展"软实力"，让粮食安全具备"硬根基"，在新征程上更好地书写疆粮担当。

一 新疆粮食综合生产能力稳步提升

新疆是个好地方，更是一个发展农业的好地方，新疆的农牧资源禀赋得天独厚。新疆光热条件充足，昼夜温差大，适宜农作物生长；耕地面积保有量居全国前五，后备耕地充足；水资源储备居全国前列，稳定性强，利用空间大；大气、水、土壤质量较优，是生产绿色有机生态农产品优势区。这些优势资源为小麦、玉米等大宗粮食作物生产创造了非常有利的条件。

自治区党委、政府始终将确保粮食安全作为头等大事来抓，全面落实粮食安全党政同责，坚决贯彻"藏粮于地、藏粮于技"战略，持续深化粮食供给侧结构性改革，推进以增加粮食为主的种植业结构调整，开展小麦、玉米等主要粮食作物优质高产标准化栽培技术的推广应用，大力推广干播湿出、水肥一体化等种植管理技术，通过良种、良法、良田与良机有机结合，小麦、玉米等粮食生产能力持续提升，有效保障区域粮食安全，为全区经济社会发展和国家粮食安全作出新疆贡献。

（一）重要粮食作物产量稳中有升

近年来，新疆认真贯彻国家粮食安全战略，严格落实粮食安全责任制，坚持把提高粮食产能作为保障粮食安全的重要举措，持续加大粮食生产扶持力度，粮食生产迈上新台阶，产能稳定在历史较高水平。粮食总产量由2012 年的 1517.36 万吨，增加到 2023 年的 2119.16 万吨，增长 39.7%，年均增长 3.1%。2016 年，为适应国家对农业供给侧结构性改革的宏观调控要求，新疆主动调减玉米播种面积，粮食总产在经历小幅下降后自 2018 年开始连续六年上涨，2023 年粮食产量突破 2000 万吨，达到自新中国成立以来历史最高值。自 2012 年以来，新疆小麦产量保持稳定，占粮食产量比重维持在 33% 以上；玉米产量在 2021 年再次突破 1000 万吨，占粮食产量比重不断提升，目前已超过 60%（见表 1）。党的十八大以来，新疆粮食总产量稳中有增，小麦总产量稳定，玉米总产量大幅增长，实现了"谷物基本自给，口粮绝对安全"的工作目标。

表 1　2012~2023 年新疆小麦、玉米产量情况

单位：万吨，%

年份	粮食产量	小麦产量	玉米产量	小麦产量占粮食产量的比重	玉米产量占粮食产量的比重
2012	1517.36	568.31	844.51	37.45	55.66
2013	1726.95	630.94	984.96	36.53	57.03
2014	1749.85	630.95	1001.25	36.06	57.22
2015	1895.32	691.52	1090.23	36.49	57.52
2016	1552.33	681.84	765.64	43.92	49.32
2017	1484.73	612.58	772.62	41.26	52.04
2018	1504.23	571.89	827.57	38.02	55.02
2019	1527.07	576.03	858.37	37.72	56.21
2020	1583.40	582.09	928.43	36.76	58.64
2021	1735.78	639.75	1012.65	36.86	58.34
2022	1813.50	653.49	1080.51	36.03	59.58
2023	2119.16	702.84	1321.42	33.17	62.36

资料来源：国家统计局。

（二）粮食单产水平日益增强

近年来，新疆实施粮食产能提升行动和以小麦、玉米为重点的粮食单产

提升工程，通过组织实施绿色高产高效行动项目，建立单产提升县，发挥典型示范带动作用，促进全区粮食大面积均衡增产；还积极开展"虫口夺粮"保丰收行动，发布病虫预警信息，大力推进防病虫害、防干热风、防倒伏工作；同时针对分散种植、"碎片化"的土地进行集中整合，加大流转力度，扩大粮食种植规模化经营面积，引导种植向优势产区集中，缩小南北疆区域粮食单产水平差距，提升了整体单产水平。2012年，新疆粮食单产为7057.13公斤/公顷，2023年增长到7502.10公斤/公顷，增幅为6.3%，年均增幅为0.6%。其中，小麦单产水平连续12年保持在5400.0公斤/公顷以上；玉米单产2015年达到自新中国成立以来历史最高值，短暂回落后，2017年开始逐年提升，2021年恢复至9000公斤/公顷以上（见图1）。2023年新疆粮食单产数据表现亮眼，在31个省份中排名稳居第2，单位面积产量再创新高，保障了新疆粮食的稳增稳产，打好粮食安全主动仗。

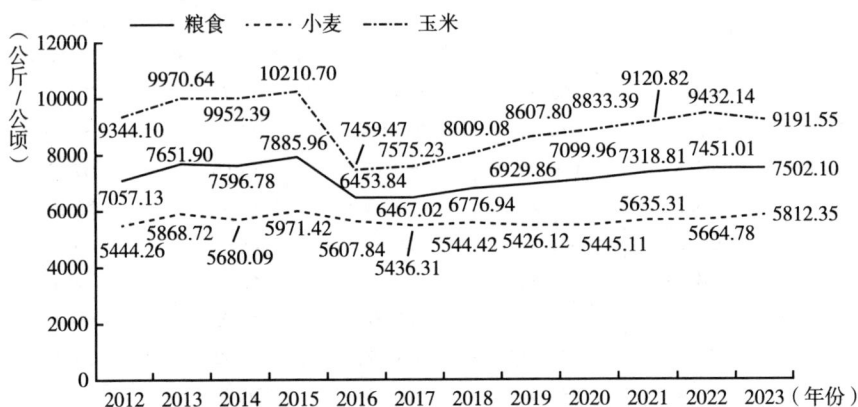

图1 2012~2023年新疆小麦、玉米单产情况

资料来源：国家统计局。

（三）主要粮食作物面积保持稳定

近年来，新疆持续深化农业供给侧结构性改革，坚持"宜粮则粮、宜棉则棉、宜畜则畜、宜果则果"，在保证粮食生产能力不下降的前提下，

因地制宜，逐步调减次宜粮区粮食种植面积，引导粮食生产优势区域发展。2012 年，新疆粮食作物播种面积占农作物总播种面积的 46%，随着新疆粮食生产能力的提升，新疆粮食作物播种面积所占比重逐年下降，到 2022 年，新疆粮食作物播种面积所占比重已降至 37.5%（见表 2）。尤其是党的十八大以来，新疆粮食作物播种面积稳定在 2100 千公顷以上。目前新疆已逐步形成了小麦、玉米两大核心粮食作物的种植发展格局，2012 年两大主要粮食作物在粮食作物总播种面积中占比达到 90.5%，此后逐步提升，2023 年占比已达到 93.7%。其中小麦播种面积由 2012 年的 1043.87 千公顷，增加到 2023 年的 1209.22 千公顷，增长 15.8%，年均增长 1.4%；玉米播种面积 2023 年已达到粮食播种面积的 50% 以上，播种面积由 2012 年的 903.79 千公顷，增加到 2023 年的 1437.66 千公顷，增长 59.1%，年均增长 4.3%（见表 3）。

表 2　2012~2022 年新疆粮食播种面积情况

单位：千公顷，%

年份	农作物总播种面积	粮食作物播种面积	粮食作物占农作物总播种面积的比重
2012	4673.34	2150.11	46.0
2013	4744.47	2256.89	47.6
2014	5074.23	2303.41	45.4
2015	5175.47	2403.41	46.4
2016	5921.27	2405.28	40.6
2017	5886.96	2295.85	39.0
2018	6068.89	2219.63	36.6
2019	6169.99	2203.61	35.7
2020	6280.01	2230.15	35.5
2021	6387.42	2371.67	37.1
2022	6493.13	2433.90	37.5

资料来源：国家统计局。

表3 2012~2023年新疆小麦、玉米播种面积情况

单位：千公顷，%

年份	粮食作物播种面积	小麦播种面积	玉米播种面积	小麦播种面积占粮食作物播种面积的比重	玉米播种面积占粮食作物播种面积的比重
2012	2150.11	1043.87	903.79	48.5	42.0
2013	2256.89	1075.09	987.86	47.6	43.8
2014	2303.41	1110.81	1006.04	48.2	43.7
2015	2403.41	1158.05	1067.73	48.2	44.4
2016	2405.28	1215.87	1026.40	50.6	42.7
2017	2295.85	1126.83	1019.93	49.1	44.4
2018	2219.63	1031.47	1033.29	46.5	46.6
2019	2203.61	1061.59	997.20	48.2	45.3
2020	2230.15	1069.01	1051.05	47.9	47.1
2021	2371.67	1135.25	1110.26	47.9	46.8
2022	2433.90	1153.60	1145.56	47.4	47.1
2023	2824.77	1209.22	1437.66	42.8	50.9

资料来源：国家统计局。

二 新疆提升粮食产能举措

（一）政策支持稳推发展，惠农补贴强势助力

自治区党委、政府高度重视"三农"工作，重农抓粮不放松，逐级压实农业生产责任，出台一系列的农产品稳产保供"政策包"，充分保障粮食安全。一是2022年9月通过《新疆维吾尔自治区粮食安全保障条例》，进一步落实国家粮食安全战略，将"区内结余、供给国家"粮食工作方针上升为法律规范，不断压实地方政府责任，切实调动和保障种粮农民积极性，提升粮食生产能力，为新疆粮食工作锚定新方向、擘画新蓝图。二是全面落实粮食安全党政同责，用好粮食安全责任制考核指挥棒，让粮食安全责任制考核成为提升粮食产能的驱动力。截至2022年，已连续五年对各地州市的粮食安全责任制落实情况进行考核，各地采取硬举措，把确保重要农产品特别是粮食供给作为首要任务，把提高农业综合能力放在更加突出的位置，强

农惠农政策持续发力，扩大粮饲通用型玉米种植，稳定"三盆地一河谷"粮食生产的主产区地位，提高粮食生产水平和综合效益。三是千方百计推进惠农补贴落实到位。2023年新疆综合统筹耕地地力保护补贴和实际种粮农民一次性补贴资金32.9亿元，将冬、春小麦补贴提高到230元/亩，惠及小麦种植户130余万户，全力保障农民种粮收益，农民种麦积极性得到充分调动，强农惠农政策效果得到充分释放。

（二）粮食种植结构调优向好，良种选育提供强大支撑

近年来，新疆不断推进农业供给侧结构性改革，进一步优化粮棉种植结构和区域布局，粮食种植结构持续调优向好。一是推进小麦供给侧结构性改革。根据南北疆小麦因播种时间、品种、气候影响等因素而产生的不同生长特点，北疆重点发展强筋、有机、富硒等优质专用小麦，南疆加快选育推广优质高产小麦新品种，推动建立保障有力、用途多元、结构合理的小麦供给体系。二是对玉米种植结构进行调整。北疆着重提高玉米品质，抓好保障食品、饲料以及玉米精深加工企业原料供给，建立优质专用加工型玉米生产基地工作；南疆推广"小麦+青贮玉米"复播模式，扩大青贮玉米、苜蓿等优质饲草料种植面积，优先保障饲料饲草供应。三是小品种谷物和豆类等种植结构不断调整和优化。如谷子产业链、藜麦产业链发展及援疆力量助力为谷子、藜麦种植面积的增加提供动力；大豆补贴政策的传导促使豆类播种面积整体保持增长态势，品种呈现增减不同态势，其中农户种植方向的转变使其他杂豆种植面积出现大幅减少，林果套种大豆种植方式的尝试促使大豆种植面积呈现大幅增长态势。四是科学划定建设粮食生产功能区，优化粮食生产布局，聚集主要品种充分发挥产区优势，提升粮食产品质量、效益及市场竞争力，新疆粮食增产形势持续向好。

良种是粮食稳产、增产和丰收的关键支撑。目前我国农作物良种覆盖率在96%以上，对粮食增产的贡献率已超过45%。近年来，新疆依托自然生态优势，全面推行种业振兴行动，加大关键技术攻关力度，用科技"芯片"带动粮食稳产高产换装，在推动育种繁种、壮大种业龙头企业等方面取得了

一定成绩。2022年，得益于新疆实施小麦、玉米等主要农作物的良种联合攻关项目，加快种业"育繁推一体化"发展进程，全区粮食生产良种覆盖率达99%以上。根据国家统计局新疆调查总队2022年在48个市县（区）开展的小麦和玉米品种、种植情况调研，目前新疆小麦种植品种比较集中，且集中种植的小麦品种具有抗根腐病、条锈病、白粉病的优势，属于稳产型；新疆玉米种植品种比较分散，不同品种抗病性、生长期、产量均不同，抗病性强、稳产型的品种种植较少，需要进一步统一。

（三）严守耕地保护红线，加快推进高标准农田建设

耕地是粮食生产的命根子。面对国际国内复杂形势，粮食安全地位逐渐凸显，保护耕地是落实粮食安全的重要手段。近年来，在以习近平同志为核心的党中央坚强领导下，新疆维吾尔自治区党委、自治区人民政府出台《中共新疆维吾尔自治区委员会、新疆维吾尔自治区人民政府关于加强耕地保护和改进占补平衡的实施意见》，着力依法加强耕地占补平衡规范管理，落实最严格的耕地保护制度和节约用地制度，始终坚守耕地红线不动摇，不折不扣推进耕地保护政策的执行。坚决遏制耕地"非农化"、防止"非粮化"，落实耕地保护责任目标，各级各部门上下联动形成合力，持续加强对耕地的高效利用，逐步形成全方位耕地保护格局。建设高标准农田是提高粮食综合生产能力、促进农业高质量发展的关键。通过高标准农田建设，逐步改善农田基础设施条件，不断提高农业用水效率，建成的高标准农田亩均粮食产能一般能够增加10%~20%。2023年新疆已全面完成高标准农田建设任务，全区（不含兵团）上图入库的高标准农田达到3966万亩，提前两年完成"十四五"建设目标任务。高标准农田建设工作的持续推进，使全区实现从传统农业向现代农业发展的跨越，显著加快了机械化作业和规模化经营步伐，促进了农民节本增收。

（四）科技兴农力度大，粮食单产、品质双提升

近年来，科技创新和技术升级为新疆现代农业转型升级不断赋能，随着

人工智能、卫星遥感、北斗导航等现代化信息技术的实践应用，精准播种、变量施肥、智慧灌溉、植保无人机等技术和装备的大力推广，重要农产品稳定供给得到了有效保障。目前，新疆机耕面积、机播面积基本保持稳定，机收面积逐年提升，2021年全区机收面积较2016年提升了13.2%（见表4），2022年全区农作物综合机械化水平达85.7%，农机总动力达2531万千瓦，全区小麦、玉米综合机械化率已分别达到98.9%、89.7%。

表4 2016~2021年新疆农业机械化种植情况

单位：千公顷

年份	机耕面积	机播面积	机收面积
2016	6262.8	6170.4	3784.1
2017	6199.3	6091.9	3836.4
2018	6018.3	5970.9	3935.6
2019	5973.8	5879.8	3992.4
2020	6080.9	5976.9	4167.9
2021	6194.0	5976.8	4284.9

资料来源：《中国农村统计年鉴》。

一直以来，新疆积极协调组织农业农村厅、农业科学院、农业大学等单位联合选派专家、技术骨干帮助农民解决春耕生产技术难题，推动关键措施落实到田。一是召开现场观摩会，通过卫星导航播种、合理密植增穗、干播湿出、滴灌带浅埋、适时收获等技术措施，保障土壤表层疏松透气，提高出苗率，促苗、齐苗、壮苗。二是加大培训力度，聘请专家开展有针对性的培训，提升农户种植水平。测土配方施肥、水肥一体化等技术的普及，提高了肥料利用率，为增产增收打好基础。三是病虫害绿色防控技术的推广应用，提高了农药利用率，减少了病虫害防治成本；无人机及高架打药机等先进施药器械的应用，提高了病虫害防治效果。优良品种配合科学管理措施，生产环节的提质增效，最终带来了小麦的优质优价。2022年全区夏粮三等以上小麦占收购总量的94%以上，小麦平均收购价格实现连续3年上涨，新冬22号、新冬18号等优质小麦收购价格最高达到3.2元/公斤，不仅让粮农从种粮上多赚钱、多获利，也让全区粮食产业发展基础更牢，保障粮食安全的底气和信心更足。

（五）粮食仓储能力提升，收储制度改革见成效

粮食储备是保障国家粮食安全的重要物质基础，而粮食仓储设施是小麦"颗粒归仓"的"最后一公里"保障。自2007年开始，新疆粮食和物资储备局在南疆四地州广泛推广农户科学储粮器具，累计争取中央和自治区财政资金1.1亿元，共向南疆四地州发放"小粮箱"22万套，受益农民100万人，每年节粮减损1.2万吨。2017年以来，新疆投资近3亿元，在全区14个地州108个库点进行粮库智能化升级改造，实现了与108个改造库点的网络互联和数据对接，整体提升了新疆粮食和物资储备行业信息化水平，实现了储备粮信息化监管。目前，全区政府粮食储备进一步实现数量充足、质量良好、储存安全，宏观调控能力增强，粮食储备体系逐渐建立完善，粮食市场保障能力不断提升。同时，新疆积极稳妥推进小麦收储制度改革。2018年，针对辖区内粮食由总量不足矛盾转变为结构性矛盾，特别是小麦供需出现阶段性过剩的新情况，提出推进小麦收储制度改革。2021年，小麦收购许可证制改为备案制，逐步建立"政府引导、市场定价、多元主体收购、生产者补贴、优质优价、优质优补"的小麦收储新机制。改革后，小麦收购从增产导向的政策性收储向提质导向的市场化购销转变，建立的粮食收购贷款信用保证基金，有效解决了粮食企业融资难、融资贵问题，各类市场主体为农服务意识明显增强，形成了政府放心、农民满意、多元主体积极参与的良好局面，激活了市场要素，激发了企业活力，小麦产业形成良性发展。

（六）创新经营生产模式，多重保障农户种粮收益

习近平总书记在2020年中央农村工作会议上强调，"调动农民种粮积极性，关键是让农民种粮有钱挣。要稳定和加强种粮农民补贴，提升收储调控能力"。一直以来，新疆高度重视种粮主体的收益保障。一是扎实做好耕地

地力保护补贴和实际种粮农民一次性补贴等补贴发放工作，确保各项惠民惠农补贴资金到位。二是持续优化农机购置和应用补贴政策，逐步降低区域保有量明显过剩、技术相对落后的农机补贴额，对短缺、高效和绿色智能农机予以优先补贴。三是紧抓保供稳市和为农服务，各级有关部门积极落实国家和自治区粮食收购政策，紧贴农民售粮实际，加大粮食产后服务力度，掌握调控粮源，加强农户科学储粮指导，促进农民减损增收。四是加快培育种粮大户、家庭农场、农业龙头企业等新型经营主体，鼓励引导龙头企业采用"公司+农户""公司+合作社+农户"等模式，实现土地、资金、技术等生产要素有效配置，推动农业产业链和价值链提升，让龙头企业、农民共享收益。五是提升农业社会化服务专业性、覆盖面和服务水平，大力促进"代耕代种""联耕联收"新模式发展，促进农业节本增效、保障种粮主体收益、激发农民生产积极性，为节本增效聚力。

三　新疆继续提升粮食产能面临的问题

（一）农业资源有限限制粮食增产

随着城镇化进程的不断推进，农业土地资源和水资源不断被占用和挤压，对农业尤其是粮食生产的约束加剧。目前新疆粮食生产仍面临耕地后备资源开发难度大、耕地质量不高和灌溉用水供给偏紧等问题。一方面，耕地后备资源中的其他草地开发难度大。当前新疆耕地后备资源达425.5万亩，其中其他草地307.5万亩，占比达72.3%。如果国家林草局将其他草地按照农用地纳入《中华人民共和国草原法》管理的范围，禁止开发，势必造成新疆开发垦造新增耕地空间大大缩小。另一方面，新疆地处我国西北内陆干旱区，水资源存在总量多、人均少、时空分布不均衡等特点。就目前开发利用现状来看，新疆水资源总体利用程度已经很大，并且农业是新疆的用水大户。目前全区形成的水利骨干工程布局多为保障现有灌溉面积的用水需求，可能会存在供水工程供水能力不足的问题；而且新疆河流径流年内分配不均，呈现春旱、夏洪、冬缺的典型特点，特别是南疆的弹性配置水多集中在6~9月，如增加粮食种植面积会增加3~5月春灌用水，来水与用水时间不匹配。

（二）种粮成本提升使收益压缩

粮食收益的影响因素一端是价格，另一端是成本。近年来，新疆粮食收购价格总体稳定，这意味着农民增收上涨空间有限，同时农资价格和人工成本不断提高，挤压了农户有限的增收空间，农业种植收益减少。一方面，随着粮食收储制度改革的推进，市场化理念占据主导，粮食收购市场运行平稳，农民收入增速放缓，存在农民增产不增收的现象。另一方面，农资价格抬升较快，种粮成本依然在高位运行，种子、肥料等费用占农业生产成本比例增加。据国家统计局新疆调查总队对48个市县（区）中间消耗调查数据分析，2018~2022年小麦种子和肥料价格年均增速分别为4.1%、9.1%，玉米种子和肥料价格年均增速分别为9.8%、5.3%。农业生产资料价格不断上涨，造成粮食生产成本增长速度快于收益增长的速度，种粮的收益远低于种植经济作物的收益，更低于外出打工的收入，只靠种植粮食已经不能维持农户的正常生活消费。虽然财政连续多年给予种粮补贴，但仍难以抵消物价上涨带来的压力，极大地影响了农户种粮的积极性。

（三）农业基础设施薄弱

近年来，虽然新疆各地部分乡镇农田基本建设得到加强，农田基础设施也有较大改善，但仍有很多农田基础设施存在老化陈旧和维护缺失等问题，这对粮食生产提供持续保障和促进作用的难度增大，也影响了抵御自然灾害能力的提高，因此应加快推动农业基础设施提档升级。同时，粮食仓储的物流基础设施相对薄弱，粮食仓储设施布局尚不平衡，部分区域仍有缺口。粮食产能提升后，预计粮食仓容缺口41.5万吨，其中南疆缺口24万吨，北疆缺口17.5万吨。还有44万吨老旧仓容亟待维修改造。各级地方粮食储备仅149.9万吨，且均为小麦，需增加包括玉米在内的自治区级粮食储备规模，增强市场调控能力。

（四）农业科技人才后备力量不足

粮食生产需要现代科技提供强有力的支撑。随着城镇化进程的加快，城市的"虹吸效应"逐步显现，大量的农村人口流失，农村青壮年劳动力向二、三产业聚集，农民趋向于老龄化，粮食生产面临谁来发展和如何持续经营的双重难题。一方面，由于传统种植业收益少、见效慢、不确定因素多，加之经济发展和城镇化建设推进，农村中大量有文化、有技能的劳动力转移至城镇就业，导致农村劳动力不足，从事农业生产的大多是老弱劳动力。另一方面，基层科技服务力量薄弱，农村技术人员缺乏，已成为目前影响农村经济快速发展的突出问题。农村劳动力老龄化，通过网络学习掌握种植技术存在一定的困难，乡镇一线农技服务人员队伍严重不足，造成技术服务严重脱节。农业生产队伍受自身素质不高，文化水平、科技知识水平比较低，以及传统的种养观念的制约，对国家相关政策的理解把握不深不透，在新品种引进，新技术推广应用，农业产业化发展，规模化、集约化经营等方面的思考有局限性，缺乏系统的思路安排，难以有效发挥示范引领作用。

四　新疆粮食产能提升的思路与对策

（一）切实做好耕地保护，保障粮食综合生产能力

耕地是粮食生产的重要基础，保护耕地就是保护粮食生产。党中央、国务院高度重视耕地保护和粮食安全，相继出台了一系列政策措施，坚决制止耕地"非农化"，防止耕地"非粮化"，稳定粮食生产。新疆各级党委、政府应进一步落实好耕地资源保护一把手责任制，增强持续发展和保护耕地的战略统筹。一方面，要坚持问题导向，强化对耕地保护的监督管理。全面摸排清查耕地"非农化""非粮化"行为具体情况，弄清存量问题；加强源头管控，因地制宜制定措施，加大耕地"非农化""非粮化"整治力度。另一方面，要完善长效机制，坚持整治与保护并重，继续加大

财政投入力度，支持高标准农田建设，落实各项强农惠农补贴政策，打造优质粮食生产功能区。

（二）大力发展设施农业，充分保障农业用水

党的二十大报告指出，要树立大食物观，发展设施农业，构建多元化食物供给体系。设施农业在一定程度上突破农业生产的自然条件限制，实现时不分四季、地不分南北，破解"有地无水"困局，解决"水土不匹配"矛盾，助力夺高产、降成本、更绿色。一是做好工程节水大文章。把生态节水农业作为破解农业用水短缺的重要抓手，调动各方力量、集中精力实施农业高效节水工程，既要开源更要节流，建设水肥一体的精准灌溉智能化管理系统，综合提高灌溉水利用率及其生产效益。二是筑牢机制节水防护网。水价改革要科学配比农业灌溉定额管理，充分兼顾不同灌区的土壤、水资源、水渠布局以及农作物种植结构等多重因素，提高定价合理性；同时优化节水奖励措施，在不增加农民负担的情况下，实施以奖代补，以奖励实现节水。三是优化农田水利空间布局。对农田水利设施的设计、建造、运行和维护等各阶段进行统筹规划，合理布局水利设施，形成同农业灌溉需求、耕地资源特征相匹配的现代水利空间布局，最大限度地减少输、配、灌水过程中的水量损失，做到有限的水资源不浪费。

（三）持续强化惠农政策，确保农民种粮收益

让农民增收和粮食丰收同步，让丰收的农民获得真金白银的回报，稳住他们的生产预期，才能不断稳住"十连丰"的好形势，才能更有信心牢牢端稳"中国饭碗"。[①] 一是压紧压实地方党委、政府粮食安全责任，加大粮食安全考核力度，在土地撂荒、生产能力、种粮积极性、粮食储备、质量安全等方面发挥考核指挥棒作用。二是积极探索棉花、小麦以外的其他农作物

---

① 艾丹：《湖北日报评论员：既要"田"里丰收更要"兜"里丰收》，荆楚网，2022年9月23日，http://news. cnhubei. wm/wntent/2022-09/23/wntent_ 15096878. html。

的兜底保障政策，根据各地实际情况探索"中央+地方"两级财政补贴方式，破解区域农业种植成本过高问题，提高粮食生产竞争力，抑制"非粮化"趋势，保持粮价稳定，不断夯实粮食安全根基。三是健全土地承包和农资价格的市场调节机制，稳定种植两大成本，加大土地承包价格的监管力度，规范土地流转程序，设立合理承包价格浮动区间，规范农资市场秩序，保障农民使用上优质低价的农资。四是加快培育新型农业经营主体，支持引领农民合作社、家庭农场等新型农业经营主体的孵化发展，引导农民往规模化、集约化生产方向前进。

（四）深化人才培育，强化农业现代技术支撑

各级党委、政府应以农业技术推广单位为主阵地，大力推广先进的农业生产技术及管理经验，持续积极开展兵地融合，学习生产建设兵团先进的生产技术，为农业提质增产增收保驾护航。加大对新型农业经营业主及管理人才的培养力度，加强对新型农业经营主体负责人等的职业能力培训，培养新型农业经营主体带头人带动产业发展；实施高素质农民培育计划，面向家庭农场主、农民合作社带头人开展全产业链培训，并结合地方实际分层分类开展新型农业经营主体带头人培训，分级建立带头人人才库，加强对青年农场主的培养和创业支持，鼓励返乡下乡人员创办农民合作社，重点培养一批懂农业、爱农村、爱农民的"三农"工作者，鼓励新型职业农民兴办家庭农场和工商企业，有效推动新型经营主体在农业产业化、现代化发展中发挥引领作用。建立健全自治区级粮食信息化体系，辐射带动全区各地开发数据共享平台，提高"数字粮食"水平。

（五）加快产业转型，推动粮食产业高质量发展

一是引导产业集聚，推动粮食全产业链发展。充分发挥物流节点、特色粮油、综合保税区优势，建立集粮油储存、物流贸易、科技研发、电子商务等功能于一体的多元化粮食产业园区，努力构建"产购储加销"一体化模式，推动粮食全产业链发展。二是调整产业结构，优化粮食加工空间布局。

统筹发展粮食初加工、精深加工和副产物综合利用，推进加工产业集聚区和集群向天山北坡经济带、塔额盆地、伊犁河谷等地集中，丰富绿色、优质、特色、品牌产品供给，促进产业价值链向中高端提升。三是加快培育壮大龙头企业，大力实施品牌发展战略。以提高粮油产品质量和效益为核心，以企业为主体，强化政府引导扶持，推进强强联合、以强带弱，向收购、仓储、物流、加工、销售等一体化迈进，壮大新疆粮商，集中力量打造一批市场占有率高、经济效益好和辐射带动力强的新疆优势特色粮油知名品牌。四是深入实施优质粮食工程，实现产业高质量发展。通过提升粮食绿色仓储、品种品质品牌、质量追溯、机械装备、应急保障、节约减损、健康消费等能力，推动新疆粮食产业创新升级，增加绿色生态粮食产品供给，全力保障粮食产业高质量发展。

（六）推动三产融合发展，掀起提质增效新革命

农业是安天下、稳民心的基础产业，加快建设现代化农业，要扎实推动一二三产业融合发展，加大农业全产业链建设。要按照"延长产业链，提升价值链，完善利益链"的思路，把农民增收嵌合到农业产业链的每个环节。一是横向融通，催生农业农村新业态。围绕农业产业多样性开发，组建农业产业联合体，推行"龙头企业+农民合作社+基地+农户"模式，推广土地托管、土地入股等规模经营模式，促进小农户与现代农业发展有机衔接。依托优势产业，组建培育打馕、林果管护、牲畜托养、林下养殖、农机服务、土地流转等各种形式的农民专业合作社，构建现代化农业体系。二是纵向贯通，打通"种、产、销"全链路。要推动农业从种植环节向农产品加工、流通和销售环节延伸，加快农业生产环节向产前、产后延伸的纵向一体化推进。推动形成乡村初级加工、产业园区精深加工的布局，促进一二三产业融合互动，做好"粮头食尾""农头工尾"增值文章。创新农产品流通和销售新模式，推进电子商务进村、直播带货助农，助推农产品销售迈上快车道，以数字技术赋能农业提质增效。

参考文献

袁龙江：《深入贯彻落实藏粮于地藏粮于技战略》，《红旗文稿》2023 年第 18 期。

周梅、杨国蕾：《对当前粮食收储制度改革的几点思考——新疆小麦收储制度改革的启示》，《宏观经济研究》2019 年第 5 期。

蒲傲婷：《新疆水—能源—粮食系统安全评价及影响因素分析》，硕士学位论文，西北农林科技大学，2020。

朱隽：《让农民增收和粮食丰收同步》，《人民日报》2022 年 3 月 18 日，第 18 版。

B.4
新疆林果业发展报告

热合木提拉·图拉巴[*]

摘　要： 作为自治区提出的"八大产业集群"之一，新疆的林果业已经
成为当地农民实现经济增收的主要途径。将林果业的高质量发展
作为新疆巩固拓展脱贫攻坚成果同乡村振兴有效衔接的关键环
节，具有重要意义。林果业的高质量发展，不仅有助于提升林果
业的经济效益，优化生态环境，还能增加农民的收入，推动乡村
产业的振兴。新疆的林果业经过发展起步、快速扩张、稳步增
长、提质增效等四个阶段，产业规模持续扩大，区域布局更加优
化，比较优势越发明显，品牌强度日趋强劲，提质增效成效显
著，果品质量显著提升，"补短板"已见成效，产业链进一步延
长，"两张网"建设进一步加快，销路进一步拓展，农旅融合发
展趋势明显，带动农民增收致富效果显著。但同时存在品种相对
单一、结构不够合理、果品质量不高、标准化生产水平低、加工
能力不足、产业人才相对不足、产业扶持政策不够完善等问题，
制约了林果业的高质量发展。建议优化种植结构，提高果品质
量；加强标准化生产，推进基地建设；提升精深加工能力，不断
延伸产业链；强化科技支撑，加强产业人才队伍建设；进一步完
善产业扶持政策，优化产业发展环境。

关键词： 林果业　高质量发展　乡村振兴

---

* 热合木提拉·图拉巴，新疆社会科学院农村发展研究所助理研究员，研究方向为农村区域
发展。

新疆地域宽广，拥有丰饶的林果资源，无愧于"瓜果之乡"的美誉。它在全球果品生产中的地位举足轻重，与美国加州、地中海沿岸、大洋洲、南非以及中亚等地齐名，共同构成了世界六大果品生产基地。[①] 葡萄、香梨、大枣、甜瓜等一大批特色优质林果产品享誉中外。新疆独特的水土光热条件赋予了林果产品卓越的品质，当地居民长久以来拥有种植林果的历史和习惯，为新疆打造优质林果基地奠定了坚实的基础。自治区对林果业的发展给予了高度关注，将林果业作为自治区重点发展的"八大产业集群"之一高位推动。

一　新疆林果业发展历程

根据自治区林果产业政策的变化，新疆林果业的发展大致可分为发展起步阶段（1978~2002年）、快速扩张阶段（2003~2007年）、稳步增长阶段（2008~2017年）、提质增效阶段（2018年至今）四个阶段。

（一）发展起步阶段（1978~2002年）

改革开放之前，新疆的林果种植面积和产量很低，主要是自给自足。随着我国实施改革开放，实行家庭联产承包责任制以及之后的农产品流通体质改革，新疆的特色林果产品开始逐渐从自给自足转向市场化、商品化发展。随着社会主义市场经济的发展和人民生活水平的提高，新疆林果产品的商品性日益凸显，国营农场和部分个体户开始有意识打开内地销售市场，林果销售收入开始成为哈密、吐鲁番、库尔勒等地农民的重要收入来源，林果种植面积开始逐渐增长。但相对于之后的发展阶段来说，这一阶段新疆林果业发展非常缓慢。

---

① 林暄：《新疆崛起特色林果产业集群　六大特色推进林果业提质增效、转型升级》，《新疆林业》2013年第6期，第12~13页。

（二）快速扩张阶段（2003~2007年）

自治区党委和自治区人民政府高度重视农业、农村、农民（简称"三农"）问题，连续发布指导性文件，加大对"三农"工作的支持力度，推动农民收入的持续快速增长。特别是从2003年开始，自治区就通过多次会议和政策文件，明确提出要发展特色林果业，促进南疆农村经济发展，新疆林果业发展进入了快速扩张阶段。

政策支持：2003年6月，自治区召开的加快南疆农村经济发展工作会议提出加大结构调整力度，推进现代农业发展。2004年8月，自治区发布的《自治区党委、自治区人民政府关于进一步加快林业发展的意见》提出，大力发展林果园艺业，将南疆地区建设成为国内重要的特色优势瓜果生产基地，通过五到十年的努力，形成覆盖1000万亩的特色优质林果产品产业带，实现瓜果产品总量达到2000万吨以上的目标。2005年11月，自治区出台《自治区党委、自治区人民政府关于加快特色林果业发展的意见》，在林业厅设立了林果产业管理机构，在全国开创了干果鲜果统一由林业部门协调管理的先河。①

财政支持与投入：自2004年起，在"三北"防护林体系建设和退耕还林等林业重点生态工程实施过程中，国家对新疆实施特殊政策，取消林种比例限制，积极支持新疆林业生态建设和林果业发展。从2005年起，自治区财政每年安排1000万元林业科技专项资金，支持林果业实用技术推广。阿克苏地区从2004年起，每年安排200万元专项资金支持林果业的技能培训、科技示范基地建设等。沙雅县、新和县每年筹集资金300多万元用于林果基地建设。沙雅县为红枣基地建设补贴资金500多万元。哈密市每年投入100多万元，以苗木补助和贴现形式鼓励农民种植大枣。巴州支持农业产业化和农民合作组织发展，大型果品深加工企业

---

① 冯春林、赵强、马桂萍：《加快新疆特色林果业发展的政策研究》，《新疆林业》2008年第6期，第6~9页。

纷纷落户，农民参与林果基地建设的热情超过历史上任何一个时期。[1]
"十五"期间，安排 2000 多万元贴息资金支持林果业；"十一五"期间，每
年再安排 1000 万元林果业发展专项资金。

从中央到地方各级政府对新疆林果业发展的高度重视和全方位的支持，
为林果业的快速发展提供了坚实的政策和财政基础。到 2007 年底，新疆水果
（含果用瓜）产量从 2002 年的 432 万吨，增加到 750.65 万吨，增长 73.8%。
其中，园林水果从 2002 年的 197 万吨，增加到 411.98 万吨，增长 109.1%。[2]

（三）稳步增长阶段（2008~2017年）

2008 年，自治区出台的《自治区党委、自治区人民政府关于进一步
提高特色林果业综合生产能力的意见》提出，通过机遇利用、理念更新
和方式转变等手段促进特色林果业的迅速提升。同时，在"十一五"期
间，新疆维吾尔自治区的经济社会发展规划将特色林果业定为发展重点，
明确了生产规模化、布局区域化和经营产业化的策略。在资金支持方面，
自治区人民政府投入超过 2 亿元人民币的专项基金，为林果业的发展提
供了强有力的财政支撑。这一投资不仅推动了林果业产业规模的扩大，
也提升了林果业整体生产能力。在新疆建设国家优质林果商品基地，将
林果基地建设补助资金纳入中央预算内专项资金补助范围，给予一定补
贴。[3] 在技术推广和人才培训方面，大力开展技术培训和科技服务。通过
与自治区内外林业院校建立紧密的合作关系，加强对林业科技骨干力量
的培训。援疆省市从技术、人才、管理和资金等方面为新疆林果业发展
提供支持。此外，国家林业局与新疆维吾尔自治区签署的《加快新疆林

---

[1] 冯春林、赵强、马桂萍：《加快新疆特色林果业发展的政策研究》，《新疆林业》2008 年第
6 期，第 6~9 页。

[2] 资料来源于《新疆维吾尔自治区 2002 年国民经济和社会发展统计公报》和《新疆维吾尔
自治区 2007 年国民经济和社会发展统计公报》。

[3] 冯春林、赵强、马桂萍：《加快新疆特色林果业发展的政策研究》，《新疆林业》2008 年第
6 期，第 6~9 页。

业发展合作共建框架协议》提出，将新疆以核桃、红枣、巴旦杏为主的木本粮油发展纳入全国木本粮油生产基地规划，给予支持。

通过各级政府和部门的共同努力，新疆的特色林果业产量稳步增长。到2017年底，新疆水果（含果用瓜）产量从2008年的855.04万吨，增加到1719.13万吨，增长101.1%。其中，园林水果从2008年的450.87万吨，增加到1040.2万吨，增长130.7%。[①]

（四）提质增效阶段（2018年至今）

自2018年起，新疆大力推进林果业的提质增效工程，旨在通过基地建设、科技支持、加工转化及"两张网"建设四大手段，将林果业打造成高标准发展的主导产业和助力农民增收的关键产业。特别是在2018年，新疆林业厅启动了"南疆特色林果提质增效，助力脱贫攻坚"行动，发布了《南疆特色林果业提质增效工作推进方案》，并组织121名林果专家组成服务团队，深入南疆五地州开展全产业链服务，涵盖基地生产能力提升、科技支撑、新型主体培育和市场开拓等多方面。该行动有效提升了果品品质和价格，为果农增收脱贫提供了有力支持。

2020年，新疆维吾尔自治区人民政府进一步出台《关于加快新疆林果产品精深加工业发展的实施意见》和《关于进一步加强自治区林果业标准化工作的实施意见》，明确了加快林果业标准化建设的目标，包括完善全产业链标准体系、实施主栽品种管理模式标准化、病虫害防治技术标准化、产品质量分级标准化和"两品一标"（即绿色食品、有机农产品和农产品地理标志）创建标准化等方面。2021年9月，自治区在莎车县召开林果业提质增效现场推进会，进一步推动提质增效工程的深入实施，促进林果业全产业链的优化升级，确保林果业的高质量发展。

---

① 资料来源于《新疆维吾尔自治区2008年国民经济和社会发展统计公报》和《新疆维吾尔自治区2017年国民经济和社会发展统计公报》。

据自治区林业和草原局统计，截至 2022 年底，全区（不含兵团）林果总面积 1850 万亩，新疆商品果率达 86%。[1] 林果（含果用瓜）产量从 2017 年的 1719.13 万吨，增加到 2022 年的 1815.60 万吨，其中园林水果产量从 2017 年的 1040.2 万吨，增加到了 1212.64 万吨。[2]

二 新疆林果业发展现状

得益于各级政府针对林果业在基础设施建设、土地使用、税收减免和金融支持等方面实施的强有力的政策扶持，新疆林果业已发展成为具有鲜明地域特色的优势产业，成为推动农民增收和加快致富步伐的关键驱动力。

（一）产业规模持续扩大，区域布局更加优化

新疆的林果业经过几十年的发展已基本形成了南疆环塔里木盆地林果主产区和吐哈盆地、伊犁河谷、天山北坡三个林果产业带的发展布局。

1. 新疆林果业总体情况

截至 2022 年底，新疆林果种植面积达 2200 万亩，种植面积已占全国林果种植面积的 13%，位居全国第六，总产量已达到 1815.6 万吨，出疆果品量位居国内第二。[3] 2018 年实施提质增效工程后，新疆林果业开始结构调整，2019 年开始，果用瓜产量逐年下降，园林水果和坚果产量稳步增加（见图 1）。

2022 年新疆特色林果 1815.6 万吨的总产量中：园林水果产量 1212.64 万吨，约占新疆特色林果业产量的 67%；果用瓜产量 459.97 万吨，约占特色林果总产量的 25%；坚果产量 142.99 万吨，约占特色林果总产量的 8%（见图 2）。

---

[1] 《新疆维吾尔自治区林草资源概况》，新疆维吾尔自治区林业和草原局官网，2023 年 10 月 8 日，https://lcj.xinjiang.gov.cn/lcj/jgjs/202310/552864b770d9472b8974ab9ea0ed6008.shtml。

[2] 资料来源于《新疆维吾尔自治区 2017 年国民经济和社会发展统计公报》和《新疆维吾尔自治区 2022 年国民经济和社会发展统计公报》。

[3] 盖有军：《科研平台"国家队"助推新疆现代农业》，《新疆日报（汉）》2023 年 8 月 21 日，第 7 版。

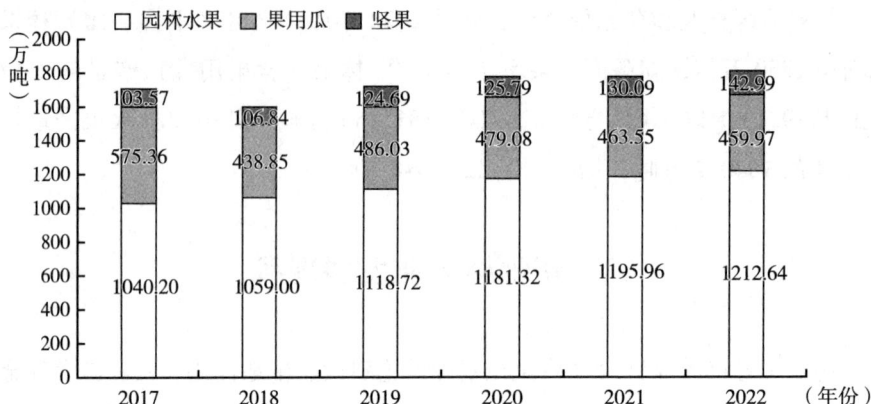

图1 2017~2022年新疆林果业构成及产量

资料来源：根据2017~2022年《新疆维吾尔自治区国民经济和社会发展统计公报》整理得出。

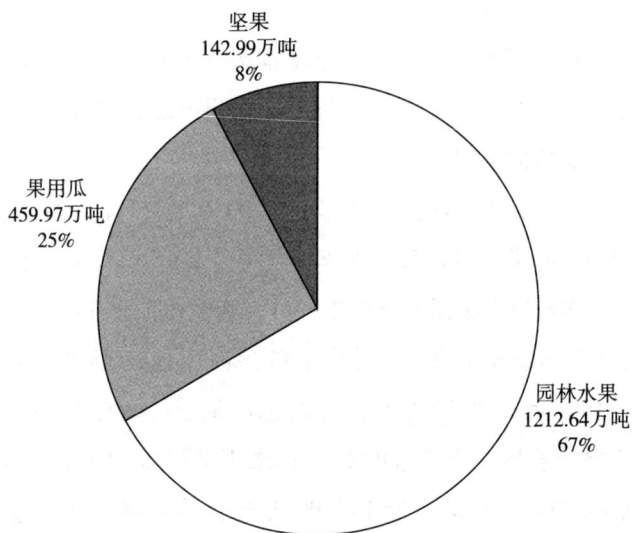

图2 2022年新疆特色林果构成、产量及占比

资料来源：根据《新疆维吾尔自治区2022年国民经济和社会发展统计公报》整理得出。

截至2022年，全区共有林果企业740家、合作社2289家，较上年增加143家；加工能力预计达到570万吨，较上年增加27万吨。在林果主产区建成较大规模果品交易市场 24 个，在其他省市农产品批发市场、大型商超设立销售专区、专柜、专营店 10193 个，较上年增加 110 个。[①]

2. 南疆环塔里木盆地林果主产区

南疆环塔里木盆地林果主产区包含巴音郭楞蒙古自治州（简称"巴州"）、阿克苏地区、克孜勒苏柯尔克孜自治州（简称"克州"）、喀什地区和和田地区。南疆环塔里木盆地林果主产区林果产量占新疆林果总产量的一半以上。其中，巴州 2022 年林果产量为 104.66 万吨，以种植香梨和红枣为主；阿克苏地区 2022 年林果产量为 259.77 万吨，以生产苹果、香梨、红枣、核桃为主；克州 2022 年林果产量为 12.79 万吨，以生产木纳格葡萄、杏、核桃为主，是新疆高寒山区特有、高海拔地区唯一的林果产品区；喀什地区林果面积 582.64 万亩，占新疆林果面积的近三分之一，是新疆规模最大的林果基地，2022 年林果产量为 330.2 万吨，果用瓜产量为 136.19 万吨，约占新疆果用瓜产量的三分之一，除此之外，喀什地区也是红枣、核桃、巴旦木、新梅、杏、无花果、石榴等水果的主产区，其中新梅产量占全国总产量的 60% 以上；和田地区以生产葡萄、核桃、红枣为主，2022 年林果产量为 128.32 万吨，其中园林水果产量为 80 万吨、坚果产量为 29.78 万吨、果用瓜产量为 18.54 万吨。

3. 吐哈盆地

吐哈盆地的林果业以生产葡萄、红枣和果用瓜为主。吐鲁番市是新疆最大的葡萄生产基地，2022 年葡萄产量为 136.65 万吨，约占 2022 年全区葡萄产量的 43.2%。哈密市的林果业以种植果用瓜（哈密瓜）、葡萄、红枣为主，2022 年果用瓜产量为 18.33 万吨，葡萄产量为 11.45 万吨。吐哈盆地的葡萄主要以鲜食和葡萄干的形式销往国内外市场。

4. 伊犁河谷

伊犁河谷位于新疆维吾尔自治区西北部，包括伊宁市、伊宁县、奎屯市、尼勒克县、新源县、巩留县、特克斯县、昭苏县、察布查尔县、霍城县等伊

---

① 姜晓龙：《2023 年自治区林业和草原工作报告》，《新疆林业》2023 年第 1 期，第 4~15 页。

犁州直辖区。伊犁河谷气候温和湿润，自然条件优越，有利于发展林果业。2022年，伊犁州的林果业产量大约为50万吨，主要集中在苹果、葡萄及杏的种植。其中，伊犁州生产的苹果主要面向国外市场，而当地的葡萄则主要用于酿造葡萄酒。

5.天山北坡经济带

天山北坡经济带已发展成为一个高效的林果产业基地，以葡萄、苹果、枸杞和小浆果的种植为主。昌吉回族自治州以种植葡萄、枸杞和苹果为主，塔城地区和博尔塔拉蒙古自治州则以生产枸杞和苹果为主，阿勒泰地区是新疆最大的小浆果产区。昌吉州作为天山北坡葡萄酿酒产业的中心，已建设了12.9万亩的高质量酿酒葡萄种植区，产量达34.9万吨，拥有40家葡萄酒企业，是新疆最大的优质酿酒葡萄产区。该区域因其产量和产能而被誉为"世界美酒特色产区"和"中国葡萄酒之都"，成为全国重要的葡萄原酒供应基地之一。[①]

（二）比较优势越发明显，品牌强度日趋强劲

新疆的林果产品品质受到市场的高度认可，显示出明显的比较优势和竞争力。

截至2022年底，新疆红枣、葡萄、苹果、香梨产量之和已超过1000万吨（见图3），占全区园林水果产量的83%。其中红枣、葡萄、香梨的面积和产量排名全国第一，核桃排名全国第二。新疆新梅主产区伽师县2023年新梅产量预计达23万吨，占全国产量的60%。[②]

在"2023中国品牌价值评价信息"发布的数据中，库尔勒香梨荣获第16名的佳绩。而在2022年中国果品区域公用品牌价值榜单上，库尔勒香梨以138.07亿元的品牌价值荣登第二名，并以90792.77万元的品牌收益领

---

① 王薇、叶美：《新疆昌吉州：全力推进特色林果业提质增效》，新华网，2023年6月27日，http：//www.xj.xinhuanet.com/zt/2023-06/27/c_1129720414.htm。

② 吕伊晗、马帛宇：《年产23万吨！全国60%的新梅都产自新疆这个县》，天山网，2023年8月30日，https：//www.ts.cn/xwzx/jjxw/202308/t20230830_15612595.shtml。

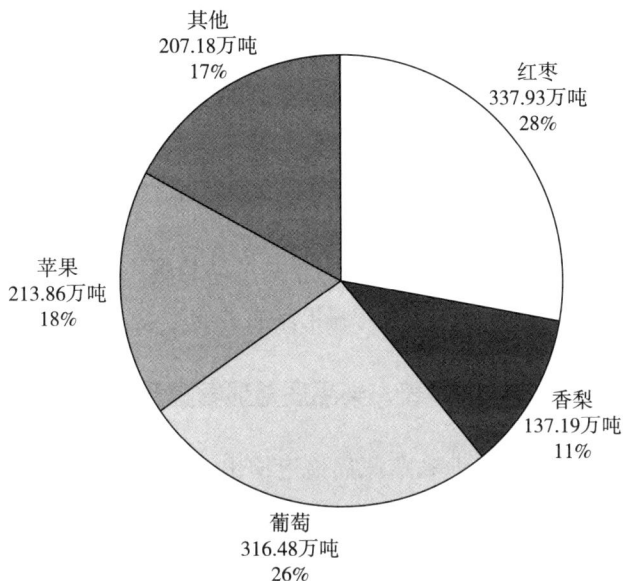

其他
207.18万吨
17%

红枣
337.93万吨
28%

苹果
213.86万吨
18%

香梨
137.19万吨
11%

葡萄
316.48万吨
26%

图3 2022年新疆园林水果构成、产量及占比

资料来源：根据《新疆维吾尔自治区2022年国民经济和社会发展统计公报》整理得出。

跑，位居榜首。此外，"库尔勒香梨"还是唯一一个在品牌带动力、资源力、经营力、传播力以及发展力这五大"品牌强度"指标上均排名前10的品牌。[1] 新疆果业集团旗下的"西域果园"品牌，在2022年果品企业自主品牌强度评比中以86.36分位居首位，并在品牌价值排名中以15.19亿元位列第四。[2] 同时，新疆楼兰蜜语生态果业有限责任公司的"楼兰蜜语"品牌、库尔勒美旭香梨农民专业合作社的"盛SHENG"品牌、新疆阿克苏曾曾果业有限责任公司的"曾曾果园"、新疆若都枣业股份有限公司的"若都"以及和田红紫薇枣业有限公司的"雅戈西"也分别在品牌价值排行榜中有显著表现。

---

[1] 张效红、王秀梅：《138.07亿元！"库尔勒香梨"品牌价值位居全国第二》，《巴音郭楞日报（汉）》2023年8月22日，第2版。

[2] 胡晓云、魏春丽等：《2022中国果品品牌价值评估报告》，中国农业品牌研究网，2023年8月7日，http：//www.brand.zju.edu.cn/2023/0807/c57343a2788018/page.htm。

在《2022 中国地理标志农产品品牌声誉评价报告》中，新疆凭借 21 个果品品牌获评，在果品类地标品牌数量上位列全国第 7。其中，哈密瓜在品牌感知力和品牌声誉的评价中分别位列第二和第三。若羌红枣在果品类地标品牌的品牌声誉评价中名列第二，并在品牌声誉及品牌感召力的全国地标品牌排名中均位于第六位。新疆的若羌红枣、哈密瓜、库尔勒香梨三大地理标志农产品品牌在 2022 年的中国地理标志农产品品牌声誉排名中分别位于第 6 位、第 8 位和第 59 位，显示出新疆果品品牌的强大影响力和市场竞争力。

（三）提质增效成效显著，果品质量显著提升

新疆维吾尔自治区林业和草原局最近推出了 12 套特色林果绿色生产技术标准，这些标准涵盖了新疆主要的林果种植品种，如核桃、红枣、新梅、沙棘、枸杞、巴旦木、桃、鲜食葡萄、库尔勒香梨、石榴、杏和苹果等。这使新疆林果产业的地方标准总数达到了 317 项，覆盖了林果产业的全链条，包括育种、育苗繁育、栽培管理、质量分级、加工、储运及质量安全追溯。得益于引进先进的果树栽培技术和实行标准化种植、规范化生产，新疆林果的商品果率在 2022 年提升至 86%，果品质量也得到了大幅度的提升。此外，2023 年 2 月，中国农科院西部中心西部特色林果产业提质增效技术创新团队正式启动，为新疆特色林果业的提质增效提供技术支撑。

（四）"补短板"已见成效，产业链进一步延长

近些年，新疆以林果产业链构建为核心，实施了林果业质量提升工程；积极推动标准化果园建设、高品质温室大棚建设、仓储保鲜设施建设、冷藏库建设、冷链运输建设等；持续提升科技支持以及加工转化能力，通过加强产业链上下游建设，推进果蔬产业转型升级。新疆林果业弥补产业"短板"的成效明显，产业正在从初级生产向深度加工发展，育种、种植、采摘、加工、销售的链条正在不断完善。新疆的果品冷藏保鲜设施建设进展迅速，使林果销售周期得以延长，确保林果产品能够及时采摘、冷却，并通过冷链运输迅速送达目的地，推动新疆林果产品从过去的自产自销向现在的外销转

变。现在，新疆每年生产的果品超过八成销往了国内和国外市场。① 无花果的保鲜技术得到了突破性的进展，其保鲜期从原来的 2 天延长到了 25 天。借助这一技术，喀什地区的无花果产业已经实现了标准化种植、智能化分拣以及全程冷链运输等一站式现代化产业服务，从而帮助更多的当地农民增加了收入，实现了致富。

（五）"两张网"建设进一步加快，销路进一步拓展

一是开展疆内收购、疆外销售"两张网"建设。由新疆林果业龙头企业——新疆果业集团有限公司牵头在林果主产区建设 9 个疆内仓储收购加工交易集配中心。建设"线上现货电子交易平台+线下产地交易集配中心"线上线下为一体的收购网运营服务体系，形成了以交易市场为骨架、以乡镇村巴扎市场为节点，通过合作社、经纪人联结广大果农，布点合理、结构密实的疆内收购网。② 二是积极拓展国内市场销售渠道。借助援疆机制优势，通过"十城百店""大仓东移""疆果东送"等工程，有效拓展内地市场销售渠道。根据自治区林业和草原局统计，新疆在各援疆省市已建立了 60 个果品销售分仓，1 万多个销售网点。③ 同时积极与天猫、京东、抖音等知名电商平台合作，利用补贴促销、直播带货、短视频等形式拓展网上销售渠道。三是积极拓展国际市场销售渠道。2023 年 7 月在第十八届哈萨克斯坦—中国商品展览会上，喀什美伽电子商务有限责任公司和哈萨克斯坦客商签订了 1 亿元的订单协议。2023 年 8 月，货值 80 万元的新疆新梅通过海运运往马来西亚。据霍尔果斯海关统计，2023 年 1～10 月，霍尔果斯口岸出口果蔬达 9.5 万吨，同比增长 90.7%。④

---

① 曹华：《持续"补短板"让新疆林果业后劲更足》，《新疆日报（汉）》2022 年 11 月 21 日，第 6 版。

② 曹华：《"两张网"赋能 瓜果飘香全国》，《新疆日报（汉）》2021 年 7 月 19 日，第 2 版。

③ 《解开新疆"果盘"香甜密码》，兵团在线，2023 年 11 月 23 日，https：//www.btzx.com.cn/web/2023/11/23/ARTI1700729519019840.html。

④ 张震宇：《畅西向绿色通道 聚产业发展优势》，《农民日报》2023 年 11 月 28 日，第 3 版。

（六）农旅融合发展趋势明显，带动农民增收致富效果显著

新疆利用其丰富的旅游资源，通过农旅融合发展，推动旅游与休闲农业、农产品销售、特色美食文化等深度融合，在乡村旅游发展和打造农旅品牌节庆活动方面持续用力，促进新疆林果业发展，带动农民增收致富。

一是通过旅游节将林果业与生态休闲、观光旅游相结合，促进农民增收致富。例如，2023年吐鲁番杏花节第一天，新疆共接待各地游客10.31万人次，实现旅游收入3093万元。二是以文促旅、以旅彰文，加快文旅融合发展，延长产业链，拓展新业态，进一步发挥旅游经济兴一业旺百业的带动作用。三是深挖特色林果业产品的文化内涵，着力打造文旅品牌。例如，哈密市深度打造"哈密瓜文旅"、大力宣推"哈密瓜符号"。四是以打造地域特色林果品牌为引领，以美食文化旅游节为撬动，以扶持餐饮行业龙头企业为示范，通过特色林果、特色美食与文旅互动，实现社会效益、经济效益的良性互动。例如，2023年，"寻味阿图什"首届无花果美食文化旅游节在新疆阿图什市阿孜汗无花果民俗文化旅游景区（国家AAAA级旅游景区）无花果生态园隆重举办，打响阿图什"中国无花果之乡"美食名号，不断扩大物产吸引力，进一步提升阿图什旅游美誉度和知名度。五是通过特色林果产品的品牌效应，促进当地农产品销售。例如，在2023中国新疆喀什·第八届伽师新梅展销会上，除了多款新梅鲜果和新梅精深加工产品，一同参展的还有伽师瓜、伽师羊等160多种当地优势农产品。展销会期间，伽师县累计组织签订购销合同58个，合同总金额达16亿元。① 六是通过旅游节和赛事活动促进林果产业发展。在"2023新疆丝绸之路葡萄酒节暨第二十九届丝绸之路吐鲁番葡萄节"期间举办的葡萄酒展销会上，有80余家新疆葡萄酒企业（酒庄）的近千款产品参展。

---

① 霍然：《2023中国新疆喀什·第八届伽师新梅展销会开幕》，《喀什日报（汉）》2023年8月8日，第2版。

三 新疆林果业发展存在的问题

新疆的林果业经过几十年的发展，如今已形成相当大的规模。但新疆林果业存在品种相对单一、结构不够合理、果品质量不高、标准化生产水平低、加工能力不足、产业人才相对不足、产业扶持政策不够完善等问题，制约了林果业的高质量发展。

（一）品种相对单一，结构仍需进一步优化

新疆的林果种植结构近年来呈现出一些不合理的趋势。其中，葡萄、苹果、杏等鲜果产品的种植比例显著偏高，这不仅导致了市场供应的单一性，还使鲜果产品的早、中、晚熟品种比例严重失衡。具体来说，早熟品种供应不足，中熟品种数量有限，而晚熟品种则相对过剩。这种失衡的种植结构使鲜果的盛果期过于集中，给销售和储藏带来了巨大的压力。

此外，新疆的林果种植还存在另一个显著问题，即鲜果与坚果的种植比例失衡。与鲜果相比，坚果的储藏要求较低，保质期更长，因此更易于保存和销售。然而，目前新疆的坚果种植规模相对较小，而鲜果种植规模则较大。这种失衡的种植结构不仅影响了果农的收入，还使他们在面对市场波动时缺乏应对能力。特别是鲜果产品，由于其保质期短、对储藏条件要求高，果农往往需要在短时间内将大量鲜果销售出去，否则将面临巨大的损失。

（二）果品质量有待提高，标准化生产还需进一步加强

新疆林果业在迈向市场化、商品化的过程中，面临着一系列挑战，其中最核心的问题是产品的一致性问题。要确保林果产品的一致性，标准化管理成为不可或缺的环节。然而，当前新疆林果业在这方面还存在诸多不足。

首先，新疆林果业目前普遍采用传统的家庭生产模式，这种模式在规模化和标准化建设方面尚处于初级阶段。由于缺乏统一的生产标准和管理规范，林果产品的品质参差不齐，难以满足市场需求。其次，新疆林果业中存

在大量低产低效的果园。这些果园往往树势衰弱，肥水管理不足，病虫害防治不力，导致果树生长缓慢、产量低下、果品品质差。这种"低投入、低产出、低效益"的局面严重制约了林果业的助农增收潜力。此外，尽管标准化管理是重要的发展方向，但在实际操作中，标准化管理措施往往难以落到实处。由于缺乏有效的监管和执行机制，标准化技术措施难以在广大果农中得到有效推广和应用，高效优质示范园的面积有限。

（三）加工能力不足，精深加工水平相对较低

新疆林果业在迎来丰收季节时，常面临一个突出问题，即各类果品成熟期相对集中，导致采摘后难以迅速、有效地进行后续处理。这不仅影响了果品的商品率，还暴露出当地在果品分级、包装、保鲜以及储运等方面的综合能力薄弱。目前，针对不同类型果品的分类处理手段较为单一，缺乏多样性和创新性。

尤为严重的是，新疆的龙头企业对林果产品的消化能力严重不足。多数林果企业仍停留在原材料初级加工层面，产品种类单一，附加值低，未能充分发挥果品的综合利用效果。在精深加工方面，这些企业的转化能力明显不够，缺乏对产品进行深加工的能力。很多林果企业甚至只是简单地对果品进行初级加工，或者直接出售原料，未能形成完整的产业化经营和高端产业链。

（四）产业人才相对不足

当前，新疆林果业的发展正受到专业技术人员短缺的严重制约，这已成为阻碍林果品质提升和效益增加的关键因素。林果产业的各个环节，包括选育、栽培、种植以及检验检测等关键环节，都缺乏足够的基层技术员支持。这导致林果业生产管理技术服务指导力量薄弱，综合服务能力难以满足行业发展的需求。更令人担忧的是，现有技术人员中，林果业专业技术人员的总量明显不足。专家型人才稀缺，骨干力量薄弱，特别是在基层，林果技术人员严重缺乏，无法满足对果农的技术指导和服务需求，果园管理水平也因此

受到限制。

此外，新疆林果业在产品品质和品牌形象方面也存在趋同现象，市场竞争力不强。这在一定程度上反映出林果业在营销策划和企业管理方面的专业人才缺乏。目前，新疆急需懂经营、会管理的综合性管理类人才来推动林果业的升级和发展。

（五）产业扶持政策不够完善

新疆林果业的发展具有重要的经济和生态意义，不仅能促进当地经济发展，提高农民收入，还能改善生态环境，增加绿色植被覆盖面积。然而，当前的扶持政策存在一些不足之处，这些不足可能会影响林果业的健康发展和产业升级。

一是财政补贴和金融支持不足。林果业的发展需要大量的前期投资，而目前的财政补贴和金融支持力度不够，特别是在基础设施建设方面支持力度不够。这导致果农和企业在种植、加工和市场开发等环节面临资金短缺的问题，限制了产业的规模化和现代化进程。二是政策性保险覆盖不广。当前政策性保险主要集中在南疆，北疆的覆盖不足，这导致不同地区的果农在风险抵御能力上存在差距。林果业受自然条件和市场波动的影响较大，如缺乏足够的保险支持，将增加农民种植的风险。三是政策连续性和稳定性不足。政策的连续性和稳定性对于林果业长期发展至关重要。但目前，政策调整频繁，缺乏长期稳定的发展规划，给企业和农民带来了投资和种植的不确定性。

四　促进新疆林果业高质量发展的对策建议

（一）优化种植结构，提高果品质量

一是调整和优化种植结构。推广多样化种植，鼓励果农种植多种林果品种，特别是那些市场需求大、经济价值高的品种，以减少对单一品种的依赖。二是平衡早、中、晚熟品种比例。通过政策引导和技术支持，增加早熟

和中熟品种的种植量，减少晚熟品种的过剩供应，使鲜果的上市时间更加分散，减轻集中上市带来的销售压力。三是适当扩大坚果种植面积。鉴于坚果的储藏优势和市场潜力，应积极引导果农扩大坚果的种植面积，提高坚果在林果种植中的比例。加强坚果种植技术的研发和推广，提高坚果的产量和品质，增强市场竞争力。

（二）加强标准化生产，推进基地建设

一是推进标准化生产和管理，制定和完善生产标准。结合新疆林果业的实际情况，制定和完善涵盖产前、产中、产后各环节的林果标准化生产技术规程，确保林果生产有标可依。二是推广标准化生产技术。通过示范园建设、技术培训、现场指导等方式，推广标准化生产技术，提高果农的标准化生产意识和技能。三是建立健全林果产品质量安全监管体系，加强对林果产品的质量检测和认证工作，确保产品符合相关标准和市场需求。四是改造提升低产低效果园。针对低产低效果园的实际情况，制订切实可行的改造计划，包括肥水管理、病虫害防治、修剪整形等方面的技术措施。提供相应的政策扶持和资金支持，鼓励果农进行果园改造。同时，加强技术指导和培训，帮助果农掌握改造技术和管理方法。五是持续推进高效优质示范园建设。展示标准化生产和管理的成效，带动周边果农进行果园改造和提升。六是培育新型经营主体。鼓励和支持专业大户、家庭农场、农民合作社等新型经营主体的发展，推动林果业的规模化、标准化生产。七是推进产业化经营。通过"公司+基地+农户"等模式，将分散的果农组织起来，实现林果生产、加工、销售的一体化经营，提高林果业的整体效益。八是加强品牌建设。积极培育和推广新疆林果品牌，通过品牌建设，带动林果业的标准化生产和质量提升。

（三）提升精深加工能力，不断延伸产业链

一是加强林果采后处理能力建设。积极引进和推广国内外先进的果品采后处理技术，如智能分级、气调保鲜等，提升果品的商品率和附加值。二是

培育精深加工龙头企业。通过政策扶持和资金支持，培育一批具有精深加工能力的龙头企业。三是通过与援疆省市积极合作，引进一批示范带动作用强的林果企业带动林果业精深加工的发展。四是推动林果副产品综合利用。积极利用林果副产品，如果皮、果核、树枝等，开发出具有经济价值的副产品，提高资源利用率。五是鼓励产品创新和技术研发。鼓励企业加大产品创新和技术研发的投入，丰富产品种类。开发出如果汁、果酱、果酒、果醋等既能满足市场需求又具有市场竞争力的精深加工产品，提高产品的附加值。六是加强产学研合作。推动企业与高校、科研机构的产学研合作，共同研发林果精深加工新技术、新工艺和新设备。

（四）强化科技支撑，加强产业人才队伍建设

一是加大专业技术人才引进与培养力度。通过提供优厚的待遇和发展机会，吸引国内外林果业领域的优秀人才来新疆工作，特别是引进在选育、栽培、种植、检验检测等关键领域有丰富经验的专家型人才。通过项目资助、奖励机制等措施，培养和造就一批林果业领域的领军人才，引领产业创新发展。二是完善基层技术服务体系，加强基层技术员培训。加强基层技术服务站点建设，配备必要的技术人员和设备。建立健全基层技术员培训体系，定期组织技术培训活动，提高基层技术员的专业技能和服务能力。三是鼓励高校和科研机构参与。与当地高校和科研机构建立紧密合作关系，引导其开设林果业相关专业和课程，培养更多具备专业技能和创新能力的人才。四是加大科技研发投入，建设科技创新平台。建立林果业科技创新平台，吸引和聚集优秀科技人才，开展联合攻关和科技成果转化。增加对林果业科技创新的投入，支持新技术、新品种的研发和推广。五是推广先进适用技术。积极引进和推广国内外先进的林果业生产和管理技术，提高果园管理水平和产品品质。六是引进和培养企业管理人才。积极引进具有丰富企业管理经验的人才来新疆工作，同时对现有企业管理人员加强培训，组织开展产业营销策划人才培训活动，提高从业人员的市场意识和营销策划能力。

（五）进一步完善产业扶持政策，优化产业发展环境

一是加大财政补贴和金融支持力度。设立新疆林果业发展专项资金，用于支持基础设施建设、品种改良、技术推广和市场开发等关键环节。二是创新金融产品。鼓励金融机构提供针对林果业的金融产品，如提供长期低息贷款、果园抵押贷款、果农联保贷款等，以满足果农和企业的多样化资金需求。三是引导社会资本投入。通过政府和社会资本合作（PPP）模式，引导社会资本进入林果业领域，共同推动产业发展。四是推广政策性保险、增设保险品种并适当提高保险赔付标准。在全区范围内推广政策性保险，确保所有果农都能享受到保险保障，降低种植风险；根据林果业的实际需求，增设针对自然灾害、病虫害、市场风险等的保险品种，提高保险保障的针对性和有效性；提高保险赔付标准，确保果农在受灾后能够得到足够的经济补偿，保障其基本生活和生产能力。五是增强政策的连续性和稳定性。制定新疆林果业长期发展规划，明确产业发展目标、重点任务和保障措施，为政策制定和实施提供指导。定期对林果业扶持政策进行评估和调整，确保政策与产业发展需求相适应，提高政策的针对性和有效性。六是加强政策宣传和培训。加大对林果业扶持政策的宣传力度，提高果农和企业的政策知晓率和参与度。同时，加强政策培训，提高果农和企业对政策的理解和运用能力。

参考文献

周建会、马春梅、刘翠俊：《昌吉州特色林果业发展思考与探讨》，《中国林副特产》2023年第3期。

陈金龙：《喀什地区林果业发展现状及对策》，《现代农村科技》2023年第5期。

肖莉娟、王晶、李嫣然等：《第一师阿拉尔市特色林果业发展现状及新路径探索》，《新疆农垦科技》2023年第2期。

B.5
新疆畜产品产业集群研究报告

孜列·木合牙提 *

摘　要： 建设优质畜产品产业集群是自治区党委主推的八大产业集群之一。本文从政策支持、自然禀赋以及生产方式的转变等视角阐述了新疆畜产品产业集群的发展优势，并通过产值、产量、价格、需求、龙头企业、品牌建设、基地建设等要素分析了新疆畜产品产业集群的发展现状。新疆畜产品产业集群发展的制约因素有：缺少行业领军型龙头企业，畜产品深加工水平落后；品牌营销能力薄弱，品牌溢价收益低；基础设施较为薄弱，有产业链脱节的风险；冷藏保鲜能力不足，物流制约明显；人才引进困难，自主创新能力不足。为此，提出了相应的对策建议，包括壮大龙头企业队伍，发展畜产品精深加工；提升品牌价值，开发高端产品；提升集聚发展水平，促进全产业链均衡发展；建立冷链网络，提高物流服务质量；强化科技服务，建立和完善人才培养机制。

关键词： 新疆　畜产品　产业集群

　　2023 年新疆维吾尔自治区政府工作报告提出，集中力量打造以八大产业集群为支撑的现代化产业体系。2023 年年初，自治区研究制订优质畜（禽）产品产业集群建设行动计划和肉牛肉羊、乳制品、生猪、家禽、

---

　　* 孜列·木合牙提，新疆社会科学院经济研究所助理研究员，研究方向为区域经济学和数量经济学。

马等 5 个产业链①实施方案，积极推进产业链延链补链壮链。畜（禽）产品产业链从上游到下游，依次为上游畜禽苗种、饲料、疫苗等，中游养殖，下游屠宰、产品加工等。资源禀赋是产业集聚的最初诱因、龙头企业是产业集聚的重要保障、品牌建设是产业集聚的持续动力、基地建设是产业集聚的重要基础。"十四五"期间，新疆加快推进畜牧业高质量发展，坚持生态化发展方向，坚持农牧结合、草畜配套，稳定发展牧区畜牧业，突出发展农区畜牧业，强化科技创新和政策支持，因地制宜发展特色产业，积极推进适度规模经营，提升主要畜产品综合生产能力，全力打造优质畜产品产业集群。

一　新疆畜产品产业集群的发展优势

（一）政策支持强劲有力

国家、自治区高度重视畜牧业发展，支持力度大、扶持措施实。农业农村部一直高度重视新疆的牛羊产业发展，持续加大政策支持力度，推动牛羊产业转型升级，提升牛羊肉生产供给能力。2023 年，中央财政支持北方 12 个省份实施基础母牛扩群提质行动，选择基础母牛存栏规模较大、肉牛产业基础较好的养殖大县，采用"先增后补、见犊补母"的方式，对饲养基础母牛、选用优秀种公牛冻精配种并扩大养殖规模的养殖场（户）给予补助，并将新疆纳入政策支持范围。

2020 年 4 月，自治区党委办公厅、自治区人民政府办公厅印发了《关于促进新疆畜牧业高质量发展的意见》，提出加快推进新疆由畜牧大区向强

---

① 肉牛肉羊产业链链主企业，包括新疆华凌工贸（集团）有限公司、新疆农牧业投资（集团）有限责任公司、新疆天莱牧业集团有限责任公司、新疆津垦奥群农牧科技有限公司；乳制品产业链链主企业，包括新疆呼图壁种牛场有限公司、新疆旺源驼奶实业有限公司、新疆天润乳业股份有限公司；家禽产业链链主企业包括新疆泰昆集团有限责任公司；生猪产业链链主企业，包括天邦生物股份有限公司、天康畜牧科技有限公司；马产业链链主企业，包括伊犁哈萨克自治州昭苏马场、新疆新姿源生物制药有限责任公司。

区转变，力争用 5 年时间，培育形成 3~5 个产值百亿元以上、在国内具有一定影响力的畜牧产业集群，全区肉类总产量达到 220 万吨、牛奶产量达到 300 万吨、禽蛋产量超过 50 万吨，分别增长 30%、50% 和 25%；全区畜牧业产值超过 1100 亿元，增长 20%。

自治区农业农村厅制定《新疆羊产业发展问题分析及扩大羊肉产能增加市场供给的措施方案》，深入实施《农区高效肉羊品种选育计划（2020—2025 年）》《关于加快新疆肉羊产业高质量发展的实施意见》，形成《新疆肉羊产业高质量发展的主要措施和政策建议》《关于破解多胎肉羊基数小和优质饲草保障能力不足等突出问题的建议报告》，出台《关于加快新疆马产业高质量发展的意见》，编制《新疆现代马产业优势特色产业集群续建项目实施方案》，为优质畜产品产业发展提供了有力支撑。

（二）自然禀赋得天独厚

新疆草地资源丰富，养殖用地充足，种养结合紧密，畜禽品种优良。新疆作为传统的畜牧大区，在"三山"和"两盆"周围有大量的优良牧场，广袤的草原和绿洲为畜牧业发展提供了物质基础，资源禀赋独特且优越。全区农林牧可直接利用土地面积 10 亿亩，占全国农林牧宜用土地面积的十分之一以上，现有草地面积 7.80 亿亩，是全国六大牧区之一。充足的草地资源，为优质畜产品产业的发展提供了有力的保障。

随着畜牧业的较快发展，新疆畜产品结构、生产方式及区域布局不断改善，已初步形成了以肉牛、肉羊、骆驼、马等为支撑的草原畜牧养殖结构。新疆褐牛、西门塔尔牛、荷斯坦牛、阿勒泰羊、哈萨克羊等是北疆地区主要的牲畜种类，蒙古牛、和田羊、卡拉库尔羊、多浪羊等是南疆地区主要的牲畜种类。伊犁河谷、塔额盆地草原牧区、额尔齐斯河流域、天山北坡经济带及南疆铁路沿线是重点的养殖优势产区。

（三）生产方式逐步转变

传统的家庭分散式养殖模式正在向规模化、标准化的现代化养殖模式转变。在牧区通过合作社、联户经营、牲畜托管等方式发展家庭牧场，在农区引入政府补贴，引导龙头企业、社会资本等参与养殖场的建设，为肉牛、奶牛、肉羊标准化养殖小区的建设提供资金支持，推动标准化养殖基地和养殖小区建设。

牧区放牧方式由天然草原放牧逐渐转变为牧区天然草原放牧和农区舍饲圈养相结合的方式。为了减轻天然草地因过度放牧带来的负担，新疆大力实施草原生态建设，在农区发展舍饲圈养，缩减放牧规模，积极引导畜牧业向农区发展，逐渐形成以舍饲圈养为主、以天然草原放牧为辅的"牧繁农育"生产方式，在牧区天然草原放牧的牲畜数量逐渐减少，农区舍饲育肥的牲畜数量逐步增多。

二　新疆畜产品产业集群的发展现状

（一）新疆畜牧业产值变化

新疆畜牧业产值稳步增长，图1为2013～2022年新疆畜牧业产值变化及畜牧业占农业总产值比重。2013年，新疆畜牧业产值仅为647.29亿元，到2022年，新疆畜牧业产值达到1347.96亿元，十年间增幅达到108.25%，说明畜牧业发展势头迅猛，2019～2022年增长趋势尤为明显。2013～2022年，新疆畜牧业产值占农业总产值比重最高的年份是2022年，为24.65%；最低是2018年，为21.89%，这十年间，畜牧业产值占农业总产值比重的平均值为23.70%。新疆草原、农区和城郊并举的畜牧业生产格局加速形成，同时畜群结构趋向合理，良种化水平不断提高。2023年前三季度的数据显示，畜牧业产值863.83亿元，同比增长7.6%。

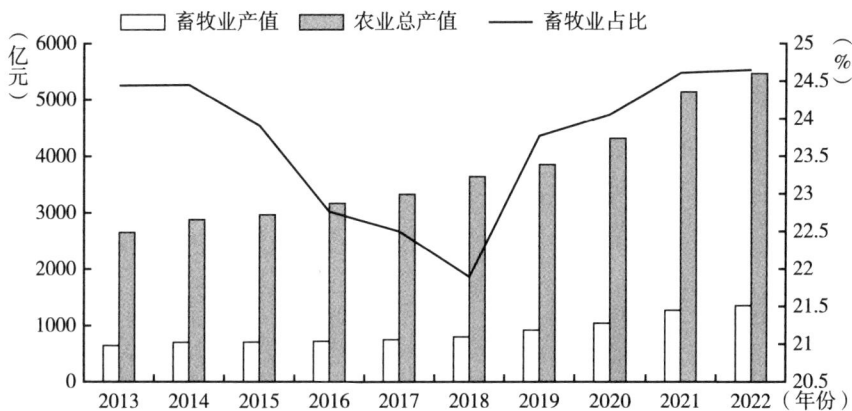

图 1　2013~2022 年新疆畜牧业产值变化及畜牧业占农业总产值比重

资料来源：新疆统计局。

（二）主要畜产品产量变化

新疆主要畜产品的产量整体呈上升趋势，表 1 是 2013~2022 年新疆主要畜产品产量。2022 年，全区肉类、牛奶、禽蛋总产量分别为 190.94 万吨、222.58 万吨和 38.22 万吨，分别比 2013 年增长 34.90%、64.88%、35.68%。新疆猪牛羊禽兔肉总产、禽蛋产量、牛奶产量均实现同比增长，畜牧业发展效益稳步提升。

表 1　2013~2022 年新疆主要畜产品产量

单位：万吨

年份	肉类产量	牛	猪	羊	禽兔肉	牛奶	禽蛋
2013	141.54	37.82	32.88	53.28	11.86	134.99	28.17
2014	149.86	39.16	35.77	55.17	13.33	147.53	30.52
2015	155.84	40.45	35.19	57.25	14.66	155.77	32.64
2016	161.96	42.48	36.32	60.44	16.29	156.08	36.13
2017	162.84	43.04	35.80	58.24	17.02	191.90	37.37
2018	161.96	41.96	38.10	59.40	16.06	194.90	37.30
2019	170.74	44.52	37.62	60.32	18.85	204.42	38.60
2020	172.67	43.99	37.51	56.98	24.35	200.04	40.16

续表

年份	肉类产量	牛	猪	羊	禽兔肉	牛奶	禽蛋
2021	183.08	48.50	49.85	60.44	24.29	211.53	40.98
2022	190.94	49.37	57.01	60.72	23.83	222.58	38.22

资料来源：新疆统计局。

2023 年前三季度的数据显示，全区牛羊猪出栏 3454.61 万头，同比增长 9.7%，增速比上半年提高 2.7 个百分点。牛、羊、猪出栏分别增长 10.8%、8.0% 和 17.4%，活禽出栏下降 2.7%；猪牛羊禽兔肉产量合计 147.17 万吨，增长 11.1%；牛奶产量 169.21 万吨，增长 3.3%；禽蛋产量 28.51 万吨，增长 4.8%。[①]

（三）主要畜产品价格变化

新冠疫情后新疆旅游业逐步恢复，旅游带动居民餐饮消费，夜市、烧烤等消费需求旺盛，牛羊肉消费保持增长，产量上涨趋势明显，牛、羊肉价格较 2021 年下降幅度明显，猪肉价格波动较大（见图 2、图 3、图 4）。鸡肉及鸡蛋价格较 2021 年有明显的增长（见图 5、图 6），主要原因可能是生产成本的增加。2022 年以来玉米与豆粕价格处于高位，使饲料价格不断走高，养殖成本上升，对鸡肉价格形成一定的影响，东方希望、海大、澳华农牧、大北农、安佑等饲企饲料产品价格上涨幅度在 50~300 元/吨。

（四）主要畜产品需求变化

肉、蛋、奶消费量是反映畜产品需求变化的主要指标。截至 2023 年底，国家统计局公布的《中国统计年鉴》最新年份为 2022 年，是根据上一年末情况汇总整理，因此，本文用 2021 年 31 个省、区、市居民家庭肉、蛋、奶人均消费量进行分析（见表 2）。

[①] 《2023 年前三季度新疆维吾尔自治区国民经济运行情况新闻发布稿》，新疆维吾尔自治区统计局官网，2023 年 10 月 26 日，http://tjj.xinjiang.gov.cn/tjj/xwfb/202310/43cacdf255404 87f912643f7e38fe6a2.shtml。

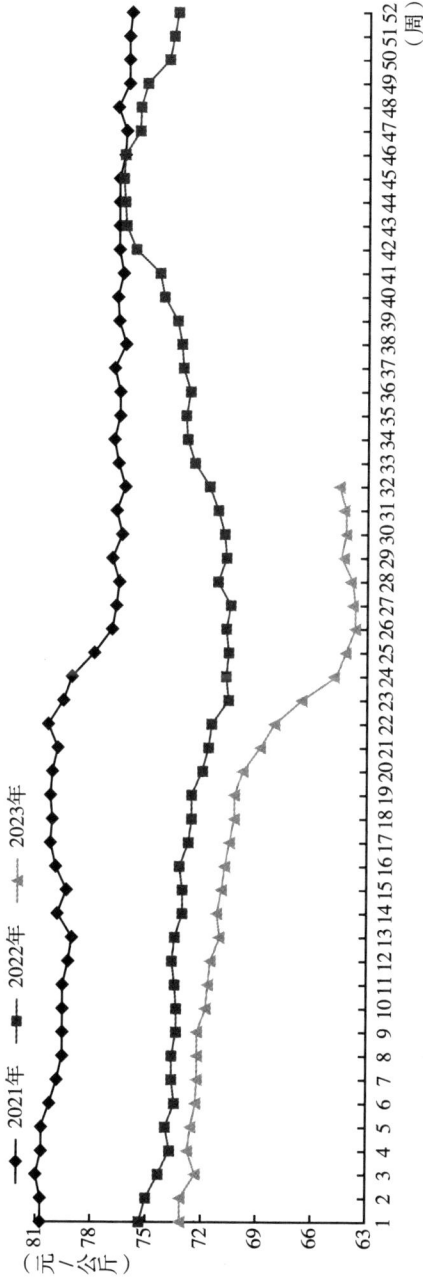

图 2 2021 年至 2023 年 8 月新疆每周牛肉价格变动

资料来源：新疆畜牧兽医大数据平台开放数据。

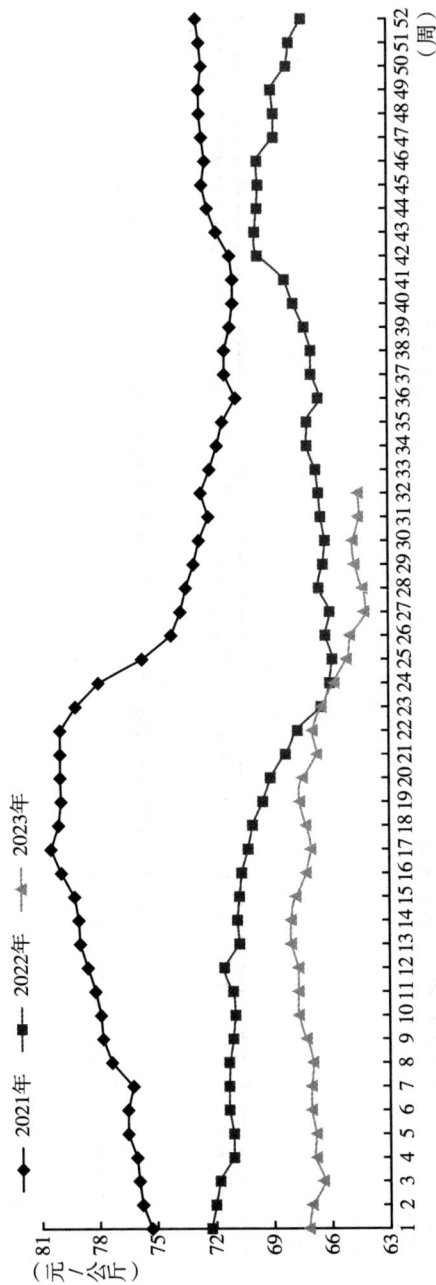

图 3　2021 年至 2023 年 8 月新疆每周羊肉价格变动

资料来源：新疆畜牧兽医大数据平台开放数据。

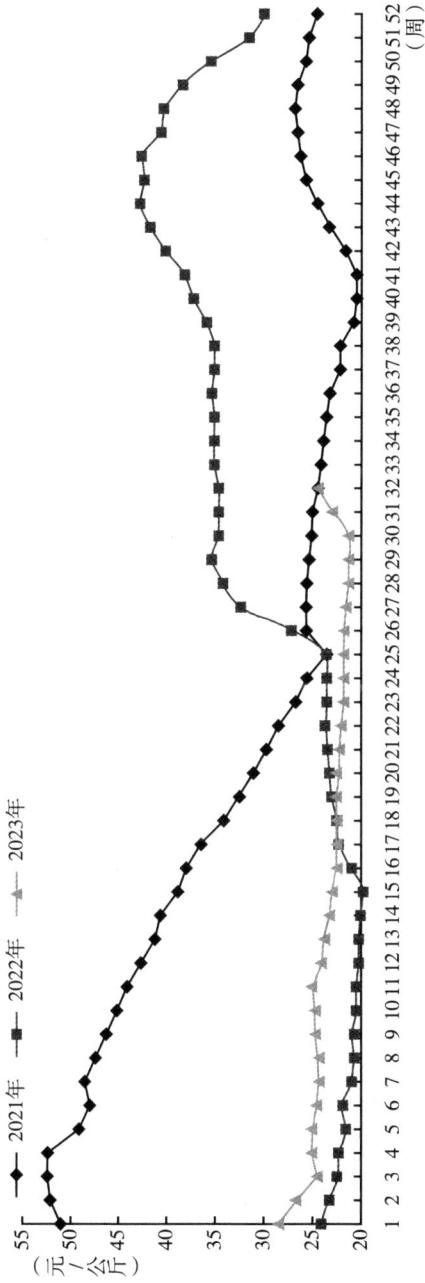

图 4　2021 年至 2023 年 8 月新疆每周猪肉价格变动

资料来源：新疆畜牧兽医大数据平台开放数据。

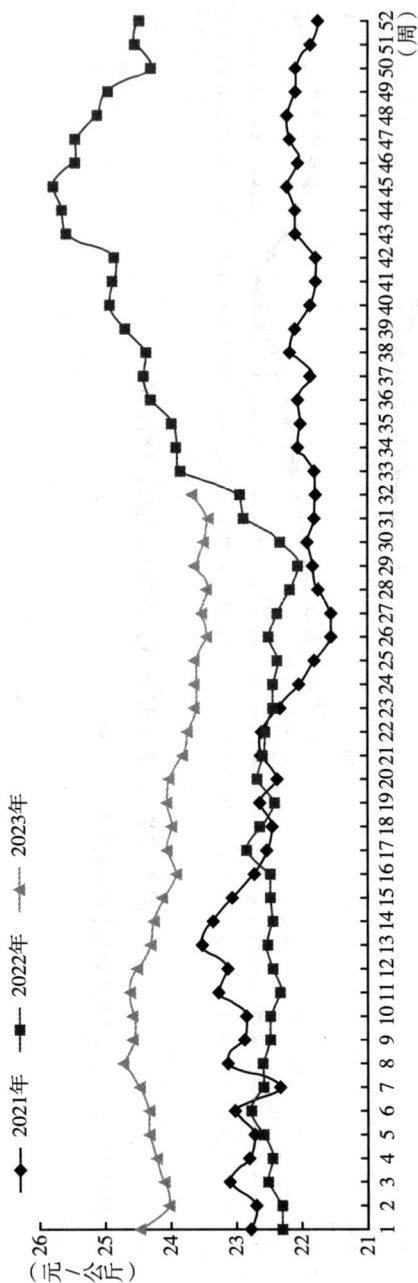

图5 2021年至2023年8月新疆每周鸡肉价格变动

资料来源：新疆畜牧兽医大数据平台开放数据。

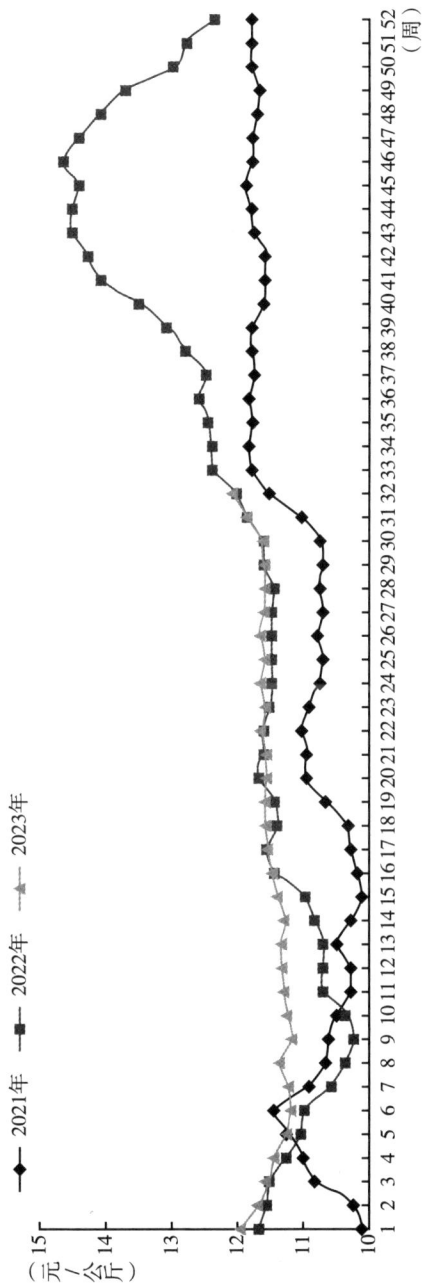

图6 2021年至2023年8月新疆每周鸡蛋价格变动

资料来源：新疆畜牧兽医大数据平台开放数据。

表2　2021年全国31个省、区、市居民家庭肉、蛋、奶人均消费量

单位：千克

地区		肉类	猪肉	牛肉	羊肉	禽类	蛋类	奶类
全国		32.9	25.2	2.5	1.4	12.3	13.2	14.4
西北地区	新疆	25.7	5.0	5.4	13.3	6.5	8.4	18.4
	陕西	19.6	14.5	1.2	1.2	4.1	11.4	15.4
	甘肃	22.8	16.8	1.6	1.8	6.5	10.4	17.4
	青海	29.4	13.0	10.2	5.1	3.9	5.6	17.0
	宁夏	20.0	8.0	5.7	5.0	9.2	7.6	15.4
西南地区	重庆	46.9	39.6	2.3	0.7	14.6	14.2	17.5
	四川	42.4	36.3	1.9	0.5	13.1	10.0	11.5
	贵州	31.2	28.2	1.1	0.2	6.9	4.8	6.4
	云南	35.7	30.8	1.9	0.4	10.2	6.0	7.2
	西藏	35.6	6.2	21.9	6.6	1.2	2.7	9.3
华北地区	北京	31.8	18.5	4.0	3.4	7.6	16.2	29.8
	天津	27.5	17.6	2.6	2.7	6.7	20.0	17.2
	河北	28.8	20.0	1.5	1.6	8.1	20.2	17.6
	山西	18.3	12.7	0.8	1.5	4.0	17.1	19.2
	内蒙古	41.8	26.8	4.1	7.1	7.4	13.7	23.8
东北地区	辽宁	36.8	26.3	3.8	1.6	7.5	17.5	19.3
	吉林	30.4	22.8	2.9	0.8	7.2	14.4	11.3
	黑龙江	33.3	24.4	2.5	1.6	8.6	16.7	12.4
华东地区	上海	34.1	23.1	4.4	1.2	14.2	14.0	24.0
	江苏	33.9	25.1	2.6	1.1	14.0	14.1	15.0
	浙江	37.2	29.4	3.5	0.8	14.3	12.4	16.9
	安徽	31.6	24.0	2.6	1.1	15.5	13.8	13.3
	福建	34.1	27.7	2.4	0.8	15.0	11.4	13.4
	江西	37.7	31.3	3.0	0.5	13.7	11.2	12.4
	山东	27.9	20.4	1.1	1.1	9.3	21.3	17.1
华中地区	河南	25.5	18.2	1.9	1.4	9.5	20.0	16.0
	湖北	34.9	28.1	2.5	0.7	8.5	9.6	10.9
	湖南	36.9	32.0	2.2	0.7	15.3	10.9	8.9
华南地区	广东	37.6	29.6	3.0	0.7	24.6	8.4	12.9
	广西	34.6	30.4	1.8	0.5	26.1	6.4	6.3
	海南	34.0	28.4	2.9	1.1	28.2	5.8	5.7

资料来源：国家统计局。

由表 2 可知，2021 年 31 个省、区、市中，新疆肉类人均消费量为 25.7 千克，排名第 26，比全国人均消费量 32.9 千克还低 7.2 千克，其中羊肉人均消费量排名全国第一，为 13.3 千克；猪肉人均消费量最低；牛肉人均消费量 5.4 千克，排名全国第 4；禽类与蛋类低于全国平均水平；奶类人均消费量 18.4 千克，排在全国第 6 位。

畜牧业综合生产能力的提升，增加了畜产品市场供给量，在保障区内供给的基础上，出疆外销畜产品规模持续增加。2022 年，全年净调出生猪及猪肉产品折合猪肉 19.32 万吨，调运出疆活牛 37.9 万头，外销出疆乳制品 25 万吨。根据新疆畜牧兽医大数据平台开放数据，仅 2023 年 8 月，新疆从外省调入 39.41 万头羊、191.43 万只鸡，向外省调出 8.13 万头牛、6.29 万头猪。表 3、表 4 为 2023 年 8 月新疆调入羊和调入鸡排名前十地区，60% 以上的羊来源于甘肃省武威市，一半以上的鸡来源于华南地区，新疆羊肉和鸡肉需求量巨大，尚未实现自给自足。表 5、表 6 为 2023 年 8 月新疆调出牛和调出猪排名前十地区，新疆出栏的牛和猪零零星星地发往全国各地，但流出地不够集中。

表 3 2023 年 8 月新疆调入羊排名前十地区

单位：%

排序	调入城市	占比
1	武威市	61.1
2	保定市	13.7
3	白银市	11.2
4	酒泉市	4.9
5	巴彦淖尔市	2.2
6	东营市	1.5
7	海西蒙古族藏族自治州	1.3
8	临夏回族自治州	1.3
9	张家口市	0.7
10	嘉峪关市	0.4

资料来源：新疆畜牧兽医大数据平台开放数据。

表4 2023年8月新疆调入鸡排名前十地区

单位：%

排序	调入城市	占比
1	南宁市	33.8
2	广州市	11.2
3	江门市	9.7
4	西安市	8.1
5	郑州市	4.6
6	成都市	4.4
7	德阳市	3.7
8	绵阳市	3.1
9	佛山市	2.8
10	渭南市	2.8

资料来源：新疆畜牧兽医大数据平台开放数据。

表5 2023年8月新疆调出牛排名前十地区

单位：%

排序	调出城市	占比
1	济宁市	7.1
2	渭南市	6.8
3	吕梁市	6.3
4	滨州市	3.9
5	佛山市	3.1
6	武威市	2.9
7	南宁市	2.5
8	昆明市	2.5
9	西安市	2.4
10	临夏回族自治州	2.3

资料来源：新疆畜牧兽医大数据平台开放数据。

表6　2023年8月新疆调出猪排名前十地区

单位：%

排序	调出城市	占比
1	兰州市	17.9
2	西宁市	11.3
3	庆阳市	8.7
4	武威市	8.1
5	朔州市	7.7
6	张掖市	6.3
7	运城市	5.7
8	忻州市	4.8
9	海西蒙古族藏族自治州	4.1
10	晋中市	4.0

资料来源：新疆畜牧兽医大数据平台开放数据。

（五）龙头企业发展情况

根据2023年5月23日举行的"建设农业强区　不断提升农牧业现代化水平"新闻发布会发布的数据，自治区农业产业化龙头企业总数1617家，其中，国家级龙头企业57家，占比3.53%；自治区级龙头企业500家，占比30.92%；地州、县市级龙头企业1060家，占比65.55%。产业高质量发展必须要有龙头企业的有效带动，为此自治区出台龙头企业贷款贴息政策，搭建企业困难问题反映"直通车"，开展龙头企业融资助力、上市培育、科技赋能服务，支持龙头企业担当农业全产业链的"链主"，牵头组建农业产业化联合体，促进产业转型升级。[①]

根据相关部门统计调查，国家级龙头企业中畜禽加工企业有14家，从地区分布看，南、北疆各一半；从企业性质看，国有及控股企业仅有两家，

[①] 《新疆举行"新疆推进高质量发展"系列主题新闻发布会第六场——"建设农业强区　不断提升农牧业现代化水平"新闻发布会》，中华人民共和国国务院新闻办公室官网，2023年5月23日，https://www.scio.gov.cn/xwfb/dfxwfb/gssfbh/xj_13856/202307/t20230701_718859_m.html。

其余为民营及控股企业；从加工类别看，有 5 家企业以畜产品初加工为主，有 1 家以畜产品流通为主，其余 8 家以畜产品精深加工为主；营收情况较好的有新疆泰昆集团有限责任公司、新疆天莱农牧集团股份有限公司、新疆华凌农牧科技开发有限公司等。

自治区级龙头企业中有 82 家畜禽加工企业，从地区分布看，和田 17 家、昌吉 15 家、塔城 10 家、伊犁 9 家、阿勒泰 6 家、喀什 5 家、乌鲁木齐 4 家、巴州 4 家、阿克苏 4 家、克州 3 家、哈密 2 家、吐鲁番 2 家、克拉玛依 1 家；从企业性质看，国有及控股企业有 19 家，其余 63 家为民营及控股企业；从加工类别看，28 家以畜产品精深加工为主，其余 54 家以畜产品初加工为主；营收情况较好的有新疆泰昆集团昌吉饲料有限责任公司和新疆天康食品有限责任公司。

地州、县市级龙头企业中畜禽加工企业有 166 家，从地区分布看，和田 66 家、伊犁 23 家、喀什 19 家、昌吉 13 家、塔城 13 家、阿克苏 9 家、阿勒泰 6 家、乌鲁木齐 5 家、巴州 5 家、吐鲁番 4 家、克州 2 家、博州 1 家；从企业性质看，国有及控股企业有 22 家，其余 144 家为民营及控股企业；从加工类别看，48 家以畜产品精深加工为主，其余 118 家以畜产品初加工为主。

（六）品牌建设的基本情况

习近平总书记在 2022 年中央农村工作会议上强调做好"土特产"文章。中国地理标志农产品承载着独特的历史、地理、文化等因素，是我国优质精品"土特产"的集中表现。根据 2023 年中国农业品牌研究中心公布的《2022 中国地理标志农产品品牌声誉评价报告》，全国已有 8000 多个农产品取得了中国地理标志产品、农产品地理标志等保护与登记，在 2022 年评价的 1568 个中国地标品牌中，新疆品牌的数量为 32 个（畜牧类 3 个、果品类 21 个、粮油类 6 个、中草药类 2 个），品牌声誉评价排名前 100 位中有若羌红枣、哈密瓜和库尔勒香梨。表 7 为品牌声誉评价排名前 10 位的畜牧类地标品牌，盐池滩羊、鲁西黄牛、平遥牛肉、苏尼特羊肉、南京盐水鸭等进入了品牌声誉评价排名前 10 位，新疆的肉类品牌还未能在国内打出名号。

表7 品牌声誉前10位的畜牧类地标品牌

排序	省份	品牌名称	品类	品牌声誉得分
1	宁夏	盐池滩羊	肉类产品	86.59
2	山东	鲁西黄牛	肉类产品	86.46
3	山西	平遥牛肉	肉类产品	86.30
4	内蒙古	苏尼特羊肉	肉类产品	86.20
5	江苏	南京盐水鸭	肉类产品	86.10
6	江西	泰和乌鸡	肉类产品	85.97
7	福建	连城白鸭	肉类产品	85.82
8	湖南	湘西黄牛	肉类产品	85.68
9	海南	文昌鸡	肉类产品	85.61
10	上海	崇明白山羊	肉类产品	85.60

资料来源：《2022中国地理标志农产品品牌声誉评价报告》。

新疆的牛奶企业众多，但规模不大。随着交通的改善和电商的发展，新疆的牛奶逐步打开了全国的市场，新疆天润乳业股份有限公司、新疆西域春乳业有限责任公司、新疆石河子花园乳业有限公司等新疆乳企越来越多地被消费者认可。但是，新疆乳企的品牌市场力、品牌管理能力和品牌基础能力较差，品牌竞争力相对较弱，与全国其他区域品牌乳业相比存在差距。

（七）养殖基地建设情况

全区从事牧业人口数超过228.89万，畜禽养殖场（户）150余万家（户），畜牧业农民合作社1.16万个，已落地大型畜禽养殖基地建设项目50余个。近年来，新疆依托品种改良、推行标准化养殖等措施，设立产业园项目，形成了"产+销"一体的现代畜牧业产业格局。2022年，新疆创建国家级有机肉牛养殖标准化示范区1个、种养结合的国家级生态农场3家，创建国家级标准化示范场6家，其中3家标准化示范场通过国家级复验。

2022年4月，农业农村部公示了全国40个"2022年优势特色产业集群建设名单"，新疆维吾尔自治区褐牛产业集群入选。按照产业集群项目建设要求，自治区选择在资源条件好、产出总量大、产业基础强的伊犁、塔城、阿勒泰的 10 个县（市）实施褐牛产业项目。项目区内现有褐牛 159 万头，产值达到 115 亿元，集中了褐牛主体育种资源，有稳产高产优质饲草料基地 213 万亩，建有规模园区基地 6 个。自治区将通过强弱项补短板，推动全产业链发展。在产业链前端，主要是种业创新、提高饲草料产量、降低饲草料价格；在产业链中端，主要是提高规模化养殖水平；在产业链末端，主要是提高肉、乳及副产品加工增值能力，提升品牌价值和营销能力。

三　新疆畜产品产业集群发展的制约因素

（一）缺少行业领军型龙头企业，畜产品深加工水平落后

新疆畜产品生产总量增长较快，小规模的畜产品加工企业发展快，但大企业、大集团、大集群培育发展不足。首先，全区畜产品加工企业数量较少，而且大多数企业普遍规模小，市场份额不大，实力不强，竞争力也较弱，目前全区还没有年营业收入超百亿元的龙头企业，尤其缺少加工型、流通型龙头企业，与中东部地区存在明显差距。其次，由于没有龙头企业的引领，行业技术水平较低，没有完善的供应链体系，各企业之间的合作较少，产品单一、同质化严重，精深加工产品、高附加值产品少，产品创新能力较弱，市场竞争力也不强，管理体系相对落后，依靠粗放扩张的经营模式，不能非常好地适应畜产品产业集群的发展。此外，由于缺少龙头企业，行业发展动力不足，带动力以及辐射效果有限，企业与散养户之间只是单纯的买卖、回收等关系，尚未形成相互支持、相互促进、风险共担、利益均沾的利益共同体，国内外市场开拓能力较弱，行业发展受到限制。

（二）品牌营销能力薄弱，品牌溢价收益少

各地畜牧养殖产业异军突起，畜禽产品大量集中上市。各地在产业选择和招商方向上基本一致，各县市产业布局雷同。随之而来的就是产品销售的问题。品牌多、乱、杂，缺乏整体规划，大部分企业品牌建设和宣传投入不

足，品牌影响力弱。品牌文化是一种深层次的文化元素，它被企业以各种形式融入其品牌塑造过程中，从而使品牌文化与消费者的个人情感紧密结合。品牌不仅是商品质量、特性以及独特市场定位的象征，更是消费者价值观、审美观、生活方式和消费模式的体现。新疆大部分畜产品经营者并未充分认识到企业文化以及品牌文化的重要性，品牌传播投入不足，特别是在广告宣传、员工推销以及公共关系建设等方面投入相对较低，导致了品牌效应的缺失。这种现象既减少了企业的潜在客户群，同时也为假冒伪劣产品的滋生提供了土壤。人们对食品安全倍加重视，绿色、无公害、无污染已成为人们日常生活消费的基本需求。新疆发展绿色畜牧业条件优越，新疆是绿色畜产品的天然生产基地，但新疆几乎没有在全国叫得响、市场占有率高的知名畜产品品牌。

（三）基础设施较为薄弱，有产业链脱节的风险

受国家东西部产业转移政策影响，近年来，西部地区盲目以量的扩张代替畜牧业发展。短暂的市场供求变化难以维系新疆畜牧业产业化发展，受资金、人才、技术、管理等因素制约，"口头产业化"在一些地方比较明显。尤其是产业链上下游饲料、屠宰、加工、废弃物处理与资源化利用等环节，前期投入大、平衡周期长、经营要求高，企业涉足产业环节贪多求全，各地区之间缺乏区域联动，导致畜产品"卖难""买难"交替出现，整个产业停滞不前。畜产品产业集群的基础设施建设相对滞后，养殖基地发展速度比较缓慢。无论养殖户是想扩大规模还是想建养殖基地，最难的就是资金投入问题，主要原因是融资渠道不宽、贷款难、抵押贷款要求高。政策支持覆盖面不广，力度还不够，激励机制还未健全，例如，针对新增规模养殖户、新建养殖小区，缺少配套贴息贷款、补贴、奖励等政策。

（四）冷藏保鲜能力不足，物流制约明显

由于新疆畜产品冷链保鲜和冷链物流还处于起步阶段，冷冻加工、冷冻冷藏、冷藏运输以及冷冻销售的设施比较落后，还未形成完整的体

系，许多畜产品在采购、生产以及销售过程中，仍使用传统的储运模式。另外，在硬件设施方面，冷库设备配置不合理，尤其是在肉类和鱼类冷冻储存原料匮乏或是生产淡季的情况下，冷库往往会处于浪费能源的状态。这种现象反映出新疆在城市运营型冷库建设上的关注度过高，而忽视了产地加工型冷库的重要性。同样，过度关注大型冷库的建设，而忽略了批发、零售冷库的必要性。这些问题的存在，不仅阻碍了冷链产业的全面发展，还降低了资源整合的效果。新疆冷藏运输设备如冷藏车、保温车和冷藏集装箱的数量相对有限，且设备分布不均衡。新疆地域辽阔且人口稀少，加上与市场的距离较远，因此对运输的需求较大。然而，由于缺乏足够的低温保障系统，对易腐的畜产品的保障能力有限，因而对物流的要求比较高，进而推高物流成本。此外，也为食品安全问题埋下了隐患。

（五）人才引进困难，自主创新能力不足

科学技术是第一生产力。畜牧业发展水平的高低、畜产品品质的好坏、市场竞争力的大小与科学技术的推广应用程度密切相关，事关畜牧业整体效益的发挥。新疆目前存在技术服务人员缺乏、技术推广工作滞后、服务体系不够完善的问题，高层次的管理人才和技术人才引进成本高、引进难，人才流失严重。畜产品加工企业自主创新能力不强，产学研合作亟待加强，新疆涉及畜产品加工的高等院校和研究所在人力、仪器设备以及基础研究上，远远好于企业，但双方研究的切入点不统一，没有联合攻关，导致了科技成果转化率低和资源浪费。新疆畜产品加工企业的发展时间相对较晚，基础较为薄弱，整体实力不强。畜产品加工技术装备整体比较落后，居国内领先水平的不多。相较于发达城市，新疆畜产品加工企业在产品质量管理、创新思维、研发投资以及知识产权拥有量等方面的表现明显落后。大多数畜产品加工企业的设施设备都较为简单，规模也偏小，机械化程度较低，这无疑会限制生产能力的提升。

四 新疆畜产品产业集群发展的对策建议

（一）壮大龙头企业队伍，发展畜产品精深加工

实施龙头企业入疆行动，鼓励各地积极开展招商引资，以良好的营商环境、优惠的扶持政策和完善的产业配套，吸引全国畜产品加工"百强企业"、领军型龙头企业入疆兴业。实施龙头企业转型升级行动，鼓励企业通过兼并重组、股份合作、资产转让等形式上市融资发展，做大做强做优一批发展基础好、辐射带动作用大、市场竞争力强的畜产品加工龙头企业，增强自主创新能力、扩大生产规模、延伸产业链条，拓展畜牧业增效空间。政府以及相关部门应该继续加大对龙头企业的扶持力度，尤其是对创新以及科研能力欠缺、管理模式落后的企业，从实际出发制定符合企业发展的战略措施，解决龙头企业在发展过程中遇到的一些实际性难题，对畜牧业产前、产中以及产后的服务提供有力保障，对于需要缴纳的一些税款以及其他款项实行单个优惠。

围绕市场和消费升级需求，重点发展畜禽产品精深加工，实现多次多环节增值，支持加工企业加快技术改造、装备升级和模式创新，向产业链中高端延伸，不断提升企业加工转化增值能力，引进国内外成熟技术，特别是新型非热加工、新型杀菌、高效分离、清洁生产、智能控制等技术，开发类别多样、营养健康、方便快捷的系列化产品。在屠宰加工中，大力推广应用中、小型畜禽屠宰设备和分包装机械设备，牛羊胴体分部位分割加工设备，支持有实力的屠宰加工企业应用大型自动化屠宰设备、冷却排酸、速冻冷藏等现代工艺设备。在肉制品加工中，推广应用片、丝、丁、块切制加工设备，鼓励开发低温肉制品、特色高温火腿肠、发酵肉制品，提升肉制品的产品质量。在蛋制品加工中，以改进提升鲜蛋处理系统、自动验蛋系统装备水平为重点，全面提升商品包装洁蛋加工水平。在乳制品加工中，推广机械化挤奶、快速冷却、巴氏杀菌和超高温杀菌、无菌包装等技术，加快扩大灭菌

乳、巴氏杀菌乳、发酵乳等液态乳制品生产规模，支持发展奶酪、黄油等干乳制品，大力开发婴幼儿配方乳粉、老年奶粉等产品，鼓励发展马奶、驼奶、驴奶、山羊奶等特色乳制品。在畜禽副产物综合加工中，应用酶解、发酵等先进适用技术，统筹利用畜禽皮毛、骨血、内脏等副产物，开发血浆蛋白、胶原蛋白肠衣、血粉、多肽、有机钙等产品。

（二）提升品牌价值，开发高端产品

推行特色化经营，在引入现代化的养殖和加工技术的同时，强调本地的风味特色。对于养殖区，应按照无公害畜牧业生产的标准来建设，目标是生产高质量、无污染的畜产品，并加速申请无公害生产地的认证，通过行业自律，打造"新疆褐牛""伊犁马""阿勒泰羊""多浪羊"等区域公用品牌。为了确保畜产品的质量，需要建立一个全面的质量检测和检验系统。行政部门、工商管理和技术监督等部门应联合起来依法打击各类假冒伪劣畜产品的生产和销售行为，保障新疆畜产品品牌的建设，保护企业和消费者的权益。

打造新疆畜产品营销渠道，强化畜产品加工业与销售区对接，搭建外销平台、拓宽销售渠道、构建营销网络，推进线上线下、疆内疆外、国内国外畜产品市场开拓。政府牵头搭建行业协会，组建联合储运网络，通过在大规模零售商设立专门的货架，并采用连锁运营策略，在全国范围内以及全自治区建立特许经营商店，塑造消费者对新疆环保、安全肉类产品的认知。同时，充分利用互联网资源，通过 B2B 平台寻找商业伙伴，并在 B2C 平台上直接销售产品，更接近消费者，迅速了解消费者的反馈。

（三）提升集聚发展水平，全产业链均衡发展

以全产业链打造为重点，推行规模化经营。推动各地区根据其独特的优势和特色，实施区域化的产业布局、专业化的生产流程、一体化的运营模式，以及社会化的服务和企业化的管理方式，将生产与销售、制造业与农业、经济与科技教育等领域紧密地融合在一起，构建一个完整的产业链条。

同时，应鼓励并引导龙头企业利用其在产业组织方面的优势，积极推动大型养殖户和饲料生产商之间的合作，通过"公司+农民合作社+家庭农场"或"公司+家庭农场"等模式，共同创建一个畜牧业的联合体，建基地、延链条、带农户、拓市场、促融合，实行产加销一体化经营。摒弃以往政府仅关注生产和基地管理的传统模式，全面考量从基地到终端产品的整个产业链，制定出一套系统化的策略。首先，应以初级贸易市场作为基石，以批发市场作为核心，构建起一个完整的市场体系，实现各环节的功能互补。其次，需要与城市中的大型贸易市场以及超市建立紧密的供应和销售联系，以此来进一步扩大畜牧产品的市场份额。最后，需要建立公平的收益分配机制，鼓励农民在技术支持、产品加工及销售方面自主协作，并通过成立专业协会、合作社以及股份合作社等中介机构，提供专业化的服务，提高农牧民参与市场竞争的能力。

（四）建立冷链网络，提高物流服务质量

优化冷链物流节点空间布局，依托北、中、南三大物流通道，重点建设以乌鲁木齐为枢纽，以吐鲁番市、阿克苏市、库尔勒市、喀什市、伊宁市为骨干基地，以哈密市、博乐市、和田市、塔城市、阿勒泰市、若羌县为区域中心，以霍尔果斯、阿拉山口、巴克图口岸等重点口岸为进出口重要支点的冷链物流基础设施网络。不断地扩大规模和更新现有的冷藏运输设备，争取国家对仓储保鲜冷链物流设施建设的支持资金，引导畜产品加工、物流、商贸、电商等企业联合农民专业合作社、家庭农场，围绕畜禽、生鲜乳等畜产品建设仓储保鲜冷链物流设施，形成产地集散中心、信息发布中心、仓储物流中心以及低温直销配送中心，加快畜产品预冷、冷冻冷藏、转运配送、公共信息平台等全链条冷链物流设施建设。健全完善畜产品冷链物流标准体系，支持成立跨区域畜产品冷链物流标准化企业联盟，吸纳标准化、信息化、集约化发展基础较好的企业和园区加入联盟。

（五）强化科技服务，建立完善人才培养机制

采取政策扶持、项目支持等方式，以科技成果转化为切入点，推动畜产品加工产业发展，依托自治区农业科研院校、畜产品加工研究机构，建立新疆畜产品加工技术创新平台，提供科技成果中试放大服务，支持龙头企业联合科研机构开展技术攻关，开展加工技术与信息化、智能化、工程化装备研发。

依托畜牧业各类园区开办职业技术培训学校，在龙头企业建立实训基地，实现订单培训，补齐畜产品加工业本土技术工人和技能人才短缺的短板，建立完善行业人才培训师资库，挖掘和认定一批基础设施完善、功能齐全的畜产品加工培训基地，推进全行业共享优质培训资源；以畜产品加工科技创新与推广，经营管理、企业家和职业技能人才培养为重点，培训一批既懂技术又懂市场的畜产品加工专业人才，争取得到国家现代农业产业技术体系专家、中国农业科学院专家等开展全产业链发展指导和技术服务。

B.6
新疆戈壁设施农业发展报告[*]

陈鲲玲[**]

摘　要：　发展现代设施农业是维护国家粮食安全、构建多元化食物供应体系的一项至关重要的举措。新疆拥有丰富的农业资源和独特的地理环境，实施推进乡村振兴战略、发展戈壁设施农业具有得天独厚的优势，这不仅有助于提高南疆地区的农业发展水平，也将为当地农民带来更多的就业机会和收入来源，促进乡村经济的繁荣与发展。目前，新疆戈壁设施农业在提高产量、改善品质、提高效率等方面取得显著成效，但还存在设施农业布局不合理、设施落后、劳动力匮乏、机械化程度低等问题，需要通过合理规划、增强技术支撑、提升管理水平、做强龙头企业、推进现代物流设施建设等措施来推进新疆农业农村现代化建设。

关键词：　新疆　戈壁设施农业　农业强区

党的二十大报告提出树立大食物观，发展设施农业，构建多元化食物供给体系，为加快设施农业发展提供了根本遵循。对如何"树立大食物观""向设施农业要食物"等内容，习近平总书记多次作出了重要指示。2023年中央一号文件再次明确要求"发展现代设施农业""实施设施农业现代化提升行动"。发展现代设施农业是维护粮食安全、构建多元化食物供应体系的

---

　*　本报告系新疆维吾尔自治区自然科学基金项目"南疆四地州精准脱贫户可持续生计研究"（项目编号：2020D01A01）的阶段性成果。
**　陈鲲玲，新疆社会科学院经济研究所副研究员，研究方向为农林经济管理。

重要举措，是推进乡村振兴、加快建设农业强国的重点任务。自治区十届党委六次全会提出了新疆要形成以"八大产业集群"为支撑的现代化产业体系，绿色有机果蔬产业集群是"八大产业集群"的主要内容之一。推进设施农业的高质量发展，为新疆农业提质增效和多元发展带来了全新的机遇。可以预见，在技术和政策的全力支持下，新疆戈壁设施农业必将迎来更加广阔的发展前景。

一　新疆戈壁设施农业的发展状况

依托新疆戈壁面积广、日照充足、昼夜温差大的特点，通过完善政策、增加科技投入，戈壁设施农业正朝着高效、绿色、可持续的方向发展。

（一）戈壁设施农业数量激增

新疆设施农业始于20世纪80年代。到90年代末，在哈密市、吐鲁番市（现吐鲁番市高昌区）和乌鲁木齐市等城市周边建设一批日光温室后，新疆设施农业发展逐步加快，百姓冬季餐桌上以"老三样"（萝卜、土豆、大白菜）为主的蔬菜饮食结构得以改善。2020年，启动了南疆设施蔬菜产业发展三年行动计划，实施这一计划的主要目的在于充分利用南疆地区广袤的戈壁与充足的光热资源优势，大力发展南疆设施蔬菜产业。在三年行动推进过程中，着力打造了和静县（加工辣椒）、和田市（蔬菜）、阿克苏市（蔬菜）、和田县（中草药）4个特色作物绿色高产高效行动县（市）。投入660万元资金开展自治区戈壁设施农业示范点建设项目。自此，南疆的设施农业取得快速发展并带动全区设施农业整体进步。通过推广智能化高产高效技术，南疆各地州设施农业在基础设施和新技术的应用上均有了很大的改观，为推动设施农业快速发展奠定了基础。同时，在设施农产品产出的基础上，加强了储运保鲜、包装等环节，逐步补齐设施农业从生产、加工到销售的全产业链条。南疆地区逐步形成了冬季以标准日光温室生产为主，春夏秋季以大小双膜拱棚生产为补充的"周年生产、均衡供应"生产模式。这种生产模式不仅提高了农产品的产量和质量，还满足了市场需求，为南疆地区的农业发展带来了新的机遇。此外，新疆积极争取中央财政资金8082万元，在南疆、东疆9个县市开展戈壁设施农业示范点生产设施条件改造提升和新建项目。截至2023年，全区范围内已建成在用大棚100多万座，南疆戈壁设施农业分地近7万亩，建成在用大棚3.1万余座，戈壁设施农业成为脱贫群众增收致富的主要产业之一。[①] 南疆师市设施农业也发展迅速。截至2023年8月，南疆师市共建成设施大棚1.3万余座，占地4.7万余亩。十四师昆玉市不断壮大提升蔬菜产业，规划建设现代农业产业园，先后引进恒蔬无疆、鲁丰农业等农业产业化龙头企业，着力打造万亩设施农业基地。2023年，昆玉市蔬菜种植面积达1.17万亩，比2022年增长46.8%，设施大棚1654座，设施大棚蔬菜供应量占市场蔬菜供应总量的65%。[②]

（二）设施农业的种类多样

新疆设施农业的发展经历了从土结构、石头大棚到智能化玻璃温室逐步升级的过程，并通过科技赋能，正向更大规模、更新科技、更高效益、更加绿色的现代化设施农业迈进。当前设施农业是以智能温室、日光温室、塑料大棚为主，其中以日光温室居多，占比约57%；塑料大棚为辅，占比42%；智能温室较少，占比约1%。各地基于本地光热水土资源禀赋，发展不同类型的大棚，如喀什地区、和田地区和阿克苏地区重点发展大田拱棚，并兼顾日光温室蔬菜种植，设施蔬菜产业已成为南疆地区调整农业结构和促进农民增收的重要产业之一。近几年，节水滴灌、水肥一体化作为较常见的先进技术在南疆已得到大面积推广应用，其在改善设施土壤养分、减少病虫草害、提高设施蔬菜的产量与品质、节本增效等方面发挥了良好的作用。

---

① 苟立锋、关俏俏、丁磊：《新华全媒+｜昔日戈壁荒滩 今朝果蔬飘香——新疆设施农业高质量发展见闻》，腾讯网，2023年4月13日，https://new.qq.com/rain/a/20230413A09P7200。

② 刘美惠子：《戈壁沙漠里飘出果蔬清香——南疆师市设施农业发展的探索和实践》，《兵团日报》2023年8月2日，第4版。

（三）种植结构日趋多元

从全区设施农业的类型看，是以设施种植业为主，畜牧业占比较少。在设施种植业中，以种植蔬菜为主，约占设施农业的七八成，其次为果树，菌类、花卉较少。阿克苏、和田等地结合区域实际情况，逐步把食用菌产业作为本地区农业主导产业之一进行推动。通过近几年的系统布局，香菇、木耳等食用菌产业已经成为区域特色产业并带动南疆群众增收。按照区域化布局、专业化生产、增值化加工等发展原则，食用菌及其下游产品发展加速。南疆兵团各师市在调整农业结构的过程中，稳步加大了设施农业的投入力度，种植规模和种植结构多元。二师二十二团大力推广农作物大田育苗移栽技术，全团共有700余座大棚用来培育辣椒苗，每年能够满足10万亩大田辣椒苗移栽需求；一师九团发展"一连一品"大棚种植业，形成了一年"三季有花、四季果蔬飘香"的设施农业发展格局。[①]

二　新疆戈壁设施农业的发展成效

新疆通过利用戈壁发展设施农业，既能解决保障粮食安全和发展优势特色产业的用地矛盾，同时实现了农业增效、农民增收。资金支持、基础设施建设、人才培养等方面的政策支持为新疆设施农业的发展提供了强有力的保障，新疆设施农业在提高产量、改善品质、提高效率等方面取得显著成效。

（一）稳供给助力"菜篮子"保障能力

为进一步推动设施农业发展，新疆农业农村部门编制了戈壁设施农业建设规划，争取的项目资金在全区7个地（州、市）、9个县（市）实施戈壁

[①] 刘美惠子：《戈壁沙漠里飘出果蔬清香——南疆师市设施农业发展的探索和实践》，兵团网，2023年8月2日，http://www.bingtuannet.com/szyw/202308/t20230802_ 158815.html。

生态设施农业生产设施条件改善项目，在南疆 5 个地（州）、8 个县（市）开展戈壁生态设施农业示范点建设项目，① 并以项目为抓手，提升设施农业的生产能力和发展水平，既提高了民生领域"菜篮子"的保障能力，又丰富了百姓餐桌，最终推动戈壁生态设施农业提质增效。南疆地区光热资源有优势，发展设施蔬菜产业成本低、产出效益高。一般来说，设施蔬菜产业划分为常规蔬菜保供区、特色蔬菜优势区和冬春蔬菜适度发展区，根据蔬菜大棚的自身条件和市场需求情况，各个区域的设施蔬菜种植面积、栽培品种、茬口安排、上市时间等都有所不同。日光温室的生产周期以 8 月下旬到第二年的 6 月为主，大小拱棚的生产周期为 3 月下旬到 5 月下旬以及 9 月下旬到11 月下旬，以茄果类、瓜菜类以及叶菜类等设施农产品为主。

（二）科技支持设施农业发展

各种先进的技术被源源不断地应用到农业生产中，新疆的设施农业发展日新月异。特别是在日光温室里，智能化的水肥一体化控制系统助力农民在保证作物品质的情况下，实现节水减肥。同时，通过使用生物有机肥、微生态制剂等农业生物技术，农民可以提升土壤肥力和作物的抗病能力，使农业生产更加高效、环保、可持续。各地州依托农技与农艺的联合、水肥一体化管理以及高效节水精准灌溉等先进生产技术的应用，设施农业现代化、智能化发展步伐不断加快。得益于智能温控、植物补光以及滴灌设备等先进技术的应用，许多对光热条件要求极高的热带果蔬在新疆设施大棚内也能正常生长。例如，乌鲁木齐市米东区柏杨河村有着"南果北种"基地之称，人参果、百香果、火龙果等南方热带水果在该基地开花结果。这种发展模式不仅拓展了当地农民的致富路，也满足了市场需求，同时推动了当地农业的发展。以智能化、数字化、节能化和绿色化为手段的设施农业稳步发展，不仅推动了农业生产效率的提升和农产品质量的提高，更有利于保护生态环境，实现可持续发展。

---

① 刘毅：《上半年新疆农业生产亮点频现》，新疆维吾尔自治区农业农村厅网，2023 年 8 月 2 日，http://nynct.xinjiang.gov.cn/xjnynct/c113576/202308/06f560e3e3c140e38a916a7857760e53.shtml。

（三）高质量发展助推产业升级

设施农业已经成为新疆农业的主要形式，在推进农业提质增效、调整农业结构中发挥着重要的作用。各地州在推进设施农业发展的同时，力促果蔬的稳定持续产出，推动新疆蔬菜市场稳定供给。为了实现这一目标，各地州在"延链、补链、强链"方面付出了持续的努力，成功引进并打造设施蔬菜全产业链的龙头企业。龙头企业不仅能在生产、加工、销售、服务等方面形成有效的聚集和串联，更能在联农带农方面发挥至关重要的纽带作用。通过龙头企业的引领，设施蔬菜产业逐步实现从生产供给向保鲜配送、加工储藏等方向拓展，为农业发展升级和农民增收注入了新的活力。2023 年，新疆蔬菜产量超过 1600 万吨，冬春季节的蔬菜自给率也在逐年提升，逐步减少了对区外蔬菜的依赖。从全区设施农业的平均效益来看，每标准亩温室可以实现 1.1 万元的生产效益，有 30%的温室大棚的效益达到了 2 万元以上；大田拱棚能实现 0.4 万元左右的生产效益。各地大棚效益均呈现出不同程度的增长。在乌鲁木齐市丰宁农场，大棚总面积达到了 10 万平方米，以种植西红柿、黄瓜、辣椒等最为常见的果蔬为主，产品在满足当地市场需求的同时，还向外地销售。农民的收入水平得到了显著提高，当地经济发展也得到了进一步的改善。中哈边境的霍尔果斯口岸源源不断运出的彩椒、番茄等果蔬，成为国际贸易中的一道亮丽风景线，不仅丰富了哈萨克斯坦等中亚国家的市场供应，也进一步促进了中哈两国的经贸合作。伊犁国家农业科技园区落户昭苏县，持续推进建立"产、学、研、种、养、加、供、销、游"一二三产业融合发展新体系，[1] 打造面向全国乃至中亚的优质农产品精深加工进出口基地、现代农业科技资源和龙头企业聚集区，建成伊犁特色鲜明的农业产业示范区、农业科技成果展示区和引领乡村振兴的先行区，打造国家农业高新技术产业示范区。[2]

---

[1] 李亚锋：《伊犁国家农业科技园区以创新驱动打造发展新高地》，伊犁新闻网，2022 年 4 月 27 日，http://www.ylxw.com.cn/kejiaowenwei/2022-04-27/1050199.html。

[2] 苟立锋、关俏俏、丁磊：《新华全媒+｜昔日戈壁荒滩 今朝果蔬飘香——新疆设施农业高质量发展见闻》，腾讯网，2023 年 4 月 13 日，https://new.qq.com/rain/a/20230413A09P7200。

（四）融合发展提高产业化水平

设施蔬菜产业的发展，为推动乡村产业振兴，加快构建新疆现代农业产业体系作出了贡献。戈壁滩上的设施蔬菜产业，逐步由一产向二、三产延伸，由以小农种植的传统生产为主，向储藏、加工、分级、包装、销售、配送等中后端产业延伸，向规模化生产、集约化经营、市场化运作的现代化产业发展方向迈进。各地州已形成规模化的设施蔬菜种植产业带，尤其是沿塔里木盆地的南疆发展迅速。"菜园子"产业链条持续向两端发展：一端延伸至农民的田间地头，推动农民趋于种植高附加值品种；另一端涵盖分级、包装、初级加工、储藏保鲜等设施农产品的产后环节，为农民增加收入创造更多途径。在喀什地区叶城县阿克塔什镇，占地面积4000亩的设施农业基地已建成1665座高标准日光温室大棚、1800座拱棚和5500亩特色林果基地，配备水肥一体化设备、设施农业机械化设备、智能育苗中心、有机生物液体菌肥厂、果蔬加工园区等，引进物联网控制等先进技术，"公司+基地+合作社+农户"的产业化经营模式日趋完善。①

（五）多渠道促进农户增收

各地州发挥特色种植优势，大力发展蔬菜产业，提高反季节蔬菜栽培和种植技术，进一步拓宽农民增收渠道，助推乡村振兴。蔬菜基地吸纳就业人员相对稳定，采摘期间用工量大，灵活就业对农民增收效果显著，平均每座蔬菜大棚可以为农民增收2000元左右。日光温室和大田拱棚在和田地区以及巴州地区为当地农民带来了可观的收益。从亩均收益看，和田地区的日光温室和大田拱棚分别能实现1.65万元和0.7万元左右的收益，有3.5万农户参与了设施农业生产环节；巴州地区拱棚蔬菜全年产值可观，亩均生产效益在0.4万~0.55万元，是普通作物种植产出效益的3倍。

---

① 徐兴果：《叶城县阿克塔什镇：大力发展设施农业　助力乡村振兴》，新华网，2023年4月6日，http://www.xj.xinhuanet.com/zt/2023-04-06/c_1129498266.htm。

这些设施农业不仅提高了农民的种植技术，还带动了当地农业的发展。日光温室和大田拱棚的推广应用，使这些地区的蔬菜生产取得了长足的进步。吐鲁番市顺应农业供给侧改革，注重发展建造成本低、生产规模大、机械化程度高、人工成本低的连栋大棚和大型拱棚，实现了蔬菜、林果及哈密瓜生产的周年均衡供应，亩均效益达到 2 万元左右。同时，通过鼓励农民到基地学习大棚种植管理技术，培养了一批高素质农民，不断提升种植水平，引导农民承包大棚种植蔬菜，提升农民经营性收入。莎车县作为南疆重要的蔬菜生产基地，仅戈壁产业园内就有 3300 座大棚，主栽品种有辣椒、西红柿等，日产量近 15 吨，在稳定蔬菜市场供给中发挥重要作用。在策勒县策勒镇津南新村设施大棚种植羊角蜜、西甜瓜，一个大棚的收益就能达到 3 万元左右。乌恰县共有 1436 座大棚，提出了"一园多区"的新思路，采取"政府+企业+合作社+农户"的模式，为当地农牧民提供就业岗位 500 余个，促使农牧民走上产业发展的快车道。

三 新疆戈壁设施农业发展存在的问题

新疆设施农业经过多年的发展取得显著成效，但是在设施大棚的更新换代、大棚种植结构和品种类型以及设施农业管理方面还存在不足之处，尚需进一步加强。

（一）布局不合理与设施落后并存

新疆设施种植业虽然在规模上已经取得了一定的成绩，但其在布局上存在明显的不合理之处，装备也相对较为落后。具体而言，中小拱棚和塑料大棚等设施占据了总面积的 80% 以上，而智能温室等现代化设施则占比很少。这种设施结构的不合理，直接制约了设施种植业生产效率的提升和品质的优化。设施畜牧业的发展明显不足，与当前新疆发展畜牧业的目标存在较大的差距。这主要表现在养殖设施落后、良种繁育体系不健全、疫病防控能力较弱等方面。地州间的设施农业发展也表现出严重的不平衡现象。在发展水平方面，各地区存在一定的差异。一些地州的设施农业发展水平相对先进，而一些地州则仍然停留在较为落后的阶段。同时，即使是同一地州内的县市之间，设施农业的发展水平也呈现明显的差异。在生产技术和效益方面，各地州也存在很大的差别。一些地州的设施农业技术已经成熟，而另一些地州则仍然处在探索阶段。这种技术水平的不平衡，直接影响了设施农业的效益，导致产量和品质无法得到提升，从而影响了整体的经济效益。此外，技术装备的落后也是当前设施农业面临的一个重要问题。尽管已经有一些专用种养品种和精细化调控设备得到了应用，但这些品种和设备在部分地区仍然无法得到有效供给。

（二）产品质量有待提高

为了消除设施农业的质量隐患，国家已经建立了一套完善的生产标准体系。然而，从新疆各地的标准化生产进度来看，其效果并不明显。随着种植年限的延长和面积的增加，病虫害问题仍然十分突出。农药使用不够科学，很容易引起农残超标，这是需要关注和解决的问题。另外，设施农业生产过程中的水肥管理粗放，节水灌溉和节肥技术的深入研究仍然不足，缺乏简单、实用、易掌握的技术。从一些设施农业的实地调研情况来看，农民受到长期的种植习惯和行为的影响，依然倾向于选择大水漫灌，导致节水设施闲置。大量化肥和农药的投入也带来了土壤退化和农产品安全问题，这些问题还有待进一步研究和解决。从新疆设施蔬菜栽培来看，专用新品种选育工作严重滞后，良种储备种类较少，缺乏耐低温、弱光、综合性状优良的专用品种。蔬菜育种基础研究薄弱，蔬菜种质资源收集、整理、评价及育种方法、技术等基础研究不够深入，品种研发、技术创新与成果转化能力不强。优良品种没有稳定的供应保障，缺乏延续性，难以适应扩大生产发展的需要。

（三）劳动力匮乏、机械化程度低

从劳作时间看，大棚设施农业一年365天基本无休息。传统的塑料大棚蔬菜生产机械化水平低，耕种管收综合机械化水平约为20%，劳动强度大。

许多农户接受不了辛苦程度，尤其是新生代的农民群体，他们往往更倾向于选择那些更为轻松和有良好发展前景的工作。近年来，大量农村劳动力进城务工导致农村劳动力减少，空棚闲置，无人管理，许多新人由于缺乏相关的种植技术和经验，不会种植，而一些老人则因为年龄和身体状况等原因不愿意种植。从设施农业成本结构看，人工成本占蔬菜生产总成本的50%以上，随着种子、化肥、农药等价格的上涨，蔬菜的生产成本也变得越来越高。而更为严重的是，90%以上的设施农业缺乏智能控制，使农业生产无法实现精准化和高效化，农村人力资源结构性短缺和人工成本的快速上涨，导致了农民从事设施农业的积极性不高，许多农民因为无法承受高的劳动强度和生产成本，而选择放弃种植或者改行。

（四）农业技术人才短缺

随着经济社会发展，农村存在留不住人才的问题。外出读书的大学生多数选择了留在外地发展，返乡创业或是从事设施农业的人较少。虽然政府投资扶持建立大量蔬菜大棚，引进适合种植的蔬菜、水果以及食用菌，但是农村中留下的农民缺乏管理经验，一些技术上的难题也得不到解决，出现病虫害和管理难题难以及时处理，导致大棚种植收入减少。比如，大棚蔬菜得不到很好的光照，土壤不能够彻底地翻松，随着种植时间长，添加的肥料越来越多，土壤就会因为过多的肥料开始出现板结，导致蔬菜产出减少，经济效益降低，大棚因此被放弃使用。技术服务力量薄弱，基层农业技术体系缺编少员，专业技术服务人员严重不足，跟踪指导服务和对从业农民尤其是本地少数民族农民的培训不能满足设施农业发展的需要。南疆推出"土专家"、"田秀才"、大棚种植大户带动农户行动，但是，受困于农户的主动接受程度和自我发展能力，带动效果非常有限。

（五）同质化问题突出

当前，新疆设施农业发展中还存在产品质量参差不齐等问题，尤其是产品同质化问题严重影响设施农业产出效益。从现有的大棚种植情况来看，黄瓜、番茄和油豆角是成规模种植的主要品种。然而，随着人们生活水平的提高，对丰富多样的蔬菜品种的需求日益增长，对无公害蔬菜的需求也越来越高。与日益多元化、高品质的需求相比，设施农业在新、优、特、稀等更具市场竞争力的作物种植方面较为缺乏。从新疆现有的设施大棚种植情况来看，大多数大棚以黄瓜、番茄、油豆角、芹菜等常规品种的种植为主，具有市场优势的水果番茄、水果黄瓜等品种和规模不足。市场竞争力比较强的草莓、樱桃目前在南疆阿克苏地区、喀什地区等均有种植，但是在种植规模、适宜品种选育、先进技术应用等方面尚处于起步阶段，市场占有量小无法形成规模效应。

此外，大棚种植很大程度上提升了产量，但由于缺乏统一规范的交易平台，交易的规范性、合规性较差。为避免交易纠纷，大量农民沿用线下售卖农产品的方式，销售蔬菜的渠道狭窄，主要靠本地消化，效益比较低，存在撂荒、弃棚的现象。比如，部分大棚里种植的都是当季蔬菜，大棚蔬菜都投入市场，市场过于饱和形成恶性竞争，蔬菜贱卖甚至卖不出去成为库存，农民见此也就不再使用大棚种植。此外，当前南疆各地普遍大力发展设施农业，数量急剧增加，导致各地种植结构、种植种类、茬口相似，同质化竞争趋势加剧，因此大棚的利用效率和产出效率是各地首要关注的问题。

四　新疆戈壁设施农业发展的对策建议

立足丰富的光热资源禀赋，设施农业的发展成为新疆实施乡村振兴战略的重要抓手，促进设施农业升级换代、农村进步和农民发展，进而推进农业农村现代化进程。

（一）合理规划，稳步推进大棚设施的升级换代

《全国现代设施农业建设规划（2023—2030年）》明确提出要加强对老旧设施进行改造，推广适宜机械化生产的标准化温室。这一规划的出台，是适应新阶段农业强国的要求，扩大西北戈壁荒滩发展设施农业，稳步推进

大棚设施升级换代的利好机会。首先，在推进大棚设施更新换代改造过程中，必须合理规划戈壁设施农业的布局，避免重复建设和资源浪费。通过科学规划和统一管理，提高设施农业的整体效益。在改造过程中，应按照补短板、强弱项的要求，加快老旧设施宜机化改造，示范推广适宜机械化生产的标准化温室。同时，还应推广高效移栽、采收、环境自动调控、水肥一体化智能控制和作物生长信息监测等技术装备，推动现代农业全产业链标准化，提高设施农业规模化、机械化和智能化水平。针对南疆地区设施农业智能化大棚占比相对较低以及缺乏集种植、采摘、旅游、观光等功能于一体的设施农业发展短板，应当转变农业单一的食用功能发展思路，大力发展以科普、科研、示范引领、观光旅游为主导的现代设施农业，提升设施农业的智能化水平，创新发展模式，增加设施农业功能。此外，政府应加大对农村地区设施农业的投入力度，降低农民的投入成本，推动改造工程的顺利进行。还可以采取多种方式支持设施农业的发展，例如提供财政补贴、优惠贷款等政策，鼓励农民投资设施农业，推动农业现代化发展，引导和支持企业投资设施农业领域，鼓励企业与农民合作，共同推动现代农业的发展。

（二）增强技术支撑，促进戈壁设施农业提质增效

发展设施农业需要以农业技术支撑为前提，以技术应用为核心。应根据各地州的资源禀赋、生产条件和产业基础，着重于设施改造、作物品种选择和农业技术指导等方面，进一步提升设施农业的科技服务保障能力，建立和完善以公益性技术推广服务为主导的科技服务体系。这需要政府、农业部门和科研机构的积极支持和参与，通过技术推广、培训和指导，帮助农民掌握先进的设施农业技术和生产技能。加强设施农业技术人才队伍建设，加大对农业技术人才的培养和引进力度，通过教育和培训提高他们的专业素质和技术水平，使他们能够更好地为设施农业的发展提供支持和服务。加大农民实用技术培训力度，通过各种形式的培训活动，如农民技能培训班、农业科技讲座等，提高农民的专业技能和生产水平，帮助农民更好地应用设施农业技术和现代农业管理方法。通过科技攻关和技术创新，解决制约设施农业发展

的关键问题，如品种选育、高效种植、资源循环利用等，提高设施农业的生产效率和经济效益。将农业科研机构、高等院校、教育机构、科技企业等各方资源整合起来，共同开展设施农业新品种和新技术联合攻关，推动设施农业技术的不断创新和推广应用。推动新疆设施农产品的"三品一标"基地建设和产品认证工作，充分释放"三品一标"奖补政策的潜力。通过落实这一政策，激励更多的农民和农业企业采纳更环保、更健康的种植模式，提升农产品的品质和产量。要借助认证和品牌化，增强消费者对高品质农产品的信任和认可，从而推动新疆设施农业的进步和升级。同时，加强对农户的农业技术指导，优化目前粗放的栽培模式，充分发挥设施农业的潜力。各地州、县乡镇应科学规划，错位发展，结合本地自然条件和市场需求进行作物品种、茬口的选择，并重视对设施农产品品质的管理和品牌建设，确保产品达到"同样不同质"的标准。

（三）提升管理水平，推进戈壁设施农业产业化发展

提升基层农技推广队伍的素质和能力，对基层设施农业技术人员和从业人员实施农技推广骨干轮训工程。通过系统性的培训和实践活动，帮助基层设施农业农技推广队伍全面提升自身素质和能力，使其能够更好地为乡村振兴服务。通过培训，基层农技推广队伍能够更好地为农民提供优质的技术服务，提高农业生产效率和农民收入水平。推动农业领域高技能人才与专业技术人才职业发展贯通，促进两类人才融合发展。重视农村实用人才的示范带动作用，加大农牧民教育培训支持力度，建设一批农村创业创新园和孵化实训基地，实施好现代农民培育计划和乡村振兴带头人学历提升行动，力争做到村村有产业发展带头人。各乡镇应当进一步宣传和动员已经脱贫的广大农户积极参与当地大棚蔬菜的生产与管理，并从他们中选拔并扶持"土专家""田秀才"等能人，通过为他们提升技术水平赋能，促进大棚蔬菜产业更好地发展。采取措施将本地在外从事蔬菜产业的人才和能人引回，通过给予政策、资金等支持，帮助其发展大棚蔬菜产业，并从优秀人员中逐渐培养出"产""销"能手。为提高设施农业的发展活力，鼓励农民积极参与设施农

业的经营，通过合理的市场机制和政策引导，提高设施农业的竞争力和市场份额。

（四）做强龙头企业，提升全产业链标准化生产水平

进一步强化对设施农业领域的农民合作社和农业龙头企业的支持，以凸显其在扩大产业规模、提供技术支持、发挥示范引领作用中的关键地位。经营方式进一步推陈出新，围绕基地、农户等生产主体，推动"龙头企业+""合作社+"等灵活多样的经营模式，实现资源共享、优势互补。积极探索设施农业生产托管模式，实施"龙头企业+农户""合作社+农户"等多种土地托管模式。通过合作社或龙头企业将散户的土地集中后实现统一托管集中经营，推动各地农村土地资源的优化配置和高效利用，并选聘种植能手进行专业化管理，有效地引导农民参与设施农业的发展，增加就业机会和农民收入。此外，积极推行"政府+企业+农民合作社+基地"的经营模式，以提升农产品的档次和附加值。同时，在设施农业的发展中要有品牌意识，各地要深化品牌的培育，拓宽销售领域，逐步提升设施农产品在市场上的议价能力，促进设施农产品生产、收购、运输与销售各环节的紧密衔接，提升本地区农业产业化的水平。在地方实践中，激励农业产业化龙头企业与设施农业合作社、种植农户签订保护价收购协议，逐步优化设施农产品订单协作利益联结机制，切实保障农民权益。

（五）补齐短板，推进现代物流设施建设

加强现代物流设施的建设是推进设施农业提质增效的重要环节。针对新疆设施农业流通环节存在的薄弱点，首先，围绕产地布局建设仓储保鲜基础设施，以蔬菜、瓜果等农产品产量大的区域为建设重点，分县分区，合理规划建设产地仓储保鲜基础设施，采用先进技术装备，配套高效预冷、智能冷藏等设备。其次，逐步完善冷链集配中心，依托现代农业产业园、加工物流园等园区培植龙头企业、物流公司等主体，建设具有仓储保鲜、初加工、冷链配送能力的冷链集配中心和园区冷链物流中心。充分利用这些中心所具备

的高效处理能力，确保设施农产品的新鲜度和安全，为设施农产品的流通提供强有力的支持。最后，融合供销合作社、邮政快递、生鲜电商等多元化的销售渠道，使冷链物流体系更加完善，覆盖范围更广，为更多的消费者提供优质的服务。

（六）合理安排茬口，科学选择蔬菜品种

合理安排种植茬口，根据各地气候条件和市场定位，选择合适的蔬菜品种和种植时段。原则上春夏两茬应安排耐热、喜温蔬菜和高附加值类的蔬菜，如茄果类、瓜类、豆类等高产高效类蔬菜。这些蔬菜在春夏季生长迅速，适应性强，可以获得较高的产量和经济效益。在秋冬两茬蔬菜品种的选择上，应以耐寒性和半耐寒性蔬菜为主，生长稳定，抗逆性强，如花菜、莴笋等。各基地要综合考虑自身的实际情况以及市场的需求潜力，根据种植蔬菜的生长习性，选择适合本地的接茬模式，如一年两茬、一年三茬或二年五茬等模式。同时，为了提高经济效益和降低生产成本，还需要科学选择蔬菜品种，选择符合基地自身实际和目标市场消费习惯的品种并确定种植规模。在品种选择上，应选择商品性好、丰产、优质、抗病的名优特新品种，并加大引进与试验力度。对于需要采取育苗才能有丰产的蔬菜，如番茄、花椰菜、青花菜、莴笋等，应提高育苗基地的建设水平和流通效率。选择多种方式，就近供应种苗，以减少运输生产成本，有效地提高种苗的质量和成活率，进而提高产量和经济效益。

（七）强化绿色发展理念，推进设施农业生产方式转型

积极推进农业生产方式的转型升级，减少化肥和农药的使用，降低对土壤和水资源的污染，关注大棚残膜回收，避免二次污染，采用有机肥料和生物防治技术并充分利用农业废弃物，推动现代设施农业的绿色发展，增加绿色、有机、无公害优质产品的供给。在设施农业中推广利用新能源和环保设备，推进设施农业生产与生态的协调发展，不断提高设施农业绿色发展能力和水平。在严守耕地红线的基础上，引导各地利用非耕地开发设施农业，重

点利用戈壁和盐碱地等后备土地资源，有序推进非耕地现代设施农业园区的开发。现代设施农业生产方式的绿色转型需要政府、企业和社会各界形成合力，满足社会对绿色、有机、健康食品的需求。政府应加大对绿色农业的支持力度，提供政策优惠和资金扶持，引导和推动绿色农业的发展。同时，农业企业应积极引进和创新技术，探索适合本地区的绿色农业生产模式，提高农业的可持续竞争力。社会各界也应该更加关注和支持绿色农业的发展，通过绿色农产品与农业旅游融合发展等方式，促进绿色农业的健康发展。

参考文献

邹平、肖林刚、王晓冬：《南疆四地州设施农业发展现状、存在问题及对策建议》，《新疆农机化》2019 年第 1 期。

刘小龙、王国强、刘娜：《新疆设施农业机械发展现状及建议》，《南方农机》2022 年第 1 期。

吴乐天：《新疆戈壁设施农业发展现状与未来》，新疆农业机械学会网，2022 年 7 月 20 日，http：//www.xjnjxh.com/index.php/bzfg/475.html。

王玮玮、任琛荣、刘艳祥：《关于新疆设施农业发展的几点建议》，《新疆农业科技》2021 年第 2 期。

李浩：《我国设施农业发展现状、障碍及对策研究》，《南方农机》2021 年第 23 期。

袁圣博、刘润秋、李会芳：《新疆南疆地区设施农业发展现状、问题与对策建议》，《北方经济》2022 年第 9 期。

B.7
新疆农业机械化发展报告

热合木提拉·图拉巴*

摘　要： 近年来，新疆农业机械装备总量持续增长、农机作业水平稳步提高、农机装备产业形成局部优势、农机装备研发水平不断提升、智能农机应用步伐明显加快、农机试验鉴定能力不断提升、农机社会化服务能力不断增强、补贴政策持续优化、农机安全生产形势持续向好、农机管理水平进一步提升。但新疆农业机械化仍存在农机装备总量相对较低，高端农业机械有效供给不足，畜牧、林果等产业机械化水平较低，农机研发创新能力不够强，农民科技文化素质相对较低等问题。建议扩大农机装备总量，持续调整农机装备结构；重点提高畜牧业、林果业、渔业等机械化水平；大力提升农产品初加工机械化水平；提高农机装备研发创新能力；加强农民科技文化素质培训，提高农机作业水平。

关键词： 新疆　农业机械化　农机装备

　　习近平总书记指出，要大力推进农业机械化、智能化，给农业现代化插上科技的翅膀。[1] 农业机械化是农业现代化的重要标志和基础。农业机械化可以实现农业规模化经营和集约化发展，使生产过程更高效和稳定，有效提

---

　　* 热合木提拉·图拉巴，新疆社会科学院农村发展研究所助理研究员，研究方向为农村区域发展。

　　① 《农机增动力　丰收添底气》，光明网，2022年9月2日，https：//m.gmw.cn/baijia/2022-09/02/35997591.html。

高劳动生产率，提升农产品生产的标准化和品质稳定性，满足市场需求，增强农产品的竞争力。新疆作为农业大省，地广人稀，土地较为平坦，有利于发展大规模、产业化、机械化生产。引进和推广先进农业机械设备和技术，促进农业全程机械化和智能化，推动农业从传统方式向现代农业转型，为推进新疆农业农村现代化和乡村振兴提供有力支撑。

一　新疆农业机械化发展现状

农业机械装备是发展现代农业的重要物质基础。新疆的农田土地平整，集中连片，非常适合农业机械化和智能农机作业。近年来，新疆围绕"稳粮、优棉、强果、兴畜、促特色"，坚持绿色兴农、质量兴农、科技兴农，大力推动机械化与农艺制度、智能信息技术、农业经营方式、农田建设相融合相适应，积极推广大功率、高性能、复式作业农机装备，率先运用一批智能化、信息化机械装备，推动先进农机研发和推广，优化补贴范围、推进农机试验鉴定、建强农机人才队伍，推动新疆农业机械化与农机装备的快速升级革新，促进农业机械化向全程、全面、高品质、高效率方向迈进，以此为新疆农业农村的现代化进程和乡村振兴战略提供坚实保障。

（一）农业机械装备总量持续增长，装备结构日趋优化

2018~2022年，新疆农业机械装备总量持续增长，2022年新疆农业机械总动力已经达到3075.4万千瓦，同比增长2.65%（见图1）。

近年来，新疆在农业机械化方面取得了显著进展，农机装备结构不断得到优化。这主要得益于该地区持续推动高标准农田建设和农业规模化经营。在这一趋势下，大中型拖拉机和相关配套农具的数量持续增加，而小型拖拉机的数量则不断减少。2022年，新疆的拖拉机保有量达到了71.11万台。其中，大中型拖拉机的保有量增至41.21万台，同比增长1.33%；小型拖拉机的保有量为29.9万台，同比减少6.82%。与此同时，配套农具保有量达44.38万部，同比增长2.33%，高性能机具占比持续提高（见图2）。

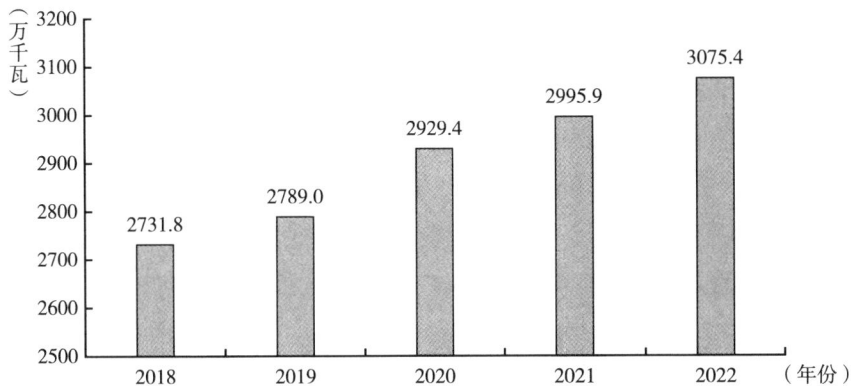

图 1　2018~2022 年新疆农业机械总动力

资料来源：2019~2023 年《中国统计年鉴》。

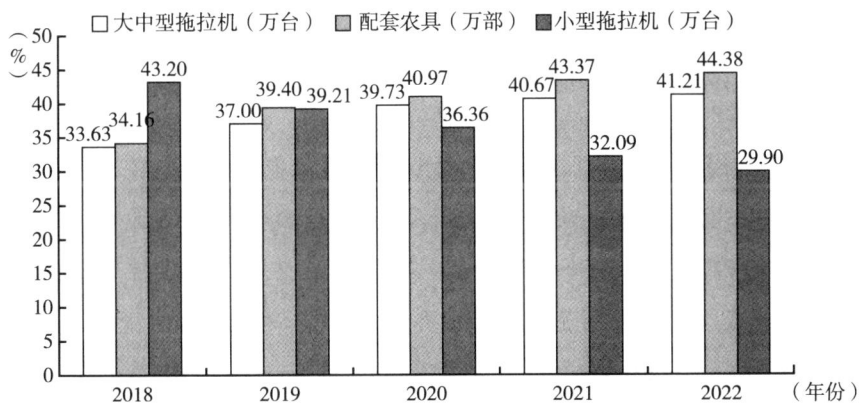

图 2　2018~2022 年新疆主要农业机械拥有量

注：发动机功率 14.7 千瓦及以上为大中型拖拉机，2.2~14.7 千瓦为小型拖拉机。
资料来源：2019~2023 年《中国统计年鉴》。

（二）农机作业水平稳步提高，全程机械化加快发展

近年来，新疆农机作业由耕种收为主向产前、产中、产后全过程拓展，由种植业向养殖业、农产品初加工等领域延伸。2022 年，新疆完成机耕面积 7279 万亩，机播面积 7088 万亩，机收面积 4717 万亩，农机服务总收入

162 亿元。① 截至 2022 年底，全区农作物耕种收综合机械化率达 86.74%（见图 3），高于全国平均水平 13 个百分点，较 2012 年提高 5.72 个百分点；兵团主要农作物耕种收综合机械化率达 95.5%，较 2012 年提高 4 个百分点，农机化水平位居全国前列。其中新疆棉花机耕率达 99.86%，机播率达 99%，机采率达 81%，棉花耕种收综合机械化率为 94.5%。2022 年底，新疆吉木萨尔县、库尔勒市、福海县、轮台县、木垒哈萨克自治县入选农业农村部办公厅公布的全国第七批率先基本实现主要农作物生产全程机械化示范县（市、区）名单。2023 年，新疆小麦、玉米、棉花制种生产全程机械化率分别达到99%、90%和94%，具有全程不落地制种优势，棉花、玉米种子加工技术分别处于国际领先和国内先进水平。② 2023 年，全区小麦收获环节平均机收损失率降至 0.65%左右，远低于 2%的国家作业质量标准。③

（三）农机装备产业形成局部优势，平台效益进一步提升

农机装备产业形成局部优势。截至 2022 年底，全区现有农机装备企业 208 家，其中规模以上企业 16 家（兵团 6 家），初步形成以乌鲁木齐、石河子、阿克苏、巴州为核心的具有较强竞争力的农机装备产业基地。西北地区最大的专业农机交易市场——新疆中亚农机物流港在昌吉市。棉花覆膜精量播种机、辣椒移栽机和棉花、玉米、番茄、辣椒、籽瓜、饲料等作物收获机，残膜回收机以及动力驱动耙、节水滴灌设备等自主研制的特色农机产品在全国农机装备行业已形成优势。新疆新研牧神科技有限公司专注于中高端农牧机械，能够研发生产农牧业收获机械、耕作机械、拖拉机等六大类 60多个种类的产品。公司拥有专利 166 项，在农业机械化发展进程方面处于国

---

① 王小军：《新疆为何下大力气推进高标准农田建设?》，中国新闻网，2023 年 4 月 25 日，https：//www.chinanews.com.cn/cj/2023/04-25/9996687.shtml。

② 蒋勇、朱跃增：《新疆高质量发展调研行丨新疆不只番茄棉花哈密瓜　农机装备和育种也领先全国》，央广网，2023 年 10 月 8 日，http：//finance.cnr.cn/jjgd/20231008/t20231008_526443750.shtml。

③ 刘毅：《新疆小麦平均机收损失率降至约 0.65%》，《新疆日报（汉）》2023 年 8 月 14 日，第 1 版。

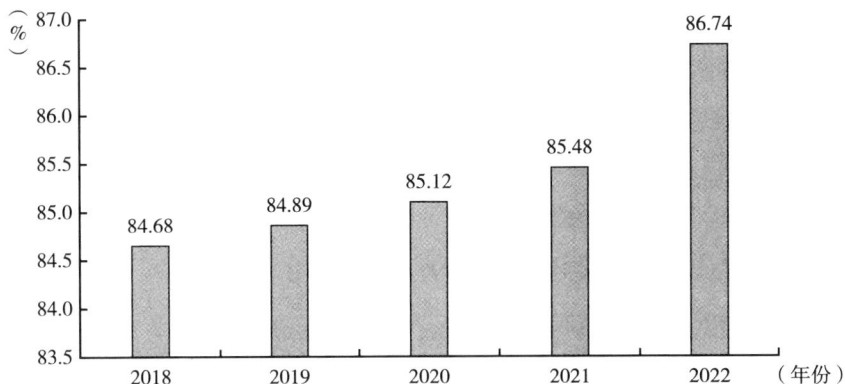

图3 2018~2022年新疆农作物耕种收综合机械化率

资料来源：根据《人民日报》《新疆日报》等信息整理。

内领先水平，多种产品填补了国内技术空白并成功替代进口产品。相关产品在远销20余个省份的同时，更辐射到中亚及俄罗斯。公司六行以上玉米收获机国内产销量排名第一，辣椒收获机国内首创，产销量排名第一。

近年来，新疆的农业机械展览平台在促进农业机械化与农机装备产业转型升级方面效果显著。这些平台不仅推动了新疆农机产业的国际化发展，还为各地州的农业机械化进程注入了新的活力。

新疆农业机械博览会作为新疆的标志性展会，充分利用丝绸之路经济带核心区的区位优势，成功吸引了众多国内外农机企业的参与。通过提供专业的展示、交流和学习平台，该博览会为采购商和参展商之间的贸易对接提供了便捷、高效的渠道。自2000年首届博览会以来，新疆农业机械博览会规模逐年扩大，影响力不断增强。2023年的展会更是创下了历史新高，吸引了美国、德国、意大利等多个国家的参与，意向成交金额超过70亿元，充分证明了其在推动新疆农机装备产业化和国际化方面的显著效益。

与此同时，新疆各地州也积极发挥自身优势，大力推进农机展览平台建设。昌吉举办的新疆现代农业机械装备演示展示交易会和喀什举办的新疆喀什农机农资博览会就是其中的典型代表。300多家知名企业携3000余种先进适用农机装备参加2023年新疆现代农业机械装备演示展示交易会。[①] 2023新疆喀什农机农资博览会当天累计交易额上亿元。[②] 这些展会的成功举办，不仅促进了当地农业机械化水平的提升，还积极推动了周边地区农业机械化技术的推广应用。

（四）农机装备研发水平不断提升

成立自治区农机产业技术创新联盟，组建新疆农机装备制造业创新中心。全区现有农机科研院所2个，有农机研究能力的大专院校6个，7家企业有省级企业技术中心，已建立以规上农机企业为主体、科研院所为基础、高等院校为支撑的农机科研创新体系。"十三五"期间，各类农机科研院所、高校及企业承担国家及自治区级各类科研项目260余项，获得自治区科技进步奖和农业适用技术推广奖24项，申请发明专利48项，申请实用新型专利256项。棉花铺膜播种机、大型果穗玉米收获机、打包式棉花收获机、自走式辣椒收获机在国内处于领先地位。[③] 其中新疆钵施然智能农机股份有限公司生产的4MZD-3A（G4）型自走式圆捆打包棉花收获机，其作业效率相当于600人的人工劳动作业效率，一亩地可节省人工成本500~600元，其生产的三行圆捆打包采棉机实现国产该领域零的突破。六行机也达到国际水平，4MZ型自走式棉花收获机荣获国家第六批制造业单项冠军。

（五）智能农机应用步伐不断加快，绿色装备技术广泛应用

近年来，新疆积极推广农机信息化平台和北斗定位导航辅助驾驶系统的

---

① 于瑶：《2023年新疆现代农业机械装备演示展示交易会今日开幕》，《昌吉日报（汉）》2023年8月23日，第1版。

② 刘磊、张多庆：《2023新疆喀什农机农资博览会在伽师隆重开幕》，中国新闻网·新疆，2023年9月9日，http://www.xj.chinanews.com.cn/dizhou/2023-09-09/detail-ihcswips1405157.shtml。

③ 资料来源于新疆维吾尔自治区农业农村厅。

应用，以提升农机化和信息化的协同发展水平。截至 2022 年，新疆无人飞机保有量已达到 6000 余架，累计作业面积超过 2800 万亩；北斗导航无人驾驶终端超过 3 万余台，完成作业 7000 万亩；深松远程监测终端超过 1800 套，[①] 实现深松整地信息化监测全覆盖。高级农业装备如精准播种机、精确变量施肥机、农药施用设备、复式作业机械、大型高效联合收割机以及水肥一体化设备的质量和性能均有显著的提高。同时，绿色装备技术得到了广泛的应用，包括精准农业机械作业、深松深耕、秸秆综合利用和农用地膜回收等农机化技术已在较大的范围内得到推广。

（六）农机试验鉴定能力不断提升

农业机械试验鉴定为国家及自治区农业现代化和农机化事业快速发展提供了可靠的农机装备技术支撑和决策依据。经过多年发展，自治区农机试验鉴定机构已取得农业农村部和自治区市场监督管理局认定并授权，具备 87 种省级农机产品和 7 种国家支持的农机推广鉴定产品鉴定资质，鉴定范围涵盖轮式拖拉机和履带拖拉机（功率小于等于 300 马力）、谷物联合收割机、玉米收获机、棉花收获机、精量播种机、秸秆切碎还田机、青饲料收获机等多种农机产品，迄今已圆满完成各种农业机械试验鉴定和检验、测试项目 7000 余项。2022 年，新疆维吾尔自治区农牧业机械产品质量监督管理站全年发布 4 批农业机械试验鉴定结果通告，公示 213 个获证产品证书信息和产品技术规格，完成审核 4637 项农机购置补贴自主投档。[②] 2023 年，全年发布 3 批《2023 年新疆维吾尔自治区农业机械试验鉴定产品种类指南》，石河子市光大农机有限公司等 14 家企业的 42 个产品通过农业机械试验鉴定，准予核发农业机械试验鉴定证书。

农机质监站农机研发制造应用一体化项目设备库及附属配套建设项目于 2023 年 5 月启动。通过农机研发制造应用一体化项目的实施，质监站将鉴

---

① 李雪梅：《新疆智慧农业的发展路径》，新疆维吾尔自治区发展和改革委员会官网，2023 年 4 月 17 日，https://xjdrc.xinjiang.gov.cn/xjfgw/hgjj/202304/1a781aa2eb99494c8ffaf47587ce202f.shtml。

② 资料来源于新疆维吾尔自治区农业农村厅。

定范围扩大到功率小于等于500马力的拖拉机，并提升大喂入量收获机械等农机试验鉴定能力，努力将新疆农机质监站建成全国范围内设备先进、技术领先的一流试验鉴定机构，实现"立足新疆、带动西北、服务全国"的目标。

（七）农机社会化服务能力不断增强

2022年，全区农机专业合作社达到1750个，比2012年增加1307个，拥有大中型机具6.31万台/套，作业面积4270万亩，服务收入93.7亿元，作业质量及标准化程度显著提高。"十三五"期间创建国家级农机合作社示范社16家，自治区级农机合作社示范社59家。2022年自治区5家农机专业合作社入选全国示范社。昌吉州、阿勒泰地区、塔城地区成立农机联盟并以服务为纽带，将合作社和企业联合起来抱团发展，通过规范作业标准、降低采购成本、建设信息化平台、组织跨区作业等方式，积极探索农机社会化服务新模式。2022年，发放跨区作业证8400份，提高了农机的利用率，增加了农机经营效益。[①]

2023年新疆实施了农机专业合作社规范提升行动，围绕合作社规范发展和质量提升，按照"清理整顿一批、规范提升一批、扶持壮大一批"的工作思路，对"空壳社"依法依规进行清理，规范提升一批带动能力强、有潜力的农机专业合作社，全面提升农机专业合作社整体质量和综合服务能力。

（八）农机购置补贴政策持续优化，政策作用进一步强化

新疆持续优化农机购置与应用补贴政策，提高补贴政策效能，优化补贴方式，提升资金使用效益，优先补贴急需发展的短板机具和高端、高效、绿色智能农业机械，推动农机装备产业转型升级。2021年6月11日，新疆农

---

① 刘治文：《2022年新疆农业机械化工作取得显著成效》，中国农业机械化信息网，2023年3月27日，http://www.amic.agri.cn/secondLevelPage/info/30/153910。

业农村厅和财政厅参考农业农村部、财政部的指导意见，结合本地实际情况，发布了《新疆维吾尔自治区2021-2023年农业机械购置补贴实施方案》。此方案在新一轮农机购置补贴政策的实施中，以稳定政策、最大化政策效益为核心，重点关注政策实施的稳定性、优化服务、提升效率和强化监管。

2023年，新疆已投入农机购置与应用补贴资金10.7725亿元。其中，中央财政提前下发新疆2023年第一批农机购置与应用补贴资金8.7477亿元，自治区财政追加农机购置与应用补贴配套资金2.0248亿元。截至2023年5月，全区已申请使用2023年农机购置与应用补贴资金3.72亿元，为购机户结算2.13亿元，补贴各类农机具22392台，受益农户15716户。[①]

2023年11月，为提升新疆农机购置与应用补贴政策实施水平，自治区农业农村机械化发展中心对全区农业农村（农机）系统农机购置与应用补贴的工作人员进行了培训。农业农村部农业机械化总站的有关领导和专家从农机购置与应用补贴政策要点，操作流程与试点政策，农机推广鉴定程序与要求，农机购置与应用补贴违规行为类型、判定与处理，机具核验要求等方面对补贴政策进行了细致讲解。

（九）农机安全生产形势持续向好，管理水平进一步提升

近年来，新疆各级农业农村部门及农机安全监理机构认真落实安全生产责任，强化路患排查整治，抓实源头管理，严把拖拉机和联合收割机注册登记关、安全技术检验关、驾驶人考试关。持续深化"平安农机"建设，围绕"安全生产月"、"安全咨询日"和"平安农机"等创建活动，开展农机安全宣传教育，普及农机维修安全操作常识，增强农机手、农机维修人员安全意识。深入开展农机安全专项整治行动，在重要农时季节、关键时间节点加大农机安全检查力度，有效消除农机事故隐患，确保农机安全生产，农机

---

① 王婷婷：《新疆农机购置补贴与应用补贴助力春耕生产》，中国农业机械化信息网，2023年4月25日，http://www.amic.agri.cn/secondLevelPage/info/38/156363。

安全生产形势持续向好。2023 年，推荐阿勒泰地区吉木乃县、塔城地区和布克赛尔蒙古自治县、喀什地区巴楚县、伊犁州昭苏县、巴州博湖县等 5 个县申报 2023 年全国"平安农机"示范县。

为做好农机安全监管工作，加强农机安全生产源头管理，切实提高农机驾驶员技术水平，新疆各地严把农机驾驶员考试关，考试内容设置了理论、场地驾驶技能等项目，减少和预防农机事故的发生，确保农机安全生产。为切实抓好农机春耕生产各项工作，压实农机安全生产责任，确保春耕农机安全生产，2023 年初，自治区农业农村机械化发展中心成立调研指导组到各地州开展农机春耕生产实地调研指导工作。为提升全区农机监理人员业务水平，提高农机检验员工作能力和规范化水平，加强对拖拉机和联合收割机等农业机械的安全管理，排除农机事故隐患，减少和预防农机事故的发生，2023 年 7 月 5~9 日，自治区农机安全监理总站在昌吉市举办自治区农机安全技术检验员培训班，全区 14 个地州市的有关农机监理人员 65 人参加了此次培训。培训采用理论知识讲解和实践操作相结合的方式进行，主要围绕拖拉机和联合收割机检验技术规范、拖拉机安全技术标准、拖拉机检验员相关要求、检验业务知识、农机安全法律法规及标准等进行详细讲解，对农机驾驶和操作、安全检验检测、场地驾驶技能等开展现场演示模拟实操。课程结束后，组织参加培训的人员进行理论考试和实践考核，并颁发检验员证。为进一步提高对大型工程机械设备安全监管重要性的认识以及开展大型工程机械设备驾驶考试的能力和水平，自治区农业农村机械化发展中心组织全区各地（州、市）53 名农机监理人员于 2023 年 7 月 10~14 日在新疆农业职业技术学院举办自治区大型工程机械设备安全监管考试员培训班。为了检验农机事故应急预案，锻炼农机事故应急处置队伍，提高农机事故应急处置能力，2023 年 7 月 14 日，由自治区农业农村厅主办，自治区农业农村机械化发展中心、昌吉州农业农村局、呼图壁县农业农村局、五工台镇人民政府共同承办的"自治区 2023 年农机事故应急救援处置演练"在呼图壁县五工台镇顺利举办，全区各地（州、市）选派代表 100 余人参加了此次应急演练。此次农机事故应急演练提升了参与农机应急事故各个部门的协同处置能力，进一步筑牢安全生产防线，为人民群众生命、财产安全保驾护航。

二 新疆农业机械化存在的问题

虽然新疆农业机械化发展取得了较好的成绩，但农机装备总量相对不足、结构不合理，林果业、畜牧业、渔业等产业机械化水平较低，农产品初加工的机械化整体水平不高，农机研发创新能力不强，农民科技文化素质较低等问题依然存在。

（一）农机装备总量相对不足、结构不合理

截至 2022 年底，全区通过中央和自治区财政投入立项实施并上图入库的高标准农田 3626 万亩，占全区（地方）"三调"耕地面积（8253 万亩）的 43.9%。[①] 但 2023 年自治区农业机械总动力为 3075.4 万千瓦，拖拉机 71.11 万台，其中大中型拖拉机 41.21 万台，小型拖拉机 29.9 万台，配套农具 44.38 万部。农机装备中，单一功能的低效率农业机具占多数。与新疆作为农业大区的农业体量和建设农业强区的定位相比，工作效率和作业质量高的先进、高端、大功率、多功能机械和配套农具保有量相对不足。

（二）林果业、畜牧业、渔业等机械化水平较低

截至 2022 年底，新疆林果种植面积达 2200 万亩，种植面积已占全国林果种植面积的 13%，位居全国第六；总产量已达到 1815.6 万吨，出疆果品量位居国内第二。[②] 但目前新疆林果业从栽培、定植、管理到采摘主要靠人

---

① 《新疆举行"新疆推进高质量发展"系列主题新闻发布会第六场——"建设农业强区 不断提升农牧业现代化水平"新闻发布会》，中华人民共和国国务院新闻办公室官网，2023 年 5 月 23 日，http://www.scio.gov.cn/xwfb/dfxwfb/gssfbh/xj_13856/202307/t20230701_718859.html。

② 盖有军：《科研平台"国家队"助推新疆现代农业》，《新疆日报（汉）》2023 年 8 月 21 日，第 7 版。

工操作。一般林果种植对劳动力的需求量比小麦多 7 倍、比棉花多 4 倍。[①]
果树的施肥、修剪和采摘等作业量和劳动强度较大。例如，在熟地人工挖
穴，一个劳动力每天挖 10~15 个穴，而一台挖穴机一天挖 400~500 个穴，
提高工效 40 倍以上；水果采摘是一项劳动投入量较大的作业，有些鲜食水
果的采收用工量约占水果生产总用工量的 50% 以上，生产成本高，劳动生
产率很低。[②] 2021 年，新疆果树修剪机只有 2.50 万台、总动力只有 0.78 万
千瓦，果蔬初加工机械 0.85 万台，林果业机械化水平远远落后于粮食作物，
迫切需要提高林果业机械化水平。

《新疆维吾尔自治区 2022 年国民经济和社会发展统计公报》显示，
2022 年新疆猪牛羊禽肉产量 190.94 万吨，生牛奶产量 222.58 万吨，年末全
区猪牛羊存栏 5985.65 万头（只），其中，猪存栏 469.53 万头，牛存栏
690.91 万头，羊存栏 4825.21 万只。而 2021 年《中国农业机械工业年鉴》
显示，新疆畜牧养殖机械保有量才 12.32 万台、总动力 39.18 万千瓦，其中
饲草料加工机械 9.81 万台、畜牧饲养机械 0.38 万台、畜产品采集加工机械
中的挤奶机 0.42 万台、剪羊毛机 0.21 万台，新疆畜牧业机械化水平较低。

2022 年，新疆渔业总产量达 17.3 万吨，在西北五省区排名第二。[③] 但
2021 年底新疆水产机械总共 0.88 万台、总动力 2.89 万千瓦，不能有效满
足新疆渔业发展的需求。

（三）农产品初加工的机械化整体水平不高

2021 年，新疆农产品初加工动力机械保有量 3.95 万台、总动力 45.00
万千瓦，农产品初加工机械化整体水平较低。一是目前新疆农产品加工整体
规模较小，产业链条短，以中小型企业为主。这限制了引入大型自动化生产

---

① 吴泊辉：《新疆林果业生产机械化现状及对策分析》，《农机市场》2022 年第 10 期，第
57~59 页。
② 司地克江·艾外力：《推广林果业生产机械化技术　加快新疆特色林果业发展》，《新疆农
机化》2014 年第 5 期，第 26~30 页。
③ 刘毅：《新疆渔业总产量西北地区排名第二》，《新疆日报（汉）》2023 年 9 月 5 日，
第 1 版。

线的可能性，从而制约了机械化水平的提高。二是依赖传统人工操作。在许多农产品初加工领域，依然依赖着传统的手工操作。例如，蔬菜水果的清洗、分拣、切割等步骤大多由人工完成，缺乏高效率的机械化流水线。三是加工机械设备简单、低效。新疆农产品初加工领域存在大量简单、传统的机械设备，这些设备性能有限，产能低下，难以满足大规模生产的需求。缺乏先进、智能化的加工设备，制约了产能提升和生产效率的提高。四是技术落后、创新不足。先进的加工技术和装备相对缺乏，导致新疆农产品初加工领域生产工艺陈旧，影响了产品质量和竞争力。五是加工农机装备信息化水平有限。在生产管理和控制方面，信息化水平相对薄弱。缺乏智能化的监控系统和数据分析，难以实现生产过程的精准管理和优化。六是人才短缺。缺乏专业化、高技能的机械化加工人才，制约了产业向机械化转型的速度和效果。

（四）农机研发创新能力不强

新疆在农业机械装备研发方面与国际国内发达地区相比，还存在一定的差距。这种差距主要体现在以下几个方面：一是新疆在农业机械的核心技术和高端产品研发方面还有较大差距。在农业机械自动化、智能化方面缺乏更深入的研发和应用，例如精准农业技术、自动驾驶农机等。二是研发资源配置不够充足和高效。新疆农机装备的研发缺乏完善的研发资金支持体系、高效的资源配置方式，以及成熟的产业化路径。三是产业生态和供应链不够成熟。新疆的农业机械产业没有形成完整的生态系统，包括成熟的供应链、配件制造、销售和服务网络等。四是市场导向与用户需求匹配性不够强。农业机械研发不够贴合新疆市场的需求，新疆农机生产企业主要针对传统农业和中小规模作业场景，缺少针对大规模作业场景的高效率、多功能农机的研发创新。五是缺乏成熟的人才培养与技术积累体系。与国内东部沿海等经济较为发达的地区相比，新疆经济发展水平相对滞后、高等教育资源较为有限、与国内经济中心地区距离较远、生活环境与社会服务水平相对较低、人才激励机制作用不明显，难以满足部分高端人才的职业发展和生活需求，导致新疆农机装备研发人才不足。

（五）农民科技文化素质相对较低

与国内发达地区相比，新疆农民科技文化素质相对较低。一是操作技能不足，维护和故障处理能力差。农民缺乏必要的科技知识，无法熟练操作现代农业机械，机械出现故障时无法及时有效地进行修理，增加了维修成本和作业中断的风险，导致作业效率低下，甚至可能因错误操作导致机械损坏。二是信息技术应用有限。在现代农业中，信息技术的应用越来越重要。科技文化素质低的农民可能无法有效利用信息技术，如农业信息化管理系统、无人驾驶技术等，这限制了农业机械化的全面发展。

三 加快新疆农业机械化高质量发展的对策建议

针对新疆农业机械化发展存在的问题，应该持续扩大农机装备总量并调整农机装备结构；推动农机农艺融合，重点提高林果业、畜牧业、渔业等产业机械化水平；大力提升农产品初加工机械化水平；提高农机装备研发创新能力，加快薄弱领域农机装备的研发创新；加强农民科技文化素质培训，提高农机作业水平。

（一）扩大农机装备总量，持续调整农机装备结构

为了实现新疆农业机械化高质量发展，应继续扩大农机装备总量，满足新疆当前农业发展的多元化需求。根据新疆农业发展的实际需求，进一步优化补贴政策。改进农机购置补贴政策执行程序，简化审批流程，提高高端高效大型农机装备的补贴金额，鼓励农民、农机合作社购买高端高效综合性大型农机装备。对新疆农机装备结构进行优化，实现农机装备的合理配置。

（二）重点提高林果业、畜牧业、渔业等产业机械化水平

林果业、畜牧业、渔业等产业在新疆农业中占据着重要的位置，需要保证每一种农产品的生产都能得到有效的机械化支持，进一步提升这些产业的

机械化率，以提高产业效益和竞争力。一是重点引进、研发移栽、修剪、开沟施肥、植保等机械化技术，大力推广果树栽培、修剪和采摘机械，提高林果业全程机械化率。二是大力推广奶牛自动挤奶机、饲料混合机等现代化畜牧装备的应用，提升畜牧业的生产效率。三是持续扩大水产养殖和捕捞设备的应用，提高渔业的产量和经济效益，充分挖掘渔业在新疆的巨大发展潜力。四是增设更多的自动化设备，如自动灌溉系统、智能温室控制系统等，提高设施农业的生产效率和产品质量。

（三）大力提升农产品初加工机械化水平

农产品初加工是农业产业链的重要环节，需要引进更多的农产品加工设备，如谷物磨粉机、果蔬分拣机、清洗机、食品包装机等，提高农产品加工的效率和产品附加值。积极引进现代高端农机装备制造企业落地新疆，做大做强农业机械化产业群产业链，推进新疆农业机械化产业和农机装备的转型升级，进一步提升农产品初加工机械化水平。

（四）提高农机装备研发创新能力

农机装备是农业机械化的物质基础。提高农机研发创新能力，增加农机装备的有效供给，对促进新疆农业机械化的高质量发展至关重要。一是通过提供税收优惠、研发补贴、创新奖励等政策和财政支持，以降低研发成本和风险。鼓励科研机构、高校和企业投身农业机械的研发和创新。引导科研机构、高校和企业加大在农机研发方面的基础性研究和长期投资。重点加强畜牧、林果等薄弱领域农机装备和高端农业机械的创新研发，以满足新疆农业机械化发展的需求。二是加强与科研机构和高等院校的合作，推动产学研一体化。将最新的科研成果转化为实用的农机产品。这不仅能加快新产品的研发速度，还能提高产品的技术含量和市场竞争力。三是加快农机研发创新平台建设。充分利用自治区100亿元人才发展基金，引进农机装备研发需要的高端人才，为企业提供技术支持、市场信息、专业培训等服务，帮助他们更好地理解市场需求，提升研发的针对性和实用性。四是鼓励企业开展国际合作，引进先进的农机技术和管理经验，同时也将自身的创新产品推向国际市场，提升新疆农机制造业的国际影响力。

（五）加强农民科技文化素质培训，提高农机作业水平

一是建立农业技术培训中心，专门针对最新的农业技术和农机操作进行教学。二是推广在线学习资源。利用互联网资源，为农民提供在线学习平台，使他们可以随时学习最新的农业知识和技术。三是开展实地操作培训。理论与实践相结合，通过实地操作让农民熟悉各种农业机械的使用和维护。四是举办定期讲座和研讨会。邀请农业专家和技术人员举办讲座，分享先进的农业技术和农机操作知识，通过各种形式的科技教育活动，提高农民的科技文化素质，使他们能够更好地接受和运用新的农业技术和设备，提高农业机械化水平。五是建立和完善农机服务体系。加大对农机服务体系建设的投入和支持。在政府、企业和农民之间建立起一个服务网络，提供全方位的农机服务，包括农机维护、技术培训、信息咨询等。六是加强与高校和研究机构的合作。与高校和研究机构建立长期的合作关系，获取最新的农业研究成果和技术。七是加强农业信息化建设。通过建立农业信息化平台，及时向农民传达天气变化、作物病虫害预防等实时信息。

新疆农业科技园区建设发展报告

阿英·叶尔里克*

摘　要： 党的二十大报告描绘了全面推进乡村振兴、加快建设农业强国的新蓝图，在此过程中农业科技园区肩负着汇聚农业科技要素引领示范、带动区域农业优质产业发展的历史使命。新疆农业科技园区建设是赋能农业高质量发展的重要举措，具有推动农业现代化、提升农业科技水平、促进农业结构调整、加快农业新品种新技术新成果推广应用、实现农业增效农民增收农村增绿的重要意义。本文利用相关调研资料，分析了新疆农业科技园区的建设成效，指出了其对新疆农村经济发展、农民收入增加、科技创新和产业结构优化的贡献。通过典型案例分析，提出了园区发展中的不足，如支持力度不够、经营管理缺乏灵活性和人员配备不足等问题。最后，提出了确保园区定位和发展策略、制订科学规划、优化功能布局等建议，以更好地发挥农业科技园区对农业产业化的带动作用，助力新疆农业农村现代化和乡村振兴。

关键词： 乡村振兴　农业现代化　农业科技园区　新疆

　　农业科技园区是指以农业科技为核心，集农业科研、农业生产、农业教育和农业推广等功能于一体的综合性农业发展区域。新疆农业科技园区的建

---

* 阿英·叶尔里克，新疆社会科学院农村发展研究所研究实习员，主要研究方向为土地经济、土地政策等。

立，是为了推动当地的经济增长、改善民生福祉、推动新型城镇化的可持续性发展，对于乡村振兴战略的实施具有重要意义。农业科技园区通过优化产业结构，激发当地经济活力，为区域的可持续发展提供强大支撑；农业科技园区也是农业现代化的重要载体，通过推动农业产业结构调整，从而促进农业生产效益和质量的提高。另外，农业科技园区通过整合资源，推动农业的规模化和专业化，从而提高农业的竞争力和市场地位。同时，园区注重人才培养和教育，为农业科技发展提供了人才支撑。在园区建设过程中，充分引入了新疆地区和国内外优秀科研机构和高校资源，加强农业科技研究和技术推广、科技创新与产业融合，为园区内的农民提供专业的技术支持和培训，提高了农业生产效益和农产品质量。最重要的是，农业科技园区倡导绿色农业发展理念，推广可持续农业生产方式，保护农田生态环境，提高了农产品的质量和安全。总的来说，农业科技园区的建立不仅为新疆农业现代化的发展提供了强有力的支撑，还为农业科技创新、应用及产业发展提供了动力，为农业人才的培养以及农田生态环境的保护提供了有力的保障，从而激发新疆农业农村发展的新活力，提高农业科技水平，实现农村经济的转型升级。

农业科技园区建设是新疆维吾尔自治区近年来重点推进的一项重要战略举措。在过去几年，新疆农业科技园区建设取得了显著的成绩，通过新品种引进、示范和推广，实现了人才、要素、智力、项目和资金的集聚，辐射带动产业和农村经济的发展，引导涉农科技型农业企业和科技服务机构入驻，建造星创天地、众创空间，提供创业服务和创业孵化的空间，引导有创业能力的农户进行创业，注重培养"新农人"，培训高素质农民、返乡农民工，从而提升农村人才的质量，激活乡村振兴新动能。充分发挥了农业科技园区的引领和示范效应，进一步推进农业现代化，提升现代农业的科学技术含量和竞争力，增加农牧民收入，促进农村经济增长，达到可持续发展的总体目标。但在建设过程中也面临农业现代化发展滞后、创新意识不足等挑战，科技人才的培养和引进亟待加强，园区建设亟须大量资金投入和政策支持。

一　新疆农业科技园区发展现状①

新疆位于中国的西北边陲，拥有广阔的土地资源和丰富的自然景观，同时也是中国农业产区之一，具有巨大的农业发展潜力。为了推进农业现代化、促进农业科技创新，达到汇聚创新资源，培育农业农村发展新动能的最终目的，由新疆农业科技园区建设协调指导小组负责规划建设新疆农业科技园区，通过强化创新链、支撑产业链、激活人才链、升级价值链、共享利益链，将新疆农业科技园区建设成为现代农业创新驱动发展的高地，并重点拓展农村创新创业、成果展示示范、成果转化推广、职业农民培训等四大功能。

（一）发展思路

新疆农业科技园区在建设和管理过程中，以《国家农业科技园区发展规划（2018-2025年）》和《新疆维吾尔自治区农业科技园区管理办法》为指导，以"政府主导、市场运作、企业主体、农民受益"为原则，注重科学合理的策划与设置，结合新疆的特殊环境制定适应当前经济社会可持续发展的战略，努力提升园区的科技含量，通过积极推动农业科技创新，加强农业产业链的协调，激活农业的经济活力，以期达到农业科技的利益最大化，同时提高农产品竞争力，实现新疆农村经济的可持续发展。

新疆农业科技园区在建设过程中的发展思路可归纳为四点：第一，科学规划方案。方案包括园区定位、功能区划、主导产业和配套政策的合理布局，并要与国家农业科技园区发展规划相一致。第二，有充分的配套政策。为吸引更多的企业和人才落户农业科技园区，制定税收优惠、土地奖励、财政支持等一系列政策，助力园区发展和产业集聚，营造良好的创新创业环境，加强科技成果转化，为企业提供全方位的支持和服务。第三，有明确的

---

① 文中数据来自新疆维吾尔自治区科技厅农村科技处。

主导产业。各地根据生产条件、原料基础、产业链条和整个区域产业发展的综合情况确定主导产业,避免同质化形成恶性竞争,并且从申请、审核、建设再到最后验收阶段,其主导产业和核心区不得变动,同时还要结合农业资源禀赋和市场需求,发挥区域优势,形成特色鲜明的产业集群,更好发挥农业科技园区在推动农业现代化中的引领和带动作用。第四,健全园区的管理机构和管理体系。设立农业科技园区管理办公室或管理委员会,专门负责园区的规划、建设、管理和统筹工作,并加强与相关部门和科研机构的合作,构建政府、企业和科研机构共同促进新疆农业现代化的重要平台。

(二)建设概况

新疆农业科技园区按项目级别来分,主要有国家级农业科技园区和自治区级农业科技园区。自2002年科技部认定昌吉国家农业科技园区为全国第二批国家级农业科技园区试点地区以来,经过二十多年的发展,截至2023年8月,新疆国家级农业科技园区已扩展至伊犁国家农业科技园区、阿拉尔国家农业科技园区、五家渠国家农业科技园区、和田国家农业科技园区、乌鲁木齐国家农业科技园区、哈密国家农业科技园区、塔城国家农业科技园区、克拉玛依国家农业科技园区、五一农场国家农业科技园区、青河国家农业科技园区等,总产值达511.07亿元。自2020年新疆维吾尔自治区科技厅发布《新疆维吾尔自治区农业科技园区管理办法》以来,截至2023年8月,已验收通过的自治区级农业科技园区有22个,在建的有59个,总产值达218.23亿元,经济效益显著。全区农业科技园区的发展目标是,到2025年实现国家级农业科技园区所有地州覆盖,自治区级农业科技园区县市全覆盖。目前,部分地州已实现该目标,例如克孜勒苏柯尔克孜自治州、伊犁哈萨克自治州、阿克苏地区等地。

1.建设成效

(1)助推经济发展

新疆各个农业科技园区充分发挥自身优势,积聚创新资源、培育农业农村发展新动能,充分发挥了引导和带动周边地区农村经济结构和产业升级的作用，在推动经济发展方面取得了显著成效。2023 年前 8 个月国家级、自治区级农业科技园区总产值分别为 511.07 亿元和 218.23 亿元，经济效益日益凸显。2023 年前 8 个月，全区农业科技园区总投资额为 9.37 亿元，有效提高了当地劳动生产率、土地产出率和资源利用率，利润率达到 9.4%，显现了人力和资金的聚集效应和对经济发展的重要推动作用。

（2）带动农民增收致富

新疆农业科技园区成功培育了一批农业科技型企业，辐射带动园区及周边区域优势产业发展的同时，也在带动农民增收致富方面取得显著成效。截至 2023 年 8 月，全区 33 个农业科技园区引进培育企业 935 家，其中培育高新技术企业 71 家，培育新品种 2899 个，涉农企业在促进农民群众增收致富上取得了显著成效，辐射带动 575049 户农户，提升了农民收入水平，且科技脱贫成效明显，辐射带动的脱贫农户有 119454 户。

同时园区通过加强科技服务来带动农民增收，成立科技服务人才队伍，开展科技特派员农村科技创新创业行动，建立各类科技推广服务机构，制订专门培训计划，加强园区职工、农牧民的科技培训，带领群众依靠科技增收致富。自治区科技厅统计数据显示，2023 年前 8 个月累计培训农牧民 257710 人次，以此提升农牧民的科技文化素质，促进农民增收致富。

（3）科技创新驱动成果显著

新疆农业科技园区在建设过程中汇聚了来自科研机构、高校、企业的人才资源，引领科技创新。2023 年全区农业科技园区共计有 80 个研发机构，3249 位研发人员，投入科研经费达 2.74 亿元，产出了一批拥有独特技术优势、拥有较大市场影响力的农业科技成果。2022 年申请 970 个专利，2023 年前 8 个月申请了 455 个专利，科技创新驱动成果显著，2023 年农业科技进步贡献率达 19.68%。同时积极推动并支持企业设立国家级和自治区级工程技术研究中心、重点实验室，市级工程技术研究中心和企业技术研发中心，积极开展企业自主产品研发。截至目前，全区建有自治区级工程技术研究中心 5 个，自治区级重点实验室 5 个、市级工程技术研究中心 5 个、市级企业技术研发示范中心 7 个，园区创新能力得到显著提升。

（4）产业结构优化，功能布局合理

第一，新疆农业科技园区因地制宜，根据不同地区的自然条件和市场需求调整农业产业结构，重点发展具有地方特色和优势的农产品及加工品，提升农业产值和附加值。例如，温宿农业科技园区利用当地的山水资源和生态环境，发展核桃、苹果、红枣等特色林果业，打造了一批知名果品品牌和产品。第二，新疆农业科技园区按照功能分区的原则，合理规划各园区的功能布局，并划分明确的地理界线和建设规模。截至2023年8月，全区农业科技园区核心区面积达480.47万亩，示范区面积为5064.79万亩，辐射区面积为3835.54万亩，核心区、示范区、辐射区功能定位清晰、建设内容具体，实现了科研、生产、加工、服务、培训、推广等功能的有机结合和协调发展。例如，博尔塔拉蒙古自治州农业科技园区按照"一核多区"的模式，以博尔塔拉职业技术学院为核心，建有精河分园区、温泉分园区等多个功能分区，形成了以科技创新为引领、产业发展为支撑、人才培养为保障的现代农业科技创新体系。温宿国家农业科技园区中核心区规划面积为19.93平方公里，五个示范区（水稻种植示范区、核桃种植示范区、苹果种植示范区、红枣种植示范区、农业科技创新示范区）规划总面积448.97平方公里，该园区因地制宜，以地区特色林果产业化发展为核心，以建设新疆乃至全国重要林果苗木繁育基地为目标，以农副产品精深加工产业为主导，重点发展特色林果业、农产品精深加工业、生物制药业、现代仓储物流业、现代农业装备制造业、现代畜牧业六大产业。第三，新疆农业科技园区在积极培育特色农产品品牌的同时，突出优质、绿色、资源节约的导向。截至2023年8月，全区农业科技园区中绿色产品、有机产品的产值占比达19.63%，2022年占比为19.23%，园区以绿色、优质发展为导向推进了农业农村绿色发展，注重节水、节能、节地、节肥，实施了一系列资源节约及环境保护措施，提高了农业资源利用效率和生态效益。例如，昌吉国家农业高新技术产业示范区采用了滴灌、喷灌、微喷等节水灌溉技术，实现了精准灌溉和精准施肥，节约了水资源和化肥用量。哈密国家农业科技园区利用了太阳能、风能等清洁能源，建设了一批光伏农业、风光互补农业等项目，降低了能耗和碳排放。

二 新疆农业科技园区典型案例

当前，新疆农业科技园区不仅要实现园区规模扩大、技术应用，还要实现农业科技园区的多样性，以促进农业科技的持续改进，实现现代农业的可持续发展。新疆各地州因地制宜进行了农业科技园区建设的探索，具有鲜明的地方特色，文章总结出三个具有代表性的案例。

（一）昌吉国家农业科技园区

昌吉国家农业科技园区是新疆最早创建的国家农业科技园区，也是国家农业高新技术产业示范区，园区核心面积达到424.5万亩，示范区和辐射区面积分别达到4686万亩和1230万亩。该农业科技园区致力于推动农产品加工、生产、销售、研究和服务，已建成完整的产学研用一体化体系。园区深入开展"一城两区多园"改革，促进当地经济稳定、高效增长，吸引了大量科技人才和企业，汇集了38个省部级科研院所，已研制出多项具有国际竞争力的产品，培育了49个新品种和152家企业，152家企业中包含16家高新技术企业，有力推动了农业科技创新和产业升级。2021年，昌吉国家农业科技园区的生产总值达69.8亿元，经济增长率达13.7%，较2015年提高了2.2倍，在全区处于领先地位，被称作新疆现代农业的标准和国家农业科技园区的示范；2022年总投资额为6.96亿元，总产值则高达398.53亿元，园区内企业经营效率较高，利润率达到了16.38%，同时联农带农、推动农民增收致富效果显著，辐射带动了1138户农户，其中包括133户脱贫农户，农民年均增收1350元。昌吉国家农业科技园区在发展过程中呈现出以下几个特点。

第一，产业融合进一步深化。昌吉国家农业科技园区培育引进农业高端服务企业300余家，并有序推进丝路科创中心、中国农业科学院西部农业研究中心、新疆农科城创业就业孵化基地、岐峰空港物流园、富美国际家居建材产业园、现代智慧物流港等85个重点项目，促进了园区产业融合发展。

其中，畜牧产业园产业链条完整，泰昆鸡、天康猪、天山牛等在全区市场占有率都超过50%；现代农业精深加工汇聚了泰昆集团、麦趣尔、雪山果园、西域春、慧尔农业、天康等农业产业化龙头企业，并以中国农业科学院、国家棉花产业联盟等科研院所和龙头企业为依托，建成50万亩CCIA优质棉试验区，建成新疆棉花大数据服务中心，以"西部种业之都"为重点建设种业科技孵化园，培育和引进了九圣禾、登海、金天山、农人等35家种业龙头企业，进一步深化产业融合。

第二，科技创新能力不断提升。园区内研发人员总数为2200人，有8个国家级工程技术研究中心和7个自治区级工程技术研究中心，2个自治区级重点实验室，专利申请量有166件，园区内绿色有机产品比重达80%，技术培训农牧民10000人次。位于园区内的中国农业科学院西部农业研究中心占地面积155亩，试验基地面积2050亩，有专职管理人员27人，科研人员规模达到300余人，中心锚定新疆农业强区建设整体目标，围绕新疆粮油产业集群、棉花和纺织服装产业集群、绿色有机果蔬产业集群、优质畜产品产业集群等4大产业集群强化科技支撑，以"立足昌吉、服务新疆、面向西部、辐射中亚"为总体战略，建有农业生物育种、高品质棉花生产、戈壁生态农业、林果提质增效、作物生物安全、畜禽健康养殖、特色农产品加工等16支创新团队，致力解决西部地区特色绿洲农业科技问题。2022~2023年，共获批国家、自治区、昌吉州农业科技项目59项，经费达1.7亿元，有国家盐碱地综合利用技术创新中心西北分中心、棉花生物育种与综合利用全国重点实验室新疆中心等国家级科研平台，获批建设中国农业科学院中亚农业研究中心、国际教育学院等国际合作交流平台，促进园区创新能力不断提升，服务西部农业生产和产业发展重大需求，保障我国粮食安全和重要农产品供给，助力乡村振兴。

第三，鼓励全域旅游高质量发展。昌吉国家农业科技园区被评为全国第六个、新疆首个"中国西瓜原产地城市"。近年来园区实施了新疆农博园展馆升级改造、华兴风景区基础设施开发、老龙河胡杨林风景区建设等重点工程，其中多个景区被定为自治区级、地级农业休闲观光示范区，新疆大剧院被创建为自治区级文化产业示范基地，新疆农业博览园开拓了研学旅游市场，被批准为"自治区级研学旅游实践教育基地"。园区开展农民丰收节、菊花节、新年购物节、老龙河胡杨林马拉松赛等一系列活动，旅游产业方面取得较好成效。2016~2020 年，园区批准 A 级景区 3 个，累计接待游客 461 万人次，旅游收入达 75.46 亿元。

昌吉国家农业科技园区在发展过程中也存在一些不足。首先，创新驱动能力亟待提高。由于园区产业结构比较单一、有效固定资产投资不足、农业产业企业税收推动力度较弱等原因，园区经济继续保持中高速增长的难度增大。其次，产业链条延伸不足。产业链的环节众多且复杂，各产业之间关联度不高，上下游间关联程度也不强，第一产业产业链从前端延伸到后端的程度相对较低，第二产业产业链从生产端向服务端扩展得不够充分，而第三产业则仍处于初级阶段，高端需求严重不足。第三，创新能力不足，对农业领域的技术研究与开发投资力度不够，高水平创新型人才队伍匮乏。龙头企业引领科技创新、推动产业发展数量较少，且与科研院所合作不密切，自主创新成果数量相对较少，科技成果转换能力不强，推广应用体系不够健全，园区的人才引进、激励和保障机制尚需进一步完善和加强。

（二）乌鲁木齐国家农业科技园区

乌鲁木齐国家农业科技园区是一个以生物资源利用与保护为主题的综合性农业科技园区，园区核心面积为 0.45 万亩，示范区面积 0.16 万亩，辐射区面积 0.97 万亩，园区总投资额达到 870.7 万元，利润率达到 4.11%，园区还辐射带动了 60 户农户，其中包括 7 户脱贫农户，农民年均增收达到 12000 元。在引进培育新品种方面，园区引进了 210 个新品种；在引进培育企业方面，园区引进了 8 家企业，其中还包括 1 家高新技术企业。这表明园区注重科技创新和产业升级，为农业现代化转型升级提供了重要支撑。该园区在建设过程中主要有以下几个特点。

第一，科技创新能力较强。在引进培育新品种方面，乌鲁木齐国家农业科技园区引进了 210 个新品种；在引进培育企业方面，引进了 8 家企业，其中包括 1 家高新技术企业、1 个市级工程技术研究中心，注重科技创新和产业升级。园区内的研发人员数量为 38 人，2022 年科研经费为 12237500 元，承担了 70 多项国家、省部级重点研发计划，国家自然科学基金科研项目，并取得了多项国内外领先水平的科技成果，获国家科技进步奖及自治区科技进步奖等多个奖项，专利申请量为 6 件，农业科技进步贡献率达 80%。

第二，产业结构优化。园区以植物资源为主要对象，致力推动农业科技创新和产业升级，以都市现代农业为发展方向，开展以植物种质资源收集、保存、评价和利用为核心的植物遗传育种、种子工程研究，培育了一批具有新疆特色和优势的植物品种，如新疆棉花、新疆葡萄、新疆苹果、新疆玫瑰等，形成了"以棉花为主导，以果树、蔬菜、花卉等为补充"的现代农业产业体系。

第三，功能布局合理。首先，乌鲁木齐国家农业科技园区功能布局以"都市现代农业"为发展方向，采用"多核多区"的模式，注重科技创新和产业升级，有城北片区、城南片区、电子商务片区和米东片区四个核心区，以及北郊都市农业、米东区长山子现代种养业、乌鲁木齐县生态农业、达坂城区种养和头屯河农业五个示范区，各功能区实现资源共享、优势互补，提高了园区的产业集聚效应和辐射带动作用，共同构成一个有机的整体。其次，园区注重服务平台建设，已建设有现代农业技术研发服务平台、科技特派员创新创业服务平台、农副产品质量安全保障服务平台、农副产品仓储物流配送服务平台、电子商务产业创新创业服务平台和投融资服务六个平台，为园区的科技创新、成果转化、产业发展等提供了全方位的支持。另外，园区还打造包括都市农业标准化生产示范基地、绿色有机设施农业生产基地、高效健康畜禽养殖基地、优质稻田米·蟹种植养殖基地、优质苗木花卉生产示范基地、特色经济作物种植示范基地、绿色食用菌种植基地、农副产品精深加工基地、农副产品国际博览营销展示基地和都市旅游休闲观光农业基地等多领域的示范基地，充分考虑地理和资源因素，形成了以科技创新为引领，以产业发展为支撑，以社会服务为目标的现代农业科技创新体系。乌鲁木齐国家农业科技园区通过明确的产业定位、协同发展的多区模式、全方位的服务平台建设、多样化的示范基地打造，有效地促进了农业现代化的发展，实现了经济效益、社会效益和生态效益的统一。

（三）温宿国家农业科技园区

温宿国家农业科技园区以核桃、苹果、红枣等特色林果业为主导产业，核心面积为2.99万亩，示范区、辐射区面积为67.35万亩，配有先进的农业科技设施和优质服务，为企业引入、农业科技的发展奠定了基础，同时优化功能布局，形成了"初级加工在乡（镇）、精深加工在园区"的格局。2021年温宿国家农业科技园区总产值为40.84亿元。截至2022年，温宿县共计投入22.28亿元，积极推进农业科技园区建设，并利用国家农业科技园区招商项目、龙头企业发展等吸引了91家中小企业，2家高新技术企业，其中核心区吸纳了45家企业，农副产品精深加工公司32家，果品机械加工超过16万吨，储存和运输能力超10万吨，2022年园区总产值达到73.52亿元，这些科技成效为温宿县农业的可持续发展提供了强大支撑。温宿国家农业科技园区在发展过程中呈现出以下几个特点。

第一，园区注重与农业科技企业和研究机构等合作，以促进农业科技创新。2022年园区专利申请量为33件，7家科研院所和高等院校共同协作构建了特色森林植物品种基因库，共承接了17个国家级、省级各类科技项目。科研院所和高等院校与各类企业和合作社合作，形成了一个完整的农业科技创新生态系统，园区农业科技进步贡献率为68.50%，促进了温宿农业科技的发展。2023年，温宿国家农业科技园区推出64个"技术兴阿"及其他一系列的科技型中小企业技术创新服务项目，提供全方位的政府补贴及财政支持推动涉农科技企业的发展。截至目前，园区已经取得了一批重要的科研成果，涉及新品种培育、病虫害防治、农业装备研发等方面，各主体共同开展科技创新和产业化转化工作。

第二，温宿国家农业科技园区注重农业科技人才的培养与交流。温宿国家农业科技园区已经成为国内外农业科技合作与交流的重要平台，园区拥有2个研发机构和21名研发人员，科研经费达到2403.2万元，有1个国家级工程技术研究中心、1 个自治区级工程技术研究中心、1 个自治区级重点实验室和 1 个市级工程技术研究中心，以及 1 个市级企业技术研发示范中心，这些研发机构为农业科技人才培养和交流提供了重要的技术支撑和研发平台，有助于推动科技创新和产业升级。

第三，温宿国家农业科技园区注重科研成果转化，切实带动农民增收致富。温宿国家农业科技园区通过开展技术培训、展览会和研讨会等活动，积极引导农业企业向高附加值领域转型升级，帮助农民提高种植和养殖技术水平，增加农产品产量和降低生产成本，为当地农民增收致富提供动力，同时促进当地农业生产现代化，提升农业生产效率和农产品质量。目前园区内多数科研成果已转化到农业生产中，园区内集聚的精深加工企业强化了农业新技术、新产品的推广应用，农产品年产能力达 40 万吨以上，为当地农业的可持续发展提供了有力支撑，同时促进农民增收。2022 年，园区共辐射带动了 53000 户农户，其中包括脱贫农户 81674 户，农民年均增收达到 31800 元。

第四，以绿色发展理念为引领，科技驱动为路径。温宿国家农业科技园区具有高品质和绿色健康的特色，致力于以科技创新促进农业可持续发展。2022 年园区绿色有机产品比重达到了 100%，符合当前消费者对健康食品的需求。温宿国家农业科技园区的日光温室，是集现代农业生产、农业科普培训、亲子休闲旅游、研学拓展体验为一体的田园综合体，实现了一二三产业有效融合，同时还应用物联网技术实时监测温室温度、湿度、土壤质量、养分和其他农业指标动态信息，提升设施农业智能化水平，推动蔬菜产业绿色优质高效发展，为现代农业发展打造新样板。

温宿国家农业科技园区作为新疆农业科技发展的重要示范区，取得了一定的成绩，但同时也存在着一些不足之处。第一，温宿国家农业科技园区在科技研发方面还存在一定的薄弱环节。虽然该园区拥有一支专业的科研团队，但是在科研经费投入和人才引进方面有待加强。科技是农业科技园区发展的核心。只有不断提升科研水平和投入力度，才能保证园区的可持续发展。第二，温宿国家农业科技园区的农业产业链还不够完善。园区虽然在农产品生产、加工和销售方面取得了一定的成果，但整个产业链的衔接还不够紧密，缺乏完整的产业链闭环，难以实现农业产业的全面升级。

三 新疆农业科技园区建设过程中存在的问题

（一）对农业科技园区发展的支持力度不够

虽然目前新疆对建设农业科技园区的重视程度有所加强，但是政策支持和技术支持还有待加强。一方面，这些园区的地位尚未被充分肯定，从而阻碍了其可持续发展；另一方面，人员投入和技术资金投入不足等问题影响了农业科技园区作用最大化发挥。近年来，随着国家和自治区对农业科研的大力投入，农业科技园区建设的资金投入渠道越来越多元化，但人员经费和日常公共资金的短缺，依然是新疆农业科技园区可持续、稳步发展的瓶颈。目前新疆国家级农业科技园区没有建立完善的补助体系。对于自治区级农业科技园区来说，科技厅每年年底发放总计325万元的阶梯式奖励性补助，发挥一定的引领作用，但是还无法满足各地农业科技园区的资金需求。与此同时，由于处于探索建设阶段，各级政府对农业科技园区发展尚未形成行之有效的保障机制，园区的建设缺乏清晰、稳定且持久的政策支持。

（二）园区经营管理还缺乏灵活性、人员配备不足

对农业科技园区而言，园区投资主体为政府，这常常导致农业科技园区在生产经营和管理工作中缺乏灵活机制和"看不见的手"的指引。新疆农业科技园区在生产经营过程中创新发展的活力还不足，未能有效的利用园区资源，造成了园区资源的闲置与浪费，也无法取得良好的经济效益，"形象工程"问题在新疆部分农业科技园区还有显现。在园区管理方面，除上述问题外，还存在地方对政策理解和实施不到位，造成人员编制在规划时被忽略等问题，从而导致新疆部分科技园区在建设过程中出现因人员配备不到位影响工作进度的情况。

（三）农业科技园区对农业产业化的带动作用还不够强

设立农业科技园区旨在提升农业生产水平和推动农业产业化。从新疆农业科技园区的现状来看，第一，大部分园区的经济总量较小，企业数量和整体规模都有待扩大。除少数知名品牌企业外，大多数园区缺乏领航型企业，在农业产业化示范带动方面还有待提升，生产管理、采后储运与商品化处理技术落后，产业化发展水平还较低，初、精深加工等中后端产业薄弱，农产品附加值低，高效、低耗保鲜和物流等技术落后，后续加工、产品裂变措施不足。第二，园区的品牌化程度较低，农产品技术含量和产业规模都有待提升。大多数农产品仍是初级产品，品牌化程度不高，市场占有率较低，与农民的利益关联度不强。第三，三产融合深度还不够。园区在科技创新服务体系的基础设施建设和支撑平台上滞后，科技研发与产业结合不够紧密，导致一产与二、三产业融合程度低、层次浅，产业链横向拓展和纵向延伸不到位。例如，昌吉国家农业科技园区以棉花为主导产业，在种植等上游持续发力，但在中游的印染印纺、数字化纺织等精加工上缺乏动力，在下游的纺织品制造、市场流通贸易等方面更是缺少科技支撑。第四，科技创新能力不强。新疆科技园区内引领科技创新和产业发展的龙头企业和高新技术企业数量较少，科技产业规模较小，缺乏具有市场竞争力的高科技"拳头"产品，与科研院所合作仍不够紧密，自主创新成果较少，科研成果有效转化、适应市场需求的能力不足，推广应用体系还不够健全，导致园区的综合效益不显著，科技成果难以转化为实际生产力。

四　新疆农业科技园区发展的对策

农业科技园区是推进农业现代化发展、增加农民收入、带动农村经济社会整体发展的有效载体，对于新疆乃至全国农业发展具有重要意义。只有充分发挥农业科技园区的示范带动作用，确保园区的定位准确并制定科学合理的园区发展战略和规划，优化园区功能布局，才能促进协调发展；

只有加大科技创新投入和支持，建立高效的组织框架和运行机制，强化产业配套服务体系建设、政策支持与资金保障，同时强化监管与考核，才能为推动新疆维吾尔自治区农业现代化进程、全面推进乡村振兴提供强有力的科技支撑。

（一）确保园区的定位准确并制定适宜的发展策略

第一，准确定位是实现农业科技园区高效、可持续发展的先决条件与基础。必须在充分了解园区所处环境条件、优势、存在问题及面临挑战的前提下，对其进行产业、技术、市场、功能及主体各方面的定位。依照收入弹性大、市场前景好、产业关联度大、区域优势明显的标准，确定园区近期、中期、远期的新兴产业、优势产业和主导产业，并以供给侧结构性改革为路径，通过挖掘"新疆特色"产业和潜力资源，进一步优化农业产业结构，构建符合国家战略和区域产业布局的主导产业体系；明确园区各时期产品生产及市场开拓方向，促进园区农业资源高效利用和产业结构优化升级，保障园区生产有效供应，并遵循针对性、整体性、层次性等原则确定园区应有的职能，重视园区的创新职能以及对周围地区的引导、示范带动作用。

第二，选择合适的发展道路是农业科技园区稳步前进的客观需要。应按照近期建设和长远发展相统一、重点建设与全面发展相结合、环境建设和产业体系协同发展、产品开发和技术创新共同发展、体制改革和组织创新相统一的原则确定园区的发展路径，加强产业资本、知识资本、政治资本和金融资本等融合，推动技术成果展示示范、转化推广等。无论是以粮食作物为主导产业，还是以经济作物为主导产业，都应将"高效"生产"优质"农产品作为园区发展的着力点，大力发展农产品精深加工，逐步从向"数量"要效益转向向"质量"要效益。同时，通过大力发展农业新业态，探索多类型农村产业融合模式，着力推进农业产业链向下游的农产品加工、流通等发展，推进农业与旅游、教育、文化、健康、养老等产业深度融合。

（二）制订科学合理的园区发展战略和规划

科学合理的发展战略和规划是统领农业科技园区建设发展的纲领性文件，也是园区稳步发展和增强示范带动能力的强大利器。农业科技园区在建设时须在厘清园区建设目的及意义的前提下，深入分析当地的政策、市场、科技、人才、原料、资金、区位等条件和优势，正确把握存在的不足及面临的挑战，按照重点突破、发挥优势、整合功能、博采众长等原则，因地制宜地确定园区的发展定位、指导思想、战略目标、功能分区、建设内容、重点项目、战略部署、组织体系及运作机制等内容，实现农业科技园区有规律可依，高效持续发展。在制订新疆农业科技园区发展战略和规划时应注意以下几点。

第一，加大科技创新投入和支持。为了提高新疆农业科技园区的科技创新能力，一是加大对科技创新的投入和支持；二是完善科技创新的激励机制，包括优化科技创新的资金分配、鼓励社会资本参与科技创新、增加科技创新的财政投入、强化科技成果的保护与转化、提升科技人才待遇与荣誉、完善科技创新评估与监管等；三是加强科技创新的合作交流，包括促进科研院所、高校、企业等主体协同创新，加强国内外先进农业科技的引进和借鉴，积极参与国际农业科技合作和竞争等。

第二，建立高效的组织体系和运行机制。高效的组织体系和健全的运作机制，是农业科技园区达到既定发展目标的基本保障。在新疆农业科技园区建设过程中，应依据"政府引导、企业运作、中介参与、农户受益"的运行机制，由政府引导，把握发展方向，企业以技术创新为引领，探索创新商业模式，实现园区可持续发展，为园区的发展提供技术支持和资金支持。农户要受益于园区的发展，并参与园区的管理和运行，实现良性互动，通过园区的辐射带动，实现农业发展和农民增收。同时，应当建立健全遵循市场经济规律的运作机制，鼓励技术引进，吸引外界人才，拓宽投融资渠道，不断提升园区实力，为企业发展提供更多便利。

（三）进一步优化园区功能布局

为了提高新疆农业科技园区的功能布局水平，实现科研、生产、加工、服务、培训、推广等功能的有机结合和协调发展，应按照区域协作的原则，合理规划各园区的区域布局，实现核心园区和功能分区、主体园区和功能翼区、管理中心和服务点的有效衔接和互动发展。此外，需要按照开放共享的原则，合理规划各园区功能布局，促进与国内外其他农业科技园区的交流合作和资源共享。在优化新疆农业科技园区功能布局过程中应注意以下几点。

第一，聚焦本地农业发展需求，强化特色农产品良种选育。受气候干旱、地理位置偏远等因素影响，新疆农产品在全国市场份额占比不高。但因新疆具有丰富的光热资源，适宜发展特色农产品，例如辣椒、西红柿等在全国以及全世界市场中占有较大比重，因此新疆应当聚焦地方特色，将优质、绿色的特色农产品培育为竞争优势，进一步做好辣椒、西红柿、棉花等特色农产品良种选育工作，抓好科创平台建设，深化对外合作，加强科研项目管理和示范基地建设，持续推进特色农产品良种选育科创工作迈向新台阶，推动新疆现代化高效生态农业高质量持续发展，还应将科研工作同消费市场密切结合起来，不断完善成果转化和推广机制，优化农业产业结构，保障农产品市场供给，助力农民增收致富。

第二，注重发挥农业科技园区对现代农业发展的示范带动作用。新疆农业科技园区应该成为新疆农业技术创新的重要平台，集聚创新资源，推动农业科技成果的转化和推广，充分发挥农业科技成果示范基地的作用，积极探索围绕核心区试验、示范区转化和辐射区推广的技术扩散和联动机制，推动产业升级和结构调整。另外，还要围绕综合素质、生产技能、经营管理、职业教育等方面开展技术培训，切实提高农民致富能力，围绕返乡农牧民创业就业出台鼓励政策，通过稳定就业促进农民创收增收。

第三，注重农业科技园区的产业配套和服务体系建设。保障完善通信、水、电、交通等基础设施，为园区内企业提供良好的生产、生活条件，加强与周边农业企业和农牧民的合作，形成产业协同发展的格局，同时应建立完善评估机制，对园区发展情况及效果进行定期评估，发现问题及时采取针对性措施解决。

第四，加强农业科技园区的资金和制度保障。首先，政府部门应制定相应的扶持政策，加大对产业的资金扶持力度，并为农业科技园区的建设提供税收优惠、土地使用优惠等政策支持，降低企业经营成本，同时加大对农业科技园区的资金投入，通过设立专项资金、吸引社会资本等方式为园区可持续发展提供资金保障。其次，要完善农业科技园区建设相关的政策制度，尤其要完善对园区建设进程的实时监督和评估监测制度，定期检查园区的运营情况，发现问题及时通过专家咨询等方式积极寻求有效的改进方法，确保园区的可持续发展。

参考文献

吴雪：《黔东南州油茶产业发展的 SWOT 与 PEST 分析》，《西部林业科学》2020 年第 3 期。

崔淑贤、于金成、袁立新：《绥中县农业园区发展现状、存在问题及发展对策》，《农业经济》2021 年第 2 期。

慕慧娟、崔巍平：《金融服务助力乡村振兴：实践、挑战及展望》，《西南金融》2021 年第 4 期。

张进龙、王祎娜、曹光乔：《现代农业科技创新探索与实践——以南京市为例》，《中国农机化学报》2020 年第 12 期。

社会、文化和农村治理篇

Society, Culture and Rural Governance

B.9
新疆农村基层干部队伍建设发展报告

胡延龙*

摘　要： 做好新疆工作，关键是发挥党总揽全局、协调各方的领导核心作
用，建设一支政治上强、能力上强、作风上强的高素质干部队
伍。作为我国治理体系的重要组成部分，农村基层干部是党和政
府密切联系群众的桥梁和纽带，其素质能力、业务水平直接影响
乡村振兴战略落地落实，因此进一步加强农村基层干部队伍建
设，打造一支高质量的队伍十分有必要。新疆通过健全"选拔、
培育、管理、使用"全链条工作机制壮大村级后备力量，为推
进乡村振兴提供有力人才支撑。但新疆乡村人才振兴发展中仍存
在农村基层干部队伍能力不足以适应乡村振兴需求、选派国家干
部到村任职作用未充分发挥、现行激励机制不足以激发农村干部
内生动力等问题，阻碍了乡村的发展，需坚持以党的政治建设为
统领、加强干部的选拔培养、优化完善治理格局、着力夯实基层

---

* 胡延龙，新疆社会科学院新疆中国特色社会主义理论体系研究中心助理研究员，研究方向为
民族地区基层治理与发展。

基础，通过区分长远性与短期性、区分轻重缓急，在总体思路、目标、要求以及一系列相关体制机制、政策支持、人才队伍建设等方面统筹安排、协同推进，不断解决问题、化解难题，努力为乡村振兴锻造一支素质过硬、业务精通、作风优良的村干部队伍。

关键词： 乡村人才振兴　农村基层干部　队伍建设　新疆

"十四五"时期是我国乘势而上开启全面建设社会主义现代化国家新征程、向第二个百年奋斗目标进军的第一个五年，[①] 也是从"十三五"时期全面建成小康社会的目标指向升级为锚定推动共同富裕的 2035 年远景目标取得明显实质性进展的关键五年。根据第七次全国人口普查结果，全国乡村人口占全国总人口的 36.11%，而在新疆全区常住人口中，居住在乡村的人口为 1123.87 万人，占比 43.47%。[②] 可见新疆乡村人口总量依然十分庞大。没有农业农村的现代化就没有新疆的现代化，没有农村的和谐稳定，就没有新疆的和谐稳定。[③] 在新疆这样一个多民族、多宗教、多元文化并存，多种问题相互交织、复杂敏感的地区，农村基层干部队伍的角色更为关键。农村基层干部强则基层兴，基层兴则新疆兴。基层基础工作特别要在村一级用劲。完善农村基层干部队伍建设成长发展机制，把乡村人才振兴放在乡村振兴的重要位置，切实让人才下得来、留得住、干得好，为加快推进农业农村现代化提供坚实人才支撑。只有完善政策体系、工作体系、制度体系，以

---

① 《中共中央关于制定国民经济和社会发展第十四个五年规划和二〇三五年远景目标的建议》，中国政府网，2020 年 11 月 3 日，https：//www.gov.cn/zhengce/2020-11/03/content_5556991.htm。

② 《新疆维吾尔自治区第七次全国人口普查主要数据》，新疆维吾尔自治区统计局官网，2021 年 6 月 14 日，http：//tjj.xinjiang.gov.cn/tjj/tjgn/202106/4311411b68d343bbaa694e923c2c6be0.shtml。

③ 《新疆维吾尔自治区乡村振兴战略规划（2018—2022 年）》，天山网，2018 年 11 月 19 日，http：//news.ts.cn/system/2018/11/19/035469302.shtml。

更有力的举措汇聚更强大的力量，推动干部等各类人才资源向基层下沉，才能在新疆广袤的土地上绘出壮美的乡村振兴画卷。

一 新疆农村基层干部队伍建设总体进展与成效

（一）新疆农村基层干部队伍建设总体思路与实施方案

农村基层干部是党和政府联系农民群众的纽带，是党的理论、路线和方针政策在农村实施的直接执行者，这支队伍的素质在很大程度上决定了乡村振兴推进的质量。党中央历来高度重视"三农"领域人才队伍建设工作。2022年4月，习近平总书记在海南考察时指出，推动乡村全面振兴，关键靠人。要建设一支政治过硬、本领过硬、作风过硬的乡村振兴干部队伍，吸引包括致富带头人、返乡创业大学生、退役军人等在内的各类人才在乡村振兴中建功立业。站在全面建设社会主义现代化国家战略全局的高度，党的二十大对全面推进乡村振兴作出总体部署，集中人力投入、物力配置、财力保障，扎实推动乡村产业振兴、人才振兴、文化振兴、生态振兴、组织振兴。党的二十大报告指出，增强党组织政治功能和组织功能，坚持大抓基层的鲜明导向，把基层党组织建设成为有效实现党的领导的坚强战斗堡垒。[1] 2023年的中央一号文件从实施乡村振兴人才支持计划、高素质农民培育计划、发展面向乡村振兴的职业教育等诸多方面，对加强乡村人才队伍建设做出了具体安排。

新时代新疆工作的总目标对干部队伍建设提出了新的要求，深刻认识和准确把握党中央和自治区党委关于加强干部队伍建设的总体和具体要求，对建强新疆干部队伍，实现新疆社会稳定和长治久安具有重要理论和现实意义。自治区党委始终把抓基层、打基础作为稳疆安疆的长远之策和固本之

---

[1] 《习近平：高举中国特色社会主义伟大旗帜为全面建设社会主义现代化国家而团结奋斗——在中国共产党第二十次全国代表大会上的报告》，共产党员网，2022年10月25日，https://www.12371.cn/2022/10/25/ARTI1666705047474465.shtml。

举，围绕基层党建工作目标要求精准发力，切实发挥基层党组织战斗堡垒作用，强化落实党的思想建设、组织建设、作风建设、反腐倡廉建设和制度建设各项工作部署，不断提升服务各族群众的能力。各级组织部门始终要把干部队伍建设摆在事关长治久安的特殊重要位置，树立选人用人正确导向，落实好新时代好干部标准和民族地区干部"四个特别"标准，选优配强各级领导班子，多渠道发现、识别、选拔优秀干部，突出选好配强地、县、乡党委书记和村（社区）党支部书记等"一把手"，不断加强实践锻炼和专业训练，切实提高能力素质，全力建设培养忠诚、廉洁、有担当的高素质各民族干部队伍，确保党的政策有效贯彻落实到基层，确保党在新疆的执政根基坚如磐石。

新疆坚持系统谋划，明确职责，高位推进。坚定不移贯彻落实新时代党的组织路线，完整准确贯彻新时代党的治疆方略，牢牢扭住社会稳定和长治久安总目标，带领天山南北9万余个基层党组织和广大党员干部，以党的政治建设为统领，对标对表党的二十大精神特别是对党的建设和组织工作作出的新部署新要求，认真研究贯彻落实的思路举措，着力铸造坚强的干部队伍、严密的基层组织体系、管用的群众工作机制，把党的二十大作出的重大决策部署付诸行动、见之于成效。印发《关于推进"访惠聚"驻村工作常态化长效化制度化的意见》《自治区党委、自治区人民政府贯彻〈中共中央、国务院关于做好2023年全面推进乡村振兴重点工作的意见〉的实施意见》等文件，召开抓党建促乡村振兴暨驻村帮扶工作视频会议、"访惠聚"驻村工作会议等进行专题部署，明确责任、细化任务，推动各项工作落实落细。

新疆始终瞄准关键，提质增效，扎实推进。新疆始终坚持正确的用人导向，着力夯实基层基础，增强基层党组织政治功能和组织功能，打造一支坚强有力的基层干部队伍。坚持党建引领，全面加强基层组织建设，常态化排查整顿提升软弱涣散基层党组织，推动组织体系和工作力量直达基层，把抓基层打基础作为稳疆安疆的长远之策和固本之举，推动基层党组织实现全覆盖。持续健全干部工作体系、人才发展体系、组织体系和党员管理体系。选优配强以乡镇（街道）、村（社区）党组织书记为重点的基层工作力量，强化向重点村（社区）选派第一书记和工作队制度，坚持和发展新时代"枫桥经验""浦江经验"，健全完善联系服务群众工作机制，加强党员队伍建设，不断提升基层干部整体履职能力，确保党的政策有效贯彻落实到基层。

（二）新疆农村基层干部队伍建设的现状与成效

人才兴则乡村兴，全面推进乡村振兴，人才是关键。新疆通过健全"选拔、培育、管理、使用"全链条工作机制壮大村级后备力量，为推进乡村振兴发展提供有力人才支撑。

1. 选拔层面

村"两委"班子是乡村振兴战略实施中的重要组织，是实施乡村振兴战略的"领头雁"。新疆全面落实村干部县级联审和村党组织书记县级党委备案管理制度，明确"十个不提名"负面清单。按照新时代好干部标准和民族地区干部"四个特别"政治标准，参照村干部选拔相关要求，把年龄在18~45周岁以下的农村优秀青年选拔到村级后备力量中，每村储备4~6名，由农村包联村队领导、工作队员、村干部建立"一对一""多对一"结对帮带，提高后备力量素质和能力，做到备而能用，确保质量。一是通过选派外出学习、党委集中轮训、挂职锻炼、跨村任职等方式，注重将年轻村干部放到任务重、矛盾多、情况复杂的岗位上加强实践锻炼。二是常态化多种形式开展村干部岗位练兵，确保村干部都能用国家通用语言文字开展工作，通过练兵，每名村干部都能够胜任本职岗位。

新疆按照政治过硬、本领过硬、作风过硬和懂农业、爱农村、爱农民的要求，大力加强干部队伍建设，进一步优化政治生态，注重从熟悉村情、有一定农村工作经验的党员、村民代表中选拔，从素质较高的退伍回乡军人中选拔，从回乡的大中专毕业生中选拔，从乐于为民服务、志愿回乡创业的外出青年中选拔，从农村致富带头人、农民专业合作社负责人、种植养殖致富能手中选拔带动能力强的人员作为村"两委"干部选配对象，按照每村4至6名标准储备5.3万名后备力量。通过组织程序，及时将优秀人才充实进村级领导班子；通过换届，村"两委"班子实现民族、性别、人员结构"三个优化"和学历、年龄结构"一升一降"，优化了村级领导班子整体结构，提高了村级组织的执政能力。① 如库尔勒市按照政治素质好、服务能力强、群众口碑好的标准，每村常态化储备培养 4~6 名后备干部，安排 389 名乡镇领导班子成员等全覆盖进行联系帮带，按程序对工作不在状态、能力欠缺的村"两委"进行动态调整，打牢乡村振兴组织基础。② 霍城县各村按照储备村级后备力量标准，推选后备人选，建立村级后备力量人才库，目前已储备重点培养对象 397 人。同时实行"一人一档、一村一册、一乡一库"，掌握日常表现、工作实际等情况，及时对后备干部进行调整充实，不断加强动态培养管理。③

2.培育层面

建设一支政治过硬、积极作为、勇于创新的基层干部队伍，是新疆加强基层组织建设的重要举措。针对部分村领导班子软弱涣散且本村党员队伍中无合适人选的问题，从县直部门、乡镇机关中选派工作实绩突出、群众基础好的优秀干部到村担任党支部书记，帮助村党组织建班子、带队伍、谋发展。建立乡镇领导班子成员、老干部与年轻干部"一对一"帮带机制，形成乡镇领导干部领着干、以老带新教着干的联动培养模式，在言传身教中帮助年轻干部尽快成长。针对村干部本领恐慌、经验不足等问题，充分考虑村干部需要，按照"管用、有效"的原则，围绕基层党建、乡村振兴、法治建设、社会治理、经济发展等五类主题，精准设置培训课程。研究制定组织村党组织书记、村委会主任、妇联主席赴对口支援省市轮训，以及加强和改进村干部赴疆外学习考察的相关方案，指导督促地州市把中央要求、受援地所需和支援地所能紧密结合起来，提高培训针对性和实效性。

---

① 黄欢：《风展红旗 天山南北乡村兴——新疆抓党建促乡村振兴纪实》，《中国组织人事报》2022 年 10 月 11 日，第 1 版。

② 《新疆库尔勒市建强"三支队伍"夯实乡村振兴组织基础》，库尔勒党建网，2023 年 5 月 24 日，http://dj.xjkel.gov.cn/P/C/367506.htm。

③ 《霍城县：三举措建强队伍建设 筑牢基层组织堡垒》，昆仑网—新疆党建网，2023 年 5 月 31 日，https://www.xjkunlun.cn/qzgz/jcqzjs/nc/112794.htm。

新疆坚定不移夯实基层基础，坚持工作力量下沉，优化向重点乡村选派第一书记和工作队制度，把驻村工作队派下去，把当地干部培养起来。加强基层党组织建设，持续整顿软弱涣散基层党组织，有效提升基层管控能力和治理能力。自 2014 年以来，新疆连续开展"访惠聚"驻村工作，每年选派 7 万余名干部、组成 1 万多个工作队，进驻所有村和社区，帮带建强基层组织、推进强村富民、深入乡村治理、真心为民服务。[①] 坚持问题导向、抓住关键、聚焦重点，真正把党建资源、党建优势、党建活力转化为持续巩固拓展脱贫攻坚成果、有力有效推进乡村全面振兴的资源。为着力培养一支理论功底扎实、政策把握到位、实践能力强的基层干部队伍，新疆紧贴基层需要，组织干部到援疆省市的美丽乡村、生态文明、基层治理等各类国家级示范点和产业园区实地观摩、学习取经，邀请党校优秀讲师、重点院校教授、知名专家学者为基层干部开展系统专题辅导，打好政策理论基础；注重"书记讲给书记听"，邀请援疆省市优秀乡村书记现身说法、传经送宝，安排优秀干部、先进模范分享交流，重点讲问题、讲思路、讲对策，确保参训干部能理解、能运用。不断满足农民群众日益增长的美好生活需要，为切实做好脱贫攻坚和乡村振兴工作提供坚强政治和组织保证。

新疆加强培养培训，提升基层干部队伍整体素质。针对基层党政领导干部、新提任干部、年轻干部、新招录公务员等不同类别人才"量体裁衣"，设置 5 类 26 个专题培训课程，对重点领域、关键岗位开展"短精特"联合培训，分层分类精准定位，量身定制培训内容，全面提升培训科学性，确保专题培训质效。如伊犁州实施新时代基层干部主题培训行动计划，先后举办农村基层干部乡村振兴专题培训班、乡村文化振兴人才专题培训班、巩固拓展脱贫攻坚成果同乡村振兴有效衔接专题培训班等示范培训班 13 期、培训 1918 人次，实现州直 675 个行政村党组织书记乡村振兴专题培训全覆盖，州县乡村四级乡村振兴业务骨干理论素质得到有效提升。[②] 坚持发展需要什

---

① 《情满天山处处春　沿着习近平总书记的足迹之新疆篇》，《中国民族》2022 年第 7 期，第 18 页。

② 伊组轩：《新疆伊犁州：实施村书记优化提能行动》，中国组织人事新闻网，2022 年 7 月 14日，https：//www.zuzhirenshi.com/detailpage/475e6b73-3c77-4fde-8fa3-a9f21aa897f6。

么、干部缺少什么就培训什么，全区各地长期开展轮训班、专题班等各类形式培训工作，目前，村（社区）"两委"干部已实现受训全覆盖。根据《2018—2022年自治区干部教育培训规划》规定，每年安排200名左右乡镇（街道）党政正职、200名左右村（社区）党组织书记到自治区党委党校（行政学院）、新疆干部学院参加示范培训，实施南疆四地州基层干部培训计划等，培养守信念、讲奉献、有本领、重品行的高素质专业化基层干部队伍。新疆实施村（社区）干部能力素质提升培训行动计划，自治区每年举办乡镇党政正职、村级骨干示范培训班。截至2022年10月，带动各地全覆盖轮训基层干部299.3万人次，组织村党组织书记、村委会主任和妇联主席赴对口支援省市轮训126批次6506人，组织乡村党员干部专题学习50万余场次，指导各地开展村党组织书记乡村振兴"擂台比武"1500余场次。①

3. 管理层面

为进一步加强全县村级干部队伍建设，有效加强村干部教育管理，不断提升农村基层工作质量和水平，驻村工作队协助村队制定了严格的领导制度、会议制度、办事制度、请销假制度，进一步督促抓好党务村务财务公开、"一事一议"等制度的贯彻落实，发挥第一书记"一总六分"作用，着力打造一支政治过硬、结构合理、来源广泛、素质优良、管理规范的村级干部队伍，为推进抓党建促乡村振兴提供坚强组织保证。

实行考试、考评、考核综合验收的办法，精细化抓好村干部教育管理。结合干部日常表现及跨村挂职锻炼情况进行综合评定，按程序对工作不在状态、能力欠缺的村"两委"进行动态调整，对学习成果差、群众评议差的干部进行补训。如伊犁州精准制定8类23项评估参考标准，全面分析675个村党组织书记履职情况，采取本土村级储备年轻干部选拔一批、返乡大学生培养锻炼一批、州县乡优秀机关干部选派一批"三个一批"方式，优先从村干部、致富能手、退役军人和返乡大学生中选优配强村党组织书记131

① 黄欢、田蓉红、周静文：《新时代新征程新伟业 | 党旗红乡村兴　天山南北耕耘忙》，乡村干部报网，2022年12月16日，http://www.xcgbb.com/area/xj/202212/t20221216_7781285.shtml。

人，下派优秀机关干部 74 人，优化村党组织带头人队伍结构。① 深入开展乡村换届"回头看"，全面掌握新当选班子成员对党务、乡村振兴、基层治理等工作的熟知和落实情况，针对组织协调、群众工作、带动发展等能力进行专项调研考察，逐一研判调整优化配强乡村两级领导班子。全面推行村"两委"班子和村干部任期目标、年度目标责任管理制度，按照村提议、乡（镇）初审、县委组织部复核、乡（镇）村签约、公开承诺、广泛公示 6 个步骤，签订 5 年任期目标和年度目标任务书，并向农牧民群众公开承诺。探索建立领导班子和领导干部年度考核结果分析研判制度，将年度考核回访结果作为领导班子和领导干部日常考核重要内容，有效提升考核结果的准确性、客观性，把考核结果作为干部选拔任用、评先选优、问责追责的重要依据，不断强化考察考核结果在实践中的有效运用，全面激发干部担当作为新活力。

强化激励保障，加大关心关爱力度，确保基层队伍稳固。为进一步激励基层干部担当作为、干事创业，新疆维吾尔自治区坚持严管与厚爱结合、激励与约束并重，细化关心关爱干部政策措施，不断建立完善关心关爱机制，确保广大基层干部下得去、留得住、干得实，为乡村振兴聚合力、添动力。如新疆塔城市严格落实职级职数向基层一线倾斜的要求，明确县乡机关分开核定、分级使用等政策措施，让基层公务员充分享受改革红利，2023 年以来基层公务员晋升职级 46 人次。提高乡镇公务员年底考核评优比例，2022年为 7 个乡镇分别统筹增加 1 名评优职数。严格落实乡镇公务员年度绩效工资高于市直单位同职级人员 20% 的规定，及时兑现乡镇干部工资福利待遇，增强乡镇工作吸引力。② 在逢进必审的基础上，由组织部门与乡镇党委每半年对村干部政治素质、实绩能力等全覆盖联审，坚决把不符合条件的村干部清除出队伍。如新疆霍城县分类健全村干部档案，县委组织部建立村"两

---

① 伊组轩：《新疆伊犁州：实施村书记优化提能行动》，中国组织人事新闻网，2022 年 7 月 14日，https：//www.zuzhirenshi.com/detailpage/475e6b73-3c77-4fde-8fa3-a9f21aa897f6。

② 孙雪晶：《加强基层公务员队伍建设 助力乡村振兴》，中新网·新疆，2023 年 8 月 23 日，http：//www.xj.chinanews.com.cn/dizhou/2023-08-23/detail-ihcsmwis8507922.shtml。

委"正职档案，同步电子档案信息台账；乡镇党委建立"一人一册"村干部档案，为村干部考核评优、教育管理提供客观依据。围绕规范职责任务、日常管理、考核激励三项内容，细化制定5类36项村干部履职清单，实现用制度管人、按制度办事，强化村干部待遇保障，将村干部平均报酬提升至4800元，为314名村干部缴纳"五险"，足额保障机关下派村党支部书记补助，落实健康体检、医疗保险、节日慰问等配套措施，解决村干部后顾之忧。[1] 通过构建全方位、多维度、立体式的干部关心关爱体系，让党员、干部充满激情地干事创业，让干部心无旁骛、履职尽责。

4. 使用层面

新疆树立鲜明用人导向，大力选拔政治过硬、业务精通、勇于担当、敢于斗争、作风优良、清正廉洁的干部，选优配强各级领导班子特别是地县乡党政"一把手"，全面提高新疆各级领导班子和干部队伍建设质量。注重发挥人才的智力支撑作用，坚持新时代好干部标准和民族地区干部"四个特别"标准，把维护祖国统一、反对民族分裂的思想认识和实际表现放在首位，把干部担当作为选拔任用的重要标尺。着力夯实基层基础，搭建党员发挥作用的有效平台，增强基层党组织政治功能和组织功能。加强组织领导和统筹协调，发挥乡镇党委"龙头"作用和农村基层党组织战斗堡垒作用，用好驻村第一书记和工作队力量。

新疆着力打造忠诚、廉洁、有担当、适应现代化建设需要的高素质各民族干部队伍。加强新疆干部队伍政治建设、教育培训、能力提升、结构优化以及夯实基层基础等工作，为完整准确全面贯彻新时代党的治疆方略提供了坚强组织保障。如阿克苏地区鼓励引导人才向基层一线流动，畅通人才智力、技术、服务"上山下乡"通道，109名地区骨干人才进驻乡镇，1284名县（市）技术员担任村科技特派员，20名地区涉农"托峰英才"到村开

---

① 《霍城县：强化村干部队伍建设 持续为乡村振兴赋能》，昆仑网—新疆党建网，2023年7月29日，https://www.xjkunlun.gov.cn/xw/djdt/172685.htm。

展服务，联系培养基层"田秀才""土专家""农创客"870 余名。① 新疆焉
耆县着眼于班子配备目标，结合年终考核、民主评议、综合考察等结果，选
拔 35 名优秀年轻干部进入领导岗位，督促各级党组织增强梯次培养干部的
意识，提高年轻干部在班子配备中的比例，及时把培养成熟的年轻干部选拔
到科级领导岗位。2023 年先后提拔使用 40 人，其中提拔使用 35 岁以下年
轻干部 33 人，占提拔使用干部总数的 82.5%。②

新疆坚持目标导向、问题导向、效果导向，注重以学促干，学以致用。
新疆组织部门选派优秀村党组织书记、村委会主任到援疆省市挂职锻炼三个
月到半年左右，全过程参与当地基层党建、产业发展、乡村治理等工作，深
化交往交流交融，实现嵌入式发展。如巴音郭楞蒙古自治州选派 130 名乡村
干部到援疆省市挂职锻炼，制定专项管理办法，选派有潜力的干部到对口援
疆县市跟班学习锻炼，不仅是为了在历练中培养干部、考察干部，更是为了
在具体工作中提升干部队伍整体能力。③ 着眼把短期学习考察转变为长期稳
定帮扶，以赴外培训为契机，推动援受两地开展结对共建，全区 356 个乡
镇、1567 个村（社区）与对口支援省市乡村（社区）结成"援疆情·天山
松"友谊乡、友谊村。坚持以强带弱、共同发展，根据资源禀赋、产业基
础、历史文化特点等，促成产业帮扶对子 698 个，同时，聘请兴村治社导师
214 人，共同打造干部实训基地 122 个。④ 切实加强了村干部队伍建设，进
一步激发村干部干事创业活力，提升基层组织服务群众的能力。新疆制订实
施助力乡村振兴重点人才计划，坚持编制和人员向南疆基层倾斜，采取
"双向交流""三方选派""专项选聘"等特殊办法，推进优秀干部人才向

---

① 黄欢：《风展红旗 天山南北乡村兴——新疆抓党建促乡村振兴纪实》，《中国组织人事报》
2022 年 10 月 11 日，第 1 版。
② 杨辉：《新疆焉耆：加强年轻干部发现培养使用 助力高素质干部队伍建设》，新华网，
2023 年 6 月 12 日，http://www.xj.xinhuanet.com/zt/2023-06/12/c_1129688209.htm。
③ 《自治州选派乡镇（街道）党政班子成员赴对口援疆县市跟班学习锻炼行前动员培训会召
开》，巴音郭楞蒙古自治州人民政府网，2023 年 2 月 13 日，http://www.xjbz.gov.cn/xjbz/
jrbz/202302/02430cf2de45439f8e1d709e3c8a0dc0.shtml。
④ 谢令：《新疆：抓培训强本领 学以致用兴乡村》，乡村干部报网，2023 年 4 月 14 日，
http://www.xcgbb.com/rss/202304/t20230414_7901812.shtml。

基层特别是南疆基层聚集。紧贴基层需要，组织干部在美丽乡村、生态文明、基层治理等各类国家级示范点和产业园区实地观摩、学习取经。同时，打破结对援助关系局限，在全国范围有针对性地选择与本地产业情况、资源禀赋、治理模式相匹配的其他省市示范点进行观摩学习。为巩固拓展学习培训成效，新疆各级组织部门开展"擂台比武"、座谈交流、专题分享等活动3623场次，以所见所闻、所思所想影响带动更多干部群众开拓奋进。依托周一升国旗、农牧民夜校等载体，组织学习考察返回的基层干部开展宣讲6.88万场次，实现"一人受训、全村受益、整体提升"的良好效果。①

二　新疆农村基层干部队伍建设存在的问题

新疆农村基层情况复杂、矛盾和问题突出，对干部能力素质提出了较高的要求，需要有一支政治过硬、能力过硬的高素质干部队伍。从新疆农村基层干部队伍现状来看，在村一级干部主要由村干部、"访惠聚"工作队和乡镇下沉干部构成。其中，"访惠聚"工作队和乡镇下沉干部是下派干部，具有流动性和不稳定性的特点，而且也是应对特殊情况的特殊政策。但是从目前来看，新疆农村基层干部的素质与乡村振兴现实要求存在较大差距，面临诸多困境。

（一）农村基层干部队伍数量明显不足

乡村振兴是一项伟大而艰巨的任务，是全党工作重中之重，只有动员全党、全社会的力量才能够实现。这是由乡村振兴的艰巨性和复杂性决定的。当前农村基层干部队伍还存在无法独立完成当前急剧增加的村级政务的情况，从目前村一级基层治理面临的任务来看，总体上涉及党建、综治维稳、群众工作、经济发展、社会事务等五大类，不同地区具体工作任务略有不

---

① 谢令：《新疆：抓培训强本领　学以致用兴乡村》，乡村干部报网，2023年4月14日，http://www.xcgbb.com/rss/202304/t20230414_ 7901812.shtml。

同，但按照目前村干部的配备指数，单纯依靠村干部力量是难以完成的。如伊犁州从 2018 年开始探索基层"一支部五中心"建设，在村一级建立党建、综治维稳、群众工作、经济发展（扶贫帮困）、社会事务五大中心，共计 60 项工作任务；除 60 项工作任务外，还有大门口 24 小时值班任务、入户走访、各种报表、数字统计等，仅靠村干部力量是很难完成的。因为有"访惠聚"工作队和乡镇下沉干部注入村级力量，特别是"访惠聚"工作队队员能力素质各方面大都优于村干部，也造成了村干部对"访惠聚"工作队的依赖程度加深。

（二）农村基层干部队伍结构不合理

近年来新疆加大了干部队伍建设的力度，基层干部队伍的能力、素质都有了大幅度的提升，特别是南疆，村干部队伍结构有了明显改善，但是在干部队伍结构上还有很多不合理的地方。村干部和党员由于自身综合素质不高，且未经过系统的教育培训，无力担当"领头雁"角色，在以支部引领全村发展上能力略显不足。从村干部队伍的学历层次来看，村干部队伍中初中及以下学历的比例还比较高。如和田地区恰尔巴格乡的村"两委"班子中大专及以上学历的占 20.1%，中专和高中学历的 96 人，占 33.3%，初中及以下 134 人，占比 46.5%。伊犁州村干部队伍中少数民族干部比例达到77%，有 1497 名干部不能使用国家通用语言和文字，占到总数的 26.8%，南疆的比例更高。多数农村基层干部没有受过系统的高等教育，知识结构单一，文化基础薄弱，法治意识相对较差，认知水平和观念转换速度较慢。这些干部往往在对政策的理解和把握、汉语的书写和表达以及计算机操作等方面能力较弱。而复合型、能带领群众致富的人才较少，特别是懂技术、会管理的专业人才更是缺乏。在面对复杂的农村事务时他们往往无法做到科学决策和精准管理。有的基层干部法纪意识淡薄，对党纪国法、规章制度缺乏敬畏之心，不负责任、不守纪律，在执法中根据个人利益甚至主观好恶进行执法的现象突出，"人治"和特权思想表现还很严重。这些不但不能适应乡村振兴需求，而且影响着干部队伍的整体素质和工作效能。

（三）农村基层干部队伍后继乏人问题突出

从全区范围看，村级组织"人难选、选人难"的问题具有一定的普遍性。由于当前村干部队伍工作压力大、待遇不高，本村的退役军人、致富能手大多数不愿意担任党支部书记，优秀的村党支部书记后继乏人的问题非常突出。为了解决这个问题，新疆采取了村党支部书记公职化、"三个一批"头雁培养工程等，来配强村党支部书记队伍。如喀什市共209个行政村，180个村党支部书记实现公职化，占支部书记总数的86%；泽普县95个村党支部书记由国家干部担任，占全县133个行政村党支部书记总数的71%。伊犁州实施了"三个一批"头雁培养工程，采取从"各级优秀机关干部中选派一批、本土村级储备年轻干部中选拔一批、返乡大学生中培养锻炼一批"的方式，各占三分之一，建设一支结构优、素质高、专业精的村（社区）党支部书记队伍。在伊犁州直村党支部书记队伍中，机关下派干部为350人，占总数的52.6%，优秀返乡大学生仅占11.4%，本土干部占36%，机关下派干部的比例远远超过了三分之一。但是，机关下派担任村党支部书记的时间一般都不会太长，返乡大学生、大学生村官大多数有参加公务员或者事业编考试的意向，优秀的村党支部书记后继乏人问题仍较突出。在访谈中，一位乡镇党委书记就指出："村干部难选，好干部更难选，有能力考学外出的本土大学生很少回家当村干部，人才流失已经成为乡村治理中最大的短板"。这导致在确定村级后备干部时，可供选择的范围小，缺乏年轻干部接班和接续。如何破解这一困境，是当前农村基层干部队伍建设的一大难题。

（四）选派国家干部到村任职作用未充分发挥

一些重点村多数为班子成员能力较弱、经济落后、村情复杂的后进村，要迅速打开工作局面，多为群众办实事好事，不仅要有工作热情，还要有开展基层工作的能力、办法和创新意识、自主发展意识，要有适应服务职能转变的能力。但一方面，在选派干部时，对人选的素质要求比较笼统，没有细化的条件标准，特别是在选派乡镇一级干部人选安排上，干部"质量"更容易打折扣。虽然组织部门对派驻第一书记的条件有规定，但各派出单位在实际选派时，第一书记的学历、年龄、性别、基层工作经验等方面存在较大差异性。受派出单位人员结构和干部配置等因素的影响，一些选派的第一书记创新意识、自主发展意识缺乏，适应服务职能转变的能力不强，致使群众工作开展困难，推进工作有心无力，第一书记的作用发挥不明显。另一方面，"访惠聚"工作队"传帮带"作用有待进一步加强。访谈中不少干部表示，"访惠聚"工作队带班子、带队伍的作用发挥得并不充分，工作队在一定程度上取代了村委会的工作，如果目前撤回"访惠聚"工作队，不少村队可能会陷入"瘫痪"状态。因此，从根本上讲，还是要加强村级力量，特别是村干部队伍本身的建设，把当地干部培养起来。另外，"访惠聚"工作队应统筹协调，让村"两委"、警务室、机关事业单位干部等各支力量共同参与基层治理的各项工作，但在实际运行中，还存在诸多运行不畅的问题，没有形成工作合力，存在疲于应付、打乱仗的现象。

（五）考核激励机制不健全

新疆干部特别南疆基层干部总体上工作任务非常繁重。从南疆某地区的问卷调查来看，每周能休息一天的仅占 4.4%，每个月休息 1~2 天的占 5.8%，常年无休的占 45.59%，休息时间不确定的占 44.21%。可以说，工作任务繁重、常年无法正常休息，是影响干部稳定性的重要因素。有关数据显示，55.95% 的农村基层干部年收入在 5 万元以下。基层干部年收入低，还要承担繁重的工作，导致农村基层工作的吸引力不大。高效激励需要以规范化考评为依据，但目前的考核机制存在一些弊端。比如村级管理不规范，没有具体的工作标准和权责分工，考核时群众参与度低，考核存在打人情分的情况，导致干好干差一个样，丧失奖惩功能。在这个过程中，督导检查机制的不完善和不健全，也导致基层工作出现一些问题，如一些督导组成员本身就是从不同部门抽调的干部，一些干部对基层工作本身也不熟悉，或者一些干部对政策和工作要求的理解和把握也不尽相同，在督导过程中，就出现了同一项工作，督导组不同，标准不同的问题，这是困扰基层最为突出的一个问题。

三 新疆农村基层干部队伍建设的趋势分析与对策建议

基层兴则新疆兴，基层稳则新疆稳。做好新疆工作，重点在基层，难点也在基层，因此需要坚强有力的基础工作和扎实有效的基层支撑与积累，要勇于正视和解决基层干部队伍建设中存在的突出问题，完整准确全面贯彻新时代党的治疆方略，明确工作思路，抓实重点任务，注重在制度规范上推进新疆农村基层干部队伍建设，突出政治性、时代性、原则性和战斗性。

（一）趋势分析

乡村振兴战略的实施已经成为新时代"三农"工作的总抓手，农村基层干部队伍建设水平直接影响乡村振兴战略实施的成效。因此，加强农村基层干部队伍的建设水平，打造一支懂农业、爱农村、爱农民、懂技术、善经营、会管理的农村基层干部队伍至关重要。

1. 从推进乡村治理体系和治理能力现代化目标来看

乡村治理是社会治理的基础和关键，是国家治理体系和治理能力现代化的重要组成部分。推进乡村治理体系和治理能力现代化体现了国家治理体系和治理能力现代化的价值取向，回答了基层治理重心下移过程中"乡村治理什么、如何治理"的问题。新时期，新疆推进乡村治理体系和治理能力现代化，就要紧紧围绕总目标，紧紧瞄准突出问题，紧紧依靠改革创新，遵循乡村社会发展规律，按照健全党委领导、政府负责、社会协同、公众参与、法治保障、科技支撑的现代乡村社会治理体制的要求，坚持以争取民心为出发点，树立系统治理、依法治理、综合治理、源头治理理念，切实增强推进基层治理体系和治理能力现代化建设的思想自觉、政治自觉和行动自觉，切实解决好影响长治久安的深层次矛盾问题，不断提升农村基层治理现代化水平，筑牢新疆社会稳定和长治久安的社会基础，夯实党在新疆的执政根基。

2. 从加强党的自身建设要求来看

加强农村基层党组织建设是实现组织振兴的重中之重。习近平总书记指出，办好农村的事情，实现乡村振兴，基层党组织必须坚强，党员队伍必须过硬。① 将农村基层党组织打造成为坚强有力的战斗堡垒，推动全面从严治党向基层延伸也是题中应有之义。正如习近平总书记强调的，做好新疆工作，要坚持工作力量下沉，党员、干部要深入基层、深入群众，组织体系和工作力量要直达基层，充实基层一线力量。探索健全以党的基层组织为领导、村民自治组织和村务监督组织为基础、以集体经济组织和农民合作组织为纽带、以其他经济社会组织为补充的村级组织体系，加强乡村治理制度建设，实现多方参与的有效途径，推进乡村治理创新和转型，建强基层党组织，实现基层党组织全覆盖，解决一些基层党组织软弱涣散问题。优化向重点乡村选派第一书记和工作队制度，把驻村工作队派下去，把当地干部培养起来。坚持和发展新时代"枫桥经验"，把准群众诉求，及时解决基层群众的困难和矛盾。②

3. 从推动新时代中国特色社会主义事业新发展来看

农村工作在党和国家事业全局中具有重要战略地位，是全党工作的重中之重。农村基层组织建设是否坚强有力、其组织力如何将直接影响党和国家路线、政策能否落实，关系中国特色社会主义事业"五位一体"总体布局在农村的贯彻、执行和推进是否有效，关系党在农村的执政基础和执政地位是否稳固。做好新疆工作关系全国大局，习近平总书记主持召开第二次、第三次中央新疆工作座谈会，从党和国家事业全局高度为新疆擘画蓝图、指引航向，强调全党要站在战略和全局的高度认识新疆工作的重要性。新疆完整准确全面贯彻新时代党的治疆方略，牢牢把握新疆在国家全

---

① 汪晓东、李翔、刘书文：《谱写农业农村改革发展新的华彩乐章——习近平总书记关于"三农"工作重要论述综述》，《人民日报》2021年9月23日，第1版。

② 《习近平在听取新疆维吾尔自治区党委和政府、新疆生产建设兵团工作汇报时强调：牢牢把握新疆在国家全局中的战略定位 在中国式现代化进程中更好建设美丽新疆》，中国政府网，2023年8月26日，https://www.gov.cn/yaowen/liebiao/202308/content_6900328.htm。

局中的战略定位，扭住工作总目标，贯彻落实新时代党的建设总要求和新时代党的组织路线，坚持和加强党对农村工作的全面领导，提高党的农村基层组织建设质量，为新时代乡村全面振兴提供坚强政治和组织保证。

4. 从全面推进乡村振兴战略任务来看

实现新疆社会稳定和高质量发展，把巩固拓展脱贫攻坚成果、推进乡村振兴作为发展的重要抓手，加大经济发展和民生改善工作力度显然离不开基层干部作用的有效发挥。新疆坚决贯彻落实习近平总书记关于"三农"工作的重要论述和重要指示精神，落实党中央、国务院关于乡村振兴战略的方针政策和决策部署，以乡村振兴统揽新时代"三农"工作，将乡村振兴纳入国民经济和社会发展规划及党委和政府重点工作统筹谋划部署，制定推动乡村振兴的政策措施、专项规划和年度任务并组织实施。落实各级党委和政府负责同志乡村振兴联系点制度。以乡村振兴统揽新时代"三农"工作，健全县域专业人才统筹和各类人才定期服务乡村制度，鼓励和引导各类人才投身乡村振兴，鼓励人才向艰苦地区和基层一线流动，推动乡村振兴各领域人才规模不断壮大、素质稳步提升、结构持续优化。加强"三农"干部培训、培养、选拔、管理和使用，打造一支政治过硬、适应新时代要求的"三农"干部队伍。

（二）对策建议

针对以上普遍存在的各类问题，通过区分长远性与短期性、区分轻重缓急，在总体思路、目标、要求以及一系列相关体制机制、政策支持、人才队伍建设等方面统筹安排、协同推进，通过不断解决问题、化解难题，通过坚持以党的政治建设为统领、加强干部的选拔培养、优化治理格局、完善制度保障机制，努力为乡村振兴锻造一支素质过硬、业务精通、作风优良的村干部队伍。

1. 坚持以党的政治建设为统领

第一，要以加强基层党组织建设为着力点，突出党建引领作用。在夯实脱贫攻坚成果的基础上，吸取驻村工作队的工作方法和宝贵经验，助推脱贫攻坚期的"以党建促脱贫"到过渡转型期的"以党建促衔接"，再到乡村振兴期的"以党建促振兴"的承接和转变，以突出政治功能、提升组织力为重点，大力加强基层党组织建设，加强乡村干部理论教育、素质教育和能力教育，提高干部德才素质和履职能力，做到政治过硬、责任过硬、能力过硬、作风过硬。通过建章立制，规范基层组织事务管理，充分发挥基层党组织的战斗堡垒作用和党员的先锋模范作用，持续发挥"党建+"优势。

第二，建强基层组织服务体系，要从解决作风上的突出问题入手。要创新活动方式，探索更加务实管用、灵活便捷、科学合理的党组织设置形式，发挥好党支部直接教育、管理、监督党员的作用。整顿软弱涣散村党组织，深化村民自治实践，加强村级权力有效监督。结合目前党在农村的中心工作，增强自我管理、自我教育、自我监督的意识，通过狠抓"三会一课""四议两公开""三务"公开等基本制度的落实，定期召开党员大会、村民代表大会，明确党员固定活动日，开展政策宣讲、党性教育、科技培训，组织党员座谈交流，推动党组织建设的传统优势与信息技术深度融合，落实到提高干部队伍素质、提高基层组织战斗力、提高新形势下群众工作能力上，落脚到做好改革发展稳定各项工作上。引导党员不断强化理论武装、提升党性修养，敢于同各种不良现象和错误思想做斗争，以此不断加强组织力和领导力。

第三，实现党的组织和党的工作对经济社会各领域全覆盖，消除空白点和盲区。大力推进基层组织建设覆盖，在有形覆盖的基础上推进党的组织和党的工作有效覆盖。以最大限度地凝心聚力为目标，建立有效的群众工作机制，构建党组织统一领导、各类组织积极协同、广大群众广泛参与的基层治理体系。准确把握基层党组织的功能定位，牢记政治责任，注重政治引领，扎实做好固本强基、凝聚人心的工作，使基层党组织有活力、党员起作用，把每个基层党组织都建设成为坚强战斗堡垒。只有建强以党组织为核心的严密的基层组织体系，党的各项决策部署才能真正落实到位，各项惠民政策才能真正让老百姓受益，广大群众才会感党恩、听党话、跟党走。

2. 加强干部的选拔培养

乡村振兴中既需要"特别能吃苦、特别能战斗、特别能担当、特别能奉献"的优秀干部继续发挥"带头人"和"突击队"的示范引领作用,更需要打破常规,拓宽用人渠道,创新干部选拔任用机制。

一是拓宽选拔用人渠道。坚持把选拔优秀年轻干部作为干部队伍建设最根本、最关键、最紧迫的战略任务。坚持本土培养和外部引进相结合,注重从本村致富能手、本乡本土大学毕业生、外出务工经商人员、农村"四老人员"子女、复员退役军人中择优选拔村干部,把那些具有高中以上文化程度、有一定思想文化素质和科学文化知识,并且懂市场经济、敢想敢干的青年村民、大中专毕业生、复转军人、致富能手吸纳为村级后备干部,把村民真正信得过、工作能力强、作风严谨、诚心实意为群众服务并且群众中有较高威望的干部作为选拔任用对象,按照具备一定的政策水平、品行高、素质好、能力强、为人正直、廉洁自律的标准多种渠道择优选配干部。

二是加强农村基层干部教育培训。强化教育与培训是提高农村基层干部整体素质最直接、最有效的手段。结合"两学一做"学习教育,利用远程教育平台开展基层党组织书记讲党课远程活动;将村"两委"正职纳入"农牧民夜校"基层讲师团,采取以教促学的方式进行夜校日常教学;积极鼓励支持符合条件的村干部参加学历继续教育,并有计划地组织村干部赴疆内其他基层进行参观学习,做到提升针对性强,突出结果导向;结合每周一次的升国旗仪式,要求每名村干部根据认领的宣讲课题进行宣讲,等等。按照"实际、实用、有实效"和"干什么学什么,缺什么补什么"原则,不断增强教育培训的实用性和有效性。实施"走出去"的培训方式,不断改进和丰富培训方式,达到增长见识、拓宽思路、助推发展的效果,提升农村基层党员干部服务群众、为群众办好事办实事的综合能力和工作水平。

三是强化下派干部业务知识能力培训。针对下派干部对农村基层情况不了解、农村工作经验薄弱的实际,依托自治区、地、县委党校培训平台,进一步加强对下派干部的培训、培养,将下派干部培训纳入农村基层干部主体培训班次,重点开展涉农、扶贫等政策和技能培训,加强"双语"、法律常识、农村管理等方面的集中专题培训。同时，落实"3+1"培养帮带机制，充分利用基层组织建设、思想宣传、维稳工作现场会、推进会等有利时机，为下派干部相互交流学习搭建平台，营造比学赶超的浓厚氛围，帮助下派干部尽快成长。

3. 优化治理格局

一是明确责任分工，促进干部履职尽责。按照站所办工作中涉及乡村振兴的工作要求，明确职责，细化分工，压实责任，利用干部下沉时机，帮助村级干部理清工作思路，全面发挥乡镇干部领航乡村振兴的作用。要合理细化分解村级工作与"访惠聚"工作队任务，明确责任分工。要始终注重把村"两委"作为实现巩固拓展脱贫攻坚成果同乡村振兴有效衔接的主要领导者和践行者，充分培养、调动村集体领导班子的主观能动性，激发村干部的工作积极性，增强村"两委"班子的制度意识、民主决策意识、责任意识、担当意识，提升班子凝聚力和战斗力，进一步提升治理水平。

二是完善"五级书记抓乡村振兴"责任体系。完善"五级书记抓乡村振兴"的体制机制，压实"三农"工作责任，强化统筹推进乡村振兴职责，特别是县委书记要当好"一线总指挥"。保持政策稳定，强化正向激励，引导广大干部担当作为，形成"下得去、留得住、干得好、流得动"的人才机制，进一步修订完善村级规章制度，规范村党支部、村委会、妇代会等村级组织的工作职责、工作标准、工作程序和台账记录等，及时对班子中作用发挥不明显的成员进行调整，不断优化村"两委"班子结构。求真务实、真抓实干，确保党中央决策部署落地见效。

三是优化选派第一书记和工作队工作。用活"访惠聚"驻村队伍，构建"访惠聚"驻村工作的长效机制。不断完善工作队的选派机制，明确"哪些地方派工作队、派什么样的工作队、队员的构成如何"等问题，优化"访惠聚"工作队队员的结构，实现优化组合，提高工作队整体的综合能力。要规范"访惠聚"工作队队员下沉的时间机制和"访惠聚"驻村工作的职能定位，充分发挥"访惠聚"带班子、带队伍的作用，压紧压实驻村工作队"传帮带"的责任。推动各项保障机制能够落到实处，确保各项工作制度常态常效，充分调动"访惠聚"工作队的积极性、主动性、创造性。切实增强基层实力、激发基层活力、提升基层战斗力，不断推动基层党组织全面进步、全面过硬，最大限度地争取群众，凝聚民心，最大限度地落实惠民政策，为民创富增收，最大限度地团结基层群众，维护社会稳定。

四是充分发挥网格化管理的优势。以村民小组、网格为单位划分责任区，加强网格化管理构建乡村治理神经网络，将长效管理的触角延伸下去，充分发挥网格化管理的优势，组成"村干部+村民小组长+专职网格员"的三级网格。依托地域分布，把党员全部调整划分到网格中，织就一张覆盖全村、遍及每户的基层服务网络。真正将网格化社会治理入心入脑；通过明晰百姓需求，有序推进，解决问题，深化全要素网格化，做好网格化社会治理工作，同时，通过完善"村民办事大厅"的运行机制及村级便民服务功能，提升乡村社会治理水平，打通宣传群众、教育群众、引导群众、服务群众的"最后一米"。

五是突出"三治"融合。坚持自治、法治、德治相融合，以自治消化矛盾、以法治定纷止争、以德治春风化雨，坚持整体论，把自治、法治、德治"三治"的关系做成乘数效应。培养群众的参与意识、提高群众的参与热情和参与能力，是提高社会治理现代化水平的关键。动员广大人民群众积极参与基层社会事务，使群众不再是社会事务的旁观者，而是利益相关者，鼓励和支持人民群众参与基层社会治理和政府决策，由此实现"民情在一线了解、矛盾在一线化解、政策在一线落实、情感在一线培养、干部在一线成长、作风在一线检验、民心在一线凝聚"，打造新时代新疆版"枫桥经验"。

4.完善制度保障机制

第一，建章立制，确保建立长效机制。结合工作实际，研究制定实施方案，公布村级事务规范化管理流程图，健全各项会议制度，实现以制度管"事"、以制度管"会"、以制度管"钱"、以制度管"公开"、以制度管"流程"，并且通过把经过实践检验、群众拥护的做法和经验固化下来、形成常态，深入用劲、不断坚持。从制度上保障村民参与村级事务管理和监督的权利，解决农村事务管理中存在的问题，促进村级事务管理行得通、管得住、落得实。通过建章立制，规范村级事务管理，形成用制度制权、理财、干事、选人的长效机制，不断规范基层公权力和村级事务的运行。

第二，优化完善激励保障机制。要完善经济保障机制，引导各类人才投身乡村振兴，要坚持工作力量下沉，党员、干部要深入基层、深入群众，组织体系和工作力量要直达基层，充实基层一线力量建强基层党组织，在不断壮大村级集体经济的基础上，相应提高村干部的经济待遇。要积极探索村干部规范化管理的新路子，建立健全工资、奖金分配机制，从县级财政拨款、乡镇财政补贴和村级集体收入等多方面进行保证。要建立政治保障机制，建议在今后公开招考录用乡镇公务员时，尽可能多安排一些名额给村干部，择优录用30岁以上40岁以下、高中以上学历、三年以上职历的优秀村干部。要大力宣传推介和表彰优秀村干部，把政治激励、精神激励和物质激励有机地结合起来，使村干部"经济上有甜头、政治上有奔头、工作上有劲头"，充分调动干部的积极性、主动性。

第三，建立健全干部考核机制。通过建立健全村干部考核机制以及村干部定期点评和激励机制，调动和激发党员干部的积极性和主动性。一要实行定期考核工作制度。始终坚持严格教育、严格管理、严格监督的原则，根据转变职能、领导方式和工作作风的总要求，制定村干部履行职责行为规范、个人经济和生活行为规范。通过日常工作考核，找出工作中存在的"短板"，围绕以制度管人、以制度成事、以制度促规范的原则，制定详细的工作考核细则，把村级重点工作分配充实到考核细则中，定期推进，定期督促，定期评价，并把考核结果与驻村干部工作实绩相挂钩，充分发挥考核"指挥棒"的作用。与此同时，以乡风文明、治理有效为目标，及时巩固和转化脱贫攻坚时期"移风易俗"和乡村治理方面形成的成果与经验。充分借鉴脱贫攻坚考核评价机制，建立有利于推动脱贫攻坚与乡村振兴有效衔接，促进乡村振兴战略顺利实施的科学考核评价体系，注重农民群众的切身感受和满意度、认可度，引进和强化第三方评估，将多方考核评价有机结合，切实加强考核评价结果的运用。

参考文献

哈丽云：《新形势下加强南疆农村基层党组织建设的思考》，《新疆社科论坛》2017年第 6 期。

罗浩：《善治视阈下农村基层党组织现代化治理能力提升探论》，《理论导刊》2022年第 3 期。

孙坤：《新时代加强南疆地区农村基层党组织建设研究》，硕士学位论文，喀什大学，2022。

滕玉成、臧文杰：《基层治理中党建引领力的构成及其提升路径——从基层组织能力视角分析》，《西北农林科技大学学报（社会科学版）》2022 年第 1 期。

王赛男：《基于治理现代化的基层干部治理能力评价与发展研究》，博士学位论文，山东大学，2020。

朱哲、姜广博：《推进农村基层党建工作的现实挑战及应对策略》，《理论探讨》2020 年第 3 期。

B.10
新疆非物质文化遗产赋能
乡村文化振兴发展报告

张 岩*

摘 要： 新疆的非物质文化遗产（以下简称"非遗"）在乡村文化振兴中扮演着重要的角色。开展新疆非遗传承、保护和开发工作不仅是"文化润疆"工程的重要体现，也是传承中华优秀传统文化的有效途径。随着新疆乡村振兴战略的深入推进，非遗的作用日益凸显，具有传承中华民族历史文化，彰显乡村文化记忆；丰富中华优秀传统文化，坚定乡村文化自信；推动区域高质量发展，凝聚乡村文化认同的重要意义。文章阐述了新疆非遗的结构、分布和传播现状，归纳了新疆非遗传承、保护和开发工作取得的主要成效，表现在：提高传承能力，增强传承后劲；践行"两创"理论，紧贴现代生活；服务经济社会，助力乡村发展；推动交融聚合，铸牢中华民族共同体意识；讲好新疆故事，深化交流合作。新疆非遗事业得到长足进步的同时，也面临新的挑战和议题，针对存在的问题，本文提出新疆非物质文化遗产赋能乡村文化振兴的创新路径，以期推动中华民族优秀传统文化的创造性转化与创新性发展，体现在：优化非遗空间结构，变资源优势为发展优势；挖掘非遗文化潜力，增强中华文化的影响力和创造力；提升非遗产业化路径，助力乡村特色文化产业发展；加大非遗传播力度，扩大传播范围和地域影响力。

---

* 张岩，新疆社会科学院农村发展研究所副研究员，研究方向为乡村治理。

关键词： 非物质文化遗产 乡村文化振兴 新疆

在推进中国式现代化的历史进程中，乡村文化振兴不仅是乡村振兴的重要基础，而且是传承中华优秀传统文化的有效途径。作为乡村文化建设的重要构成，非物质文化遗产的传承、保护与开发被赋予时代意蕴、绽放时代新韵。新疆是古丝绸之路多元文化荟萃的重要区域，独特的地域文化和民族文化孕育出新疆丰富的非物质文化遗产资源。在乡村文化振兴的过程中，如何有效地赋能这些非物质文化遗产，将在很大程度上决定新疆乡村文化振兴的成败。

一 新疆非物质文化遗产赋能乡村文化振兴的重要意义

中共中央办公厅、国务院办公厅印发的《关于进一步加强非物质文化遗产保护工作的意见》指出："非物质文化遗产是中华优秀传统文化的重要组成部分，是中华文明绵延传承的生动见证，是连结民族情感、维系国家统一的重要基础。保护好、传承好、利用好非物质文化遗产，对于延续历史文脉、坚定文化自信、推动文明交流互鉴、建设社会主义文化强国具有重要意义。"新疆非物质文化遗产是推动"文化润疆"工程实施、建设文化强区的重要财富，对其进行创造性转化和创新性发展，有利于赓续中华民族历史、丰富中华优秀传统文化、推动区域高质量发展、助力乡村全面振兴。

（一）新疆非物质文化遗产传承中华民族历史文化，彰显乡村文化记忆

作为世界上最古老的文明之一，中华文明绵延千年、赓续不断，它以顽强的生命力和变革的创造力延续华夏历史、凝聚民族意识，其中，新疆非物质文化是中华文明的重要组成部分，是乡村文化的重要方面。新疆非物质文化遗产散布于天山南北，在乡村地区分布广泛，无论是制作技艺、节庆民俗、歌舞艺术，还是民间文学、传统医药、体育运动等，都源自悠久的历史

传统，凝结着新疆各民族长期交往交流交融的文明成果，凸显着新疆各民族历史文化的地域性和传统性，承载着中华民族独特的价值观念和精神信仰。这种与新疆各民族生产、生活深度融合的活态文化被深深烙上了历史文化的印记，成为中华文明历史长河中一条绚烂夺目的彩带，展现出中华民族"根"的观念，在与社会发展同频共振中实现了中华民族历史的共情、彰显了乡村文化的记忆。可以说，新疆的非物质文化遗产是多个民族历史发展的生动见证，也是乡村文化建设的宝贵财富，它们成为连结民族情感、维系国家统一、铸牢中华民族共同体意识的重要基石。新疆积极推动乡村文化振兴，目标之一就是传承和弘扬中华优秀传统文化。而保护和传承非物质文化遗产恰好符合新疆乡村文化振兴的要求，在传统与历史中实现非遗的创造性转化和创新性发展，在转化与发展中赋能乡村文化振兴的现代化目标，由此呈现中华优秀传统文化绚丽的多样性特征。新疆非物质文化遗产与乡村文化振兴的文化互洽逻辑推动新疆乡村文化传统与现代的深度融合，实现新疆乡村历史文化的要素传承与价值重构。

（二）新疆非物质文化遗产丰富中华优秀传统文化，坚定乡村文化自信

传统文化是中华民族的血脉凝成，是人民群众思想观念产生和发展的精神家园。[①] 为了实现 2035 年文化强国的远景目标，保护和传承非物质文化遗产将扮演着不可替代的角色。这些独特的文化资源与中华优秀传统文化紧密相连，它们构筑起中华民族共同的精神家园和情感纽带，这是一项宝贵的精神遗产。近些年，新疆非物质文化遗产在历经蛰伏后逐步复苏并呈现快速发展态势，盘活了长期沉寂的乡村文化，积极嵌入和参与乡村文化建设，在可持续发展中不仅让非遗传承人、非遗从业者担负新的文化使命，还拓宽新疆乡村文化振兴的道路，致力建设中华民族现代文明，在塑造乡村崭新形象中坚定乡村文化自信、实现乡村文化自强，以本源之力丰富发展中华优秀传

---

① 宋才发：《传统文化是乡村振兴的根脉和基石》，《青海民族研究》2020 年第 4 期，第 37 页。

统文化。同时，新疆非物质文化遗产作为新疆各族儿女共创、共享的文化标识，其活态存在唤醒民族传统生活的具象，在向世人展现独特的艺术价值和审美情趣之时，更成为各族群众思想和心灵上的归宿和坚实依托，在寻根、怀旧中留住美丽乡愁。当下，新疆推动实施乡村文化全面振兴，非物质文化遗产保护和传承事业已在新疆乡村文化建设中有着无以替代的地位和价值，其多姿多彩的文化魅力充溢着中华民族的文化精髓，其雄浑的活力和影响力不断丰富乡村文化，奠定乡村文化基石。

（三）新疆非物质文化遗产推动区域高质量发展，凝聚乡村文化认同

文化作为上层建筑，对经济基础具有反作用，这意味着中华优秀传统文化对经济的可持续发展起着巨大的促进作用。面对我国乡村文化与经济趋向深度融合的时代背景，根植于乡村土壤的非物质文化遗产是我国重要的文化资源，在乡村振兴和经济发展中发挥着重要的引擎和推动作用。非物质文化遗产作为乡村优秀文化资源，经过传承与开发，转化为永不过时的"文化资本"，在市场机制的作用下实现文化资本化和经济资本化，达到乡村文化产业赋能乡村文化振兴的战略目标。近几年，新疆非物质文化遗产在乡村文化振兴战略的推动下，凭借独特的地域特色，努力进行创造性转化和创新性发展，特别是对具有经济价值的非遗技艺、传统医药等进行生产性保护，努力打造品牌化的乡村文化，取得了良好的经济效益，有力地推动新疆乡村文化产业崛起，实现乡村经济转型升级。实践证明，保护和传承新疆非物质文化遗产不仅为乡村文化产业注入精神活力，还为当地提供就业岗位，促进农牧民创业增收，有效带动乡村产业提质增效，促使经济文化良性互动，实现经济效益和社会效益统一。不仅如此，在经济的助推作用下，新疆非物质文化遗产将成为乡村共同富裕的重要变量，有助于不断满足广大农牧民对美好的物质生活和精神生活的需要，增强广大农牧民对乡村文化的认同感、获得感、幸福感，以凝聚乡村文化认同实现乡村文化全面振兴。

二 新疆非物质文化遗产的发展现状及其主要成效

（一）新疆非物质文化遗产的发展现状

新疆历史悠久，地域特色浓厚，文化遗产数目可观。为推动新疆"十四五"规划提出的"文化润疆"工程，有必要对新疆非遗的结构现状、分布现状及传播现状进行阐释，这将有助于更好地传承、保护和开发非物质文化遗产，实现资源共享与优势互补。

1. 新疆非遗的结构现状

新疆非遗项目种类繁多，按照国家级非遗名录"十大门类"① 的划分标准，新疆（含兵团）非遗涵盖了国家分类标准的全部类型。目前，新疆已健全和完善非物质文化遗产的世界级、国家级、自治区级、市级和县级五级名录体系建设工作制度。截至 2023 年上半年，全区有非遗代表性项目 5425 个，其中木卡姆艺术、玛纳斯史诗和麦西热甫等三个项目已被列入联合国教科文组织非物质文化遗产名录，94 个项目入选国家级非遗代表性项目名录，315 个项目入选自治区级非遗代表性项目名录。② 在十大国家级非遗代表性项目门类中，传统音乐 28 项，传统技艺 27 项（含兵团 2 项），民俗 22 项，民间文学 19 项，传统舞蹈 16 项，传统美术 10 项（含兵团 1 项），传统体育、游艺与杂技 9 项，传统医药 7 项，曲艺 5 项，传统戏剧 4 项（兵团特有）。根据 2021 年 6 月国务院公布的第五批国家级非物质文化遗产代表性项目名录，新疆（含兵团）有 14 个项目入围，占国家级非遗代表性项目的 9.4%，位居全国第 9。③ 新疆通过以传承人为核心的方式，不断加大对非遗

---

① 十大门类：民间文学，传统音乐，传统舞蹈，传统戏剧，曲艺，传统体育、游艺与杂技，传统美术，传统技艺，传统医药，民俗。

② 贾春霞：《非遗之活带动旅游之火》，天山网，2023 年 7 月 2 日，https://www.ts.cn/xwzx/jjxw/202307/t20230702_14425021.shtml。

③ 银璐：《新疆 14 个项目入选第五批国家级非遗名录》，天山网，2021 年 6 月 11 日，http://news.ts.cn/system/2021/06/11/036645066.shtml。

代表性传承人认定的支持力度。截至 2023 年上半年,全区有各级非遗代表性传承人 5920 人,其中,国家级代表性传承人 114 人(含兵团 2 人),自治区级传承人 548 人。[①] 全区已有 120 个自治区级非遗保护传承基地,6 个维吾尔木卡姆艺术传承中心,建成玛纳斯、刀郎麦西热甫、哈萨克族阿依特斯、锡伯族贝伦舞、新疆曲子、维吾尔族刺绣、塔塔尔族撒班节等 10 个非遗传承中心。[②] 新疆还相继建立了 130 多家非遗工坊,其中,库车大馕非遗工坊的"将幸福收入'馕'中"、墨玉县喀尔赛镇巴格其村乐器制作非遗工坊的"弹拨就业增收的美妙乐章"、阿克陶县柯尔克孜族刺绣非遗工坊的"'绣'出锦绣前景"入选全国非遗工坊典型案例。[③] "喀什民俗非遗主题游"被列入全国非物质文化遗产主题旅游线路,"新疆喀什:展示古城巴扎文化传承民族技艺"被选为全国非遗与旅游融合发展的优秀案例。此外,新疆评出 5 个自治区级"新疆非遗巴扎",分别位于吐鲁番市葡萄沟景区、新疆国际大巴扎、喀什古城景区、喀赞其民俗旅游区和和田团城民俗旅游区,这些巴扎成为推动新疆非物质文化遗产生产性保护的重要平台。新疆还依托区内外高校举办全区非遗传承人研培班。不难发现,新疆的非遗在保护和开发过程中,采取了一种全面的创新模式,包括非遗项目、传承人、保护传承基地、教育普及基地、展示传播基地、非遗特色景区景点以及研究培训基地等各个方面,这种模式极大地提高了非遗管理和保护的水平。

2. 新疆非遗的分布现状

首先,从新疆 14 个地州市分布状况来看,非遗在北疆(天山北坡区和西北部区)、南疆(西南部区和东北部区)和东疆的分布数量与当地的自然

---

① 《天山南北非遗绽放时代新韵》,新华网,2023 年 6 月 10 日,http://www.xj.xinhuanet.com/20230610/535034ad059640daa20d68185a3c3ee3/c.html。

② 《记录·传承·创新——新疆非遗中的青春之力》,新华网,2023 年 5 月 26 日,http://xj.xinhuanet.com/20230526/d804e9bec8334126b3c5d76d51f119de/c.html;银璐:《写在第十八个文化和自然遗产日到来之际:天山南北非遗绽放时代新韵》,中国新闻网·新疆,2023 年 6 月 9 日,http://www.xj.chinanews.com.cn/dizhou/2023-06-09/detail-ihcqcizu2002898.shtml。

③ 《天山南北非遗绽放时代新韵》,新华网,2023 年 6 月 10 日,http://www.xj.xinhuanet.com/20230610/535034ad059640daa20d68185a3c3ee3/c.html。

条件、文化资源、产业结构、多民族聚居等因素关系密切。具体来说，伊犁哈萨克自治州、喀什地区、乌鲁木齐市、塔城地区和巴音郭楞蒙古自治州是非遗项目分布最密集的区域，国家级非遗项目数量均超过 10 项，占新疆国家级非遗项目总数的 60.9%，自治区级非遗项目占总体的 57.4%。[①] 非遗项目数量最少的是博尔塔拉蒙古自治州和克拉玛依市，国家级非遗项目分别有 3 项和 1 项，自治区级非遗项目分别有 7 项和 2 项。[②] 总体来看，北疆西北部以伊犁哈萨克自治州为重点进行延伸，其非遗项目数量居全区首位，占比超过 30%；其次为南疆西南区的喀什地区和和田地区，以及东北区的巴音郭楞蒙古自治州和阿克苏地区，约占总量的 50%；再次为东疆和天山北坡区域，分布数量最少。

其次，从非遗项目的空间分布来看，在新疆国家级非物质文化遗产项目中，传统音乐、传统技艺和民俗位居前三，约占总量的 50%，主要分布在伊犁哈萨克自治州、喀什地区、阿克苏地区及塔城地区等地，这说明新疆少数民族有着爱好音乐和手工技艺的传统。相比而言，传统医药、曲艺和传统戏剧等非遗类型分布较少，这反映了新疆地形地貌的自然环境制约植被生长，导致医药业发展平平；曲艺、传统戏剧等艺术类非遗项目不是新疆的主要艺术表现形式。新疆维吾尔自治区级非遗项目的空间分布与国家级非遗项目的分布特征呈现类似状态。目前，自治区级非遗项目中传统体育、游艺与杂技的发展后劲十足，有望向国家级非遗项目晋升。

3. 新疆非遗的传播现状

首先，从传统意义的传播方式看，新疆主要依托各类展馆、非遗保护传承教育基地、重大节庆旅游活动、理论书籍等载体，增强传播力和影响力。具体来说，在各类展馆中，新疆非物质文化遗产馆将成为集中展现新疆非遗

---

① 康雷等：《新疆非物质文化遗产的空间分布及其影响因素》，《中国沙漠》2022 年第 1 期，第 158~166 页。

② 康雷等：《新疆非物质文化遗产的空间分布及其影响因素》，《中国沙漠》2022 年第 1 期，第 158~166 页。

的重要平台，这一全区综合性非遗展馆功能齐全，演绎形式多样，是传播实践中的一大亮点。新疆各类非遗教育基地比如文化生态保护实验区、生产性保护示范基地等既保护了文化生态的生存空间，为传播原生态非遗做出长远规划，又为培养后继人才、传播培育技艺发挥积极作用。像哈密传统工艺工作站作为全国首个传统工艺工作站，在传播传统工艺方面起到了很好的示范引领作用。新疆各地文化节庆活动以及应邀参加区外省市举办的非遗活动，有效提升新疆传统文化艺术的影响力。比如，2023 年 7 月，新疆江格尔文化旅游节的开幕，提升了江格尔传播活力值。新疆非遗在理论传播方面主要是高校及科研机构申报的非遗课题、出版的理论书籍、举办的学术会议、开展的学术交流、发表的理论文章等，这对新疆非物质文化遗产深层次的保护和研究、推进创造性转化和创新性发展提供了理论指导和借鉴依据。

其次，从新媒体的传播方式看，新疆非物质文化遗产逐步利用互联网技术和新媒体平台，增强新疆非遗的曝光度和传播力。一是借助专业网站，如新疆文化网、新疆文化发展研究中心网、新疆非物质文化遗产研究中心网等，网站的主办单位基本上是新疆高校、政府和文化机构。二是借助数字化平台、"两微一端"以及抖音、快手等为非遗项目的宣传"插上了翅膀"。比如"2022'新疆是个好地方'对口援疆 19 省市非物质文化遗产展"利用新媒体牢牢把握舆论导向，营造了浓厚的宣传氛围。在展前，联合 33 家区内媒体联动开展预热宣传，协助石榴云、新疆网等媒体访谈了 35 人，联合网红文旅局长拍摄非遗短视频、非遗传承人说非遗短视频45 条，总传播量达 3056 万人次；在展中，先后有 486 家区内外主流媒体单位，累计宣传报道信息 8651 条，全网观看量达 2.75 亿人次，评论 7400余万次。同时注重海外宣传，邀请海外华文媒体、涉侨中央媒体 17 家参观非遗展，联合 CGTN、人民网、中新社等主流媒体做好海外传播，CGTN全平台发布"2022'新疆是个好地方'对口援疆 19 省市非物质文化遗产展"，累计获得全球阅读量 116 万人次，独立用户访问量 105 万人次，互动 3520 次，视频观看量 17.1 万人次。通过中外文化交流中心 68 个海外平台发布非遗展开幕式，在海外社交媒体平台传播系列非遗展内容，得到了海外网友关注。①

（二）新疆非物质文化遗产传承、保护和开发的主要成效

党的十八大以来，党中央站在实现中华民族伟大复兴中国梦的全局和战略高度，对非物质文化遗产传承、保护和开发工作做出一系列重大决策部署。借此契机，新疆非物质文化遗产发展事业呈现前所未有的良好局面，非遗理念深入人心，非遗价值进一步彰显，非遗传承、保护和开发工作成效显著。

1. 提高传承能力，增强传承后劲

习近平总书记曾在赤峰市调研时强调，要重视少数民族文化保护和传承，支持和扶持《格萨（斯）尔》等非物质文化遗产，培养好传承人，一代一代接下来、传下去。② 作为非遗的重要承载者和传递者，民间艺人特别是代表性传承人掌握着非遗的丰富知识和精湛技艺。为做好非遗的保护和传承工作，新疆坚持以人为本，持续推进非遗传承人挖掘和培育工作，选送传承人到区内外高校参加专项培训，进行观摩学习，增加同行之间的交流互鉴，提高传统工艺制作水平，帮助传承人提高实践能力。同时，拓展非遗保护传承的手段和方法，通过专项资金补助、提供传承场所等方式，鼓励传承人收徒传艺，扩大非遗传承人才队伍，强化传承责任担当，自觉履行传承义务，在展示展演活动中提升公众非遗保护意识和社会传播力度。不仅如此，新疆的刺绣、皮雕等非遗传承人注重在产品设计上添加现代生活元素，满足年轻人的兴趣爱好，在网络平台上收获数万活跃粉丝，学艺的年轻人越来越多。可以说，新疆不断激发非遗传承发展的内生动力，帮助传承人群强基

---

① 《弘扬中华优秀传统文化　营造非遗传承保护氛围——2022"新疆是个好地方"对口援疆 19 省市非物质文化遗产展宣传工作综述》，新疆维吾尔自治区文化和旅游厅官网，2022 年 8 月 25 日，http：//wlt. xinjiang. gov. cn/wlt/hydt/202208/292ee253f0e246d88a2685107ea6e625. shtml。

② 《加大投入、培育传承…… 他们这样保护非遗》，中青在线，2019 年 7 月 20 日，http：// news. cyol. com/content/2019-07/20/content_ 18077857. htm。

础、拓眼界、增学养，非遗传承能力显著提高，传承后劲持续增强。

2.践行"两创"理论，紧贴现代生活

习近平总书记大力倡导弘扬中华优秀传统文化，提出要推动其创造性转化、创新性发展。"两创"是继"双百""二为"方针之后，中国共产党领导中国特色社会主义思想文化建设的重大理论飞跃。在"两创"理论指导下，从麦西热甫到木卡姆、从黑走马到萨吾尔登、从刺绣到服饰……新疆越来越多的非物质文化遗产不再被束之高阁，而是从田野街巷中走出来，在见人见物见生活中活起来，在大江南北潮起来，成为一种融入现代生活的时尚，这是践行中华优秀传统文化创造性转化、创新性发展的生动写照。如今，新疆传统非遗不仅在提升制作工艺方面实现与现代设计、当代艺术之间的多元融合，还在展示陈列、交流体验中运用现代化技术手段，全方位、立体化、多视角演绎非物质文化遗产，让人们在体感互交中可感可知、了解非遗全貌和内涵。特别是即将完工的新疆非物质文化遗产馆，将成为集中展现中华优秀传统文化的重要场所、中华文化向西方传播的重要窗口，这一重要平台促使传统非遗更加亲近和融入现代生活，丰富人们的精神文化世界，满足多元化服务需求。

3.服务经济社会，助力乡村发展

在乡村，非遗之花尽绽放，致富之路在脚下。近两年，新疆各地积极探索将非遗融入乡村振兴整体规划之中，以非遗工坊为主要推动力，加强政策支持、创新营销策略、提升技术水平、打造优质品牌，旨在促进乡村产业融合升级，不断提高非遗优质产品的市场竞争力，传统非遗使"指尖技艺"转变成"指尖经济"，成为拓展农村就业渠道、带动农民持续增收、助推乡村高质量发展的新动能。为助力乡村发展，新疆各级非遗部门组织传统工艺、音乐、戏剧、舞蹈等传承项目进景区、进历史文化街区，现场展演展销传艺。喀什地区、阿勒泰地区、吐鲁番市的旅游景区还举办非遗购物节、非遗集市。新疆打造的"非遗+旅游""非遗+文创"等新模式将非遗文化渗透到吃、住、行、游、购、娱等旅游全要素之中，备受游客青睐，极大地促进了非遗与旅游业不断融合发展。可以说，新疆正在积极推动非物质文化遗产与乡村振兴战略相结合，充分发挥非遗在乡村振兴中的独特作用，全面推动乡村文化、产业和人才的共同发展，为乡村经济社会发展注入新的活力。

4. 推动交融聚合，铸牢中华民族共同体意识

"文化认同是民族团结的根脉，中华优秀传统文化就是中华民族最稳定的精神基因。"[1] 作为中华优秀传统文化的典型，新疆丰富的非物质文化资源是中华优秀传统文化生命力和创造力的重要表现形式，生动展现了新疆各民族在交往交流交融中的生活经验、情感表达和文化认同。近两年，新疆深入挖掘非遗蕴含的民族情感、传统美德、人文精神，为当地百姓生活和地方文化发展提供智慧和力量，用时代精神激发传统非遗新活力。在将文化遗产与社教研学相结合活动中，各族青少年对非遗兴趣浓厚、引起共鸣、增进认同，不断增进中华文化自信自强；在积极推广和传承非遗技艺的活动中，各族群众对中华传统文化有了更深入的了解、认同和热爱，使原本被认为是"深闺宝藏"的非物质文化遗产"飞入寻常百姓家"；在打造既有文化气息又有生活烟火气的非遗展览中，各族群众深切感受中华传统文化的厚重、领悟民族精神的力量，增强保护、传承非遗的责任感和使命感。可以说，在创新传承过程中新疆非遗已凝铸成各民族情感联结的纽带，成为构筑中华民族共有精神家园的文化血脉及力量源泉。

5. 讲好新疆故事，深化交流合作

新疆作为"一带一路"倡议的重要实施区域，肩负着与共建"一带一路"国家文化交流的重要责任。新疆特殊的区位优势和文化资源决定了新疆非物质文化遗产具有促进世界各民族交流交融的纽带价值，塑造文化新高地、旅游新名片的窗口价值，让文化润心铸魂，助力中国文化在世界舞台绽放光芒的文化价值。值得一提的是，近两年举办的"新疆是个好地方"对口援疆 19 省市非物质文化遗产展，主要以"非遗+展演""非遗+旅游"

---

① 习近平：《以铸牢中华民族共同体意识为主线　推动新时代党的民族工作高质量发展》，《人民日报》2021 年 8 月 29 日，第 1 版。

"非遗+文创""非遗+科技"等跨领域融合为展示内容,多层次、全方位、立体式讲好新疆故事、中国故事。同时,借助援疆省市举办全国和世界性文旅展会优势,推广新疆非遗产品,让新疆非遗在交流交融中发展。如今,在文化和旅游部的大力支持下,新疆秉承精益求精的工匠精神,积累文化保育经验,持续做好非遗项目的整理、保护、挖掘工作,让非遗"开口"讲述中华文化,以党媒联动、多语种播报和全媒体呈现方式,进一步扩大非遗影响力,让更多人了解新疆的非物质文化遗产,向世界展示一个真实美丽而又多姿多彩的新疆。

三 新疆非物质文化遗产赋能乡村文化振兴的主要问题

随着乡村文化振兴战略的推进,新疆非物质文化遗产的保护和传承迎来新的历史机遇,事业得到长足进步,对外知名度和影响力逐步提升。同时,也面临新的挑战和议题。

(一)非遗分布呈现不均衡的发展态势

通过对新疆非遗现状数据的分析,我们发现新疆国家级和自治区级非遗项目的分布呈现出明显的不平衡和不充分的发展状况。具体来说,一是从结构分布看,新疆维吾尔自治区级非遗项目较多,而国家级非遗项目较少。新疆国家级非遗项目形成6个密集区,即伊犁哈萨克自治州、乌鲁木齐市、喀什地区、塔城地区、巴音郭楞蒙古自治州及和田地区,密集区域占比不到全区面积的一半。二是从空间分布看,北疆西北部区和南疆西南部区的非遗项目较多。相比而言,哈密市、吐鲁番市、博尔塔拉蒙古自治州等地虽拥有深厚的文化底蕴,但对非物质文化遗产的挖掘力度还不够,急需加强保护和传承。三是从类型分布看,新疆非遗类型结构存在阶梯形的分布特点,第一梯队的传统音乐数量明显多于第三梯队的曲艺、传统戏剧。上述问题表明,新疆还有很多尚未被挖掘的乡村非遗项目,因开发力度不够,乡村非遗总体数量不足,呈现出不均衡状态。

（二）商业化冲击乡村非遗的本真底色

伴随非遗复兴，新疆独具特色的传统技艺类乡村非遗如新疆地毯、英吉沙小刀、艾德莱丝绸、民族花帽、手工刺绣等越来越商业化，在深度融合中打造了全新消费场景。然而，新疆乡村非遗项目在商业开发过程中仍然面临一些突出问题。具体来说，一是降低非遗文化的内涵价值。比如在商业化的推动下，一方面，因非遗文化产品的标准化使其失去独特性和鲜活性；另一方面，商业化追求的经济利益可能会忽视文化的本真价值，导致非遗产品变成了纯粹的商品，旅游者未能领略非遗要素的文化内涵，使非遗丧失了传承和创新的深远意义。二是缺乏对乡村非遗可持续发展的思考。目前，新疆非遗商业化开发随着旅游业的兴旺出现复苏趋势，而商业开发普遍缺乏长远目光和综合性规划，这种注重眼前利益的开发只会导致非遗的短期爆棚和短暂热度，无法实现可持续发展，非遗的文化内涵也就成了水中月、镜中花。

（三）乡村非遗产品缺乏深层次开发

目前，新疆乡村非物质文化遗产产品类型和结构逐渐多样化，然而文化衍生品相对较少，并且在对当地特色的提炼方面还存在不足，出现同质化产品的低水平竞争问题。就新疆民俗文化旅游资源来说，产品类型单一陈旧，开发层次较低，多为游览观光型旅游产品。比如首府周边的典型旅游产品"吐鲁番—天池—南山"观光线路，游客对吐鲁番的文化资源认知只能停留在交河故城、葡萄沟等传统景点，而对少数民族民俗文化未必能留下深刻印象，天池、南山旅游也不能很好地使游客了解新疆哈萨克牧民的生活方式和风土人情，体验感和认知感不足无法激发游客再次前往的动机，也就难以实现非遗传承与旅游业发展的双赢。再有，就新疆非遗产品来说，许多非遗产品的商业开发仍然由传统手工艺者或者民间组织承担，他们缺乏专业化的研发能力、市场营销能力和管理能力。当务之急是改变乡村非遗产品科技含量低、竞争能力弱的局面。

（四）乡村非遗新媒体传播方式有待改进

在新媒体时代，新疆乡村非物质文化遗产通过借助网站、社交媒体、短视频、电商等热门形式实现了跨越式的传播，然而仍然存在传播方式陈旧、传播内容缺乏创新、流于泛娱乐化、盈利模式粗放等问题。具体来说，就网站而言，新疆专门的非遗网站为数不多，且以教育机构、政府和文化机构为主导，网站以文字和图片为主，视觉效果单一，音视频和多媒体资料的储备及共享缺乏，传播效果不理想。"两微一端"具有操作简便、转发快的优势，是解决传播困境的方法之一，但整体发展不佳，关注群体多为年轻人，大多数受众群体兴趣不浓，点击率低，且宣传内容缺乏新意，更新频率低。短视频的迅速发展为非遗的传播提供了新的机遇，非遗MCN（多频道网络）机构也开始涌现，但这些传播方式的发展还不够成熟，需要进一步整合现有的视频资源和博主资源，挖掘潜在创新力，以提高传播效率。电商在宣传中不太注重乡村非遗的文化内涵介绍，表现出较强的功利性，盈利模式粗放简单。

四　新疆非物质文化遗产赋能乡村文化振兴的创新路径

（一）优化非遗空间结构，把乡村资源优势转变为发展优势

新疆非遗在空间分布上具有鲜明的南北差异，在结构分布上又有明显的集聚特征，充分了解非遗项目的空间、结构分布规律和特点，是构建和优化新疆乡村非遗开发模式，将资源优势转化为发展优势的前提和基础。依据新疆乡村非物质文化遗产呈北疆西北部区和南疆西南部区两中心区域的分布特征，在今后的开发过程中，可以加大自治区层面的资金投入力度，借助中心区域浓郁的乡村特色民族文化，推动建立非遗文化产业示范基地、文化产业园区，在充分发挥集聚优势的基础上辐射带动非遗项目集聚程度不高的区域，深挖乡村文化内核，推进周边区域非遗文化产业发展进程。同时，考虑

不同区域乡村非遗资源类型、数量、开发潜力、影响力各有差异，以及地区经济社会发展水平各不相同，今后要注重加强重点非遗项目与旅游资源的深度融合，以不同层次的开发模式满足不同受众群体，对还不能直接带来经济效益的非遗项目要加大开发力度，逐步实现从量到质的转变。简言之，优化新疆乡村非遗空间结构，既要考虑中心辐射带动周边，又要考虑不同区域有序开发，以非遗资源的集聚效应实现新疆乡村非遗整体性和系统性发展，变资源优势为发展优势。

（二）挖掘非遗文化潜力，增强乡村中华文化影响力和创造力

中华民族具有"一体多元"的文化优势，新疆少数民族非物质文化遗产作为一种特殊的文化符号，记录着新疆民族地区的文化记忆，肩负着新疆民族历史的文化传承。对此，依据中华优秀传统文化创造性转化和创新性发展的思路，在今后的开发过程中，新疆可以充分发挥非遗的当代价值，"有形""有感""有效"地推进乡村"文化润疆"工程，为中华民族共同体注入坚实的文化力量。具体说，乡村可以广泛依托技艺、节庆、仪式、表演及实物等"有形"方式和载体，利用主题文化的集聚效应和衍生效应，进行非遗的各种社会实践、文化表达、知识技能等展示活动，以各种"有形"的样态增进人们对非遗的认知和体验；乡村可以"根据当地实际建设非物质文化遗产专题馆，根据传习需要设立各级非物质文化遗产代表性项目传习所或传习点"，让非遗文化可视、可闻、可触，有效提升人们生产生活的参与感、获得感和幸福感；乡村要以社会主义核心价值观为引领，去除乡村非遗中隐含的糟粕观念，对其进行时代化升级，以非遗的感染力铸牢中华民族共同体意识的"有效"成果。简言之，新疆乡村非遗要更多地从中华优秀传统文化中汲取营养，充分挖掘和研究非遗背后蕴含的历史文化内涵，为建设中华民族现代文明贡献力量。

（三）探索非遗产业化路径，助力乡村特色文化产业发展

文化的存续和人的生产生活密切相关，乡村非遗作为一种文化存在，要

让它绽放活力必须融入人的生产生活之中。可见，产业化是新疆非遗传承发展的必由之路。对此，在今后的开发过程中，新疆要形成专属非遗的高品质、特色化、品牌化的相关产业链，将非遗活态传承打造成乡村文化名片。具体说，新疆要把非遗与旅游、教育深度融合，将非遗的文艺表演、文化旅游、研学旅游、制作工艺、文创产品等资源进行整合，对于有商业价值的项目、产品，政府及民间应给予大力支持，同时，在进入文化消费市场中，要保留原生态的美学价值与艺术感染力，突出新疆非遗的民俗文化特征，规避过度商业化对非遗原真性带来的负面效应。新疆要把非遗的文创产品变为具有创意的文旅品牌，吸纳更多的专业团队参与非遗文创的品牌建设，确保新疆文创产品拿得出手、走得出去，成为乡村文化市场的"香饽饽"。值得一提的是，打造新疆非遗产业化之路是一项长期性、系统性工作，短时间内还不能显著提振经济，需要发挥政府部门的主导作用，不断突出非遗在乡村文化建设中的重要作用，统筹好非遗的传承和创新发展工作。简言之，非遗是新疆乡村文化的重要载体，以创意手段唤醒"沉睡的艺术"，用创意理念找到发展的突破口，打造专属新疆非遗的文化创意产业，在带动乡村经济发展的同时，赋能乡村文化振兴战略，重塑乡村文化生态。

（四）加大非遗传播力度，扩大传播范围和地域影响力

目前，新疆乡村非遗的宣传报道有很大的提升空间，尤其是新媒体传播尚处在探索阶段。为呈现乡村独特的文化艺术价值，新疆需要打破传播瓶颈，实现跨时间、跨地域的资源共享与互动。为此，在今后的开发过程中，新疆首先要利用好数字化技术，建立新疆非遗文化数字化平台，特别是要基于虚拟现实技术平台，运用 VR、AR、MR 技术的巨大优势，全方位、立体式展示乡村的传统歌舞、手工技艺、饮食文化、民俗节日等艺术表演，通过虚拟现实技术实现体验者与表演者之间的有效互动，这种身临其境的直观感受能够使受众对"非遗"产生浓厚的兴趣，扩大传播面，增加影响力。除新媒体传播方式外，新疆还需要建立政府、学校、社会三位

一体的联动传播机制。政府层面，要做好传播的顶层设计，加大财政投入和监管力度；学校层面，要将非遗融入国民教育体系，使乡村非遗走入教材、深入课堂、植入心中；社会层面，要引导社会组织积极参与乡村非遗的传承与开发，为非遗传播创造良好的社会环境。简言之，新疆要利用好网上网下传播渠道，促进非遗呈现形式的当代性转化，不断扩大传播边界，提升社会影响力。

B.11
对口援疆助力巩固脱贫攻坚成果调研报告

加孜拉·阿布都马纳夫*

摘　要： 对口支援新疆是党中央、国务院从战略全局高度谋划新疆工作，集全党之智、举全国之力深入推进的重要工作。当前对口援疆在产业援疆、智力援疆、保障和改善民生、巩固各民族大团结、文化教育援疆等方面取得显著成效。对口援疆极大改善了受援地基础设施和群众生产生活条件，有力促进了新疆经济社会发展，进一步密切了新疆与援疆省市之间的沟通联系、交往交流，使新疆各族群众真切感受到祖国大家庭的温暖，进一步增强了"建设美丽新疆、共圆祖国梦想"的信心。对口援疆助力巩固脱贫攻坚成果的成效表现在推动产业发展、提升人才素质、改善民生和加强基础设施建设等方面。但仍存在整体规划需进一步加大统筹工作力度、项目匹配合理性有待提升、对可持续性项目的支持力度较低、智力援疆的传帮带作用较弱、文化交流程度不深等问题。对此，本报告提出应加强对口援疆政策的统筹规划、注重巩固提升以推动民生援疆取得新突破、加快构建以互利共赢为导向的经贸合作长效机制、注重现实需求以推动智力援疆取得新成效、注重交流互鉴以推动文化润疆等，进一步完善和优化对口援疆工作。

关键词： 对口援疆　脱贫攻坚　乡村振兴

---

* 加孜拉·阿布都马纳夫，新疆大学政治与公共管理学院讲师，研究方向为农业经济管理。

以习近平同志为核心的党中央高度重视对口援疆工作，对对口援疆工作作出一系列重要指示，为做好对口援疆工作指明了方向、提供了根本遵循。中央有关部门、各支援省市和中央企业，以高度的责任感和使命感，不断加大对口支援力度，不断提升对口支援成效，在推进新疆社会稳定和长治久安目标的实现上作出了重大的贡献，并为新疆未来高质量发展进行了长远谋划。对口援疆的丰硕成果是党的领导政治优势的彰显，是中国特色社会主义制度巨大优越性的充分展现。

巩固拓展脱贫攻坚成果是全面推进乡村振兴的底线任务。在新疆，巩固拓展脱贫攻坚成果同乡村振兴有效衔接的任务还比较重，而对口援疆在完成乡村产业振兴、人才振兴、文化振兴、生态振兴、组织振兴五大任务过程中发挥了重要的支撑作用。

一　对口援疆助力巩固脱贫攻坚成果的背景及意义

（一）党中央高度重视对口援疆工作

20 世纪 90 年代末，党中央为了加快新疆的发展，决定动员全国各地力量开展对口援疆工作，并以派干部到新疆支援建设为切入口，开展对口援疆工作。党的十八大以来，对口援疆翻开了新篇章，从资金、干部、管理等多个方面开展了新一轮对口援疆工作并逐渐推进，各支援省市各显其能，对新疆的经济建设、文化繁荣、教育提升、科技进步等方面都有较大的促进作用。第二次中央新疆工作座谈会以来，中央多次召开相关会议，明确对口援疆方向，强调实施对口援疆的重要性。19 个援疆省市及中央各有关单位认真贯彻落实党中央决策部署，深入贯彻落实第三次中央新疆工作座谈会和第九次全国对口支援新疆工作会议精神，完整准确贯彻新时代党的治疆方略，牢牢扭住新疆工作总目标，坚持顺应民意、保障民生、凝聚民心，坚持全面援疆、精准援疆、长期援疆，推动对口援疆政策不断发展，实践不断深入，新疆加强与援疆省市的协调配合，推动对口援疆工作任务落实落细，不断提升对口援疆综合效益，努力开创新时代新阶段对口援疆工作新局面。

2022年7月，习近平总书记在考察新疆时指出："全党都要站在战略和全局高度认识新疆工作的重要性，加大对口援疆工作力度，完善对口援疆工作机制，共同把新疆的工作做好。"

（二）中央及地方各级政府多领域、全方位支援新疆

2016~2020年，19个援疆省市累计投入援疆资金766.77亿元以上，实施援疆项目8540个，80%以上援疆资金投入民生领域和基层，实施了一大批重点民生项目，极大改善了受援地基础设施和群众生产生活条件。[①] 2021年，19个援疆省市安排援疆资金174.3亿元，实施援疆项目2217个。[②] 2022年，19个援疆省市共投入援疆资金172.9亿元，实施援疆项目2142个，极大改善了受援地基础设施和群众生产生活条件。[③] 2023年，在保障和改善民生方面，安排援疆资金60余亿元，推进一批惠民工程建设，各族群众生产生活条件显著改善。深化农村人居环境整治，推进农村改厕，生活垃圾、污水处理和示范村产业发展。打造乡村振兴示范村120余个，实施补齐农村短板弱项项目114个，完善水电路气、公共服务设施、庭院经济等配套设施。支持8个抵边村建设、0.39万人受益。在医疗援疆方面，新建改扩建地县两级医疗机构30余个，新建改扩建乡镇卫生院及社区卫生服务中心50余个，培训乡村医生0.84万人次，组织730余次巡诊义诊，受益群众614万人次。在教育援疆方面，新建改扩建各级各类学校，开展教师培训646批次、2.72万人次，提升受援地教育教学水平。

---

① 《2021年新疆维吾尔自治区政府工作报告》，新疆维吾尔自治区人民政府网，2021年2月8日，https：//www.xinjiang.gov.cn/xinjiang/xjzfgzbg/202102/0cb280d52c8c4a95b157f1ae93231214.shtml。

② 《2022年自治区政府工作报告》，新疆维吾尔自治区人民政府网，2022年2月7日，https：//www.xinjiang.gov.cn/xinjiang/xjzfgzbg/202202/454f514c7f88470c9fb9e0683194fa7b.shtml。

③ 《2023年自治区政府工作报告》，新疆维吾尔自治区人民政府网，2023年1月23日，https：//www.xinjiang.gov.cn/xinjiang/xjzfgzbg/202301/7cc6e53ea0da40beb436177ed60b2044.shtml。

（三）对口援疆对巩固拓展脱贫攻坚成果的意义

对口援疆对巩固拓展脱贫攻坚成果的意义表现在推动产业发展、提升教育水平、促进科技创新和加强基础设施建设等方面，通过援建和支持，打破发展障碍，实现可持续发展，巩固脱贫攻坚成果。第一，在推动产业发展方面，援疆省市通过参与当地产业发展，提供技术、管理和市场等支持，推动当地产业升级发展，不仅带动农民就业、促进增收，还提高当地的经济基础，进一步巩固脱贫攻坚成果。第二，在提升教育水平方面，对口援疆通过加强对教育资源投入，改善学校师资力量和教育硬件设施，推动教育质量提升，从而培养和提升当地的人才素质，进一步巩固脱贫攻坚成果。第三，在促进科技创新方面，对口援疆有助于引进新技术和创新理念，通过扶持科技创新和科技型企业发展，创造更多就业机会，提高创新创业能力，带动经济持续增长，从而巩固脱贫攻坚成果。第四，在加强基础设施建设方面，对口援疆可以帮助改善当地的基础设施建设，通过道路、水电、通信等方面的投入，缩小地区之间基础设施差距，改善生产、生活条件，为巩固拓展脱贫攻坚成果提供更好的保障。

二　对口援疆助力巩固脱贫攻坚成果的成效

（一）坚持聚焦经济高质量发展，在推进产业援疆上持续发力

新一轮对口援疆工作启动以来，特别是第三次中央新疆工作座谈会召开以来，在 19 个援疆省市、中央有关单位的支持帮助下，新疆特色优势产业不断发展壮大，现代化产业体系日益完善；一批新工业园区陆续建成并使用，带动产业实现联动升级；许多重要产业项目成功落地，投产见效，为新疆经济高质量发展打下坚实基础；丝绸之路经济带核心区优势充分发挥，"三山两盆"成为国内外大型企业、投资机构投资兴业的

热土。2022 年 9 月，在第七届中国—亚欧博览会上，招商引资项目签约总额 9600 多亿元，签约额比上届增长 2.57 倍；2023 年 8 月，在 2023（中国）亚欧商品贸易博览会上，新疆招商引资重点项目签约总额达 4932.12 亿元。[①]

第一，援疆各省市依托自身人才、资源、技术、市场等方面的优势，结合受援地实际，持续深入推进产业援疆，逐步形成"完善基础设施建设，打造大招商工作格局，深化企业落地服务，细化企业投资兴业政策，拓展产业消费市场"的产业援疆模式，大力支持特色农牧业、劳动密集型产业发展。例如，广东省第十批援疆工作共落实援疆资金 64.22 亿元，实施援疆项目 212 个，其中引进产业项目 406 个，协议投资额达 1775.9 亿元，新增就业人数 6.5 万人。[②] 广东省援疆扶持伽师新梅产业壮大发展就是其中一个成功的范例。据统计，伽师县新梅种植面积、新梅产量分别约占全国的 40% 和 60%。自 2017 年以来，广东省通过资金优势、招商优势的持续发力，在新梅产品品质提升、扩大国内外销售数量、不断更新产品种类、强化新梅产业补链延链强链等方面实现精准扶持。2021 年建成粤伽新梅产业园，产业园按照现代化标准配套了冷藏保鲜区、加工生产区、交易服务区等，目前产业园已经成为产学研一体、一二三产融合发展的现代化园。疏附县广东叶菜现代化农业种植示范基地，被称为粤港澳大湾区菜篮子基地，基地有 1400 余座温室大棚。基地的农产品通过航运 48 小时内就可送达广东，成为港澳大湾区民众餐桌上的美食。再如，江苏省对口支援克州，总投资 2.5 亿元的"新疆埃乐欣胡蒜加工"项目即将完工，预计年产值 1.5 亿元，提供 600 个就业岗位，帮助当地种植户每年增收 3 万至 5 万元。[③] 又如，浙江省湖州市依托柯坪县骆驼产业基础，出台产业扶持政策，探索形成"骆驼规模化养

---

① 魏永贵：《产业援疆务实推进》，天山网，2023 年 9 月 11 日，https：//www.ts.cn/xwzx/jjxw/202309/t20230911_15845964.shtml。

② 刘孟馨：《筑梦援疆路 厚植粤喀情——广东省第十批援疆工作纪实》，中国喀什网，2023 年 5 月 5 日，http：//www.zgkashi.com/c/2023-05-05/968285.shtml。

③ 《项目援疆奏响致富曲》，克孜勒苏柯尔克孜自治州人民政府网，2023 年 9 月 18 日，https：//www.xjkz.gov.cn/xjkz/c101647/202309/0bddfd45458f4216835528b1ed879848.shtml。

殖、产品专业化开发、文旅融合化发展、生态一体化保护"的协同发展模式，实现户均增收 5 万元，推进巩固拓展脱贫攻坚成果同乡村振兴有效衔接。①

第二，援疆省市聚焦重点产业招大引强、补链强链，搭建平台，促成好项目大项目落地。例如，湖南援疆工作队结合受援地资源禀赋优势，积极组织吐鲁番企业参加中国中部（湖南）农博会，2020 年、2022 年参会的吐鲁番企业共获得销售订单额逾 10 亿元，"红石榴·湘疆优品"四季礼盒获农博会金奖。② 再如，福建省充分利用"6·18"海创会、"9·8"投洽会等展会平台，实现招商引资项目落地 142 个，总投资 455.19 亿元，2022 年"5·18"海博会期间，在福建省举办昌吉州馕、畜牧、葡萄酒三大产业推介活动，实现合同销售 7.97 亿元，安排援疆资金 1115 万元，助力各受援县市打造电商平台、培训网络主播，提升当地特产线上营销能力。③ 又如，河北省多渠道销售受援地农副产品，在高碑店市建成新疆巴州农特产品展销中心，在全省各地建成新疆特色农产品销售店 28 家、销售专柜 191 个，并通过线上直销、线下推介等方式，构建起从巴州到河北、从产地到市场的直通销售网络。④

第三，中央各有关单位围绕新疆的涉农产业集群建设，加大了产业转型、生产能力提升、产业园建设等方面的支持帮扶力度，加快促进粮食、畜牧业等产业高质量发展。例如，农业农村部第十批援疆干部共参与协调引进项目 41 个、支持金额 143 亿元。在各方群策群力之下，新疆获批 3 个草原畜牧业转型升级和 2 个奶业生产能力提升整县推进项目，成功申报 6 个产业

① 陆斯超：《天山脚下，绘出更美的阿克苏》，浙江在线，2023 年 7 月 18 日，https://zjnews.zjol.com.cn/zjnews/202307/t20230718_25984311.shtml。

② 张璐：《我省对口援疆工作成效显著》，湖南省人民政府网，2023 年 6 月 15 日，http://www.hunan.gov.cn/hnszf/hnyw/zwdt/202306/t20230615_29375903.html。

③ 刘茜、黄荣亮：《春风送暖拂天山　同心逐梦壮庭州——福建省第八批对口援疆工作条例报道之一》，《昌吉日报（汉）》2023 年 4 月 10 日，第 6 版。

④ 王新文：《冀疆情深满天山——河北省第九批对口援疆工作综述》，《河北日报》2023 年 4 月 21 日，第 1 版。

集群、7 个产业园、20 个产业强镇项目等。① 近年来，国家粮食和物资储备局和 19 个对口援疆省市多层次推进产业援疆，援疆省市各类企业和社会组织积极到新疆投资兴业，累计吸引涉粮投资 45.5 亿元，有力促进了新疆粮油产业高质量发展。②

（二）围绕提高干部人才素质，在深化智力援疆上持续发力

各援疆省市和中央有关单位坚持把智力援疆作为援疆工作的重点，在人才培养培训、人才柔性引进、拓展"组团式"援疆领域等方面持续发力，切实加大当地干部人才队伍建设。

第一，第八次全国对口支援新疆工作会议以来，19 个援疆省市和中央有关单位以选好、用好援疆干部人才并充分发挥其积极性、创造性为重点，扎实推进智力援疆取得丰硕成果。各援疆省市和中央有关单位还常态化开展帮带提升工程，精准实施干部人才培养培训项目，通过"请进来""走出去"，培训新疆各类干部人才 200 多万人次，选派 3500 多名干部人才赴援疆省市挂职学习，开阔眼界、提升能力。③

第二，中央有关单位和各援疆省市通过采取顾问指导式、技术联姻式、项目合作式等多种多样的人才援助方式，为新疆维吾尔自治区柔性引进了社会经济高质量发展所需要的高层次人才、急需的紧缺人才共计 4.7 万余人，一定程度上缓解了新疆人才短缺的难题，为新疆改革稳定发展提供有力智力支持和人才保障。其中，医疗人才援疆是智力援疆的重要组成部分。援疆医疗人才充分发挥智力优势和支援方资源优势，以"7+1"受援医院为龙头组建纵向医联体，覆盖 61 个县市区、83 个乡镇、1185 个村（社区）。借助现

---

① 《书写新时代农业农村援疆新篇章——农业农村部第十批援疆干部工作综述》，新疆维吾尔自治区农业农村厅官网，2023 年 7 月 26 日，http：//nynct. xinjiang. gov. cn/xjnynct/c113576/202307/dd604a9aaa714d56a4a9bd7b163a42e4. shtml。
② 《对口援疆为新疆吸引涉粮投资 45.5 亿元》，新疆维吾尔自治区财政厅官网，2023 年 10 月 1 日，https：//czt. xinjiang. gov. cn/czt/nyy/202310/3eac693cef524f729d59a0bec69b2d20. shtml。
③ 张云梅：《智力援疆创新突破》，中国新疆网，2023 年 9 月 18 日，http：//www. chinaxinjiang. cn/2023/09/18/b415dc1d55c74f7fbdd82217680190ac. html。

代信息技术，推动"7+1"受援医院与94家支援医院、66个县级医院、299个乡镇卫生院组建远程医疗协作网，开展远程会诊5.2万人次，使优质援疆医疗资源进一步下沉。

第三，把"组团式"医疗援疆的成功经验向教育、疾控、妇幼、科技、农业、文化、考古、产业发展、园区管理等领域拓展。例如，2022年4月，新疆维吾尔自治区人民政府、浙江省人民政府联合印发《关于贯彻落实第八次全国对口支援新疆工作会议精神创新推进浙江省"1+X""组团式"对口支援新疆阿克苏地区和兵团第一师实施方案》，这是19个对口援疆省市中首个一揽子"组团式"援疆文件。[①] 浙江省通过深化特殊教育、职业教育等联盟化组团支援，以及整体提升教师素质的"领雁工程""青蓝计划"的实施，教育援疆成效显著。再如，福建省坚持优选优派、供需相适，按时完成137名专技人才中期轮换，分三批选派农业技术人才126人，分两批选派支教师331人，进疆开展支农服务、支教工作，农技人才深入基层调研指导2266人次，解决农牧渔业生产问题429个，撰写调研报告123篇，并支持昌吉回族自治州及对口县市举办家政服务、沙县小吃、手工艺品制作等职业技能培训和农村实用人才培训班132班次，累计培训1.1万余人次。[②]

（三）坚持以人民为中心的发展思想，在保障和改善民生上持续发力

中央有关单位及19个援疆省市，始终坚持以人民为中心的发展思想，坚持资金项目向民生倾斜、向基层倾斜、向重点地区倾斜，用心用情用力解决了一大批群众"急难愁盼"问题。

首先，各援疆省市接过巩固拓展脱贫攻坚成果同乡村振兴有效衔接的接

---

① 蓝邓骏：《实施"七大体系"教育援疆新模式》，《中国民族教育》2022年第10期，第24~27页。

② 热依达：《【对口援疆 潮涌天山】就业援疆有力有效》，中国新疆网，2023年9月21日，http://www.chinaxinjiang.cn/2023/09/21/eae54af03ea24ddf8cbdfba525d2ca32.html。

力棒，继续深挖项目潜力，提升帮扶能力，促进受援地群众就业，并让新疆各地的农牧民收入稳步提升，例如，上海市第十批对口支援新疆工作前方指挥部共投入援疆资金85.33亿元、推动333个援疆项目落地，干成了一批影响深远、带动明显、普惠群众的项目和工作。① 再如，天津援疆精心打造"和田优品"区域公共品牌及其推进"和田优品"品牌体系和机制建设，进一步突出市场导向，发挥市场机制作用，不断扩大和田地区特色农产品和文化旅游消费，推动更多更好产品走出新疆。天津援疆干部把天津食品集团引进来，打造肉羊产业全链条项目，通过消费援疆，和田羊已经带动2万多户脱贫户增收、156个村集体致富，帮助1000余人就近就地就业。②

其次，各援疆省市加强受援地城乡教育、公共卫生、基本医疗、文化体育等领域基本公共服务能力建设，以及住房等基础设施建设，增进民生福祉。例如，辽宁省将94%的援疆资金用于民生领域和基层建设，其中引入教育援疆资金8.44亿元，使塔城地区教育在软硬件方面得到全面改善和提升；投入10多亿元，实施安居富民房、牧民定居点等保障性安居工程，圆了23万群体的安居梦。③ 再如，北京市援疆医疗队深化医疗援疆，坚持为受援地群众提供优质医疗服务，坚持援疆力量向疾控、妇幼和基层医疗延伸，2020年至2022年，北京援疆医疗队以"师带徒"模式开展临床诊疗10.4万人次，开展技术创新378项次，与北京协和医院、天坛医院、朝阳医院、儿童医院等多家医院实现远程医疗会诊480余人次。④ 又如，安徽省精准实施民生援建项目，投入援疆资金1.78亿元建成皮山县人

① 《上海援疆：突出上海优势 助力喀什发展》，喀什地区行政公署网，2023年7月7日，http：//www.kashi.gov.cn/ksdqxzgs/c106691/202307/8463a6a60e474acca00c1c96fbe51e18.shtml。
② 杨明方、蒋云龙、李昌禹：《模式不断优化 产销更加兴旺 消费援疆促双赢》，《人民日报》2023年9月22日，第4版。
③ 王坤、郑新煜、卢立业：《同心强产业 携手促发展——辽宁对口援疆工作综述》，《辽宁日报》2023年5月30日，第2版。
④ 姜亚文：《北京援疆助力和田高质量发展》，《和田日报（汉）》2023年4月26日，第1版。

民医院并投入使用，投入援疆资金超 6.3 亿元支持完成 63565 套安居房建设。[①]

各援疆省市认真落实"80% 以上资金投入到民生领域、投入到县及县以下基层"的要求，帮助群众改善农村住房条件，新建（改扩建）基层组织阵地，实施一批水电路气、教育医疗、基本公共服务类项目，着力解决各族群众最关心最直接最现实的利益问题。

（四）以铸牢中华民族共同体意识为主线，在巩固各民族大团结上持续发力

各援疆省市和中央有关单位坚持把促进各族群众交往交流交融摆在更加突出位置，持续开展党政互访、群众交流、结对认亲、文化互鉴、镇村结对等工作，组织各类交往交流活动。组织开展青少年交往活动，多渠道组织受援两地开展青少年"手拉手"、考察团、学习团、参观团、夏令营等各类交流活动。广泛开展结对子活动，援疆干部与受援地干部群众结对认亲，援疆省市群众与受援地群众结对认亲，援疆省市乡镇与受援地乡镇结对帮扶，援疆省市村与受援地村结对帮扶，医院、学校之间也结对，形成了更宽领域、更大范围结对共建机制。例如，湖南省援疆指挥部把乡村振兴工作纳入湖南援疆"1135"三年工作计划重要内容，2022 年安排 1.41 亿元援疆资金，创新湘吐村村结对模式，投入 2500 万元打造 5 个民族团结乡村振兴示范村，开展"百人百企联百村"活动，在实施精准结对、加大基层投入、加快人才培养、助力产业发展、促进民生改善、增进民族团结等方面创新举措。

各援疆省市深入实施文化润疆，在文化教育援疆上持续发力。例如，北京市打造了文化润疆品牌——"京和丝路情"，并积极开展一系列富有文化内涵、群众喜闻乐见的诸如"中华文化耀和田"首都文化月等文化惠民活动。举办"桑皮纸上的魅力和田——庆祝中国共产党成立 100 周年京疆书

---

① 《安徽援疆："五大工程"铸真情》，百家号，2023 年 7 月 14 日，https：//baijiahao.baidu.com/s？id=1771386702179174410&wfr=spider&for=pc。

画展"等一系列高质量展览及文化交流活动。再如,河北省文旅厅与巴州政府在2020年就签订了《新时代文旅援疆合作框架协议》,积极推进两地开展旅游与文化交流系列活动,两地联合排演剧目,联合创作电影,开展慰问演出,建设文化润疆工作室,建成援疆展览馆。又如,福建省也组织开展"红色文化润边疆"等主题活动,建成红色教育基地,积极组织福建党史故事宣讲团到昌吉巡回宣讲,让福建红色文化深入人心。

各援疆省市发挥文化引领作用,新建基层公共文化服务阵地,组织文化交流活动,创作文化作品,持续推动援受双方文化交流互鉴,构筑各民族共有精神家园。

三 对口援疆助力巩固脱贫攻坚成果中存在的问题

(一)需进一步加大统筹工作力度

目前对口援疆工作结合受援地新时代、新发展阶段的特点,需要在宏观层面进一步加大统筹工作力度,提高援疆工作的协调性和可行性。首先,新一轮对口援疆采取的是结对方式援助,在一些重大项目建设上就不可避免存在产业同构化倾向和重复建设等问题,难免造成资源的浪费。其次,缺乏对综合评估和现实情况的认真分析,对社会经济数据的收集和研究不全面,导致制定的政策和计划不具体、可行性不足。再次,由于缺乏与当地群众、企业和专家学者进行广泛沟通与合作,未建立起完善的合作机制,各方的智慧和能动性未能充分发挥出来。最后,当前整体规划还缺乏具体的实施细化方案、可操作性不强,也未明确任务分工、时间节点和责任主体等具体内容,在可持续性方面的考虑不够充分。

(二)项目匹配合理性有待提升

各类援疆资源的综合配置效率还需要进一步提高。当前存在对口援疆项目与当地巩固脱贫攻坚成果需求不相匹配,导致资源浪费和效果不佳的现象。当前已经规划实施的援疆项目受到区划行政体制以及对口关系体制的制约，致使区域资源还无法实现有效整合，存在内部竞争。一部分援疆项目在相邻区域出现重复建设的情况，对于产业规模的扩大和可持续发展形成制约。相当数量的援疆项目从项目的规划到施工再到竣工等各流程仍以援疆省市为主，对当地劳动力的吸纳还不充分，且存在部分援疆资金在无形中流回援疆省市的情况，受援地只留下基础设施。以资源开发为主导的援疆资金项目，对当地劳动力的需求不多，对于解决区域内人口就业和人民增收的作用发挥还不突出。

（三）对可持续性项目的支持力度较低

长期的支持和投资对于巩固脱贫攻坚成果来说是至关重要的。援助项目通常是短期的，一般都是将重点放在前期投入和建设上，而缺乏对巩固脱贫攻坚成果后续发展的支持，造成"头重脚轻"局面，导致效果不佳。在国家的大力支持下，在各援疆省市援疆建设的规划中，实施各类住房项目是主要任务。前期随着安居富民与定居兴牧大规模推进，新疆广大农牧民的住房条件得到极大改善。接下来与居民点相配套的诸如道路、卫生院等建设任务颇重，建设资金压力较大。但对口援疆的资金来源单一，依赖特定地区的资金支持，一旦资金来源中断，项目的可持续性就将面临困难。

（四）智力援疆的传帮带作用较弱

相对发达地区，新疆人才资源较为匮乏，乡村振兴的人才更加缺乏，很难吸引和留住高素质的智力援疆人才，加之新疆独特地域文化和民族特色，智力援疆人才对当地文化、语言和社会环境了解尚不足，易造成沟通和适应困难。援助项目在决策和实施过程中，当地居民的参与度不高，这可能导致项目与当地实际需求和资源利用不符，影响项目成效。其次，由于经济发展水平有限、交通信息不畅、当地的技术和管理较为滞后等因素，智力援助工作多是临时性的短期援助，援助结束后，当地可能缺乏持续性的技术及管理支持，导致援助效果难以持久。

（五）文化交流程度不深

虽然援疆工作在经济、教育、卫生等领域取得了一定成绩，但在文化交流方面还存在一些困难和不足。由于地理位置、历史传统和民族差异等，加之语言交流不畅，援助地和受援地人员之间交流不足。此外，援疆工作中的文化交流往往限于表面，仅停留在如少数民族服饰、音乐舞蹈展示等层面，而深层次的文化交流，如价值观、习俗等方面的交流相对较少。只有加强双方之间的交流和理解，才能推动援疆工作向更高层次发展，实现共同进步和共同发展。

四　对口援疆助力巩固脱贫攻坚成果的对策建议

（一）加强对口援疆政策的统筹规划

坚持全国一盘棋，统筹编制整体援疆规划，确立援疆工作的总原则和阶段性目标，设立人员、资金、项目等援助计划的明确任务及具体举措，使各支援省市科学有序推进援疆工作。建立健全援疆政策监督和评估体系，建立系统、明确的考核指标体系，援助方、受援方分别成立政策监督与评估工作小组，定期对各项援疆工作展开全方位评估，形成科学准确的评估报告，并及时听取专家意见，审慎决策，合理调整。进一步加强立法保障，建立法律法规制度，对援疆工作进行统一规划和管理，完善干部人才管理办法，规范援疆项目的招商引资机制和监督评估体系，针对援疆工作各方面的内容进行科学引导和有序规范，推动各项政策措施精准、高效落地。[①]

（二）注重巩固提升，推动民生援疆取得新突破

认真落实"80%以上资金投入到民生领域、投入到县及县以下基层"

[①] 温松、刘淑慧：《从干部人才到系统全方位：中国特色对口援疆政策的回顾与展望》，《公共治理研究》2022年第6期，第65~72页。

的要求，让各族群众在全面建成小康社会中有更多获得感、幸福感、安全感。在产业培育、基础设施建设、易地搬迁后扶、基本公共服务、农村人居环境、消费帮扶等多个方面持续加力，助力巩固拓展脱贫攻坚成果。引导援疆省市持续加大农村公共服务、农业高效节水、环保等领域支持力度，助力乡村全面振兴。实施农村教师素质提升工程，助力教育质量提升。推动援疆医疗力量"组团式"向疾控、妇幼、基层医疗延伸，助力医疗卫生服务能力建设。继续助力农村住房保障，支持抵边村建设，谋划和实施一批老百姓牵肠挂肚的民生项目。

（三）援受双方要推进建立经贸合作长效机制

援受双方应该以互利共赢为导向，逐步实现经贸合作长效机制。援受双方可以根据实际情况，加强全方位合作，强化战略对接、交通互联互通、市场一体化，增加经济纵深。通过加强与支援地的交流合作，持续引进内地经贸发展先进实践模式。新疆应出台更多优惠政策，鼓励内地企业扩大在新疆投资的规模。要不断提高新疆自身"造血"能力，引导新疆当地的特色资源积极主动走出来并加大宣传力度，打开内地市场的同时，也要打开中亚国际市场，加强新疆与内地及中亚各国的商贸往来。

（四）注重现实需求，推动智力援疆取得新成效

必须坚持把智力援疆工作作为援疆工作的重点来抓，要积极总结已有经验，不断深化向教育、疾控、妇幼、科技、农业、文化、产业发展、园区管理等领域拓展，让"组团式"援疆发挥最大效果。以满足受援地实际需求为导向，加大人才柔性援疆力度。加大双向交流、两地培训、跟岗挂职锻炼力度，带动受援地干部人才能力素质提升。认真梳理援疆工作中的先进经验和典型做法，供各有关省市和受援地区参考借鉴。组织受援双方开展实地调研、座谈、研讨，围绕重大专题开展专题研究，交流经验。要做好新疆籍人员到援疆省市就业、工作和生活等服务保障。积极吸纳当地群众参加援疆项目建设，确保每个援疆项目都吸纳一定比例的当地群众就业。大力支持劳动

密集型产业发展壮大，带动当地更多群众就近就地就业。根据受援地经济社会长远发展需求，扩大新疆各类人才去内地学习交流的规模和频率。

（五）注重交流互鉴，推动文化润疆取得新进展

要广泛开展文化交流活动，依托广大援疆干部人才，发挥各援疆省市的文化优势，搭建起新疆与内地文化广泛深入沟通交流的平台。要有效利用内地人才优势，吸引内地艺术家深入新疆开展文化采风等活动，推动中华优秀传统文化进机关、进校园、进企业、进乡村（连队）、进社区、进家庭。要对新疆特色文化进行深度挖掘，实施文艺精品战略，创作本土优秀文化作品，扩大其在内地的传播与交流力度，通过举办各类具有新疆特色的文体交流活动，积极引导新疆特色文化走出去，扩大相关领域人才及作品的输出规模。要持续开展体育援疆，发挥当地青少年的体育特长。持续深化"民族团结一家亲"和民族团结联谊活动，组织开展夏令营、青少年手拉手、游客送疆等活动，促进各民族交往交流交融。深入挖掘和用好爱国爱疆文化资源，还历史原貌，用文物发声。建立文化人才援疆工作机制，完善公共文化服务设施功能，开展援疆省市文艺精品基层巡演（展）活动，扎实推进文化援疆。

B.12

新疆农村基本公共服务供给研究报告

张蒙蒙*

摘　要： 公共服务关系民生，连接民心。农村基本公共服务供给对农村经济社会发展具有重要影响。根据第七次人口普查结果，新疆居住在乡村的人口占总人口的 43.47%，对新疆农村基本公共服务情况的调查研究十分有必要。完善农村基本公共服务供给成为推进乡村振兴发展的重要条件。通过调查研究发现，新疆农村基本公共服务水平稳步提升，教育、医疗、就业等重点领域不断取得新进展。当前新疆农村基本公共服务供给存在的问题主要表现为农村基本公共服务供给质量有待提升、基本公共服务供给主体相对单一、数字化公共服务发展不足。由此建议优化农村基本公共服务供给，既要保持量的供应，又要兼顾质的提升；构建多元主体参与的新疆农村基本公共服务供给模式；拓宽数字技术在新疆农村公共服务供给中的应用范围。

关键词： 新疆农村　基本公共服务　民生保障

一　引言

习近平总书记在十四届全国人大一次会议上强调，要贯彻以人民为中心的发展思想，完善分配制度，健全社会保障体系，强化基本公共服务，兜牢

---

* 张蒙蒙，新疆社会科学院民族研究所助理研究员，研究方向为民族发展。

民生底线，解决好人民群众急难愁盼问题，让现代化建设成果更多更公平惠及全体人民，在推进全体人民共同富裕上不断取得更为明显的实质性进展。① 新疆贯彻落实习近平总书记重要讲话精神，持续推进各项惠民工程，做好基本公共服务供给各项工作。根据《中华人民共和国国民经济和社会发展第十四个五年规划和2035年远景目标纲要》内容，基本公共服务是保障全体人民生存和发展基本需要、与经济社会发展水平相适应的公共服务，由政府承担保障供给数量和质量的主要责任，引导市场主体和公益性社会机构补充供给，主要涵盖幼有所育、学有所教、劳有所得、病有所医、老有所养、住有所居、弱有所扶、优军服务保障和文体服务保障等领域的公共服务。② 从上述标准来看，教育、医疗、卫生、基础设施和社会保障是广大居民最关心的基本公共服务内容。提升农村基本公共服务水平对巩固拓展脱贫攻坚成效和促进新疆乡村振兴发展有重要作用，是解决农业、农村、农民问题的重要措施。

通过上述分析可以看出农村基本公共服务供给涉及面较广，有丰富的内容，本研究结合新疆农村发展实际，概括新疆农村基本公共服务发展现状，选取密切相关的生活基础设施、公共就业服务、基础教育、社会保障这几个重点领域对新疆农村基本公共服务供给状况进行研究，分析农村基本公共服务供给中面临的挑战，并提出相关建议。

二 新疆农村基本公共服务发展现状

（一）新疆农村基本公共服务供给总体情况

新疆农村基本公共服务供给水平稳步提升。主要表现在农村基础设施逐

---

① 《习近平：在第十四届全国人民代表大会第一次会议上的讲话》，中华人民共和国中央人民政府网，2023年3月13日，https：//www.gov.cn/xinwen/2023－03/13/content_ 5746530. htm？eqid=de0237f40000651c00000002646328c2。

② 《中华人民共和国国民经济和社会发展第十四个五年规划和2035年远景目标纲要》，中华人民共和国中央人民政府网，2021年3月13日，https：//www.gov.cn/xinwen/2021－03/13/content _ 5592681. htm。

步完善，如有线电视、宽带、公共交通基本全覆盖，农村医疗卫生设施完善，家庭人均受教育年限进一步提高，基本养老服务改善等。近年来新疆实施各项惠民工程确保农村基层公共服务质量。新疆落实 24 项公共就业服务，创新就业服务，兜牢重点群体就业，有效增加农民工资性收入，2024 年农村居民人均可支配收入增长 7.5%左右。① 全面实施农村学前 3 年和南疆四地州 15 年免费教育，实现适龄儿童和青少年就学全覆盖、国家通用语言文字教育教学全覆盖、家庭经济困难学生资助全覆盖，义务教育由基本均衡向优质均衡迈进；持续开展城乡居民免费健康体检，乡镇卫生院和村卫生室标准化率达到 100%；城乡居民基础养老金提高 34.8%，农村低保标准提高 53%；建成农村安居房 56.98 万套，实施"煤改电"工程，南疆 110 万农户实现了清洁取暖。② 基层文化阵地日益完善，随着近年来文化润疆工程的持续推进，新疆农村公共文化服务体系逐步完善，公共文化服务设施逐渐配强配齐，农村综合服务中心、文化馆、农村书屋和文化站等覆盖面较为广泛。

（二）新疆农村基本公共服务供给重点领域现状

1. 生活基础设施配套完善

新疆各地基础服务设施配套完善，能够满足农牧民的基本生活需要。农村生活基础设施主要包括水、电、气、通信、道路、垃圾处理等设施。新疆组织实施乡村建设行动，不断提高乡村基础设施完备度、公共服务便利度。在农村饮水方面，科学统筹、精准实施水利基础设施建设，2023 年底完成为民办实事农村饮水安全 30 个维修养护项目，共维修养护 539 处，让 203 万农村居民喝上放心水。开工建设 60 项农村供水保障工程，完成投资 20.1 亿元，进一步增强 368 万农村居民供水保障能力。目前，农村自来水集中供

---

① 《2024 年新疆政府工作报告摘登》，新疆维吾尔自治区人民政府网，2024 年 1 月 30 日，https：//www.xinjiang.gov.cn/xinjiang/xjyw/202401/ecffa5e9f008457ca622797a82ba9ea7.shtml。

② 《2023 年新疆维吾尔自治区政府工作报告》，新疆维吾尔自治区人民政府网，2023 年 1 月 23 日，https：//www.xinjiang.gov.cn/xinjiang/xjzfgzbg/202301/7cc6e53ea0da40beb436177ed60b2044.shtml。

水率达到90%以上，水质合格率得到明显提升。① 在农村通信建设方面，数字乡村建设取得了新进展，全区4G网络已经实现了行政村全覆盖，5G网络建设也在加快推进，所有地市级城区、县城城区和99.2%的乡镇镇区都已经实现5G网络覆盖。② 在农村公路方面，2023年新疆超额完成交通基础建设目标任务，农村公路项目全面铺开，全年新建和改建农村公路7542公里。③ "十四五"以来，新疆持续推进"四好农村路"高质量发展，重点扶持新疆南疆偏远地方农牧区客运交通发展，通过对区域性、集散性公路客运枢纽建设，发挥农村公路与旅游、商贸、物流等协同发展。截至目前，新疆县市、乡镇客运站覆盖率分别达到100%、95%。④ 新疆农村公路通过"交通+"发展模式，完善农村道路网，为乡村经济发展开路。如"交通+旅游""交通+生态""交通+电商""交通+产业"等模式，不断完善农村公路基础设施，助力乡村振兴发展。

不断加大农村基础设施建设，提升生态文明建设水平。在农业方面，2023年新疆加强对水资源的管理，完成新建和改造提升高标准农田435万亩，⑤ 在节约水资源的同时，既保障了农业用水，也提高了农田产量。在农村人居环境方面，2023年新疆圆满完成27.95万户"煤改电"（二期）工程年度改造任务。⑥ 新疆农村取暖条件取得较大改善，广大农村居民用上了安

① 《新疆举行重大水利工程建设新闻发布会》，新疆维吾尔自治区人民政府网，2023年12月23日，https：//www.xinjiang.gov.cn/xinjiang/xwfb/202312/620029230b3d4732afb42a5dbe6b28e1. shtml。

② 《新疆全面推进乡村振兴何以行稳致远？——专访新疆乡村振兴局局长马缨》，百家号，2023年10月11日，https：//baijiahao.baidu.com/s？id=1779438817698582965&wfr=spider&for=pc。

③ 《新疆2023年完成交通基础设施投资832亿元》，百家号，2024年1月14日，https：//baijiahao.baidu.com/s？id=1788048331407214303&wfr=spider&for=pc。

④ 《新疆十年新增农村公路长度可绕地球赤道一圈》，新疆维吾尔自治区交通运输厅官网，2023年11月23日，https：//jtyst.xinjiang.gov.cn/xjjtysj/mtkjt/202311/ed935d7241b4480f926ce7ca6ef9d9b7. shtml。

⑤ 《年终特稿·回望2023①｜四维治水》，天山网，2023年12月12日，https：//www.ts.cn/xwzx/szxw/202312/t20231212_17861155. shtml。

⑥ 《2024年新疆政府工作报告摘登》，新疆维吾尔自治区人民政府网，2024年1月30日，https：//www.xinjiang.gov.cn/xinjiang/xjyw/202401/ecffa5e9f008457ca622797a82ba9ea7. shtml。

全、干净的清洁能源。农村厕所、生活污水、生活垃圾等也得到了有效治理。

2. 劳动就业率不断提高

就业是民生之本。2023 年新疆实施就业优先战略，落实落细就业优先一揽子政策，实施南疆就业促进工程，抓好脱贫群众、农村劳动力等重点群体的稳定就业。[①] 大力发展产业带动就业，结合当地产业要求和劳动力素质，通过鼓励"卫星工厂""扶贫车间""合作社"发展，重点推进农村劳动力就近就地就业。通过以工代赈模式，2023 年新疆落实以工代赈资金 14.05 亿元，实施项目 360 个，带动群众务工 3.55 万人，[②] 此项举措在改善农村居民生产生活基础设施的同时，也提高其工资性收入。推动农村劳动力跨区域外出务工，采取措施保障灵活就业者权益，2023 年农村劳动力外出务工 320.07 万人次。[③]

新疆打通公共就业服务的"最后一公里"。2023 年统筹开展公共就业服务专项活动，自治区、地（州、市）、县（市、区）、乡镇（街道）、社区（行政村）五级公共就业服务体系联动，将招聘会开到田间地头，直播带岗深入生产一线，公共就业服务触角延伸到最基层，为劳动者提供了覆盖城乡、普遍享有的便捷高效公共就业服务。[④] 新疆关注重点群体不掉队，针对就业困难群体健全就业帮扶机制，人社部门通过实地走访、电话联系等不断丰富和完善公共就业服务手段，开展精准就业帮扶工作。

---

① 《政府工作报告——2023 年 1 月 14 日在新疆维吾尔自治区第十四届人民代表大会第一次会议上》，《新疆日报（汉）》2023 年 1 月 23 日，第 3 版。
② 《2023 年以工代赈带动新疆 7.08 万名群众务工就业》，胡杨网，2024 年 1 月 24 日，http://www.huyangnet.cn/content/2024-01/24/content_1860951.html。
③ 《奋力谱写高质量发展的新疆篇章——2024 年自治区（政府工作报告）解读》，新疆广播电视台官网，2024 年 2 月 2 日，http://www.xjtvs.com.cn/news/2024-02/02/cms109672article.shtml。
④ 赵春华：《深解析 | 公共就业服务 做好"精准化"文章》，新疆维吾尔自治区人力资源和社会保障厅官网，2023 年 6 月 27 日，http://rst.xinjiang.gov.cn/xjrst/c112720/202306/4fe76db55f564635857a7018d4500913.shtml。

3.基础教育问题得到明显改善

调查发现，新疆农村的教育问题得到明显改善。各地城乡幼儿园、小学配备齐全，儿童上学方便，而且教学环境和教学资源比之前有较大提升。各地政府始终坚持教育优先发展战略，加大投入进行教育资源的优化整合，建设幼儿园、购置标准化书桌和教材用具。新疆大力发展农村教育事业，农村幼儿园基础设施逐步建立完善，适龄学前儿童"应入尽入"，实现了农村儿童"在家门口上好学"的梦想。教育部 2023 年 12 月公布的各级教育生均一般公共预算教育事业费支出增长情况显示，全国幼儿园为 9736.51 元，同口径比上年增长 7.83%，增长最快的是新疆维吾尔自治区（33.98%）。[①] 新疆农村教育经费持续提高，政府在义务教育阶段对农村学生的一般公共预算教育经费逐年提升，2023 年上半年，新疆落实 11.56 亿元保障经费，旨在巩固农村学前教育普惠成果，扩大特殊教育资源覆盖面；落实义务教育薄改和校舍保障资金 22.1 亿元，改善义务教育学校办学条件。[②]

4.社会保障服务供给逐步完善

新疆持续提升乡村医疗卫生基本公共服务能力，投入 2.5 亿元支持 96 个县市医疗卫生机构能力建设，常态化开展三级医院对口帮扶县级医院和全民健康体检工作。[③] 在打赢脱贫攻坚战后，新疆乡镇卫生院、村卫生室标准化率已达到 100%（见表 1），肺结核等重大传染病得到有效防治的同时，大病、重病、慢病的医疗保障也逐步完善。

---

① 《2022 年全国教育经费执行情况统计公告》，中华人民共和国教育部官网，2023 年 12 月 2 日，http://www.moe.gov.cn/srcsite/A05/s3040/202312/t20231202_ 1092896.html。

② 《新疆全面推进乡村振兴何以行稳致远？——专访新疆乡村振兴局局长马缨》，百家号，2023 年 10 月 11 日，https://baijiahao.baidu.com/s? id = 1779438817698582965&wfr = spider&for=pc。

③ 《新疆全面推进乡村振兴何以行稳致远？——专访新疆乡村振兴局局长马缨》，百家号，2023 年 10 月 11 日，https://baijiahao.baidu.com/s? id = 1779438817698582965&wfr = spider&for=pc。

表1 2018~2022年新疆维吾尔自治区乡村医疗卫生基本公共服务情况

年份	医疗卫生机构床位数（张）	村卫生室标准化率（%）	农村每千人口卫生技术人员（人）
2018	139313	89.97	6.43
2019	141575	100	6.84
2020	140827	100	7.04
2021	145268	100	6.82
2022	138555	100	7.18

资料来源：《中国统计年鉴（2019）》《中国统计年鉴（2020）》《中国统计年鉴（2021）》《中国统计年鉴（2022）》《中国统计年鉴（2023）》，新疆维吾尔自治区卫生健康委员会官方网站。

在医疗服务供给方面，新疆着力提升医疗保障公共服务水平，不断完善医疗保障五级经办服务体系。目前新疆已经建成多层次的医疗服务体系，农村基层服务网络建设也在持续进行中，将事关城乡居民医保信息查询、就医保障等基础服务赋权至村一级，建立尽最大可能为群众提供便利的覆盖自治区、地、县、乡镇、村的五级医疗保障服务网络。打通医保服务"最后一公里"，提升医保服务质量。[①] 新疆农村医疗基础设施逐渐完善，农村每千人口卫生技术人员数高于全国平均水平。

在农牧民社会保障方面，新疆农牧民的城乡居民养老保险、新型农村医疗合作保险都已经达到全覆盖，这为农牧民解决养老、医疗问题减轻了压力。2023年10月，新疆维吾尔自治区医疗保障局发布的《做好防止致贫返贫减轻困难群众医疗负担（便民惠民政策措施）》中指出，确保低收入人口和脱贫人口应保尽保，建全主动发现、动态监测、信息共享、精准帮扶机制；分类实施自主参保政策，对特困人员、低保对象、防止返贫监测对象等群体按照分类给予全额、定额资助；健全重特大疾病医疗保险和救助制度，强化医疗救助托底保障功能；加强高额医疗费用监测预警，依托低收入人口

① 《新疆推进医疗保障五级经办服务体系建设》，百家号，2023年10月28日，https：//baijiahao.baidu.com/s？id=1780972545800320372&wfr=spider&for=pc。

监测平台，做好因病返贫致贫风险监测，重点监测经基本医疗保险、大病保险保障后个人年度医疗费用负担仍然较重的低保边缘对象和防返贫监测对象，做到及时预警。①

5. 公共文化服务供给丰富多彩

公共文化服务水平逐年提升。新疆创新公共文化服务模式、完善公共文化设施。以群众文化需求为导向，建设文化场馆、中心、站点，开展基层惠民演出、开办公益性文化艺术培训课程。让新疆各族群众共享高质量的精神文化生活。同时为进一步提升公共文化服务人才队伍能力和管理水平，开办新疆基层文化骨干素养提升培训班、新疆公共文化场馆数字化建设发展专题培训班。新疆维吾尔自治区各级文化和旅游部门用好基础设施、完善服务机制、搭建展示平台、培育群文品牌，促进群众文化活动蓬勃发展。

一是基层公共文化服务体系逐步完善。全区建成110个公共图书馆，117个文化馆，1130个乡镇（街道）文化站。建成喀什地区、克拉玛依市、昌吉州、伊犁州等4个国家公共文化服务体系示范区。每万人拥有群众文化设施面积421.86平方米，全国排名第7位。全区共有群众文艺团队2746支（自治区级55支，地市级及以下2691支），成员5.6万余人，② 新疆建立起覆盖城乡五级公共文化服务网。二是构建联通群众文化服务模式。以县级图书馆、文化馆为总馆，乡村两级基层综合性文化服务中心为分馆或延伸服务点，96个县市区建成1033个文化馆分馆，建设新型公共文化空间411个。分三批挂牌的398个文化大院覆盖了13个地州市、47个县市区、86个乡镇。③ 三是培育壮大民间群众文化品牌。成功创建3个"中国民间文化艺术之乡"、18个"自治区民间文化艺术之乡"。搭建首届新疆文化艺术节和年

---

① 《做好防止致贫返贫减轻困难群众医疗负担（便民惠民政策措施）》，新疆维吾尔自治区医疗保障局网，2023年10月31日，http://ylbzj.xinjiang.gov.cn/ylbzj/ybdt/202310/d3d68a17429947a1970ad87d843ad2ad.shtml。

② 张小宓：《"最会跳舞的人"在新疆触发"化学反应"》，《新疆日报（汉）》2023年8月4日，第4版。

③ 《新疆维吾尔自治区群众文化活动蓬勃发展》，中华人民共和国文化和旅游部官网，2023年4月19日，https://www.mct.gov.cn/whzx/qgwhxxlb/xj/202304/t20230419_943196.htm。

画、农民画优秀作品展等展演展示平台，激发创作热情。[1]

由此可见，新疆农村基本公共服务供给水平目前基本可以满足农村居民的需求。2023 年新疆坚持把财政支出的 77.4% 用于保障改善民生，[2] 涉及义务教育、安全住房、基本医疗、农村基础生活设施建设、创业就业环境等，基本公共服务供给水平日益提升，使各族群众的安全感、幸福感更有保障。

三 新疆农村基本公共服务供给存在的问题

（一）农村基本公共服务供给质量有待提升

1. 在服务质量上，城乡差距依旧较为明显

在基本医疗卫生服务方面，农村虽然实现了乡镇卫生院、村卫生室、家庭签约医生全覆盖，但医护人员的整体素质、医疗水平、服务能力等都与城市有较大差距。优质的教育、医疗卫生和养老服务资源主要集中在城镇地区，农村居民在资源的获取和享有等方面存在较大短板。[3] 这一定程度上无法满足农牧民对高质量、专业化的卫生医疗服务的需求。在基础教育服务方面，新疆农村的基础设施得到了极大的改善，教育经费投入力度增大。但在师资力量、教学质量、升学率等方面落后于城市。

2. 在基本养老公共服务方面存在质和量的双重问题

首先是新疆养老服务机构数量不足。据调查统计，全区拥有养老机构约300 家，床位总数不足 3 万张，而 65 岁以上老年人口已经超过了 150 万人。养老机构数量的不足，导致了老年人的养老需求无法得到满足。其次是养老

---

① 《新疆维吾尔自治区群众文化活动蓬勃发展》，中华人民共和国文化和旅游部官网，2023 年 4 月 19 日，https：//www.mct.gov.cn/whzx/qgwhxxlb/xj/202304/t20230419_ 943196.htm。

② 《2024 年新疆政府工作报告摘登》，新疆维吾尔自治区人民政府网，2024 年 1 月 30 日，https：// www.xinjiang.gov.cn/xinjiang/xjyw/202401/ecffa5e9f008457ca622797a82ba9ea7.shtml。

③ 李实、杨一心：《面向共同富裕的基本公共服务均等化：行动逻辑与路径选择》，《中国工业经济》2022 年第 2 期，第 27~41 页。

服务质量不高。由于养老机构数量不足，养老服务质量也受到了影响。一些小型养老机构存在安全隐患，服务质量无法保障。同时，由于缺乏专业人才，养老服务质量也无法得到提高。最后是养老服务费用较高。由于人口老龄化趋势的加剧，养老服务需求量不断增加，养老服务费用不断攀升。这也使农村原本收入不高的老年人无法承受养老服务的费用。因此基本公共服务供给不均衡不充分的问题，限制了新疆农村老年人对高质量的公共服务的需求。

（二）农村基本公共服务供给主体单一

新疆农村基本公共服务供给主要依赖政府力量。基本上农村地区的所有公共物品与公共服务均由政府提供，市场主体或社会组织的参与较少，缺乏合力支撑。一是从服务主体来看，虽然相关政策鼓励社会组织和市场主体参与基本公共服务供给，但目前的基本公共服务供给依旧是单一主体参与。相比城市中规范的社会组织提供的专业化服务，农村部分市场主体或社会组织处于职责不明确、分工不明晰且工作无序的状态。二是从服务的手段与方式来看，新疆农村一般组织志愿者进行公益服务，服务理念与模式也缺乏市场化。三是从资源渠道来看，农村基本公共服务主要来源于政府拨款和政府补助的购买服务，公共服务供给水平则依赖于政府财政收入或村集体经济收入。

（三）数字化公共服务供给不平衡不充分

中央网信办、农业农村部、国家发展改革委、工业和信息化部、国家乡村振兴局联合印发的《2023 年数字乡村发展工作要点》中提出，夯实乡村数字化发展基础是重点任务之一，要深入推进电信普遍服务，不断提升农村及偏远地区通信基础设施供给能力。[①] 数字技术在乡村治理、农业、文化、

---

① 《2023 年数字乡村发展工作要点》，中华人民共和国国家互联网信息办公室网，2023 年 4 月13 日，http：//www.cac.gov.cn/2023-04/13/c_ 1683027266610431.htm。

教育、医疗等方面的应用，推动了乡村振兴的发展。新疆不断加大基础设施建设力度，为数字乡村网络基础提供了良好的硬件支持，但当前新疆农村数字化公共服务仍面临着较多困境。

第一，数字化应用不平衡不充分。截至 2023 年 9 月底，天翼数字乡村已服务新疆 8876 个行政村，占新疆行政村总数的 80%，成为乡镇基层治理的"指挥中心"。[1] 乡村治理中的数字化应用水平较高，但现有产业的数字化应用水平不高。

第二，缺乏专业的数字技术应用人才，农民数字化发展意识薄弱。新疆逐步强化数字乡村建设，主要表现在发展乡村数字经济如"乡村电商"，其他对于数字化专业技术有更高要求的乡村工作，因缺乏技术和人才而发展缓慢。总体来说，新疆农村数字化发展水平较低。其中重要的影响因素是缺乏农村数字化复合型人才，且大部分农村居民对数字化技术应用的认识和发展意识不足。限于新疆农村发展现状，数字化专业技术人才的引进、培养也存在困难，既懂农业又懂数字技术的人才尤为缺失。

四　新疆农村基本公共服务供给建议

（一）优化农村基本公共服务供给，既要保持量的供应，又要兼顾质的提升

现阶段，新疆农村基本公共服务供给质量明显滞后于城市，尤其是重点领域缺乏高质量供给。

1. 改善基层医疗卫生条件

通过教育培训、加强监督等方式，提高基层医务人员的职业道德和专业技术服务水平。通过县域医共体等多种机制，为乡村医生提供培训和进修的机会，开展村医结对培养，加强实践技能培训，提高村医执业水平。针对一

---

[1] 肖媛媛、潘俊珺：《新疆：为乡村振兴插上"数字翅膀"》，中国网，2023 年 9 月 22 日，http://iot.china.com.cn/content/2023-09/22/content_ 42533088. html。

些乡镇卫生院、村卫生室中可能影响生命安全的薄弱环节，要加强日常监管和定期排查，提出针对性强、可行性高的整改措施。

2. 提高农村基础教育水平

对新疆农村地区而言，学前教育虽然全覆盖，但教育水平仍相对滞后。现阶段要稳定农村幼师队伍，持续加大对"后进"幼儿园的帮扶力度，切实提高整体水平。进一步提高农村地区中小学校的办学水平，不仅要持续加大学校硬件投入，更要注重义务教育阶段师资力量的培养。通过高质量的教师招聘、动态调整、在职培训等方式，促进农村地区教育在硬、软件方面实现双提升。

3. 提高农村养老服务质量

一是持续深化农村老年人生活保障体系，提高农村养老金水平，推动农村老年人社会救助、福利补贴和农村特困人员供养等相衔接、广覆盖。要做好特殊困难老年人兜底保障，在此基础上逐步建立健全失能照护服务体系，解决好需求迫切的失能老年人长期照护服务问题。二是整合利用现有资源，完善农村养老服务体系，重点发展社区嵌入式的养老模式，同时注意补齐农村养老服务体系的短板，根据地方实际情况，因地制宜，构建居家社区机构相协调、医养结合的农村养老服务体系，打造县、乡、村三级农村养老服务网络。[1] 三是建立健全农村老年人的精神关爱服务体系，发展农村社区互助养老，为农村老年人丰富精神生活、消除孤独感、构建社会支持提供制度保障。[2]

（二）构建多元主体参与的农村基本公共服务混合供给模式

农村基本公共服务涵盖农业、农村、农民生产生活的诸多领域，针对新疆农村基本公共服务供给的现状，在发挥以政府为主导的农村基本公共服务

---

[1] 司明舒、井淇、张新益：《青岛市不同医养结合机构老年人服务需求现状及影响因素》，《中国公共卫生》2020年第4期，第524~528页。

[2] 陆杰华、郭芳慈、陈继华：《新时代农村养老制度设计：历史脉络、现实困境与发展路径》，《中国农业大学学报（社会科学版）》2021年第4期，第113~122页。

供给力量的基础上，有选择性地吸纳社会力量辅助参与，树立农村基本公共服务多元主体意识。首先，涉及住房、教育、医疗、社会保障等方面的公共服务供给必须由政府主导。其次，鼓励市场主体和社会组织参与其他重要公共服务供给，如农业生产、农村养老、爱心志愿服务等方面，加大政策倾斜力度，以服务利民为导向，减少政府公共服务工作量。此外，健全农村基本公共服务监督体系，广泛收集农村居民意见和建议。完善农村公共服务项目追踪评价机制，真正保障农民利益。

（三）强化数字技术在农村公共服务供给中的应用

1. 加强数字基础建设

首先，对农村数字资源进行整合，实现数字信息交流通畅和共享。其次，夯实数字基础设施建设，进一步扩大农村 5G 覆盖面，为数字化升级提供基础保障。最后，乡村治理部门发挥党组织带头作用，统筹乡村资源和力量，为数字化发展提供支持。充分利用各支力量如驻村工作队、大学生村官、科技特派员，对农村基层干部进行数字乡村建设相关培训。[1] 同时对农村居民进行数字技能培训，加快培养数字化农民队伍，提升农村居民的数字素养，为农村数字基础建设夯实群众基础。

2. 推动农村基础公共服务供给数字化全面协调发展

在农村基础公共服务包括医疗、教育、治安、养老、就业等诸多领域，全面推进"数字+"乡村公共服务供给体系建设，运用大数据技术，形成对各类信息的收集和资源整合，有效实现农村公共服务的供需管理。[2]

3. 加强新疆农村数字化人力资本积累

因地制宜培养与引进数字化应用专业技术人才，使他们除了拥有数字化技术，也具备农村基层所需的具体领域中相应的经验与知识。同时要制定人

---

[1] 《培养更多的"数字化人才"》，人民论坛网，2023 年 12 月 13 日，http：//m. rmlt. com. cn/article/410032。

[2] 《激活乡村数字化人才"引擎"》，百家号，2023 年 7 月 11 日，https：//baijiahao. baidu. com/s？id=1771105316200366681&wfr=spider&for=pc。

才引进政策，通过财政支持、完善的创业就业政策和激励机制，保证数字化应用专业技术人才既能"引得进"，也能"留得住"，更能"用得好"。

参考文献

卞纪兰、刘学衔：《河北省农村基本公共服务供给现状、问题及对策》，《农业科学研究》2022年第1期。

陈旭辉：《面向共同富裕的基本公共文化服务均等化：政策逻辑与路径选择》，《图书馆建设》2023年第10期。

傅才武：《中国公共文化服务的理论范式与政策逻辑》，《人民论坛》2019年第32期。

李现丽：《着力提升农村基本公共服务供给水平》，《农业经济》2022年第6期。

张语桐、赵娜：《"互联网+"在农业技术推广中的作用与发展前景》，《江西农业》2019年第24期。

《习近平谈治国理政》第四卷，外文出版社，2022。

王延中：《中国社会保障：公平与共享》，社会科学文献出版社，2017。

王延中：《中国的劳动与社会保障问题》，经济管理出版社，2004。

张克俊主编《四川蓝皮书：四川农业农村发展报告（2022）》，社会科学文献出版社，2022。

郑卫东：《农村社区政府购买公共服务研究》，中国社会科学出版社，2012。

《国家基本公共服务标准（2023年版）》，中华人民共和国发展和改革委员会网，2023年8月9日，https：//www.ndrc.gov.cn/xwdt/tzgg/202308/t20230809_1359264.html。

市县乡村案例篇

Case Report on Cities, Counties and Villages

B.13
奇台县农村宅基地制度改革的试点探索

阿英·叶尔里克*

摘　要： 农村宅基地制度改革是农村土地制度改革和集体产权制度改革的重要内容。自 2020 年开展新一轮农村宅基地制度改革试点以来，中央一号文件连续四年部署宅基地制度改革试点工作，强调赋予农民更充分的财产权益，探索宅基地"三权分置"有效实现形式，对保障农民权益、增加农民收入、推动乡村振兴具有重要意义。奇台县作为新疆宅基地制度改革试点的两个县市之一，在宅基地确权登记、盘活利用闲置宅基地、推动农户自愿有偿退出闲置宅基地等方面探索了多种改革试点方案，实现了闲置宅基地使用权的有效盘活，农户宅基地资格权进一步得到保障，并引入社会资本凸显宅基地的资产价值功能属性，农户财产性收入提升、村集体经济组织发展壮大。文章基于在奇台县开展的实地调研数据，讨论了奇台县宅基地制度改革的基本现状、差异化模式、面

---

* 阿英·叶尔里克，新疆社会科学院农村发展研究所研究实习员，研究方向为土地经济、土地政策等。

临的困难，以期为有效推进宅基地制度改革提供试点经验和建议。

关键词： 宅基地制度改革 三权分置 农村宅基地 奇台县

一 奇台县农村宅基地制度改革背景

城镇化在推动中国经济发展和实现城乡融合发展中发挥着重要作用。近几十年来，经济的高速发展带来了大量农村人口迁移至城市，这给中国社会经济发展带来益处的同时，也引致了农村宅基地闲置率急剧攀升的负效应。与此同时，农村宅基地和城市建设用地一同呈现出"双增"趋势，这实际是在消耗了部分农业用地基础上建立的，不仅加深了城乡土地利用矛盾，还阻碍了耕地保护工作开展。[①] 宅基地制度改革十分必要，不仅能缓解城乡用地矛盾，也能提升农民的社会福利，在宏观层面能够促进城乡融合发展、乡村振兴战略的实施。[②]

（一）宅基地制度改革背景

有效处理农民与土地关系的关键是深化农村宅基地制度改革。为进一步提高农村闲置宅基地资源有效利用程度，在统筹推动城乡资源市场融合发展背景下，多部门联合颁布了推动农村宅基地制度改革的重要政策性文件。2015年《关于农村土地征收、集体经营性建设用地入市、宅基地制度改革试点工作的意见》的颁布，拉开了我国农村宅基地制度改革的序幕；2017年党的十九大强调了深化农村宅基地制度改革的意义，有利于激发乡村振兴

---

① 龚宏龄：《农户宅基地退出意愿研究——基于宅基地不同持有情况的实证研究》，《农业经济问题》2017年第11期，第89~99、112页。
② 贺雪峰：《宅基地、乡村振兴与城市化》，《南京农业大学学报（社会科学版）》2021年第4期，第1~8页。

的内生动力；2018 年，中央一号文件明确指出要推动"三权分置"改革，以促进闲置宅基地的有效利用，同年 9 月《乡村振兴战略规划（2018-2022 年）》明确提出，尽快出台完善闲置宅基地及农房政策是促进乡村振兴战略实施的重要基础和保障；2019 年，《关于积极稳妥开展农村闲置宅基地和闲置住宅盘活利用工作的通知》发布，针对性提出闲置宅基地综合整治与盘活利用方案；2020 年通过《深化农村宅基地制度改革试点方案》，全国 104 个县（市、区）及 3 个地级市启动实施新一轮农村宅基地制度改革试点；2021 年中央一号文件强调，进一步完善农村产权制度和要素市场化配置机制，以充分激发农村发展的内在潜力，制定自愿有偿退让的具体方法进一步推进宅基地制度改革；2022 年中央一号文件进一步为如何有效推进宅基地制度改革指明了方向，党的二十大报告也明确指出，应进一步深化农村土地制度改革，赋予农民更加充分的财产权益；2023 年中央一号文件强调，稳慎推进农村宅基地制度改革试点，探索宅基地"三权分置"有效实现形式。由此可见，政府对农村宅基地问题的重视程度日趋增加。[①] 通过对土地赋权、活权，可深化农村土地制度改革，让农民享受到更加充分的财产权益，但目前宅基地"三权分置"制度的法制化进程仍处于初探阶段。

（二）宅基地制度改革的发展要求

宅基地制度改革要求是在保障农民住房权益、适应城乡统一建设用地市场要求、节约集约利用土地的前提下，探索建立宅基地依法取得、使用、流转和退出机制，实现宅基地充分、高效利用，并逐步形成一套系统化、法制化的宅基地管理制度。同时，宅基地制度改革需要遵循依法依规、尊重农民意愿、稳妥推进等原则，确保改革符合国家法律法规和政策要求，才能促进城乡一体化发展和社会稳定。宅基地制度改革是农村土地制度改革、农村集体产权制度改革探索的重要内容，依据《中华人民共和国土地管理法》《中华

---

① 孔祥智：《脱贫攻坚何以从决定性成就走向全面胜利》，《人民论坛》2020 年第 8 期，第 40~42 页。

人民共和国物权法》及相关文件要求，其发展要求可以归纳为以下几个方面。首先，要以保障农民基本居住权为前提，确保农民能够获得足够的土地用于建造住房，并享有相应的住房权益；第二，以赋予农民更加充分的财产权益为方向，完善宅基地的权能，保障农村集体经济组织成员家庭作为宅基地资格权人依法享有的权益；第三，要适应城乡统一建设用地市场的要求，推动城乡统一建设用地市场的建设和发展；第四，宅基地制度改革要遵循节约集约利用土地的原则，盘活闲置宅基地，提高土地利用效率，促进土地资源的可持续利用；第五，要建立一套系统化、法制化的宅基地管理制度，包括宅基地的取得、使用、流转和退出等方面，实现宅基地管理的规范化、法制化；第六，要稳妥推进，遵循依法依规、尊重农民意愿、稳慎推进等原则，确保改革工作的顺利进行和社会稳定。宅基地制度改革需要综合考虑农民利益、土地资源利用、城乡统一建设用地市场发展等多方面因素，逐步推进改革，促进城乡一体化发展和社会稳定。但由于目前宅基地制度改革还处于初探期，仅在部分地区进行了试点，相关的制度和理论都未成体系，因此对宅基地制度改革试点先行区的经验做法进行总结和归纳，对于深化宅基地"三权分置"改革和全面推进乡村振兴具有重要理论和实践意义。奇台县作为在新疆宅基地制度改革试点的两个县市之一，在推进宅基地制度改革中的经验和模式，对未来新疆农村地区宅基地制度改革工作的开展更具重要的借鉴和推广意义。

（三）奇台县基本情况

新疆维吾尔自治区奇台县在 2020 年 6 月被确立为新一轮农村宅基地制度改革试点地区之一。奇台县隶属于昌吉回族自治州，距离乌鲁木齐 203 公里，县域总面积 1.93 万平方公里，总人口 23.3 万人，常住人口城镇化率达 62.09%，耕地面积 189 万亩，辖 14 个农牧乡镇、68 个村、488 个组，是新疆重要的粮食基地，是国家农业绿色发展先行区、全国优质小麦之乡、全国粮食生产先进（标兵）县。① 2022 年，奇台县实现地区生产总值 238.8 亿

---

① 资料来源于奇台县实地调研数据。

元，第一产业增加值 41.2 亿元，占 17.3%（高于全区同期 3.2 个百分点），农村居民人均可支配收入 22982 元（高于全区同期 6432 元）。[①] 宅基地面积 6.5 万亩 3.5 万余宗，认定宅基地资格权人口 14.7 万人。

二　奇台县宅基地制度改革现状[②]

自 2020 年以来，奇台县积极探索农村宅基地"三权分置"有效实现形式，因地制宜探索差异化宅基地制度改革试点方案，进一步激活农村资源要素，推进农村宅基地制度改革试点工作。[③] 奇台县宅基地制度改革基本情况归纳为以下几个方面。

（一）组织保障，实现系统化管理

奇台县成立以县委书记、县长为"双组长"的工作领导小组，县委四套班子靠前指挥，将试点工作纳入县委全体会、党代会、常委会、政府常务会等统筹推进，强化组织领导。严格落实州、县、乡、村四级管理责任，按照"县工作专班拟定、州工作专班指导、行业主管部门参与、乡镇村（组）讨论"上下联动的工作机制，在农业农村局下设农村宅基地改革管理办公室，内设编制 5 名，确保试点工作落实到位。以"盘活农村建设用地，提高土地资源节约集约利用水平"为导向，2021 年 9 月印发了《奇台县宅票管理办法（试行）》等 28 项制度，形成《奇台县宅改试点工作制度汇编》，建立并完善了关于宅基地制度改革的制度框架。

---

① 新疆全区的数据来源于《2022 年新疆维吾尔自治区国民经济运行情况新闻发布稿》，新疆维吾尔自治区统计局官网，2023 年 1 月 20 日，https：//tjj. xinjiang. gov. cn/tjj/xwfb/202301/f9610698944047038fb2e43f4ebdedbf. shtml。

② 文中数据来自奇台县实地调研数据。

③ 王薇、焦晓玲：《我州深入推进农村宅基地制度改革试点工作》，《昌吉日报（汉）》2022 年 1 月 20 日，第 3 版。

（二）摸清底数搭建数据库，推进确权登记颁证

宅基地制度改革试点过程中，奇台县首先进行了摸底调查，县乡村"三位一体"，依托昌吉州电子政务平台，选派第三方专业信息技术服务公司开展调查摸底，初步搭建了对全县35139宗宅基地的规模布局和权属信息查清工作的数据库，收集了完整的农村宅基地基础信息，为更好地实施宅基地制度改革提供了基础信息支撑。在完成对宅基地的摸底清查、构建数据库之后开展确权登记颁证工作，从而保障农户的资格权，并把美丽乡村建设、宅基地整治盘活入市内容纳入村庄规划和国土空间规划，为下一步集体经营性建设用地入市提供法定依据，实现了从申请到审批都可线上办理，累计审批94宗宅基地，新增建设用地636亩。同时奇台县积极梳理历史遗留问题，广泛征求乡镇村组意见和建议，制定《农村宅基地历史遗留问题处理办法（试行）》，通过自下而上、分类梳理，累计梳理历史遗留问题3262件，已稳慎化解1818件，维护农村和谐稳定。如腰站子村将化解宅基地历史遗留问题与加强基层矛盾纠纷调处结合，发挥宅改理事会和基层矛盾调处委员会作用，分类妥善处理农村宅基地历史遗留问题，梳理历史遗留问题4类共20件。

在完成对宅基地的摸底清查、构建数据库并梳理历史遗留问题之后，各村因地制宜按图1所示流程开展确权登记颁证工作。截至2023年8月，全县35139宗宅基地中具备发证条件的有29725宗，完成房地一体确权登记的有23898宗，颁证率为80.4%；并在充分保障农民权益的前提下，依据村庄实际情况和村民决议确定宅基地有偿使用起征面积，如五马场乡根据农业生产和牧业生产的需求，及牧民定居工作的现实要求，采取差异化方案。

（三）探索宅基地自愿有偿退出模式："宅票"保退出

奇台县在充分尊重农户自愿有偿退出意愿、保障农户财产权益的前提下，对于宅基地使用权进行退出补偿，建立了临时和永久退出制度，创新推出"宅票"机制，引导进城农户将闲置宅基地的使用权自愿有偿退还至村

申请	村集体经济组织成员申请宅基地资格权认定应以"户"为单位，向所在村集体经济组织提交农村宅基地资格权认定表、身份证、家庭户口本等资料
审批	由村集体经济组织（宅改理事会）负责审核，经本村集体经济组织三分之二成员代表表决通过后，公示5个工作日。对公示有异议的，经村集体经济组织（宅改理事会）复核，及时进行答复
备案	对经公示无异议的，由村集体经济组织（宅改理事会）在农村宅基地资格权认定表上签署意见，并报送乡（镇）人民政府备案，录入宅基地名录库

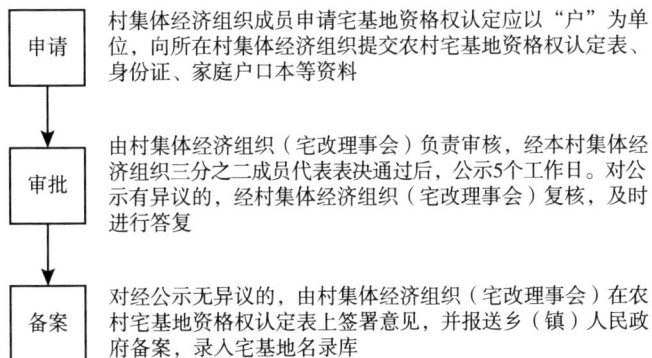

图1 奇台县宅基地资格权认定程序

集体经济组织，并以票证的形式保留其资格权，使农户无后顾之忧。自宅基地制度改革试点以来，奇台县共为9户农户发出"宅票"，无偿退出宅基地9宗共24亩，有偿退出宅基地39宗97.38亩，并补偿了41.8万元，并结合"三清三改两提升"村庄清洁行动，投入3403.36万元拆除残垣断壁、废弃宅基地及棚圈4400余处，腾出建设用地2105.3亩。对于宅基地流转或退出的相关补偿标准和优惠政策，在尊重农户意愿的前提下，由村集体经济组织民主决策，通过货币补偿、宅基地置换、宅基地换"股份"等方式因地制宜进行补偿，从而盘活利用闲置宅基地，增加农民的财产性收入，对此奇台县不同村镇也根据实际情况，积极做出探索和尝试。

（四）因地制宜探索宅基地超占有偿使用模式

对于宅基地超占使用现象，奇台县基于"一户一宅，面积法定"原则，制定了《奇台县农村宅基地超标准占用有偿使用暂行办法（试行）》，各村依据此办法通过集体经济组织成员代表大会的审议、公示，结合实际制定了各村相应的规则，明确了起征面积和收费标准。为了加强管理、监督，奇台县建立了乡镇一站式服务窗口，制定了《奇台县农村宅基地动态巡查暂行办法（试行）》等，来强化建房监督管理、日常监管巡查，并邀请第三方公司对14个乡镇宅基地改革分管领导及专干开展了系统现场操作流程培训、专题答疑解惑，从而提升管理应用能力，还利用宅基地监管助手软件到现场落实宅基地申请审查、丈量批放和竣工验收，防止出现违法违规行为。

（五）打破城乡壁垒，多种形式保障宅基地资格权

为了解决宅基地资源分配不均、跨区资源分配受限等问题，建立宅基地法定无偿、跨区配置有偿制度。为了扩大宅基地的供给，让更多资格权人得以申请宅基地，凸显宅基地的资产价值功能，宅基地资格权人可在县域内跨村跨乡申请宅基地。奇台县尝试探索宅基地使用权及宅基地上房屋"共建共享"模式，促进城市的资本、人力、技术等要素向农村流动，实现资源的有效利用，为宅基地资格权人提供更多的选择和自主性，同时可以扩大宅基地需求市场，提升农民财产性收益。腰站子村试点开展此种"共建共享"模式，不仅提升了村集体的土地利用效率，也为村集体增加了经济收益，增加的村集体经济收益用于改善基础设施和公共服务，提升了村民生活质量。

（六）市场引导，放活宅基地使用权

在放活宅基地使用权方面，奇台县政府实施"三权分置"政策，以市场引导的方式，促进宅基地使用权有序流转。首先，通过引导社会资本的方式，创新集体经营性建设用地入市制度，用以发展农家乐、民宿等乡村产业，目前已有206家企业入驻。例如，半截沟镇腰站子村将86.83亩、东湾镇墒户村将10.34亩集体经营性建设用地分别以286.5万元和50万元价格出让，并颁发集体经营性建设用地入市不动产权登记证。此种社会资本引入的方式，不仅为乡村经济发展创造了新机遇，也能够提升农民的生活水平，促进要素在城乡间流动，推动城乡融合发展。其次，探索"择位竞价"模式，放活宅基地使用权，实现宅基地跨村跨乡流转。例如，江布拉克村和营盘滩村将45亩宅基地面向全县符合条件的资格权人开展择位竞价，经审核符合申请条件的有37个农户，此外想要参与此种竞价的农户需求在持续上

升，此种择位竞价方式实现了宅基地跨乡跨村流转，为农民提供了更多居住、发展机会，同时有助于村集体经济的发展。

三 奇台县盘活利用宅基地的差异化模式

奇台县以《奇台县农村宅基地制度改革试点工作实施方案》等为引领，在实施乡村振兴战略的大背景下，各乡镇对如何盘活闲置宅基地资源进行了探索。由于奇台县各村落各具特色，村落间差异较大，如部分村为牧业村、部分为农业村，各乡镇探索了不同改革模式。此外，奇台县的宅基地特征以及在宅基地制度改革进程所遇到的困难，相比于内地一些宅基地制度改革典型模式，对新疆地区的宅基地制度改革工作更具借鉴意义。以下为四个具有代表性的模式。

（一）腰站子村模式：合作社带动，"共建共享"，促进要素流入农村

作为经济发展水平位居全县前列的村，奇台县半截沟镇腰站子村被称为"乡村振兴样板村"，共有 443 户农户，1585 人，其中常住农户有 223 户，535 人。[①] 2022 年全村人均收入水平达到 28335 元，村集体经济收入为 430 万元，集体资产达 1039.3 万元，全村耕地面积为 3.5 万亩，且已全部流转至合作社。腰站子村的中心村有 248 户住宅，其中宅基地面积为 1.8 亩的有 74 户、1.35 亩的有 115 户、0.9 亩的有 59 户，完成了 1513 人的资格权认定，并通过民主决策方式，将宅基地有偿使用起征面积确定为 1.35 亩。对于宅基地使用权的盘活利用，腰站子村选择了合作社带动和"共建共享"的模式，促进要素从城市流入农村。

首先，腰站子村采取宅基地复垦的方式盘活利用闲置宅基地，并将盘活的宅基地流转至合作社，让合作社带动村集体经济发展。具体地讲，腰站子

---

① 马晓芳：《腰站子："麦村"的华丽转身》，《昌吉日报（汉）》2021 年 7 月 28 日，第 6 版。

村将通过集中居住腾退出来的900亩土地复垦后作为村民小组机动地,按照每年250元/亩流转至丰裕合作社统一经营,由此村集体经济收入每年增收22.5万元。其次,通过租赁宅基地增加集体收入,腰站子村按照"一事一议"原则,制定了《腰站子村老居民点开发利用和中心村扩建用地使用管理办法》,将集中居住腾退的300亩宅基地以每亩1.2万元长期租赁给丰裕合作社,期间土地收益按照4∶6进行分配,村集体每亩获利7200元,同时建厂企业每年给村集体缴纳6万元或8万元基础设施配套费,由此村集体年每年增收60万元。2023年已建成滴灌带厂(2家)、烘干厂、有机农产品生产加工厂、农业产业园区和游客接待中心,丰裕合作社打造了5栋具有农家特色的乡宿,腰站子村将租赁费入股到丰驿旅游公司,闲置宅基地价值得到进一步提升,农户的收入也得到大幅度提升,可获得宅基地租赁费和旅游公司入股分红费,每户每年增收约6万元。此种合作社带动的模式,不仅充分利用闲置宅基地,壮大了村集体经济,也带动当地农户增收,对农户每年进行分红,确保了农民收入的稳定。

除合作社带动以外,腰站子村在推进宅基地制度改革过程中采取了"共建共享"的创新做法,对个别不需要建房、有资格权农户的宅基地,以共建共享办法吸引社会资本投资,不仅提升了宅基地的价值,也促进了人力、资本、技术等要素流入农村,进一步推动城乡融合发展。

腰站子村的"共建共享"模式(见图2)以土地指标换取资金,提高了宅基地的利用率,同时还有助于城乡间人力、资本、技术要素的流动,推动城乡融合发展,对乡村振兴战略的实施具有重要现实意义。接下来将结合生产效率机制,对"共建共享"模式中四种要素的流动如何促进城乡融合发展、推动农村产业兴旺进行探讨。

1.土地要素

在农村,一方面,产业兴旺与农村建设用地紧缺的矛盾突出;另一方面,农村集体经营性建设用地供应不足和农村宅基地大量闲置二者之间存在矛盾。在城市,建设用地需求缺口越来越大,但是无土地扩张导致城市土地价格越来越高,房价越来越高,同时还有许多城镇居民十分向往田园生活、

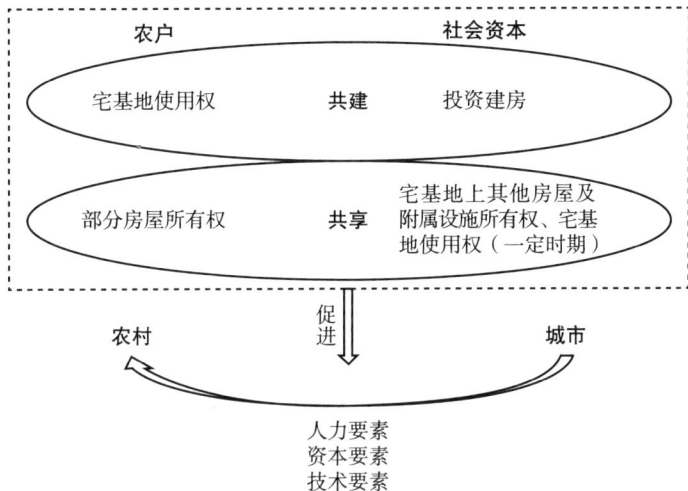

图 2　奇台县半截沟腰站子村闲置宅基地"共建共享"模式

去农村宅基地上建造房屋。腰站子村通过宅基地制度改革"共建共享"模式，挖掘了宅基地的价值，使宅基地需求市场进一步扩大。若供给不变，需求的增加会使市场均衡价格提升，宅基地的资产功能价值得以体现，同时保证了农户享有房屋所有权的一部分，财产性收入增加。

2. 技术要素

技术需要有资本和人力的支持，若这二者不流动，很难实现技术要素下乡。腰站子村通过共建共享的模式，克服了从前"资本下乡很难实行"的困难，使土地的资产功能被激活，实现人才要素和资本要素从城市到农村的流动，以及为农村带来许多现代技术方面的要素，从而促进产业兴旺。

3. 人才要素

农业生产收益率低下，多数农民会选择外出打工，导致农村优质劳动力大量外流，多数宅基地闲置。而腰站子村这种共建共享的模式会促进土地在城乡之间流转，吸引更多优秀人才去农村创业，原本外出打工的人返回家乡就业，以及由闲置宅基地衍生出来的产业也会带动一批农村劳动力，解决农村剩余劳动力的就业问题，同时资本下乡也会带动集体经济发展，提升人才质量，发挥个人或集体在乡村建设过程中的作用。

4.资本要素

在城市化发展阶段，城乡二元土地制度为城市提供了大量的土地收益，但是农村土地未被充分利用，城乡间差距越来越大。随着农村基础设施的完善，人居环境的改善，休闲农业、旅游文化产业和城市"后花园"等发展模式逐渐成为农村未来发展的经济增长点。农村有丰富的生态资源，但是农民收入低，资金能力不足，这就需要引入资本来发展二、三产业，腰站子村以共建共享居住、共建共享商住、共建共享经营的三种方式实现了资本下乡，通过盘活宅基地使用权，引入资本建房，共享房屋所有权，实现资本下乡，挖掘了农村土地的潜力。

（二）五马场乡模式：差异化实施方案，充分发挥宅改理事会作用

奇台县五马场乡下辖的4个村部分村为农业村，部分村为牧业村，二者在生产方式上存在较大差异，对此五马场乡根据《奇台县农村宅基地管理示范章程（试行）》的要求分村实施了差异化的宅基地制度改革策略。牧业村主要居住的是哈萨克牧民，长期以来从事畜牧业养殖，逐水草而居，但自牧民定居工程实施以来，许多牧民选择定居养殖牲畜。同农业生产不同的是，牧民宅基地上庭院内需建造圈舍以养殖牲畜和堆放牧草料，因此对宅基地的面积需求较大。奇台县域内的牧业村尝试了同种方案，例如，奇台县塔塔尔乡以牧业村为主，在宅基地制度改革中通过召开村民大会、座谈等方式征询村民意见，集思广益、广泛听取农牧民建议，在绝大多数村民赞同的情况下，最终确定有偿使用起征面积、退出方案等内容，经村"两委"会议和宅改理事会等研究确定实施。在此过程中，宅改理事会都扮演了重要角色。

根据奇台县出台的《奇台县农村宅基地制度改革理事会工作机制》，宅基地改革试点村为了健全农村宅基地管理议事决策、民主监督和调处矛盾纠纷等机制建立了宅改理事会。宅改理事会的机构设置和决策职责如图3所示，宅改理事会决策内容主要是决策本村庄规划的编制、宅基地的分配、集

体经济所得收益的分配、宅改相关人员的误工补贴，以及其他涉及村民宅基地改革利益的重大事项，并参照执行"四议两公开"机制，对此程序形成的决议及会议记录造册存档，接受村党支部监督，注重培树典型，每年举办两期理事长示范培训班，乡镇党委每年对理事会成员轮训一次，提升宅改理事会队伍的素质和本领，树立和推广先进典型，从而更好推进宅基地制度改革。

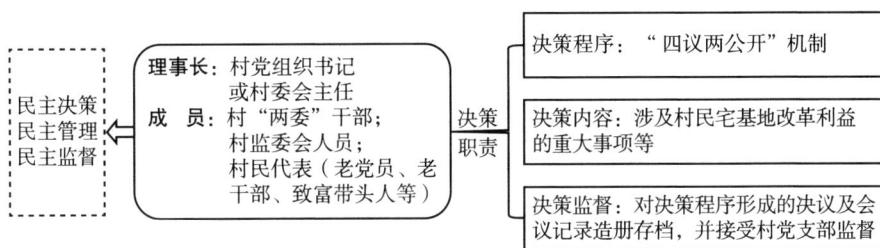

图 3　奇台县五马场乡宅基地制度改革理事会构成及决策职责

（三）营盘滩村模式：择位竞拍，促进旅游产业发展

奇台县半截沟镇营盘滩村，拥有得天独厚的旅游资源优势，适合发展旅游产业。为盘活存量农村建设用地，凸显宅基地区位优势，多元化配置农村宅基地，营盘滩村通过征求村民意见，先后制定了《择位竞价须知》《半截沟镇营盘滩村八组宅基地择位竞价公告》《现场宅基地择位竞价规则》等文件，并于 2023 年 7 月尝试探索了择位竞价新模式。营盘滩村累计拍卖了 24 宗一层院落、21 宗二层院落，为村集体经济积累了一定的村庄规划和基础设施建设资金。

在择位竞价过程中，营盘滩村首先基于当地自然条件和村庄基础设施规划，由村集体经济组织依据政府指导价及成员代表会议确定了 3 万元的保证金价格，并确定了一、二层院落起始价为 10.5 万～12 万元，并按照图 4 所示流程展开了择位竞价。首先，县域内有宅基地资格权，符合一户一宅建房申请条件的对象或县域内持有"宅票"的农户在公告期间进行报名，报名结束后由村集体经济组织对申请人资格进行审查后，进行现场宅基地择位竞价，并由村集体经济组织与宅基地择位竞得人签订宅基地择位竞价成交确认书，最后对宅基地择位竞价结果进行公示。宅基择位竞价作为农村宅基地退出和农村集体建设用地集约利用的一种政策探索与创新，在营盘滩村得到了当地农民的支持，实现了农村集体建设用地由资源、资产到资本的转化，为集体经济组织提供了新村建设和旧村改造的资金，促进了农村集体建设用地的集约利用、基础配套设施的改善和农民生活水平的提高。

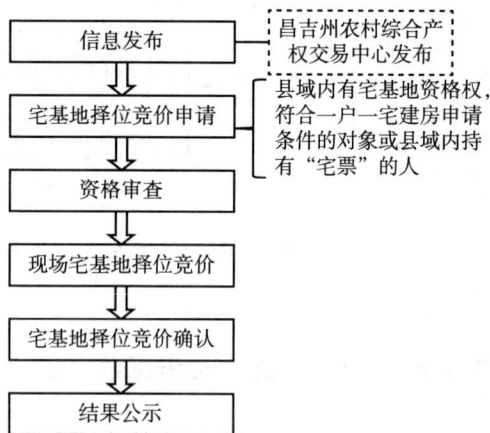

图4　奇台县营盘滩村择位竞价流程

（四）涨坝村模式：整村腾退、节约资源，发展乡村新业态

奇台县吉布库镇涨坝村作为国家5A级景区江布拉克的重要节点，按照"中心聚合，区块布局，轴向联动"节约集约用地的发展思路，充分利用闲置宅基地，先后开展了对闲置宅基地、低效用地的专项清查工作，并用项目资金、集体筹资和农户出资三种途径获得的资金进行了危房拆除、整村腾退、对村民进行补助，形成了"一核两带四园"的发展布局，促进一二三产业融合发展，助力乡村新业态、新产业。截至2023年8月，村集体筹集资金900万元，将两个片组宅基地逐个迁移至主干道区域，总计节约了

1200 万元的资金，累计拆除危旧房屋 100 余栋，并对原有住房补助 7000 元至 2 万元，对迁址新建村民在享受安居富民基础上每平方米补助了 500 元，综合补助 12 万元。涨坝村整村累计腾退整合宅基地 30 户 168 亩用于基础设施建设和产业项目开发，赋予乡村新的产业内涵，累计新建住宅 108 栋，村"两委"支持引导村民利用闲置住宅发展农家乐和旅游民宿，并建有啤酒烧烤广场、农产品展销中心、农事体验中心、幸福互助大院和果蔬大棚，同时举办赶集和农家土席等活动彰显乡风民俗，引导村民发展新业态、新产业，增加村民收入，助力乡村振兴（见图 5）。

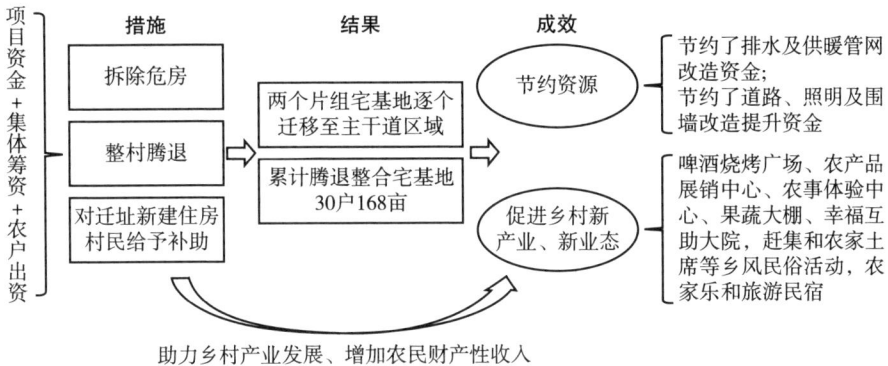

图 5　奇台县涨坝村闲置宅基地整村腾退、助力新业态模式

综上所述，奇台县盘活利用闲置宅基地和农房的模式主要有以下特点。第一，充分考虑农户在宅基地制度改革中的意愿和偏好，广泛征询村民意见确定相关方案并进行修改完善。以充分保障农牧民的财产权益为前提，以问题导向为原则，召开村级规划汇报会，根据各村的实际情况和村民的意见进行宅基地制度改革，并通过多种方式宣传政策、解答疑惑、征求意见，调动了农牧民的主动性和积极性。第二，因地制宜地在各村开展差异化宅基地制度改革模式。基于不同村资源禀赋和区位特点差异，以因地制宜、满足农户需求和意愿为前提，鼓励各村结合乡村振兴战略，发展旅游业、现代绿色农业等产业，探索适合自己盘活利用宅基地、促进乡村产业振兴的发展模式，并明确不得单纯为获取建设用地指标和追求农村集体建设用地的集约利用而强制进行。第三，推动闲置宅基地和农房利用，与乡村治理体系相适应，引入社会资本、合作社，构建多主体参与、企业化运营的发展模式。在此过程中村委会提供政策支持和基础设施的配套建设，社会资本引入资本要素、人才要素和技术要素等资源。

四　奇台县农村宅基地改革面临的困难

虽然奇台县在宅基地试点改革中积极探索了多种方式，但也面临一些困难，需要在实践中进一步探讨和完善。

（一）宅基地流转较为缓慢

第一，宅基地流转市场需求较小。由于使用权受到仅能在村集体内流转等限制，加之村民经济实力有限，宅基地需求市场受限，不能充分发挥宅基地的资产价值功能。第二，宅基地使用权的补偿金过低，使用权价值难以得到充分体现，补偿水平过低，农民不愿以这种形式出让宅基地使用权。第三，许多农户即使在城镇的生产生活都较为稳定，但出于乡土依恋、落叶归根以及年老回农村养老等非正式制度方面的考虑，也不愿退出宅基地资格权。第四，保留资格权的规定有较多不确定性。对于奇台县实行的保留资格权发放"宅票"的无偿退出模式，全县仅有 9 户无偿退出 24 亩，不及所有宅基地总数的 0.1%。由于宅基地取得、退出、流转、抵押与有效利用相关的政策制度仍不完善，其他领域的配套衔接不顺畅，现有改革还不能适应城乡格局变化、乡村社会转型和农民身份转换等，农户对退地后生活的保障性和稳定性问题存在较多顾虑，对应的实际成效也不显著。因此，从多方面来看，宅基地使用权流转的推进较为困难。

（二）对于宅基地盘活利用后的利益分配机制待进一步明确

奇台县各村对于盘活利用宅基地和壮大集体经济探索出了多种方式，通过闲置宅基地的盘活利用获得了一定财产性收入，壮大了村集体收入，并对其进行封闭式管理，主要用于农村基础设施投入和农户补贴。奇台县各村集体每年有几十万到几百万不等的收入，而对于宅基地盘活利用后的农村集体收益分配问题，我国目前没有明确的法律规定该如何分配，缺乏统一的立法支持。同时奇台县也没有制定统一的关于土地补偿费的地方性法规或者政府规章，仅有《奇台县农村宅基地增值收益分配指导意见（试行）》，但意见并没有谈到具体的收益分配主体和分配方式等问题，加之目前集体资产的经营者和管理者主要还是村"两委"成员，多数没有建立现代企业管理制度，经营管理缺乏有效监督，制约了集体经济的发展，收益也不能合理分配。对于如何使用村集体收入，包括对具体的分配主体（村集体、农民、地方政府、合作社）、分配的比例和方式等内容都缺乏规范性文件进行详细界定。由于缺乏统一的标准，集体资产没有真正分配到农户手里，那么宅基地制度改革产生的村集体收益也未落实，农户没有实实在在地从中获得收益，未体现"赋予农民更加充分的财产权益"的效果。

（三）宅基地有效利用的方式相对单一

闲置宅基地和闲置农房的有效利用，需要多元化利用模式的创新。虽然奇台县多数村镇实现了宅基地整合，但在宅基地利用方面，只有少数村引入了资本，但利用方式相对单一，村庄间宅基地利用效率差距较大，社会资本介入严重缺乏，使农户只能依靠有限的村集体力量和自身少量投资进行有限开发。与内地宅基地制度改革试点地区的多样化、创新化模式存在差距，例如，将闲置宅基地统一集中到"房宅合作社"，入股农文旅、农商旅、农康养等项目共享收益，改建农村养老院、幸福院、田园社区；利用闲置宅基地建设或入股家庭工场、手工作坊、农产品冷链、仓储等一二三产业融合项目；利用闲置宅基地经营民宿、度假小院等多种创新模式。总的来说，现有宅基地和农房利用的途径相对比较单一，带动农民增收、产业发展以推动乡村振兴的效果非常有限。

（四）现有村级干部激励机制不够完善

为深入贯彻落实乡村振兴战略，进一步发挥村级干部和村集体经济带头人的作用，需要建立和完善村干部激励机制，通过激发村干部抓产业、抓发展的热情，推动村集体经济发展提质增效。在调研中发现，奇台县各个村发展的模式有较大差异，各个村干部都有独特的发展思路和想法，村集体经济组织也在"能人"的带动下取得了较大成效，但普遍存在村级干部难当的问题，在基层组织建设中，存在偏重精神鼓励，忽视物质奖励的倾向。村级干部激励方案等相关文件实际不能起到有效激励作用。按照办法里的奖励标准，村集体经营性资产净收益达到 30 万元以上才对经营班子进行奖励，但实际情况是，参照奇台县各村 2022 年村集体收入，发现奇台县总共 68 个村，仅有腰站子村、二马场村和江布拉克村 3 个村的经营性收入在 30 万元以上。此外，在调研中发现，受知识水平限制，村级干部对冗杂、难懂的文件内容理解不到位，村级干部激励机制不能起到真正有效的激励作用，长此以往容易导致村级干部抓村集体经济发展的积极性不高，产生"干多干少一个样，干好干坏一个样"的思想等问题，从而导致经济发展成效不明显。

五　进一步有效推进奇台县宅基地制度改革的建议

（一）稳慎推进农村宅基地改革，加快宅基地使用权流转步伐

为防止农民出现"无房可住"的风险，对于有退出宅基地意愿的农户，应采取措施鼓励并协助其自愿有偿退出宅基地；对于选择永久退出宅基地的农户，需制定严格的农村宅基地退出规定。例如，必须提供城市稳定住房的证明，或确保在农村地区的农房人均居住面积超过 30 平方米。同时，应建立风险防范预案，防范农户"无房可住"风险，如设立农村宅基地资格权重新获得机制，以确保农民合法权益不受损害。为实现上述目标，需要从以下几个方面进行完善。首先，建立健全进城农民相关社会保障制度。例如，完善进城农民住房保障制度，可以将其纳入公租房、廉租房等政策保障范围。完善进城农民就业和子女教育保障体系，确保农民工能在就业地平等享

受就业、培训和救助机会，其子女能获得同城镇居民子女同等入学资格。①其次，需要完善宅基地退出补偿制度。一方面，可以提高宅基地退出补偿资金，以缩小农村集体土地与国有土地在补偿上的差距；另一方面，可以通过多种方式进行补偿，以资金补偿、置换房屋等途径丰富补偿方式。这样不仅可以促进农民自愿有偿退出闲置宅基地，也能保障其在退地后有充分的生活保障。另外，还应加强对农村宅基地相关政策的宣传和培训，提升农民对相关政策的理解和认知，组织其参观宅基地多元利用示范项目，向农民展示宅基地多元利用的好处和可行性。

（二）创新宅基地利用模式，有效推进宅基地盘活利用

一是加快制定允许闲置宅基地和闲置农房流转使用的乡村产业清单，探索返乡创业人员租赁改造农房、返乡创业人员与当地农民合作等方式，完善返乡创业人员住房保障机制，吸引更多的乡贤、创客、大学生更好地建设美丽乡村。还应充分利用新疆多民族融合、自然资源丰富和景致优美等特点，开发自然风光、人文遗产、民间艺术和红色文化等资源，全面推进乡村生态旅游业、乡村民宿与康养产业、农耕文化体验与研究教学基地、文化教育拓展基地等项目，以展现乡村的土地之美、历史底蕴和蓬勃发展的活力。二是探索针对农村宅基地使用权流转后的权利保障制度。建议可将宅基地使用经营人登记为"宅基地使用经营权和房屋使用经营权"主体，土地流转后，经双方协商，申请颁发不动产权证书，赋予其抵押、担保等权利。三是建立健全监督机制。加强对宅基地利用的监管和评估，对于未能按规定进行多元利用的宅基地，要及时采取相应的处罚措施，确保多元利用的机制能够顺利进行。

（三）制定集体利益分配指导政策，充分保障农户财产权益

农村集体经济组织的收益分配制度是农村分配制度的重要组成部分，其

---

① 任育锋、王玉庭、顾岳汶：《政策系统视域下农村宅基地制度改革实践及优化路径——以江西省鹰潭市余江区为例》，《农村经济》2022年第6期，第17~26页。

直接涉及农村集体经济的可持续发展以及农民共同富裕目标的实现。因此，必须尊重农民的意愿，充分发挥农民的主导作用，按照公开、公平、公正的原则，确保民主管理原则贯穿于收益分配制度的始终。首先，建立完善农村集体经济组织利益分配机制，是促进农村集体经济发展，保护农民合法权益，推动农民财产性收入增长的有效手段。其次，乡镇人民政府经管部门应加强对农村集体经济收益分配的有效监督。尽快推动农村集体"三资"（资金、资产、资源）数字化监管的创新途径，将集体经济组织的收益分配情况整合到集体"三资"监管平台中，实施有针对性的监管措施，以实现各级监管部门能够随时查询和指导的目标。最后，为避免由于个别村干部缺乏法律意识，违规操作导致分配不公等情况发生，应加强对村干部的培训，提升其工作能力和知识水平，增强其法治意识和执政能力。

（四）优化村干部激励机制，激发内生动力推动村集体经济发展

村干部在我国农村建设中发挥着直接的推动作用、组织作用和实践作用，是引领村庄发展和村民致富的主要力量。因此，在宅基地制度改革试点过程中，必须特别关注村干部的激励工作。首先，县委应组织相关部门组成专题调研组，深入各村进行调研，出台真正有效的村干部保障激励机制的政策。同时，可以适当地对已出台的政策进行解读和引导，例如，发布《昌吉州农村集体经济组织实行经营目标责任制绩效考核奖励试行办法》后，可以增加政策解读，以便村干部加强理解、有效实施，从而增强岗位吸引力，激发村干部的工作热情和积极性。其次，调整村干部的工资待遇。县（市）区、乡镇党委和政府可以从财政上给予一定的补贴，对特别优秀的村支部书记，对发展村集体经济做出突出贡献的党员、干部进行表彰，符合选用条件的，优先提拔使用，从而激发村干部的干事创业热情和积极性。另外，村干部的奖励中应该增加一项创新奖，奖励富有创新精神、敢于尝试改革新模式，善于学习、尝试新技术的干部，从而激励村干部积极地探索和创新，谋求农村经济发展的新途径。最后，还应给予村干部生活方面的关心和支持，解决老有所养问题，各镇根据具体情况完善村干部离任保障办法，合

理安排离任村干部的生活补贴，解决其后顾之忧，确保他们能够深刻体会到党组织的关怀，将"共同事业"转化为"个人事务"，激发乡村振兴基层组织活力。

参考文献

徐小峰、胡银根、魏西云：《宅基地区位竞价实践评述》，《国土资源情报》2012 年第 5 期。

B.14
若羌县创建全国乡村振兴
示范县工作探索

龙　胜*

摘　要： 近年来，若羌县深入学习贯彻党的二十大和中央经济工作会议、中央农村工作会议精神，贯彻落实习近平总书记关于"三农"工作的重要论述和重要讲话精神，完整准确贯彻新时代党的治疆方略，聚焦自治区党委全面推进乡村振兴、加快建设农业强区战略部署，全面推进乡村振兴战略，加快推进农业农村现代化，推动形成了工农互促、城乡互补、协调发展的新型工农城乡关系，实现乡村振兴高质量发展。主要做法有：以农民增收为主线，全面推进产业振兴；以防止返贫致贫为基础，全力巩固脱贫攻坚成果；以乡村建设行动为重点，推进城乡基础设施一体化；促进城乡融合发展、推进城乡基本公共服务均等化；以深化农村改革为动力，激活乡村振兴发展活力；以党建引领为保障，建立健全乡村治理体系。形成的主要经验有：因地制宜，充分挖掘当地优势，培育优势产业；构建一二三产业融合体系，夯实乡村振兴的经济基础；加强人才建设，健全乡村治理体系；健全乡村振兴推进机制，全面落实乡村振兴责任。通过奋力建设一超多强特色产业、党建引领民族团结、多元文化融合赋能乡村振兴样板区等措施推进若羌县乡村振兴。

关键词： 乡村振兴　城乡融合　产业振兴

---

* 龙胜，若羌县乡村振兴局综合办主任，研究方向为乡村振兴。

一　基本情况

若羌县是新疆的东南大门，是"一带一路"、中吉乌走廊、西部陆海新通道的重要节点，其红枣闻名遐迩、区位优势突出、矿产资源丰富、文旅资源富集，具有广阔的发展潜力。全县行政面积20.23万平方公里，素有"华夏第一大县"之称。县辖5镇3乡，总人口8.0756万人，主要由汉族、维吾尔族、回族等民族组成。打赢脱贫攻坚战以来，若羌县委、县政府迅速转换工作思路，提出以争创国家级乡村振兴示范县为目标，以"一二三产业融合发展"为支撑，深入实施农业农村"十大提升行动"，做大做强红枣优势主导产业，拓宽"一主三辅"（红枣产业为主，畜牧业、设施农业、特色种养业为辅）农业发展路径，统筹抓好乡村发展、乡村建设、乡村治理等重点工作，乡村基础设施和乡村面貌得到显著提升，各族群众增收基础进一步得到夯实，乡村振兴实现良好开局。2022年，全县实现地方生产总值87.2亿元，完成地方公共财政收入10.5亿元，完成社会固定资产投资58.5亿元，实现社会消费品零售总额3.6亿元。农村居民人均可支配收入32756元，城乡居民收入比为1.2∶1。若羌县先后成功入选全国乡村建设评价样本县、全国村庄清洁行动先进县，3个村庄获评"中国十大最美乡村"，2022年成功获批国家现代农业产业园。

二　主要做法

（一）以农民增收为主线，全面推进产业振兴

不断优化农业产业结构和区域布局，提高标准化、规模化、品牌化水平，做大做强特色优势产业，促进农业增效农民增收。

一是做优做强红枣支柱产业。自2001年以来，历届县委、县政府始终把红枣产业作为富民增收的突破口，推动红枣产业由零星种植向规模化、产

业化发展。全县红枣种植面积 23.38 万亩，建有"全国 10 万亩绿色食品原料（红枣）标准化生产基地"，建成南疆地区红枣交易中心，红枣仓单注册量位居全国前列，完整的红枣全产业链初步建成，红枣产业总产值为 32.1 亿元，加工业产值与总产值比为 3.38：1，远高于全国平均水平，"若羌红枣"入选国家地理标志名录，是名副其实的"中国最优红枣之乡""中国红枣产业发展龙头县"。同时，先后引入红枣精深加工企业 11 家，研发枣酒、枣醋、冻干枣等精深加工产品 18 种，打造以"楼兰红枣""羌都参枣"等为子品牌的"若羌红枣"品牌体系，产业链整体效益不断提升。

二是做大做好生态畜牧业。实施"兴猪、扩羊、增牛"战略，培育和引进生猪、肉羊、肉牛、肉驴、骆驼等规模化养殖企业 5 家；加快推进 140 万头生猪、20 万只肉羊、万头牛场等项目建设，多次获评"生猪标准化示范场"，全国生猪产业发展大县蓄势待发。

三是做精做细特色种养业和设施农业。积极克服农业产业结构单一的问题，挖掘本地特色品种，打造"乡字号""土字号"小众品牌，推广种植黄恰玛古、黑枸杞、甜瓜等特色小众作物 2.5 万余亩，多渠道增加农牧民收入；积极推进设施农业发展，500 余座温室大棚建成投用，盛世羌农设施农业基地、翔天菌业建成投产，年蔬菜供给率由 45% 提升至 78%。

四是做活做实乡村旅游业。坚持因地制宜，突出乡土味道，将高品质果园改造为风情园、古迹遗址改造为网红打卡地、闲置民居改造为乡土民宿，发展风情园（农家乐）26 个、网红打卡地 9 个、民宿 35 家，规划乡村旅游路线 5 条，高质量举办"枣花节""楼兰文化·红枣节"等旅游节庆活动，推动若羌红枣、黑枸杞、枣花蜜等优质农业资源向旅游品牌转化，农旅融合迈出新步伐。农旅新业态年均接待游客 3.4 万人次，旅游直接和间接收入 700 余万元，促农增收户均 1700 余元。

五是推进农业全产业链发展。坚持把农业全产业链发展作为释放乡村产业巨大潜力的主攻方向，投入专项资金 3 亿元完成农产品加工园建设，建成标准化厂房、冷库、产品展销中心及配套基础设施和"智慧园区"公共服务平台，引入农业骨干企业 5 家（国家级 1 家、自治区级和自治州级各 2

家），延伸拓展干鲜果品精深加工、畜产品加工、冷链物流等下游产业，打通种植、加工、储运、销售等环节，乡村经济业态更加丰富。

（二）以防止返贫致贫为基础，全力巩固脱贫攻坚成果

始终保持帮扶力度不减、帮扶政策不退，强化薄弱环节，推进脱贫成效更稳固、可持续。

一是完善监测预警和帮扶机制。建立防返贫风险基金，对年收入1万元以下的农户实施常态化监测预警，定期集中排查，对842户脱贫户及30户监测户接续落实"一户一策"帮扶措施，目前若羌县无返贫致贫现象发生。

二是持续筑牢社会保障基础。加大县级财政对民生保障的投入，率先在全区实现城乡低保标准统一，最低生活保障实现城乡同标，每人每年8400元，居全区前列。2023年，若羌县农村居民基础养老金由每人每月210元提高到410元，是全区最高。

三是继续推进农村富余劳动力高质量就业。实施职业技能提升行动，办好县技工学校，围绕县域重点企业用工需求，设置电工、焊工等32个学科，目前在校生248人。全力推进产教融合，成立巴音郭楞职业技术学院若羌现代产业学院，携手志存锂业、特变电工等28家企业签订"校企合作协议"，开设订单班，培养定向专业技术型人才，努力实现农民向产业工人转型。截至2023年7月，到城镇、园区、企业实现高质量就业的农村富余劳动力达1046人，全县1010名脱贫人员实现稳定就业，完成目标任务的99.02%。

（三）以乡村建设行动为重点，推进城乡基础设施一体化

近年来，若羌县坚持以人民为中心，践行共享发展理念，在城乡一体化框架下，推动建设资金向农村倾斜、基础设施向农村延伸。

一是城乡环卫一体化。若羌县在全区率先引入PPP模式，实行城乡环卫服务市场化改革，将城乡环卫服务外包给企业进行专业化运作，在农村建立"户投放、村收集、乡转运、县处理"的垃圾处理运转模式，农村生活垃圾无害化处理率达98%。

二是城乡供水一体化。投资3.3亿元的若羌县城乡居民饮水第二水源地工程于2023年6月30日正式通水，清澈的米兰河水经过79公里的地下管网流向千家万户，结束了县城及周边3个乡镇居民饮用地下水的历史；对偏远乡镇、村实施农村自来水水质提升工程，实现全县所有农户供水分户计量改造，IC卡智能水表使用全覆盖，城乡集中供水率、水质合格率均达100%。

三是城乡排污一体化。若羌县按照"就近入网、集中处理"的原则，建成3个乡镇18个村集中排水管网，并将县城周边7个行政村排污管网全部接入城市排水主管网；在相对独立的吾塔木乡、瓦石峡镇规划建设了25个农村生活污水处理站，污水排放标准达到1级；实行城乡排污国资公司统一运营，实现城乡排污同网同价。截至2023年7月，全县农村生活污水管网覆盖率达95%，农村卫生户厕普及率达100%。

四是通村燃气一体化。率先在全区实行乡村分布式供气，在3个乡镇18个村规划建设独立式地下供气站10座，做到农村供气站无人值守、视频远程操控，进一步降低燃气运行费用和农户用气成本。截至2023年7月，农村居民天然气通户率、使用率均达98%。

（四）促进城乡融合发展，推进城乡基本公共服务均等化

若羌县实现教育、医疗、交通、物流等基本公共服务均等化。基本公共服务主要领域指标均高于全区平均水平。

一是坚持义务教育均衡发展。加大普惠制教育县级财政投入力度，自2008年起，在全区率先实现城乡学前至高中阶段15年免费教育。搭建塔东南兵地基础教育校际交流、邢若援疆人才交流等平台，与新疆师范大学、邢台学院、河西学院、巴州师范学校合作建立实训基地，与库尔勒实验中学、巴州三中开展集团化办学，推进县域城乡学校联盟捆绑和轮岗交流。与疆内名校华山中学已连续开展五轮联合办学，构建十五年一贯制教育生态体系，高考本科上线率逐年递增，2023年突破历史新高，达到93.24%。加大农村地区教育基础设施建设，"十三五"以来，投入专项资金6.8亿元，新建学

校 3 所，维修、改造校舍项目 23 个，城乡办学条件实现优质均等。

二是坚持办人民满意的医疗。建强医疗基础设施，投入 2.3 亿元新建县人民医院新院区，配置大型 CT、DR、电子胃镜等高端医疗设备 16 台，投入 1030 万元建设乡镇卫生院中医馆、村卫生室，城乡医疗服务更健全。提升医疗服务能力，推动实施自治区人民医院公益性托管县人民医院，与疆内外 5 家三级甲等医院建立专科联盟、远程会诊机制，分批次选派 30 名援疆、援若专家下沉开展坐诊，设置标准化村卫生室 16 家，实现县乡村三级医疗机构互通互联，实现"大病不出县、小病不出乡"。

三是加快公交、物流向末端延伸。优化布局城乡公交体系，规划建设城乡公交线路 5 条、站点 43 个，基本形成"城区—乡镇—村"的全覆盖城乡公交网络；深入推进农村电商物流配送进村工程，完成 20 家村级邮政快递服务站建设，村级电商站点实现全覆盖，打通了快递进村"最后一公里"。

（五）以深化农村改革为动力，激活乡村振兴发展活力

坚持把改革作为推动农业农村发展的不竭动力，推进产权制度、土地制度改革，激活农村发展活力。

一是深化农村集体产权制度改革。累计完成 20 个行政村股份制经济合作社注册登记及发证工作，界定集体经济组织农户 4465 户、成员 14552 人。二是深化农村土地制度改革，探索农村土地经营权流转、抵押、入股等多形式的经营方式，提高劳动生产率、土地产出率和资源利用率。完成农村耕地流转面积达 1 万亩。三是健全农业农村投入保障机制，坚持财政优先保障，加大"三农"领域财政投入力度，将土地出让金用于农业农村的比率达 13% 以上，2022 年计提土地出让金 2370 万元。四是积极推进全区生产供销信用"三位一体"综合合作试点工作，实施"供销商超+农民专业合作社"，实现"农户生产种养、合作社平台聚集、供销商超销售配送"的服务新模式。2022 年以来，建立和恢复基层合作社 5 个、供销商超 5 家。

（六）以党建引领为保障，建立健全乡村治理体系

坚持把乡村治理融入柴米油盐，落实到衣食住行上，探索党建带动、科

技推动、法治撬动、群众行动的"四动"模式，把党建活力转化为乡村振兴发展动力，全面拓宽群众有序参与基层治理的渠道。

一是加强基层党组织建设。坚持把加强基层党组织建设作为引领乡村振兴的"红色引擎"，选优配强村党组织书记，组织开展党组织书记"擂台比武"9场次，储备村级后备干部107名；深入推进基层党组织"五强五提升"行动，推广"党组织+合作社+农户"发展模式，形成"一村一项目"的发展路径，进一步提升党组织战斗力。

二是实施农业科技人才服务行动。选派8名科技副乡（镇）长，18名科技特派员，56名"土专家""田秀才"开展科技服务，形成"科技副乡（镇）长—科技特派员—土专家田秀才"的科技人才服务体系。

三是全面推进法治乡村建设。规范完善"四议两公开"制度，优化村规民约，形成群众监督、村民小组监督、乡镇党委和有关部门监督等多位一体的监督体系。建成乡村"一站式"矛盾纠纷调解室28个、人民调解员队伍142名，实现"一村一法官""一村一检察官"全覆盖。健全完善"三调联动""五级联调"矛盾纠纷化解工作机制，创建"海大姐调解室""阿不拉江调解室"品牌，矛盾纠纷调处率达100%，成功率达99%以上。

四是探索推广积分制、清单制。印发《若羌县关于在基层治理中推广运用文明积分制工作的实施方案（试行）》，将乡村治理各项事务转化为数量化指标，对党员、群众日常行为进行评价形成积分，按照1个积分1元的标准进行物品兑换，设立兑换超市20个，通过社会组织捐赠、村集体经济列支和县财政保障，形成物资保障长效机制，群众参与乡村治理的活力得到有效激发。制定县乡"属地管理"事项责任清单、乡（镇）职责准入制度，明确乡镇属地管理事项责任清单44条，县直各部门主责事项37条，延伸至乡镇政务服务事项清单94项、至村（社区）的48项，严格落实"清单之外无审批"要求，乡村治理更加规范。

五是推动农村精神文明蓬勃发展。按照"五有"标准，整合乡村党群服务中心、综合文化设施、农牧民夜校、文化大院、农家书屋、乡村科普馆等各类阵地资源，打造新时代文明实践示范点、科普馆、主题馆24个，组建乡村特色文艺小分队 19 支，体育健身设施覆盖率达到 100%。深入开展"习近平新时代中国特色社会主义思想进万家"活动，常态化开展形式多样的宣传教育活动 400 余场次，进一步团结鼓劲聚民心，自治州级以上文明村镇创建达 100%，乡村迸发出生机勃勃的活力。

三　取得的成效

若羌县认真贯彻落实自治区党委马兴瑞书记考察若羌时的讲话精神，紧紧依托若羌资源优势，围绕"产业发展""农民增收"两个关键环节，奋力打造"若羌新城"，构建了"一主三辅"农业产业发展体系；确立了打造绿色矿山产业集群、新材料产业集群、盐化工产业集群、新能源产业集群和装备制造产业集群"五大产业集群"的经济发展思路；形成了红枣富民、新能源蓄势、新材料蓄力、枢纽赋能的一二三产业融合发展格局，在全面推进乡村振兴中促进农民共同富裕。

（一）乡村环境更加宜居

若羌县全面推进"厕所革命"、农村生活垃圾治理、农村生活污水治理和最美乡村建设，农村人居环境得到显著改善。持续推进"厕所革命"，主推"水冲式"和"双坑交替式"两种户厕模式，农村卫生户厕普及率达100%。全面推动农村生活垃圾分类、无害化处理。建立"户投放、村收集、乡转运、县处理"的农村垃圾处理运转模式，实现城乡环卫服务工作规范化、专业化，农村生活垃圾无害化处理率达 98%。狠抓污水治理工作，按照"就近入网、集中处理"原则，实行城乡排污统一运营，农村居民生活污水纳入集中污水管网，农村生活污水管网覆盖率达 95%。全面实现农村环境卫生（垃圾、污水）与县城一体化管理。全力保障和美宜居乡村建设。90%以上农户完成庭院经济、"四区分离"改造。通过绿化美化行动提升村容村貌，果勒吾斯塘村、尤勒滚艾日克村、铁干里克村荣获"中国十大最美乡村"提名奖等荣誉称号。

（二）城乡融合更加协调

城乡基础设施实现规划、建设、管护"三统一"；最低生活保障实现城乡同标，每人每年 8400 元，居全区前列；农村居民基础养老金由每人每月210 元提高到 410 元，是全区最高；基本公共服务实现城乡均等化，农村公共服务圈和医疗服务圈基本建成；城乡居民收入比从 2001 年的 2.5∶1 缩小至 2022 年的 1.19∶1。

（三）乡村产业更加兴旺

红枣产业已成为农民增收致富的"绿色银行"，农区畜牧业、戈壁设施农业、特色种养业成为农民增收的"助推器"，全县农民人均收入从 2001年的 2216 元增加到 2022 年的 32756 元，增长 13.78 倍，高出全区平均水平59%。2022 年，全县村集体经济平均收入达 55.35 万元，其中百万元以上村2 个。

（四）乡村治理更加有效

以创建"五个好"标准化规范化党支部为载体，深入实施"五强五提升"组织振兴行动，全面推行"积分制""清单制"乡村治理模式，乡镇体制机制进一步优化，乡村服务能力水平进一步提升。以创建"民主法治示范村"为契机，建立完善的"三调联动""五级联调"多元化解工作机制，创建"海大姐调解室""阿不拉江调解室"品牌，实现平安乡村创建覆盖率达 100%和矛盾纠纷调处率达 100%，有效推动乡村治理由"无形"变"有形"，共建、共治、共享的新时代乡村治理格局逐步形成。

（五）乡风文明更加和谐

推动物质文明美丽乡村向精神文明和美乡村迈进，推进家风家训建设，常态化开展孝道红黑榜、善行义举榜评选活动。扎实推进新时代文明实践中心（所、站、点）建设，自治州文明村镇创建率达 100%。以农家书屋、文化大院为载体，创新实施文明单位与文明村镇"结对帮扶，文明共建"行动，常态化开展丰富多彩的文化活动，农村群众文明素养显著提升，陈规陋习得到有效遏制，文明乡风、良好家风、淳朴民风不断形成。

四　经验与启示

（一）因地制宜，充分挖掘当地优势要素，培育优势产业

自 2001 年起，若羌县委、县人民政府始终坚持将红枣产业作为全县农牧民增收致富的主导产业，经过二十余年的深耕坚守，红枣产业拾级而上，强势带动人民生活水平不断提升，若羌县成为自治区第一个人均收入上万元的县，在全区提前 5 年实现了生产总值、农牧民人均纯收入较 2010 年翻番的目标，荣登"全国县域发展指数"全国百强县第 59 位、全区排名第一。

红枣产业在区域脱贫增收中发挥着不可替代的作用，为全面建成小康社会奠定了坚实基础。近年来，随着南疆环塔地区红枣种植面积的快速增长，红枣价格持续低迷，为有效应对影响，全面增强若羌红枣市场竞争力，若羌县自 2017 年起深入推进红枣产业二次革命，启动实施"红枣提质增效"工程，县财政每年安排 1000 万元奖补资金，用于鼓励枣农开展枣树疏密间移、施用农家肥、建立示范园等工作，推动若羌红枣由重"产量"向优"品质"转变。实践证明，若羌红枣的经济、生态及社会效益日益凸显，若羌县依托红枣产业真正走上了一条"生产发展、生活富裕、生态良好"的绿色发展道路。

（二）构建一二三产业融合发展体系，夯实乡村振兴的经济基础

2022 年 3 月以来，自治区党委马兴瑞书记曾多次莅临若羌县调研指导工作，为若羌谋篇布局，作出建设"若羌新城"的重要决策。若羌县紧紧依托县域矿产资源、能源和交通优势，谋划建设绿色矿山产业集群、新材料产业集群、盐化工产业集群、新能源产业集群和装备制造产业集群"五大

产业集群"。引进特变电工、志存锂业、中广核、三峡能源等国内大型新材料、新能源企业 20 余家，实施重大产业项目 56 个，全年预计实现固定资产投资 100 亿元，未来 3~5 年将新增和吸纳就业岗位 1 万余个。若羌县先后成功创建国家现代农业产业园、中国特色农产品优势区、国家农村产业融合发展示范园三个"国字号"平台，并正在创建国家农业绿色发展先行区和国家乡村振兴示范县。投资 3 亿元建成若羌县农产品加工园，以红枣为主导产业，规划布局生产示范区、循环发展区、加工物流区、科技孵化区和农旅融合区等 5 大功能区，已引进翔天菌业、羌鑫农业等 16 家企业入驻，突出拓展延伸产业链，促进一二三产业融合，构建链式联动的产业经济，充分促进各类资源要素的价值转化。

（三）加强人才建设，健全乡村治理体系

乡村振兴要破解人才瓶颈，加强人才建设，培养和发挥乡村"土专家"、乡村工匠、文化能人、非遗传人、新型农民的主体作用。若羌县以创建"五个好"标准化规范化党支部为抓手，以实施"五强五提升"组织振兴行动为载体，激活乡村振兴新动能。成立科技服务团队，选派 20 名农业科技人才到村帮带 56 名"土专家""田秀才"，坚持农业人才、技能人才、干部人才一体推进，挂牌成立人才工作室和乡村振兴林果技术服务队，为乡村振兴注入强劲动能。

深入开展"民主法治示范村"创建活动，全面推行"积分制""清单制"乡村治理模式，县财政提供 100 万元用于积分超市运行，平安乡村创建覆盖率和矛盾纠纷调处率达 100%，逐步形成共建、共治、共享的新时代乡村治理格局。推进家风家训建设，常态化开展孝道红黑榜、善行义举榜评选活动。

以农家书屋、文化大院为载体，常态化开展丰富多彩的文化活动，农村群众文明素养显著提升，文明乡风、良好家风、淳朴民风不断形成。扎实推进新时代文明实践中心（所、站、点）建设，自治州文明村镇创建率达 100%。

（四）健全乡村振兴推进机制，全面落实乡村振兴责任

若羌县坚持把推进乡村振兴战略作为"一把手"工程，围绕"创建全国乡村振兴示范县"目标，制定《若羌县推动巩固拓展脱贫攻坚成果同乡村振兴有效衔接专项监督的实施方案》等，明确建设乡村振兴示范区、红枣产业新"三品一标"示范县、生猪产业发展大县、国家级现代农业产业园、全区干鲜果品集散枢纽等重点工作。

完善工作推进体系，把握工作重点，落实保障措施，推动乡村振兴高质量发展。充实县委农村工作领导小组暨乡村振兴领导小组，县委常委会每季度专题研究部署乡村振兴工作；建立包联帮扶机制，20个行政村实现县级干部和县直部门定点包联帮扶全覆盖；紧紧压实县乡村三级党委、政府责任，定期调度和专项监督检查，形成"有部署、有会商、有考核、有排名"的乡村振兴工作推进体系。

2021年以来，若羌县累计投入乡村振兴项目资金6.68亿元，完成农业产业园区、农村基础设施建设、农村供水及农村人居环境整治等工程140个，为创建国家乡村振兴示范县奠定了坚实基础。

五　推进若羌县乡村振兴工作的思路与对策

未来，若羌县将以习近平新时代中国特色社会主义思想为指导，全面贯彻党的二十大精神，深入贯彻第三次中央新疆工作座谈会和习近平总书记视察新疆重要讲话重要指示精神，准确贯彻新时代党的治疆方略，深入落实自治区党委全面推进乡村振兴、加快建设农业强区的战略部署，聚焦自治区党委"若羌新城"的发展定位，对标基本实现农业现代化和农村基本具备现代生活条件，坚持整体推进与重点突破并重，通过多维度、多元化的系统性、集成性、协同性探索，构建"融合精美"的产业发展新体系、"生态富美"的乡村建管新体系、"全域秀美"的城乡融合新体系，推进"要素活美"的体制与机制创新，扎实推动乡村产业振兴、人才振兴、文化振兴、

生态振兴、组织振兴，深化城乡融合、三生融合、三产融合，奋力打造乡村振兴"若羌样板"，树立边疆少数民族地区乡村振兴新标杆，在促进农业高效、乡村宜居宜业、农民富裕富足上走在新疆前列，示范带动全区乃至全国边疆少数民族地区全面乡村振兴。

（一）奋力建设一超多强特色产业赋能乡村振兴样板区

立足若羌县资源禀赋和产业基础，按照"稳粮饲、强枣业、促畜牧、扩蔬果、兴特色"的发展思路，以国家现代农业（红枣）产业园、若羌红枣中国特色农产品优势区建设为契机，形成以红枣产业为龙头，粮饲、畜牧、蔬果、特色种养协同的"1+4"产业发展格局。以"优质高效、特色精品、绿色生态、健康养生、田园美丽、产业融合"为抓手，以农业高质量发展和乡村共同富裕为导向，深入实施科技强农、机械强农"双强行动"，推动产业平台提档升级，实施产业链条强链补链，加快乡村产业数字赋能，擦亮"若羌红枣"金字招牌，着力延长产业链、提升价值链、构建创新链、完善服务链，贯通产加销、融合农文旅，推进若羌"1+4"产业振兴，更好发挥农业基本盘和"三农"压舱石作用，为若羌县高水平实施乡村振兴战略、高质量建设共同富裕先行县提供有力支撑。

（二）奋力建设党建引领民族团结赋能乡村振兴样板区

组建"一家亲"民族团结进步党建联合体和党建联盟，着力凝聚起全领域民族团结进步工作合力。聚焦"四个突出"，切实把党的政治优势、组织优势和群众工作优势转化为乡村振兴优势，为做好乡村振兴提供坚强组织保障。突出组织建设，深入推进"五强五提升"组织振兴行动，大力创建"五个好"标准化规范化党支部，增强党建引领乡村振兴的引领力。突出强村富民，通过"三盘活一提升一强化"不断壮大村集体经济，增强党建引领乡村振兴的经济力。突出"三治"融合，不断丰富完善基层社会治理的内容和形式，增强党建引领乡村振兴的内生力。突出服务质效，深化"党建+网格+数字化"治理模式，增强党建引领乡村振兴的凝聚力。以党建领航激活乡村振兴"红色引擎",推动"党建链"与"发展链""治理链""服务链""生态链"等多链融合,推动产业振兴、文化振兴、人才振兴、生态振兴、组织振兴等多频共振、融合发展、跨越升级。

(三)奋力建设多元文化融合赋能乡村振兴样板区

聚焦铸牢中华民族共同体意识、深化民族团结进步创建工作,深入实施文化润疆工程,深挖历史文化、民族文化、红色文化、产业文化的丰富内涵,促进文化交互交融,增强各族群众的文化认同感。讲好文化交融的楼兰故事,弘扬丝路文化,探寻中华民族共同文化基因,以历史文化促认同。将少数民族文化融入中华民族传统节日活动中,近距离展现民族文化魅力,不断增强各民族共同发展的行动自觉。依托二军六师骑兵营旧址、红砖路等,推进红色文化记忆传承创新。讲好全县各族群众团结奋斗的红枣故事,展现各族群众休戚与共、共建美好家园的火热实践。用文化的力量浸润人心,通过互嵌式发展,赓续民族团结根脉,共筑乡村振兴的精神家园。

B.15
和布克赛尔蒙古自治县乡村建设
和人居环境整治探索

阿布都伟力·买合普拉*

摘　要： 在党的二十大提出统筹建设宜居宜业和美乡村的背景下，和布克赛尔蒙古自治县（以下简称"和布克赛尔县"）作为传统农牧业大县，准确把握本县和美乡村建设的资源禀赋优势和巨大潜力，学习运用"千万工程"经验，着力推进农村人居环境综合整治行动，乡村建设取得新进展。本报告从农村人居环境整治的视角分析了和布克赛尔县在乡村建设方面的工作举措、取得的成绩、形成的工作经验和今后的工作思路等。工作举措包括：凝心聚力，多措并举，有序推进示范创建工作；抓常抓细，持续用力，稳步实施乡村建设行动；充分发挥农民群众主体作用；加大政策支持力度；强化组织保障。形成的基本经验包括：发挥多方合力，健全治理体系；建立多元投入机制，强化资金保障；完善配套政策，强化机制保障。后期工作思路包括：持续抓好示范创建工作，常态化开展村庄清洁行动，全力实施"厕所革命"整村推进工作，如期完成反馈问题整改工作，加强宣传引导营造良好氛围，进一步完善日常管护机制等。

关键词： 和布克赛尔县　乡村建设　人居环境整治

---

* 阿布都伟力·买合普拉，新疆社会科学院农村发展研究所所长、研究员，研究方向为区域经济。

习近平总书记提出："把推进乡村全面振兴作为新时代新征程'三农'工作的总抓手，学习运用'千万工程'经验，因地制宜、分类施策，循序渐进、久久为功，集中力量抓好办成一批群众可感可及的实事。""千万工程"实施20年来，探索出了一条加强农村人居环境整治、全面推进乡村振兴、推动美丽中国建设的科学路径。

和布克赛尔蒙古自治县（以下简称"和布克赛尔县"）聚焦自治区党委全面推进乡村振兴的战略部署，举全县之力、聚全民之智，以人居环境整治为"小切口"推动乡村振兴"大战略"，因地制宜推进乡村建设行动，着力实现农村人居环境品质提升，努力打造生态宜居美丽乡村。

一 基本情况①

和布克赛尔县位于准噶尔盆地西北边缘，地处塔城、克拉玛依、阿勒泰三地区中心，北与阿勒泰、哈萨克斯坦共和国交界，南部与玛纳斯县、沙湾县接壤，西南部以乌尔禾为界与克拉玛依市相连，西与额敏县、托里县以白杨河为界，东邻阿勒泰地区，东西最长210公里，南北最宽207公里，辖区总面积3.06万平方公里。

和布克赛尔县下辖和布克赛尔镇、和什托洛盖镇、巴音傲瓦乡、查干库勒乡、莫特格乡、铁布肯乌散乡、夏孜盖乡、查和特乡、巴嘎乌图布拉格牧场、布斯屯格牧场、伊克乌图布拉格牧场等11个乡镇场80个村。2019年末，全县户籍人口51325人。

和布克赛尔县是我国三大民族英雄史诗之一——《江格尔》的故乡，县域内旅游资源十分丰富，旅游开发潜力巨大。准噶尔热气泉旅游度假区为国家A级景区。2022年全县完成生产总值54.55亿元（含兵团），三产结构比例为26∶41∶33。一般公共预算收入14.66亿元，城镇居民人均可支配

---

① 本文基础数据由和布克赛尔县乡村振兴局提供。

收入 30664 元，农村居民可支配收入 18920 元，社会消费品零售总额 2.9 亿元。[1]

和布克赛尔县坚持巩固拓展脱贫攻坚成果与乡村振兴有效衔接，加大农村基础设施建设力度、抓好农村人居环境整治提升工作、发展乡村旅游以及推动农村产业发展，促进农村经济发展，改善农民的生产和生活条件。重点开展农村人居环境综合整治行动，深化"三清三改两提升"[2]，有效提升村庄的环境质量，提升农牧民群众的凝聚力和文明素养，培养村民环保意识和责任感，为乡村可持续发展奠定了坚实基础。和布克赛尔县荣获"全国村庄清洁行动先进县"称号，伊克乌图布拉格牧场伊克乌图布拉格村荣获"第二批全国乡村治理示范村镇"称号，巴嘎乌图布拉格牧场荣获"自治区小城镇环境整治示范样板村"称号。

二 主要做法及成效

近年来，和布克赛尔县深入学习推广浙江"千万工程"经验做法，以全面开展村庄清洁行动为抓手，以培育农牧民群众健康文明新风尚为导向，扎实推进城乡公共服务发展、基础设施建设完善和人居环境品质提升，为构建宜居宜业和美乡村奠定基础。

（一）凝心聚力，多措并举，有序推进示范创建工作

和布克赛尔县严格落实"两个优先"原则，立足县域实际，不断深化"以点带面、串点连线"的全域振兴思路，以点带面集中振兴、由表及里深入振兴、健全机制长效振兴，集全县之力，集中打造创建自治区乡村振兴重点示范村 10 个、示范镇 1 个，辐射带动全县所有行政村同步推进乡村振兴工作，

---

[1] 《和布克赛尔县 2022 年统计公报》。
[2] 三清三改两提升：清理农村生活垃圾、清理农村沟渠、清理畜禽养殖粪污等农业生产废弃物；改建农村户厕、改善村容村貌、改变影响农村人居环境的不良习惯；提升农村生活污水治理率、提升农民群众生活品质。

促进了现代农牧业加快发展，农村人居环境持续改善，农牧民收入稳步增长。

1. 压实"两个责任"，统筹协调推进创建工作

着力构建起"县抓统筹推进、乡抓组织推动、村抓落地实施"的创建责任体系，形成了县乡村齐发力、点线面齐推进的创建工作态势。

一是压实领导责任。持续坚持乡村振兴"双组长"和"五级书记一起抓"要求，强化"1+10"工作体系（县委农业农村工作暨乡村振兴领导小组+10个专项组），落实县级领导联系乡镇、部门领导帮乡、乡镇领导包村制度，调整优化了包乡镇县级领导，选优配强了10个示范村第一书记，切实强化了"书记抓，抓书记"责任，当好总队长和指挥员，压实了纵向到底的领导责任，全力推进示范创建工作。

二是压实工作责任。对照自治区示范创建指标，坚持问题导向补短板，坚持目标导向明措施，坚持发展导向谋长远，紧密结合镇村实际，因地制宜逐级制定了示范镇、示范村创建方案，逐项明确牵头部门、配合单位、责任领导，找准了创建目标，明确了创建措施，落实了创建任务，明晰了创建时限，压实了纵向到底、横向到边的工作责任。

2. 坚持"三聚协同"，点线面结合优化创建布局

以示范镇村创建为契机，着力构建"点线面统筹布局，县乡村同步推进"的全域创建布局，高质量推进和布克赛尔县乡村振兴战略的实施。

一是聚焦标准打造示范村。立足于10个示范村产业特点、发展基础、人居环境建设状况等实际，对标自治区示范村创建8个方面29项指标，因地制宜确定了示范村创建的定位。借鉴推广2022年伊克乌图布拉格村创建经验，逐村制定了创建工作清单，开展了群众宣传动员，实行县委政府推动、乡村两级落实、县域企业帮扶、干部群众全民参与的创建格局，形成了示范村创建"群众唱主角、干部齐参与、企业来助力"的良好氛围。

二是聚点成串打造示范线。加快了以和什托洛盖镇为中心，查和特乡4个示范村为南部支点，莫特格乡3个示范村为北部支点的自治区示范镇村创建工作，并将2022年创建的自治区乡村振兴示范村伊克乌图布拉格村作为东部支点，串联全县所有村队及28座乡村公园，初步形成了辐射全县的乡

村振兴示范线，为做到产业发展有特色、群众富裕有成色、乡村建设有本色、乡村治理有底色、生态建设有绿色、乡风文明有亮色的示范创建成效奠定了坚实基础。

三是聚力共建打造示范面。树立"全域创建"理念，科学分析全县乡村经济社会发展优势和不足，紧密结合县域实际，明确提出了乡村振兴"11567"（以实现农业兴、农民富、农村美为主线，以建设现代农业产业园为抓手，推进农业增效"五个提升"①、畜牧发展"六项工程"②、乡村振兴"七个持续"③）发展思路，找准了和布克赛尔县高质量推进乡村振兴的目标任务、工作举措和实现路径，同步推动全县 10 个乡镇乡村产业、乡村人才、乡村治理、乡村建设、公共服务等乡村振兴重点工作提档升级，形成了顶层设计抓统筹，明确重点抓推进，全员参与抓落实，全民打造示范面的创建活力，为形成全域示范效应奠定了坚实基础。

3. 强化"三项措施"，凝心聚力加快创建进度

一是强化包联帮扶形成创建合力。研究制定了《和布克赛尔县创建自治区级乡村振兴重点示范村三级包联方案》，压实了县级分管领导包村、乡镇班子成员包片、基层力量包户的三级包联责任。通过有效发挥群众自治组织作用，用好村规民约、积分制、红黑榜等有效载体，充分调动了示范镇村群众参与乡村建设、乡村治理的积极性、主动性，凸显了群众主体地位，确保了创建工作群众参与、群众受益，形成了"行业部门帮助指导、社会力

---

① 五个提升：推进粮油综合生产能力提升，推进节水蓄水调水能力提升，推进高标准农田建设能力提升，进一步推进农机装备推广应用能力提升，进一步推进农牧业智能化信息化能力提升。

② 六项工程：全面实施品种改良提升工程，全面实施畜牧业规模化、集约化养殖工程，全面实施畜产品精深加工工程，全面实施奶业富民振兴工程，全面实施绒山羊良育工程，全面实施万亩优质饲草料种（植）加（工）提升工程。

③ 七个持续：持续加强政策衔接落实，着力巩固拓展脱贫攻坚成果；持续加快培育壮大特色优势产业，扎实推进乡村产业高质量发展；持续加强乡村人才队伍建设，着力夯实乡村振兴人才支撑和智力保障；持续开展人居环境整治清洁行动，扎实推进宜居宜业乡村建设；持续开展乡村示范创建引领行动，扎实推进乡村振兴提档升级；持续实施农民增收行动，不断增强农牧民群众内生发展动力；持续加大乡村振兴项目建设投入力度，着力夯实乡村基础设施建设。

量广泛参与、干部群众全民动员"的创建合力，凝心聚力打好示范创建"主动仗"。

二是规划编制找准建设方向。督促指导示范镇、示范村根据人口发展趋势、产业发展、生态环境等特点，明确乡村建设理念和方向，合理空间布局，因地制宜，遵循村庄实际，科学编制村庄多规合一规划。有示范创建任务的4个乡镇先后10次会同规划团队，实地勘察情况，反复磋商细节，做好规划设计工作。截至2023年8月底，示范镇规划编制已基本完成，10个示范村规划得到进一步完善，为全面推进示范创建工作奠定了坚实基础。

三是强化资金支持提升创建质效。落实示范创建"两个优先"（各类政策、项目、资金优先向示范村倾斜，各类示范创建工程和创建活动优先在示范村开展）要求，将中央、自治区衔接资金重点用于示范创建工作。为确保项目早完工、早见效，加快示范创建工作进度，有效发挥财政衔接资金项目建设管理专班作用，建立了项目指导制度，注重项目质量，加快项目进度，以项目建设提升创建质效。

4.建立"四项制度"，铆足干劲抓实创建工作

着力建立"统筹有力、协调有序、联动有效"的创建工作格局，确保了创建工作落实落细。

一是建立学习交流制度。分批次组织示范乡村、牵头行业部门骨干力量，赴江苏常州、辽宁盘锦、博州、克拉玛依等地进行考察学习，提高了县乡村三级创建力量的思维认识，捋清了创建思路举措，交流了工作经验，形成了取长补短、分阶段落实任务和实时推进工作的有效机制。

二是建立任务清单制度。对照《新疆维吾尔自治区乡村振兴示范村建设考核验收指标》，将创建指标进一步细化量化具体化，形成任务清单，制定下发了《2023年重点示范村创建工作档案材料参考条目》，为示范村正排工序，倒排工期，逐条逐项抓好工作落实，建立规范档案资料奠定了基础。

三是建立定期调度制度。将示范村创建纳入乡村振兴领导小组会议、县委常委会议、乡村振兴专题会议重点内容，做到定期研究，定期调度，掌握进度，解决问题，推动创建工作扎实有序开展。2023年以来，乡村振兴领

导小组会议、县委常委会、乡村振兴专题会议先后研究示范村创建工作 5 次，召开示范村创建工作协调推进会 4 场次。

四是建立联合指导制度。组建由县农业农村局、县乡村振兴局牵头，行业部门配合的联合工作指导组，对照创建指标，对示范村创建工作开展常态化实地指导，跟踪指标落实，从而规范创建工作。2023 年以来，县乡村振兴局、县农业农村局先后开展示范村创建实地督促指导 20 余次，下发工作提示函 3 期，帮助解决实际问题 12 件。

（二）抓常抓细，持续用力，稳步实施乡村建设行动

1. 全域常态治理，巩固环境整治成果

和布克赛尔县整合县直部门干部职工、乡村干部、网格长、村管、农牧民群众等基层力量组建村庄清洁队伍，动员县乡村干部和农牧民群众以村庄清洁行动"春季战役""夏季战役"等系列活动为抓手，坚持每周环境卫生集中清洁活动不动摇，把"六件事"①落实好，保持了乡村环境的干净整洁。到 2023 年 8 月底，发动干部群众 1.9 万人次，清理沟渠 180 公里，清淤清污 2197 吨，清运农村生活垃圾 581 吨。坚持群众主体地位，持续推行"清洁户"评选、"红黑榜"公示等机制，将农村人居环境整治纳入村规民约，签订农户"门前三包"②责任书，充分运用村规民约的约束作用和乡村治理积分兑换的正向激励作用，调动农牧民群众参与环境整治的积极性、主动性，形成环境整治的长效机制和整体合力。

2. 全面有效推进农村生活垃圾、污水治理工作

加强垃圾、污水处理设施建设，健全农村垃圾、污水处置体系，建立生活垃圾收集、转运和处置体系村 47 个，配备垃圾清运车 29 辆，垃圾箱 1152 个，垃圾处理管护队伍 26 人，垃圾处理率达到 87%。污水管网接入城市主管网村 3 个，实施集中处理村 1 个，污水处理率达到 24%。加大畜禽粪

---

① 六件事：种树修树坪土地、种花种草靓家园、牛羊入圈严管护、拆危拆违清垃圾、村规民约建机制、爱党爱国浓氛围。

② 门前三包：包环境卫生、包村容秩序、包美化绿化。

污处理力度，实现规模化养殖场粪污处理 1287.3 吨，实现庭院养殖粪污处理 362 吨，畜禽粪污综合利用率达到 91%。

3. 全力扎实推进农村厕所革命

严格执行《和布克赛尔县"十四五"农村厕所革命专项规划》，按照"宜水则水、宜旱则旱、简单实用、成本适中、群众接受"的原则，稳步推进农村改厕工作，全面加快 10 个重点示范村水冲式厕所建设任务，新建户厕 56 座，完成问题户厕整改 240 座，11 个整村推进项目全部开工，污水管网铺设完成工程量的 95%。充分发挥农村户厕运维管护中心和乡镇场农村户厕运维管护站作用，落实了农村户厕县乡村三级运维管护机制，基本实现了"农村户厕建了有人管，粪污满了有人抽"的目标。

4. 全面加强农村基础设施建设

持续加强农田水利设施建设，查和特乡 0.6 万亩高标准农田项目已开，查和特水库扩容、引水干渠工程等水利工程完成可研报告编制，项目进展顺利。进一步加强农村"四好"公路建设，投资 9409 万元新建农村公路 57.47 公里项目。到 2023 年 8 月底，已完成投资 4500 万元。加速快递网络建设，全县建成乡级服务站快递网点 11 个，覆盖率达 100%，7 个脱贫村全部建成村级服务点，覆盖率达 100%。秉持"公园建在农村里，农村建在公园中"理念和"生态第一"的发展理念，在 11 个乡镇场先后建成宝木巴公园、百鸟朝凤园、驼驼公园、兔园等 28 个生态公园。

（三）充分发挥农牧民群众主体作用

1. 强化基层组织作用

充分发挥村级党组织战斗堡垒作用，规范农村党的基层组织设置和运行，以"星级化"创建、党员评星定格促使党员干部发挥模范带头作用。进一步发挥"访惠聚"驻村工作队和共青团、妇联的优势，统筹村"两委"、"访惠聚"工作队、驻村管寺、包村干部等力量，通过"民族团结一家亲""我为群众办实事"等活动载体，利用政策宣讲、农牧民学校、入户走访等形式，广泛宣传农村人居环境集中整治有关政策要求，调动群众参与的积极性，使其成为农村人居环境整治工作的主力军。深入推进构建村党组织领导的自治、法治、德治相结合的基层治理体系。持续健全村党组织领导的民主协商、监督机制，村级重大事项决策实行"四议两公开"，充分运用"一事一议"筹资筹劳制度，依法保障广大人民群众的知情权、参与权、表达权和监督权。鼓励通过政府购买服务等方式，支持有条件的农牧民或农牧民合作社参与改善农村人居环境项目。积极总结、推广乡村物业经验做法，吸纳农民承接本地农村人居环境改善和后续管护工作。

2. 培养健康生活方式

发挥爱国卫生运动群众动员的优势，深入开展健康宣传教育，推进健康村镇建设，利用各类传统媒体和新媒体平台，积极开展健康知识科普宣传活动，不断普及卫生健康和疾病防控知识，倡导文明健康、绿色环保的生活方式，引导农牧民养成良好的生活习惯，提高健康素养。把转变农牧民群众思想观念、推行文明健康生活方式作为精神文明建设的重要内容。把使用卫生厕所、定点倾倒垃圾、做好垃圾分类、清理畜禽粪污、整治卫生死角、定期进行消毒、养成文明习惯等纳入学校、家庭、社会教育。将改善农村人居环境纳入各级农牧民教育培训内容。持续推进城乡人居环境卫生综合整治，深入开展卫生创建活动，大力推进健康村镇建设。

3. 完善村规民约管理

进一步做好村规民约和居民公约制定、实施工作，倡导各村因地制宜，制定文明村民公约，鼓励村队将村庄环境卫生要求纳入村规民约，开展环境卫生"红黑榜"、环境卫生"流动红旗"、积分兑换、美丽庭院、"六好"家庭创建评选等活动，对破坏人居环境的行为加强批评教育和约束管理，引导农牧民自我管理、自我教育、自我服务、自我监督，提高其维护村庄环境卫生的主人翁意识。教育引导各族群众做农村人居环境整治的践行者和引领者，以表率行动带动更多农牧民群众打破旧俗、告别陋习、弘扬时代新风。引导各族群众积极参与环境整治，使各族群众成为新风正气的传播者和倡导者。

（四）加大政策支持力度

1. 强化资金投入保障

坚持农业农村优先发展，紧盯人居环境建设短板，抢抓中央、自治区、地区财政支持政策的有利时机，储备一批人居环境整治重点项目。落实落细中央、自治区、地区农村人居环境整治资金投入政策，每年积极争取各类改善农村人居环境整治相关项目资金不少于700万元，重点投向农村生活垃圾处理、农村生活污水处理、厕所粪污治理、村庄绿化亮化美化等方面的"村内户外"建设。通过盘活集体资产、兴办合作社、发展优势产业等有效措施，大力扶持村集体经济发展，增加集体收入，提高村级人居环境整治提升的能力。积极拓展资金来源，探索社会资本投资参与农村人居环境整治机制，支持其参与农村厕所革命、生活垃圾治理、生活污水治理等项目建设运营。在充分尊重农牧民意愿的基础上，鼓励农户按标准自建、政府奖补的方式投工投劳，有效补充财政投入资金不足。加大资金监管力度，及时下达、拨付资金，加快资金支出进度，加强项目资金绩效管理，提高资金使用效率。

2. 创新相关支持政策

鼓励社会资本参与农房更新和乡村旅游开发，将农村基础设施建设纳入本县经济社会发展规划并同步实施。做好农村宅基地改革试点、农村乱占耕地建房专项整治、耕地"非农化"专项整治等政策衔接，在严守耕地和生态保护红线的前提下，优先保障农村人居环境设施建设用地。鼓励各金融机构创新农村人居环境信贷产品，引导金融机构在依法合规的前提下满足改善农村人居环境的有效信贷需求。落实村庄建设项目简易审批有关要求，鼓励支持村级组织和乡村建设工匠等承接农村人居环境小型工程项目，降低准入门槛，具备条件的可采取以工代赈等方式。

3. 完善推进机制

县委、县政府将农村人居环境整治工作纳入常态化督导检查，每年5月、8月末督导检查1次，将检查情况予以通报，每年召开1次农村人居环境整治相关重点内容的现场推进会，及时发现问题，补齐短板，总结经验，示范推广。各乡镇场结合实际情况，探索适合本乡镇场发展的"月评、季考""流动红旗""末位亮相"等有效推进机制。通过以奖代补等方式，充分调动群众积极性，引导各方积极参与，避免政府大包大揽。充分考虑基层财力可承受能力，合理确定整治提升重点，尽力而为、量力而行，防止加重村级债务。

4. 强化考核激励

农村人居环境是实施乡村振兴战略实绩考核的重要内容，是各级干部政绩考核的重要依据。县里健全和完善农村人居环境整治考核验收标准和办法，明确目标任务及部门责任。县农村人居环境整治工作领导小组，对各乡镇场农村人居环境整治工作开展情况进行一年一考核。对整治措施有力、成效明显、群众满意度高的乡镇场进行通报表彰，并在安排项目时给予适当倾斜。关注并及时解决群众普遍关切的环境卫生热点难点问题。

三 经验启示

（一）发挥多方合力，健全治理体系

一是加强组织领导。建立健全组织领导机构，充分发挥党组织的领导作用，加强工作统筹谋划，研究决定改善农村人居环境整治工作中的重大问题，发展改革、财政、环保、住建等部门密切配合，按照职责分工，集中力量推进人居环境整治工作。同时，加强农村党支部书记队伍的建设，引进优秀青年人才，增强基层党组织在改善农村人居环境中的领导力和战斗力。二是凝聚多方合力。农村人居环境整治的主体是农牧民，要对农牧民加大宣传、引导和支持力度，使农牧民自愿参与村组清洁、绿化等活动，增强农牧民对整治工作的责任感和参与感，从而激发环境治理、村庄整治的内生动力，建立多元共治格局。三是强化规划统领。在开始整治工作之前，制定详细的整治方案，明确目标和措施，充分考虑各乡村的资源、环境和农牧民需

求，加强与乡村振兴战略、环境防治攻坚战等重点任务的衔接，统筹安排、协调推动，避免改善农村人居环境单刀直入，带来重复建设和资源浪费。强化规划引领和约束，强化环境整治绩效考核，科学制定考核指标，建立长效推进机制。

（二）建立多元投入机制，强化资金保障

美丽乡村建设和农村人居环境整治离不开农村公共产品供给的增加，道路硬化、生活垃圾处理和污水处理等基础设施建设都需要大量资金投入，但是多数乡村的基础设施建设存在资金倾斜于前期投入和建设，缺乏对后续发展的支持。因此，一是加大财政投入力度。合理确定各级财政负担责任，积极争取中央和自治区财政支持，县乡级财政统筹加大支出力度，加大对改善农村人居环境整治的投入。二是引导社会资本。充分发挥市场在资源配置中的决定性作用，研究出台符合市场化规则的鼓励和扶持政策，探索通过特许经营、购买服务等方式吸引社会资本参与农村人居环境整治项目建设或运营维护。三是调动农牧民的积极性。积极向农牧民进行宣传，并探索通过以奖代补、先建后补等方式，引导广大农牧民主动改善人居环境。

（三）完善配套政策，强化机制保障

一是完善制度体系。完善的工作制度体系是农村人居环境整治的重要依据。县农业农村暨乡村振兴领导小组制定完善的实施制度，建立健全规划实施、绩效考核、责任追究等相关规章制度，制定出台污染治理、垃圾处理、设施维护等方面的规范性文件，科学确定各环节的技术标准，形成比较完整的美丽乡村建设标准化指标体系，使改善农村人居环境有方向、有依据、有标准。二是建立健全环境整治设施管护机制。探索建立垃圾处理收费制度，增强农牧民环保意识。支持村集体和个人承接村内环境整治等小型涉农工程项目，鼓励当地村民承担村内公益性基础设施运行维护任务。三是建立分类分档推进机制。根据不同村庄的发展现状、区位条件、资源禀赋等，统筹考虑整治力度、建设深度、推进速度、财力承受度以及农牧民接受度，分别对

集聚提升类、城郊融合类、特色保护类、搬迁撤并类村庄针对性制定改善标准，明确指标要求，实现村庄形态与生态环境、经济社会发展水平的协调，并对整治工作进行定期评估，总结经验教训，不断完善工作方法和流程，同时积极借鉴和推广先进的技术和模式，提高整治工作的质量和效果。

四　推进和布克赛尔县人居环境整治工作的思路与对策

学习借鉴浙江"千万工程"经验，常态化抓好农村人居环境整治，扎实推进示范村创建，全面完成新建卫生户厕和问题户厕整改任务，全方位调动农牧民群众的主动性和能动性，完善日常管护机制，有序推进乡村建设工作，为乡村振兴工作注入新活力。

（一）持续抓好示范创建工作

一是有序推进示范创建重点任务落实。集中力量，统一实施示范村整体风貌改造、拆危拆违、环境卫生整治，全面提升示范村村容村貌。统筹示范村卫生厕所与生活污水一体治理，确保卫生厕所普及率与生活污水治理率同步达到90%以上。对照示范创建指标，抓紧补齐短板弱项，提炼特色亮点，全面展现示范创建成效。二是明确责任主体，凝聚示范创建合力。压紧压实乡镇班子成员包片、干部职工包户责任，加大日常宣传力度，积极动员辖区群众按照"布局美、整齐美、清洁美、绿化美、和谐美"的"五美"标准，采取干部领着干、帮着干、带着干的方式，重点实施庭院硬化、美化、净化、绿化及三区分离，逐户打造美丽庭院，切实提高农牧民群众对示范创建工作的知晓率、参与率和满意率。组织相关行业部门进一步统一思想、凝聚共识，结合自身业务工作，深入示范镇、示范村广泛开展调研，在深入了解创建进度和所需政策支持的基础上，积极为乡镇建言献策，帮助指导示范镇、示范村逐一完成创建指标，逐项建立印证档案，确保顺利通过自治区考核验收。三是开展好示范创建县级预考核工作。组织实施2023年乡村振兴重点示范镇、示范村县级预考核工作，对标《新疆维吾尔自治区乡村振兴示范村建设考核验收指标》，重点考核示范镇、示范村创建工作的组织领导、氛围营造、项目建设、村容村貌、群众满意度等 8 个方面 29 项指标完成情况，进一步查漏补缺，推进示范创建落实。

（二）常态化开展村庄清洁行动

严格落实《和布克赛尔县农村人居环境整治提升五年行动方案（2021—2025 年）》各项目标任务，以"三清三改两提升"为重点，接续开展村庄清洁行动"春季战役""夏季战役"等系列活动，深入实施政策宣讲、文明劝导、清洁行动、氛围营造、环境评比，紧扣中秋、春节等重大时间节点，广泛组织党员干部、志愿者及农牧民群众开展环境卫生大整治、大清洁活动，营造干净、整洁、文明、环保的乡村环境，促进乡村由"干净整洁"向"美丽宜居"转变。

（三）全力实施"厕所革命"整村推进工作

一是督促乡镇村队，在确保工程质量的前提下，加快推进污水管网铺设进度，并同步推进农户院内支管网铺设进度，确保在施工期结束前完成地下部分建设。二是加大宣传力度，引导农户改变传统观念，本着提升居住环境和生活质量的原则，尽快实施下水道水冲式户厕改造。三是对于整村推进未达标的村，多方筹措资金项目，确保尽快实施污水管网铺设，待项目资金到位后，统一实施污水管网铺设项目，并动员辖区群众实施下水道水冲式厕所建设，完成整村推进任务。四是建立健全农村户厕后期管护机制，做到施工前后"双确认"，解决改厕易、维护难的问题，确保农村厕所改得到位、农民群众用得顺心。

（四）如期完成反馈问题整改工作

一是上下一致，抓实整改。严格按照自治区、地区整改工作时间节点和进度安排，县乡村、行业部门共同努力，协调一致，同步抓好乡村建设和农村改厕工作问题整改台账的补充完善工作，确保各方面的措施一体推进，全面落实。二是突出实效，抓细整改。坚持边整改边完善边推进，结合国家、自治区、地区关于乡村建设行动和农村厕所革命最新工作部署和要求，持续抓好整改后续工作，确保整改工作契合上级党委、政府的决策部署、工作要求和政策方向，在取得阶段性成效的基础上，持续加强和提升，达到整改问题与工作推进相辅相成的目的。三是强化指导，抓常整改。持续加强对乡镇场、村队和行业部门整改工作的指导，督促乡镇场、村队、有关行业部门立足长远，坚持问题导向，补齐短板，进一步抓好产业发展、乡村建设和乡村治理等重点工作，逐步建立并形成问题整改的长效机制，确保问题整改彻底不反弹。

（五）加强宣传引导营造良好氛围

进一步加大村庄清洁行动宣传力度，通过微信群、宣传栏及发放明白纸、倡议书等农民群众喜闻乐见的形式，大力宣传环境清洁的重要性和必要性，努力培养群众的主人翁意识，引导农民群众自觉打扫房前屋后、不乱丢生活垃圾、不乱倒生活污水、不随地吐痰、不乱堆乱放，养成卫生健康的现代文明生活习惯。同时将秋冬季安全生产、消防安全知识等内容同步纳入宣传范围，通过多渠道、多层次的宣传方式，着力形成全民齐心协力共创美丽家园的良好氛围，让村庄清洁行动深入人心，实现人人关心、人人参与、人人支持。

（六）进一步完善日常管护机制

落实乡镇场党委、政府（管委会）以及有关行业部门的管护责任和义务，建立健全有制度、有标准、有队伍、有经费、有督查的村庄人居环境管护长效机制，推动村庄保洁、农村厕所、生活垃圾和污水处理等设施设备一体化运行维护。把农村环境卫生清洁管理、卫生文明习惯养成纳入村规民约，明确村民维护村庄环境的责任和义务，严格实行"门前三包"制度，通过典型引路、示范创建、通报表彰、群众监督等形式，以群众身边事教育引导身边人，形成群众互比互学、互看互评的社会氛围，逐步形成农民自主决策、自我管理、自我服务的长效机制，确保村庄常年保持干净、整洁、有序。

B.16
农文旅深度融合　促进乡村全面振兴

——博湖县乌兰再格森乡乡村振兴新图景

柳文华*

摘　要： 随着我国城市化进程的推进，乡村振兴成为实现全面建设社会主
义现代化国家目标的重要战略。乡村振兴不仅是经济的振兴，更
是文化传承、社会和谐、生态平衡的综合体现。在乡村振兴的道
路上，博湖县乌兰再格森乡以其独特的地理特点、历史文化底蕴
以及社会发展需求，推动农旅融合、文旅融合，探索出一条符合
自身实际的乡村振兴路径。报告分析乌兰再格森乡在乡村振兴方
面的实践，主要做法及成效有：农文旅融合发展，促进农民增
收；传承和创新传统文化；推进生态文明建设与环境保护；推动
社会治理与人才振兴等。存在的问题有：旅游产业的发展仍较单
一、乡村基础设施和公共服务需进一步改善、旅游产业的发展需
要与当地生态环境相协调等。对策建议有：加强旅游产业的深度
开发、加强乡村基础设施和公共服务建设、提升旅游产品的营销
能力等。

关键词： 乡村振兴　文旅融合　文化传承　生态平衡

一　基本情况

乌兰再格森乡，隶属于新疆维吾尔自治区巴音郭楞蒙古自治州博湖县，

---

* 柳文华，巴音郭楞融媒体中心策划采访部副主任，记者，研究方向为乡村旅游。

地处博湖县东南部，东与博斯腾湖乡相连，南与才坎诺尔乡交界，西、北与巴州种畜场为邻，距博湖县 7.3 公里，218 国道穿乡而过，距离首府城市库尔勒仅 63 公里。乌兰再格森为蒙语，意为"红香蒲"，成立于 1984 年 12 月，全乡行政总面积 52.5 平方公里，其中，耕地面积 1.24 万亩，草场面积 1.39 万亩，林地面积 0.13 万亩。下辖 3 个行政村、8 个村民小组，总人口 960 户 3123 人，由汉族、蒙古族、维吾尔族、回族等民族构成。乌兰再格森乡具有丰富的自然资源、多元的文化资源和全域旅游资源。

首先，东临中国最大内陆淡水湖——博斯腾湖，湖水面积 1600 平方公里，有国家 5A 级旅游景区——大河口景区，气候湿润，得天独厚的气候条件造就了其生产的辣椒红色素含量高，深受海内外收购商喜爱。其独特的湖水资源和光热资源，为乡村振兴提供了坚实的基础，成为支撑当地经济的重要支柱。

其次，乌兰再格森乡是由汉族、蒙古族、维吾尔族、回族等民族构成的典型的多民族聚居地区，艺术底蕴厚重，文化资源丰富。各民族的文化在这里交融共生，各民族的文化传统、民俗风情，为乌兰再格森乡的发展注入了丰富的文化元素，形成了独特的乡村文化景观。传统的蒙古包、蒙古族舞蹈、马术技艺等，都是这片土地上独特的文化符号。其中新疆蒙古族服饰制作技艺、蒙古族刺绣技艺、蒙古族祝赞词、萨吾尔登舞蹈 4 个项目被列入国家级非物质文化遗产名录。现有民间艺人 150 余位，其中国家级传承人 1 人，自治区级传承人 7 人。乌兰再格森乡的多元文化环境为乡村旅游和文化产业的发展提供了巨大的潜力。

再次，博湖县大力发展全域旅游，经济活动开展频繁，与内地水产经营主体分享发展经验，吸引外部资源和投资。沿湖地区的土地流转、经营权开放也为乡村旅游和文化产业的发展提供了广阔的空间，为乌兰再格森乡带来了前所未有的发展机遇。乌兰再格森乡先后打造"博湖花海""百富采摘园""乌兰美食街""旅游驿站"等旅游景点，建成农家乐 30 家，其中三星级农家乐达 15 家，为游客旅游观光、采摘提供了有利条件。

二　做法与成效

（一）农旅融合发展，促进农牧民增收

乌兰再格森乡因地制宜，实事求是，采取政府统筹、市场化经营的方式，在旅游产业作为主引擎的带动下，促进农村产业融合发展和农牧民增收。通过传统产业的创新和新兴产业的培育，为农牧民就业创造了更多的机会，提供了更多收入来源。

1. 旅游产业引领乡村产业融合，乡村振兴引擎初显

乌兰再格森乡在发展农业、畜牧业、渔业、文化、体育、节会等产业方面全方位向全域旅游靠拢。围绕博湖花海、水稻种植基地、富硒桃园、吉玉民舍、西海旅游驿站、农味园农家乐、乌图阿热勒蒙古民俗文化村，着力打造田园综合体。开展赏在花海、吃在农院、玩在乌图、住在民宿等活动，打造"景区+农户""生态+文化""农庄+游购"的经济体系，推进农村一二三产业融合发展，定期开展乡村采摘节、美食节等活动，不断提升旅游产品的知名度，促进产业融合、农牧民增收。2023年上半年，实现旅游就业的人数520人以上。

乌兰再格森乡大力发展乡村旅游产业。截至目前，乌兰再格森乡有农家乐30家，其中4星级农家乐9家、三星级农家乐15家，民宿9家，产业规模逐步壮大，群众收入稳步提升。旅游产业推动乡村振兴的主引擎作用开始显现，并计划将全乡农家乐提档升级，力争全乡农家乐全部达到三星级以上，推动全乡民宿、农家乐向精品化、特色化转型。争取"十四五"期间累计接待游客量突破150万人次，实现旅游就业人数1000人以上。

2. 积极拓展农牧民收入

在乌兰再格森乡的乡村振兴实践中，农村产业的多元化发展成为推动乡村经济发展和农牧民增收的重要途径，为农牧民就业创造了更多的机会，提供了更丰富的收入来源。

乌兰再格森乡将旅游业培育成为经济发展的支柱产业。例如，乌兰再格森村利用靠近博斯腾湖大河口景区的区位优势，让农业园区变景区、田园变公园、产品变商品，拓宽群众增收渠道，增加村民收入，走出一条将生态观光、民族风情和特色产业相结合的休闲生态旅游之路。再如，乌兰再格森乡积极引导民间艺人组建民俗表演团队，定期在景区、农家乐举办蒙古族长调、萨吾尔登舞蹈、托布秀尔演奏等民族特色歌舞文艺表演，参加表演的农牧民平均每天收入超过 200 元。

3. 传统产业的升级与发展

乌兰再格森乡通过发展订单式种植模式促进传统产业的升级和发展，为农村经济赋予新的活力。订单式种植模式不仅保障了农产品的销售，还提高了农民的收益。乌兰再格森乡通过科学调整农业产业结构，发展短、平、快的鲜食辣椒产业，不仅丰富了农民的收入来源，还为周边村民提供了就业机会。

乌兰再格森乡大力发展公路经济。穿乡而过的 218 国道，由于旅游业的发展，人流大幅增加。国道两侧的农家乐门口都以"土特产代销点"命名，并标注土鸡、野鱼、绿色有机蔬菜等农产品的价格，方便游客采购，增加了农副产品的销售。

乌兰再格森乡积极开展多种烹饪班培训，使大批农牧民增强了烹饪技能。在旅游节假日旺季时期摆摊设点，不但让辖区内的农牧民吃上了"旅游饭"，挣上了"旅游钱"，而且让有机绿色种植、养殖深入人心，提升了传统农业的水平。

4. 新兴产业的培育与壮大

乌兰再格森乡在乡村产业发展中，积极培育新兴产业，不断壮大新的经济增长点。例如，依托乡村美丽的自然环境和丰富的传统文化资源，通过打造美丽的乡村景区、举办棋艺比赛等活动，吸引了众多游客，推动了乡村产业的多元化发展。旅游业的发展不仅为乡村注入了新的经济活力，更丰富了农牧民的精神文化生活。

（二）传统文化的传承与创新

优秀传统文化是乡村振兴的宝贵财富，乡村振兴要求乡村不仅有经济的繁荣，更需要有文化的活力。保护和传承优秀传统文化，不仅有助于弘扬乡村的独特魅力，也为乡村发展注入了文化动力。

1. 文化传承的价值

乌兰再格森乡承载着悠久的历史文化，有乐器托布秀尔、萨吾尔登舞蹈、传统手工艺等，为乡村振兴提供了深厚的文化底蕴。乌兰再格森乡将传统文化融入现代生活方式与产业发展，创造了更多具有时代特色的文化产品，从而提升乡村的文化软实力，为乡村振兴注入了活力和创新源泉。例如，乌兰再格森乡的乌丽奇刺绣坊，由国家级非物质文化遗产项目"蒙古族刺绣"的代表性传承人米代所创办，它不仅是一个传统工坊，更是一个文化传承的平台，通过一对一的教学蒙古族刺绣知识、体验刺绣技艺等，将刺绣的特点、针法、图案、色彩搭配等进行传授，使刺绣这门传统技艺得以延续。

2. 守望传统与推动社会和谐发展的平衡

乡村振兴在传承与创新之间需要寻求平衡，乌兰再格森乡在这方面做出积极努力，其不是简单的复制传统文化，而是在继承中注入现代元素，使之与当下社会更加契合。例如，刺绣技艺的传承不仅保留了传统的手法和图案，还融入了现代的审美和设计，让刺绣作品更具时代感。

乌兰再格森乡根据全乡牧民特长成立了乌兰再格森乡"红香蒲"文艺小分队，包括短调民歌队、托布秀尔小分队、长调歌队、蒙古服装走秀队、广场舞文艺小分队、麦西来甫文艺小分队、广场舞文艺小分队7支小分队，涉及群众40余人，含返乡人员、返乡亲属等群众5人，充分展示乌兰再格森乡民俗文化、非遗等。"红香蒲"文艺小分队定期在大河口旅游景区、旅游驿站、农家乐等开展文艺表演活动，并举行"乌兰妇女展风采"庆祝妇女节文艺活动、"千名农民展才艺　颂歌一曲献给党"活动、"欢乐游乌兰·缤纷五一节"、乡村冰雪节、赛马大会、"魅力乌兰　欢天喜地过大年"

迎新春文艺晚会等系列活动，参加博湖县正月十五社火比赛，充分利用每周三"巴扎日"开展好百姓大舞台文化活动，不断引导各族群众牢固树立"三个离不开"思想，进一步铸牢中华民族共同体意识，共开展展演活动30余场次。

（三）生态文明建设与环境保护

自全面推进乡村振兴以来，乌兰再格森乡的生态文明建设步伐明显加快。首先，积极普及生态文明意识，加强生态保护实践，并推进农业生态化，依托文化旅游产业的发展，有效提升了乡村的生态环境和资源保护水平，实现了经济发展与生态平衡的良性互动，为乌兰再格森乡的可持续发展奠定了坚实基础。其次，以农村人居环境综合整治为重要抓手，乌兰再格森乡的生态建设成果显著，村庄环境得到迅速改善。乌兰再格森乡如今展现出一幅生态宜居、兴业富民、文明和谐的美丽画卷，充满了生机与活力，不仅提升了乡村居民的生活质量，也为其他地区提供了可借鉴的经验。

1. 积极推广生态文明理念，不断完善人居环境

第一，乌兰再格森乡在农村生态文明建设中，注重从观念层面入手，通过文化培育、环保宣传和实践活动等多方面举措，实现生态文明意识的全民普及，以环保生态文化育人。举办环保宣传活动和开展生态教育，逐步引导乡村居民形成环保自觉，使生态文明理念融入日常生活。此外，乌兰再格森乡还深入挖掘乡村文化底蕴，打造了一系列富有生态环保、民族团结和传统文化特色的文化景观，不仅提升了乡村的文化氛围，更通过生动直观的方式传播了环保理念，进一步强化了村民的环保意识。另外，乌兰再格森乡通过加强文化建设，有效提升了村民的卫生观念。村民积极参与公共环境的维护，在保持自家门前整洁的同时，也主动参与村里的公共卫生工作，共同维护家园的整洁与美丽。这种集体行动的背后，反映出生态文明建设所带来的社区凝聚力和环境责任感的提升。

第二，乌兰再格森乡不断完善人居环境整治细则，将人居环境整治工作纳入制度化、规范化、精细化管理，以生活垃圾治理、路面硬化、村容村貌

提升为主攻方向，全力打造整洁、文明的乡村新风貌。与此同时，乌兰再格森乡还进行常态化的环境卫生督查，并对环境问题进行整治，包括清理村内河道、整治牛马乱窜和施工现场打围等。这些措施的实施，不仅提升了乡村的整体环境质量，还有效地维护了乡村的生态平衡，为村民提供了更加舒适、健康的生活环境，同时也促进了乡村的可持续发展。

第三，为了保障乡村环境的优良，实现水、土、空气质量的提升，乌兰再格森乡采取了一系列有效措施。首先，积极推进居住区的三区分离，将影响空气质量的养殖产业迁移至远离居民点的独立区域，以减少对居民生活的影响。其次，大力改造冬季取暖方式，积极推行"煤改电"工程。"煤改电"工程不仅改变了村民的取暖方式，还让他们对环保、安全、健康的生活方式有了新的认识。更重要的是，这一工程使冬季的博斯腾湖区不再烟雾缭绕，冰雪覆盖的湖面与蓝天白云相映成趣，为冬季冰雪游增添了独特的风景，不仅提升了乡村环境的质量，还为当地旅游业的发展创造了有利条件。

2. 旅游产业助力生态振兴的实践

乌兰再格森乡通过发展生态旅游，将生态资源转化为旅游资源，不仅显著促进了地方经济的增长，同时为生态环境的保护开辟了新的路径。对原有的湖泊和湿地进行改造，塑造出花海景观，不仅保护了湿地生态环境，而且打造了新的经济增长点。

例如，乌兰再格森乡依托紧邻国家 5A 级旅游景区的区位优势，围绕花海沿线、村庄街巷、农户庭院、田间地头等重点区域，持续开展农村人居环境整治。修建了文化长廊和农牧民休闲公园等，包含石榴雕塑、凉亭、木栈道等景观，以及篮球场、健身舞场等场地，不仅丰富了村民的文化生活和休闲娱乐选择，还成为农产品交易的集散地，同时改善了农村环境，促进了农牧民收入增加。乌兰再格森乡通过完善公共设施、提升景观质量等方式，进一步优化了乡村旅游环境，在乡村旅游发展方面成效显著，乌兰再格森村被评选为第三批自治区乡村旅游重点村，进一步提高了该地区在旅游业发展中的影响力和竞争力。

3.农业生态化的推进

乌兰再格森乡注重发展可持续农业和特色产业，致力保护土壤和水资源，同时提升农产品品质和安全性。在农业生产中，乌兰再格森乡倡导有机农业、绿色农业和生态农业的理念，采取一系列措施减少化学农药的使用、推广生物防治、测土配方、少施化肥，以降低对土壤和水资源的负面影响。此外，乌兰再格森乡还引入生态养殖模式，改善养殖环境，减少污染物的排放，从而提升畜禽产品的品质。这些举措不仅提高了农产品的品质和安全性，也赢得了消费者的信任，逐渐受到市场的欢迎。乌兰再格森乡的有机农产品在市场上取得了良好的销售业绩，为农民带来了更好的经济效益，也进一步促进了该地区可持续农业的发展。

例如，作为传统的牧业村，长久以来乌图阿热勒村大多数居民都沿袭着"逐水草而居"的生活与生产方式。近年来，乌图阿热勒村审时度势，根据当地的资源条件调整产业结构。在全域旅游发展的背景下，充分利用地域资源，大力发展乡村旅游和休闲观光农业。这一转变不仅改善了村庄的整体环境，还为其打造了宜居、宜业、宜游的氛围。如今，乌图阿热勒村柏油路宽阔平坦、村民院落整齐划一，新建的休闲产业园及附属设施建设主体基本完工，为游客提供了更多的休闲选择。此外，该村种植的有机蔬菜和绿色无公害农产品也吸引了大量游客的目光。乌图阿热勒村已成为集休闲度假、观光游览、文化体验、科普教育以及运动休闲于一体的深度体验型生态休闲度假旅游区。

（四）社会治理与人才振兴

乌兰再格森乡深刻认识到社会治理在乡村振兴中的关键作用，因此采取了一系列积极措施，以促进社会安全与民主治理的进步，从而营造出良好的社会环境。乌兰再格森乡完善人才发展体制机制，针对旅游、文化、农业等领域的人才短缺问题，采取了引进、培训、激励等措施，加强人才队伍建设，推动全乡的全面发展。

1. 推进民主治理

乌兰再格森乡高度重视民主治理的推进，通过建立村民议事会和"乌兰说事日"等机制，确保全民参与决策的权利。乌兰再格森乡倡导群众自治，鼓励居民积极参与村级事务的讨论，以增强居民的获得感和归属感。

"乌兰说事日"活动已成为政府部门与群众沟通的重要渠道。每周固定的"乌兰说事日"，村民们围坐一堂，在轻松愉快的氛围中，共同讨论乡村建设、经济发展等方面的问题，提出意见和建议，充满了浓郁的乡土气息和人情味。它已经成为村民们商议村务、解决矛盾、表达意见的重要平台，乡、村干部通过分类办理群众提出的常规单、应急单和重点单，积极回应群众关切，接受群众监督，凝聚起社会治理的强大合力。

乌兰再格森乡坚持党建引领基层社会治理，以"乌兰说事日"、村民议事会等为纽带，积极带动群众广泛参与基层社会治理。通过推动村党组织凝聚力由弱到强、社会治理由乱到治、群众参与村级事务和响应党支部号召由被动转为主动，实现了基层社会治理体系的完善和发展。

2. 加快人才队伍建设

乌兰再格森乡作为一个典型的西部乡村地区，面临着人才短缺和流失的困境。在旅游、文化、农业等领域，专业人才匮乏，这成为制约全乡发展的一个重要因素。为了破解这一难题，该乡采取了一系列措施，加强人才队伍建设，推动全乡的全面发展。

一是通过培训，在社会实践中加强人才的培养。乌兰再格森乡针对刺绣、托布秀尔等非遗项目开展培训，将300多名非遗传承人带入了实际生产中。二是"校地合作"模式。乌兰再格森乡引进各领域高校毕业生到该乡开展实习实践，将理论知识与实践相结合，提高人才的专业技能和实践能力。三是人才激励。对表现优秀的拔尖人才和优秀农村实用人才进行表彰，激励各类人才积极投身到乡村振兴事业中。四是推行领导干部联系服务专家人才的工作机制。通过建立联系、决策咨询、解决困难、提供服务等措施，为专家人才提供更广泛的建言献策渠道。五是开展农业科技人才服务乡村振兴行动。组建农业技术"百人服务团"，为特色农业产业提供技术指导和咨询服务，从而推动乡村振兴。六是发挥县技工学校、农广校、党员远程教育培训优势。根据不同产业的需求，分级别、分产业培训新型职业农民，提高农民的专业技能和生产水平。七是积极探索创业担保贷款模式。通过落实配套设施补助、税费减免等扶持政策，创造"大众创业、万众创新"的就业创业环境，鼓励和支持农民自主创业。八是紧紧抓好人才工作和干部人才援疆工作。九是依托实习（实践）、支教基地，积极引进研究生、本科生赴博湖开展实习（实践）、支教工作。十是充分发挥科技特派员、产业指导员等作用。带动农业技术人才提升技术服务水平，培养更多有影响力的农业技术人才。

三 经验、问题与对策建议

（一）经验启示

第一，乡村要振兴，产业要先行。乌兰再格森乡在旅游产业发展方面表现出色。该乡充分利用自然资源和区位优势，积极开发旅游资源，打造了一系列具有地域特色的旅游景点和农家乐、民宿、民族非遗表演等，吸引了大量游客前来观光、休闲和度假。同时，该乡还注重旅游产业规模的扩大，引导和支持当地农牧民参与旅游开发，提高就业机会和收入水平。旅游产业的蓬勃发展为乌兰再格森乡的经济增长注入了强劲动力。

第二，乌兰再格森乡注重旅游空间和时间的合理安排。乡政府按照"连点成线、扩线成面"的原则，将景区模式逐步转变为全域模式，实现了旅游产业的全域发展。同时，该乡还注重时间上的合理安排，根据季节特点和旅游资源分布情况，打造了春夏秋冬四季不同的旅游主题和产品，有效吸引了不同时期的游客，提高了旅游产业的持续发展能力。

第三，乌兰再格森乡在文化事业繁荣方面取得了显著成果。该乡注重保护和传承本土文化，深入挖掘和弘扬少数民族文化，积极推动文化事业与旅游产业的深度融合。通过举办各类文化活动、展览和演出，不仅丰富了旅游产品内涵，提升了乡村旅游的品牌形象，还有力推动了当地文化的传承和发展。

（二）存在的问题

尽管乌兰再格森乡在乡村振兴方面取得了显著成绩，但仍存在一些问题和挑战。例如，旅游产业的发展仍较单一，主要依赖自然资源和民俗文化的开发，缺乏深度和广度。此外，乡村基础设施和公共服务还需进一步改善，以满足游客日益增长的需求。同时，旅游产业的发展也需要与当地生态环境相协调，确保可持续发展。

（三）对策建议

针对以上问题，乌兰再格森乡应采取以下措施：一是加强旅游产业的深度开发，推动旅游产品多元化，提升游客的体验感和满意度；二是加强乡村基础设施和公共服务建设，提高乡村旅游的接待能力和服务质量；三是提升旅游产品的营销能力，利用融媒体时代的移动互联网技术，加大直播带货、大 V 营销的力度，切实提高产品知名度和品牌认可度；四是推动旅游产业与文化事业、社会事业的深度融合，实现乡村振兴的全面发展。

附　录　2023年新疆乡村振兴大事记

阿曼古丽·阿不力孜*

2023 年 1 月 5 日　自治区党委农村工作领导小组暨乡村振兴领导小组召开会议，安排部署全区"三农"工作。自治区党委书记马兴瑞强调，中央农村工作会议明确了当前和今后一个时期"三农"工作的目标任务、战略重点和主攻方向，对保障粮食和重要农产品稳定安全供给提出了明确要求。要千方百计促进农民增收，把增加农民收入作为中心任务，加强技能培训，多渠道促进农村劳动力就业；培育乡村新产业新业态，拓宽农产品销售市场；巩固拓展脱贫攻坚成果，稳定完善帮扶政策，全面推进乡村振兴。

2023 年 1 月 7 日　2022 年度巩固拓展脱贫攻坚成果同乡村振兴有效衔接考核评估对接会在乌鲁木齐召开。自治区党委书记马兴瑞会见了国家考核评估综合核查组一行。综合核查组组长、中央统战部原副部长王作安，自治区党委副书记、自治区主席艾尔肯·吐尼亚孜出席对接会并讲话。

2023 年 1 月 20 日　为深入贯彻落实党中央、国务院关于碳达峰碳中和的重大战略决策部署，自治区住房和城乡建设厅、自治区发展和改革委员会出台了《自治区城乡建设领域碳达峰实施方案》，提出自治区城乡建设领域碳达峰 2025 年前和 2030 年前两个阶段要实现的目标。

2023 年 2 月 1 日　自治区党委书记马兴瑞来到巴音郭楞蒙古自治州，深入和静、焉耆、库尔勒等县市，就全面贯彻落实党的二十大精神，贯彻落实中央经济工作会议和中央农村工作会议各项部署，扎实做好新疆"三农"

　＊　阿曼古丽·阿不力孜，新疆社会科学院农村发展研究所办公室副主任，研究方向为涉农理论研究。

工作、全面推进乡村振兴、加快农业农村现代化等工作进行调研。

2023年2月2日 为深入贯彻习近平总书记关于防止因灾返贫的重要指示精神，自治区乡村振兴局、民政厅、财政厅、自然资源厅、住房和城乡建设厅、水利厅、应急管理厅、气象局和银保监局联合印发了《关于建立健全防范因灾返贫长效机制的通知》，对建立健全防范因灾返贫长效机制有关事项提出明确要求。

2023年2月6日 自治区党委农村工作会议暨推进乡村振兴高质量发展大会召开。自治区党委书记马兴瑞出席会议并讲话，他强调，要坚持以习近平新时代中国特色社会主义思想为指导，全面贯彻党的二十大和中央经济工作会议、中央农村工作会议精神，深入贯彻习近平总书记关于"三农"工作重要论述，完整准确贯彻新时代党的治疆方略，坚持农业农村优先发展，保障粮食和重要农产品稳定安全供给，扎实做好乡村发展、乡村建设、乡村治理等重点工作，全面推进乡村振兴，加快建设农业强区，为建设农业强国积极贡献新疆力量。

2023年2月7日 由自治区文化和旅游厅主办，新疆旅游培训中心、新疆师范大学地理科学与旅游学院联合承办的"自治区乡村振兴战略发展专题研修班"在乌鲁木齐市顺利开班。各地州市、县市区文旅局，相关涉旅企业、协会、旅游院校乡村旅游工作负责人和业务骨干等共70人参加培训。课程主要涉及党的二十大精神和乡村振兴相关政策解读、乡村旅游服务升级和质量提升、数字化推进乡村振兴、民宿发展助推乡村振兴战略、文化润疆背景下新疆乡土文化建设与发展等专题内容。

2023年2月8日 自治区农业农村厅、自治区发改委联合印发了《自治区农业农村减排固碳实施方案（2022—2030年）》，明确了自治区农业农村减排固碳2025年前和2030年前两个阶段要完成的主要目标和重点任务；明确了种植业节能减排、畜牧渔业减排降碳、农田固碳扩容、农机节能减排、可再生能源替代等5项重点任务和要实施的9个专项行动。

2023年2月19日 《自治区党委、自治区人民政府贯彻〈中共中央、国务院关于做好2023年全面推进乡村振兴重点工作的意见〉的实施意见》

（新党发〔2023〕1号）公开发布，全文共分11个部分、36条内容，对全区深入贯彻落实中央一号文件精神，全面推进乡村振兴、加快建设农业强区等工作作出全面部署。

2023年2月27日 自治区召开巩固拓展脱贫攻坚成果同乡村振兴有效衔接2022年工作情况和2023年重点工作新闻发布会。自治区乡村振兴局一级巡视员陈雷出席会议并答记者问。会中强调，新疆推动巩固拓展脱贫攻坚成果同乡村振兴有效衔接取得新进展新成效，新疆坚决防止出现整村整乡返贫现象，新疆扎实推进宜居宜业和美乡村建设。

2023年3月5~6日 自治区农业农村厅主办、自治区农产品加工技术推广中心和自治区农业产业化龙头企业协会共同承办的"2023年度自治区农产品加工业科企对接活动"在乌鲁木齐成功举办。来自区内外的37个专家团队和69家涉农加工企业参加活动。

2023年3月7~10日 自治区2023年提升粮食产能南疆片区和北疆片区现场推进会，分别在巴楚县和伊宁市召开。推进会旨在加快建设农业强区，守好粮食安全底线，扎实推进提升粮食产能工作，实现今年全区粮食产能提高200万吨、总产达到2000万吨左右的生产目标，为国家粮食安全多作新疆贡献。自治区党委副书记何忠友出席会议并讲话。

2023年3月15日 自治区人民政府和农业农村部联合印发《新疆草原畜牧业转型升级规划（2021—2030年）》，统筹规划、高位推动新疆草原畜牧业发展。

2023年3月30日 自治区党委副书记、自治区主席艾尔肯·吐尼亚孜来到巴音郭楞蒙古自治州若羌县、尉犁县、库尔勒市，就特色优势产业、生态环境保护、重大项目建设、"三农"工作等进行调研。他强调，要深入贯彻党的二十大精神和全国两会精神，按照自治区党委明确的新疆在建设社会主义现代化强国中的战略定位，进一步发挥资源、区位、政策等优势，加快构建现代化产业体系，不断巩固壮大自治区实体经济根基。

2023年4月4日 全区高质量发展（南疆片区）现场会在喀什市召开。会议全面贯彻党的二十大精神，深入贯彻习近平总书记在学习贯彻习近平新时代中国特色社会主义思想主题教育工作会议上的重要讲话精神，完整准确贯彻新时代党的治疆方略，牢牢扭住社会稳定和长治久安总目标，深刻认识南疆作为"棋眼"的特殊重要意义，围绕南疆片区高质量发展剖析瓶颈制约、明确努力方向、谋划思路举措，着力补短板、强弱项、扬优势，推动南疆高质量发展各项工作取得新突破。自治区党委书记马兴瑞出席会议并讲话。

2023年4月11日　十三届自治区政协首次月度协商座谈会召开，围绕"巩固拓展脱贫攻坚成果，全面推进乡村振兴"进行协商议政。会上，11位委员和相关部门代表围绕会议主题从不同角度建言资政。大家认为，巩固拓展脱贫攻坚成果、全面推进乡村振兴是实现新疆工作总目标的必然要求，建议要加快构建新疆特色现代农业产业体系；推广智能水肥一体化技术，推动农业科技成果转化应用；鼓励社会资本参与乡村振兴和农业农村现代化；发展南疆乡村特色产业，带动农民增收致富。

2023年4月11日　全区高质量发展（东疆片区）会议在乌鲁木齐召开。会议结合开展习近平新时代中国特色社会主义思想主题教育，围绕全面贯彻党的二十大决策部署，认真贯彻习近平总书记关于高质量发展的重要论述，深入交流、集思广益、群策群力，共同研究解决东疆片区高质量发展的突出问题和瓶颈制约，推动东疆片区持续深入学思想、强党性、重实践、建新功，进一步提升推动高质量发展的能力水平，驰而不息抓落实，脚踏实地解难题，全力以赴走好高质量发展之路。自治区党委书记马兴瑞出席会议并讲话。

2023年4月11日　自治区棉花产业发展领导小组召开2023年第一次全体会议，听取2022年自治区棉花产业发展情况汇报，分析研判和着力解决自治区棉花产业发展中存在的问题和困难，落实《关于推进棉花产业高质量发展的实施意见》三年行动方案，推动自治区棉花产业平稳健康高质量发展。自治区党委副书记、自治区主席艾尔肯·吐尼亚孜主持会议并讲话。

2023年4月18日　自治区党委书记马兴瑞深入昌吉回族自治州有关企业和科研院所，实地调研棉花和纺织工业、特色农业、农业科技创新有关工作。马兴瑞在调研中强调，要紧密结合开展主题教育，深刻认识新疆现代农业发展的优势地位，锚定农业强区建设目标，加快补齐短板，持续提升质效，推动新疆现代农业高质量发展。

2023年4月19日 全区高质量发展（北疆片区）现场会在伊宁市召开。自治区党委书记马兴瑞出席会议并讲话，主题教育中央第十五指导组组长王国生出席会议并就推进主题教育、深化以学促干提出要求。伊犁哈萨克自治州、塔城地区、阿勒泰地区、博尔塔拉蒙古自治州和兵团第四师可克达拉市、第五师双河市、第七师胡杨河市、第九师白杨市、第十师北屯市主要负责同志介绍本地经济社会发展情况、存在瓶颈问题和需要协调支持的事项。自治区发改委、工信厅、自然资源厅、水利厅、外办、国网新疆电力公司、中国铁路乌鲁木齐局集团公司负责同志，就解决制约高质量发展突出问题提出措施和建议。

2023年5月5日 新疆水平衡与国土空间协调发展学术交流报告会在新疆科协会堂举行。会议邀请8位院士、专家分别作线上主旨报告、线下学术报告，聚焦高质量发展，紧扣如何提升水土资源匹配性、如何优化国土空间格局等议题开展学术交流与研讨。

2023年5月5日 自治区人大常委会主任祖木热提·吾布力前往和田地区乡村振兴联系点策勒县、民丰县等地开展调研。她强调，要围绕新疆在全面建设社会主义现代化强国中的战略定位，深刻认识南疆作为"棋眼"的特殊重要意义，充分发挥区位和能源资源优势，着力补短板、强弱项、扬优势，加快"八大产业集群"建设，推动区域经济高质量发展。

2023年5月20~22日 由昌吉回族自治州人民政府主办的2023年"一带一路"国际葡萄酒大赛在昌吉市举办。现场共有1079款来自共建"一带一路"国家或地区的美酒供嘉宾品鉴交流，14个国家和地区的中外评委组成专业评审团，针对样品进行严格盲品打分。昌吉州全方位展示天山北麓葡萄酒产区，助力打造"国际标准、新疆特色"的综合性葡萄酒产业集聚区。

2023年5月23日 自治区党委办公厅、自治区人民政府办公厅发布《新疆维吾尔自治区乡村振兴责任制实施细则》，旨在明确各级党委和政府、各部门以及社会各方的责任，并进行考核监督和奖惩，确保乡村振兴工作的有序推进和有效实施。

2023年5月23日 自治区"乡村振兴板"在新疆股权交易中心正式开板，首批52家农业产业化龙头企业入板培育。自治区"乡村振兴板"由自治区地方金融监督管理局、自治区农业农村厅联合设立，是为新疆各类农业企业打造的专属服务板块，主要面向自治区级农业产业化重点龙头企业，以及经营状况好、产业带动能力和联农带农作用强的地州市级龙头企业。首批入板企业覆盖了新疆14个地州市。这是西北五省区首个落实乡村振兴战略的区域资本市场"特色板块"。

2023年5月25~27日 2023新疆农业机械博览会在新疆国际会展中心举办。展会以"智慧农业·智能农机与农业农村现代化"为主题，分为五大板块：智慧农业、农牧业机械装备、农机零部件及农业生产资料、特色专区、现场演示会活动，进一步明确新疆新时期农业机械化发展的方向、任务与路径。展会吸引了来自美国、德国、意大利、日本和瑞典等国内外知名农机企业，参展企业超过600家，展示了6000多个品种的农机具，机具1.1万余台（套），展会意向成交金额超70亿元。

2023年5月31日 2023年民营企业助推南疆发展大会在喀什召开，南疆各地州主要负责同志、与会企业家围绕促进南疆发展交流发言、建言献策，签订了一批招商引资项目，举行公益捐赠活动，为进一步引导动员广大民营企业积极参与巩固拓展脱贫攻坚成果同乡村振兴有效衔接，强化产业帮扶、劳务协作、人才支援、资金支持，促进南疆经济社会高质量发展注入活力添加动力。

2023年7月3日 自治区党委书记马兴瑞来到塔城地区沙湾市，深入文旅景区、特色企业农业合作社等，围绕深入贯彻习近平总书记视察新疆重要讲话指示精神，完整准确贯彻新时代的治疆方略，立足区域特色优势，强化龙头辐射带动，持续培育壮大富民产业，加快推进乡村全面振兴，推动县域经济高质量发展取得新成效等进行调研。

2023年7月7日 自治区政协主席努尔兰·阿不都满金在乌鲁木齐市

调研，深入乡村振兴联系点，围绕产业发展、农民增收、项目推进等工作进行调研。他强调，要以开展学习贯彻习近平新时代中国特色社会主义思想主题教育为契机，完整准确贯彻新时代党的治疆方略，深入学习贯彻习近平总书记关于"三农"工作的重要论述，壮大特色优势产业，促进乡村全面振兴。

2023 年 7 月 14 日　自治区农业农村厅、昌吉州农业农村局和呼图壁县人民政府在呼图壁县五工台镇联合举行了 2023 年自治区农机事故应急救援演练，进一步强化对农机事故的应急处置和快速反应能力。来自全区各地（州、市）相关单位的代表和呼图壁县的农机经销商、种植大户共 400 余人观看了演练。

2023 年 7 月 17 日　首届中国—中亚农业科技创新与国际合作研讨会在昌吉开幕，聚焦加强中国—中亚农业科技创新与合作，促进共建"一带一路"国家农业高质量发展主题，旨在搭建中国与中亚国家农业科研机构的合作交流平台，加强中国同中亚国家在农业科技各领域务实合作，促进区域农业高质量发展。来自中国、中亚五国等共建"一带一路"国家的近 300位专家学者齐聚一堂，共同探讨交流合作新机遇。

2023 年 7 月 20 日　"甜蜜之旅"第十七届哈密瓜节暨第一届哈密瓜产业高质量发展大会在哈密市开幕，大会以"聚势赋能，共享共赢"为主题，行业核心单位和全国哈密瓜十大主产区代表等约 300 人共聚哈密。大会中，农业农村部规划设计研究院、哈密市人民政府联合发布了《哈密瓜产业高质量发展研究报告》，举行了中国产学研合作促进会"中国哈密瓜产业协同创新平台"建设、哈密瓜高质量发展产业联盟筹备工作启动仪式。

2023 年 7 月 21 日　自治区市场监督管理局出台实施《新疆维吾尔自治区预制菜生产许可审查方案（试行）》，就预制菜定义、分类、生产场所、储存条件、工艺流程、管理制度诸多方面作出了详细规定。这规范了预制菜企业的生产经营行为，进一步推动行业健康有序发展。

2023 年 7 月 21 日　自治区巩固拓展脱贫攻坚成果同乡村振兴有效衔接工作会议召开。自治区党委常委、组织部部长张柱出席会议并讲话。会议指出，各地各部门要提高政治站位，按照自治区党委要求，切实把巩固拓展脱贫攻坚成果、全面推进乡村振兴各项工作做深做细做实。

2023年7月25日 《2023年自治区农业科技现代化先行县共建项目实施方案》于近日公布。自治区将选择有一定产业基础、有明显区位优势、有共建意愿的县市率先开展这项工作，建立一批农业科技示范展示基地、智慧农业示范基地，为推进全区农业科技现代化提供可复制可推广的经验模式。

2023年7月27日 自治区十四届人大常委会第四次会议举行联组会议，就自治区乡村振兴工作情况进行专题询问。会议强调，全面推进乡村振兴是贯彻党中央决策部署和自治区党委工作安排的重要举措，是加快新疆农业强区建设的重要任务，是经济社会高质量发展的重要支撑。要依法推动乡村振兴高质量发展，始终坚持党的领导，高质量推进产业发展、乡村建设和乡村治理，高质量巩固拓展脱贫攻坚成果，促进农业高质高效、乡村宜居宜业、农民富裕富足，推动全区乡村振兴工作取得新的更大成绩。

2023年7月29日 农业农村部、国家标准化管理委员会、住房和城乡建设部联合印发《乡村振兴标准化行动方案》。方案主要从强化农业发展的标准基础、补齐乡村建设的标准短板、提升乡村振兴标准化推进水平三方面部署了11项重点任务，统筹实施乡村振兴标准化行动，充分发挥标准化在全面推进乡村振兴中的基础性和引领性作用。

2023年8月4日 自治区人大常委会主任祖木热提·吾布力在吐鲁番市调研了乡村振兴、文旅产业发展、文物保护、非物质文化遗产传承等方面工作情况。她强调，要依法履行人大职责，坚持问题导向，通过开展"小切口""小快灵"立法，综合运用多种监督方式等，加大文物和文化遗产保护力度，推动特色产业发展，助力乡村振兴，为新疆高质量发展贡献人大力量。

2023年8月7日 "加强产销对接，助力乡村振兴"2023全国农产品产销对接助力乡村振兴活动（新疆）在伽师县举办，活动通过展览展示、论坛研讨、参观考察、采购对接等形式展开，本次农产品产销对接活动，为本地农产品开拓内地市场、提高品牌影响力搭建了平台。共计签约 76 个合作项目，金额 18.2 亿元。

2023 年 8 月 8 日　以"智慧农业引领未来、丝路合作创新发展"为主题的第 21 届中国新疆国际农业博览会，在新疆国际会展中心开幕。博览会汇集了国内外数字农业、智慧农业、节水灌溉、农业物联网、农业信息化、智慧水利、植保药械、新型肥料和生物农药等领域的 2000 余家企业。

2023 年 8 月 9 日　以"深化企业合作　助力高质量发展"为主题的中国（新疆）—哈萨克斯坦农业国际合作推介会在乌鲁木齐召开，中方和哈方 11 家企业代表开展了需求对接，涉及种子研发、果蔬育苗、农机制造、农副产品加工等领域。此次推介会搭建了中哈企业合作平台，以促进更多的科研院所、高校、企业加入，推动中哈农业领域合作更加深入、更富成效。

2023 年 8 月 15 日　以"绿水青山就是金山银山"为主题的全国生态日新疆主场活动在昭苏县举行。活动现场展播了自治区各重点领域生态文明建设成效视频，布尔津县、温宿县、昭苏县分享了生态文明建设示范县和"两山"实践创新基地建设经验做法，对引导全社会形成绿色低碳的生产生活方式，弘扬崇尚节约、绿色低碳的社会风尚具有重大意义。

2023 年 8 月 17 日　以"弘扬丝路精神，深化亚欧合作"为主题的 2023（中国）亚欧商品贸易博览会开幕式暨天山论坛在新疆国际会展中心举行，来自 40 个国家和地区、7 个国际组织的嘉宾参展参会。吉尔吉斯斯坦总理阿·扎帕罗夫、哈萨克斯坦副总理兼贸易和一体化部部长茹曼加林出席开幕式并在论坛上发表演讲。自治区党委书记马兴瑞致辞并宣布博览会开幕。

2023 年 8 月 17 日　中国棉纺织行业协会在乌鲁木齐组织召开了"中国棉纺织产业链供应链发展大会"，此次会议是工业和信息化部、商务部联合开展的"2023 纺织服装优供给促升级活动"之一，会议主题为"提升产业链供应链安全，保障棉纺织高质量发展"。

2023 年 8 月 19 日　以"醉美新疆，香飘丝路"为主题的 2023 新疆丝绸之路葡萄酒节暨第二十九届丝绸之路吐鲁番葡萄节在新疆吐鲁番高昌区开幕。同期举办的葡萄酒展销，是新疆历次规模最大的葡萄酒专业展会，80

余家新疆葡萄酒企业（酒庄）近千款产品齐聚吐鲁番。开幕式上，签约仪式同步举行。签订投资合作项目15个、购销合同协议78个，总金额达34.97亿元。

2023年8月23~25日　以"农机智能化信息化助推农业现代化"为主题的2023新疆现代农业机械装备演示展示交易会在昌吉市昌吉国家高新技术产业开发区的新疆中亚农机物流港举办，旨在推动农业科技创新，展示农机产业发展成果，推进现代农业机械新机具推广、新技术交流、新装备展示及交易洽谈，进一步促进和提高新疆农业机械化水平。活动吸引了300多家农机装备企业参展，展出农业生产全程机械化机械及智能农机装备2000余种，众多农民专业合作社、家庭农场、农事服务组织、农机培训学校负责人等前来参会。

2023年8月26日　中共中央总书记、国家主席、中央军委主席习近平在结束出席金砖国家领导人第十五次会晤并对南非进行国事访问回到国内后，在乌鲁木齐专门听取新疆维吾尔自治区党委和政府、新疆生产建设兵团工作汇报，发表了重要讲话。他强调，实现新疆社会稳定和高质量发展，最艰巨的任务在农村。要把巩固拓展脱贫攻坚成果、推进乡村振兴作为发展的重要抓手，加大经济发展和民生改善工作力度，加强水利设施建设和水资源优化配置，积极发展现代农业和光伏等产业园区，根据资源禀赋，培育发展新增长极。优化向重点乡村选派第一书记和工作队制度，把驻村工作队派下去，把当地干部培养起来。坚持和发展新时代"枫桥经验"，把准群众诉求，及时解决基层群众的困难和矛盾。

2023年9月1日　《新疆乡村振兴发展报告（2022）》出版，该书由新疆社会科学院农村发展研究所牵头，组织院内外专家编写，系统回顾了2022年新疆全面推进乡村振兴的工作进展和成效，介绍了新疆2022年度乡村振兴各方面工作的特点，反映了新疆在乡村振兴方面取得的实践成就、经验做法，以及面临的新机遇和新挑战。报告分为总报告、专题报告、调研报告、案例报告和附录5个部分。

2023年9月2日　"大美新疆，走进伊犁"2023新疆伊犁州旅游宣传暨特色农产品推介会在上海启动。推介会以扎实推动共同富裕为新起点，聚焦伊犁州优质农文旅产业资源，发挥"广电媒体+零售"优势，集聚了来自伊犁州直8县3市58家企业的282种农产品，有机稻花香米、马产业系列产品、牛肉干、牛排、松茸菌菇、唐布拉黑蜂蜂蜜等纷纷亮相展会，有来自州直各县市的官方网络达人、上海本地的网络直播达人等对此次活动进行了广泛宣传，助推构建地方经济高质量发展新格局。

2023年9月9日 自治区促进脱贫人口和监测对象稳定增收现场推进会在和田县召开。会议总结交流经验做法和工作成效，坚持把促进农民增收作为"三农"工作的出发点和落脚点，摸清底数，细化措施，实施"一县一方案""一户一对策"，建立农民收入持续大幅增长长效机制，持续增加经营性收入、大幅增加工资性收入、努力扩大财产性收入、稳步增加转移性收入，形成多渠道、多元化增收新格局，助推脱贫人口和监测对象稳定增收。

2023年9月25日 中共中央办公厅、国务院办公厅印发《深化集体林权制度改革方案》，并发出通知，集体林是提升碳汇能力的重要载体，是维护生态安全的重要基础，是实现乡村振兴的重要资源。集体林权制度改革对于巩固和完善农村基本经营制度、促进农民就业增收、建设生态文明、推动绿色发展具有重要意义。

2023年9月25日 国家粮食和物资储备局在博乐市召开全国粮食和物资储备系统对口援疆工作暨粮食产业对接现场会。总结近年来粮食和物资储备系统对口援疆工作，交流经验做法，研究部署任务，不断开创粮食和物资储备工作新局面。国家发展和改革委员会党组成员，国家粮食和物资储备局党组书记、局长刘焕鑫出席会议并讲话，新疆维吾尔自治区副主席麦尔丹·木盖提出席会议并致辞，国家粮食和物资储备局党组成员、副局长刘小南主持会议，新疆生产建设兵团副司令员哈增友出席会议。

2023年10月1~4日 自治区政协主席努尔兰·阿不都满金来到伊犁州，围绕推进乡村振兴、培育壮大优势产业和做好新时代政协工作等进行调研。他强调，要结合开展第二批主题教育，进一步深入学习宣传贯彻习近平总书记听取自治区和兵团工作汇报时重要讲话精神，完整准确全面贯彻新时代党的治疆方略，锚定高质量发展这个首要任务，加快释放优势资源潜力，推动高质量发展成果更好惠及民生、凝聚人心。

2023 年 10 月 7 日　《新疆数字乡村发展调研报告（2023）》发布，该报告由新疆大学经济与管理学院、新疆数字经济研究院、新疆疆天航空科技有限公司、新疆西帕新农业科技有限公司、红有软件股份有限公司以产学研模式共同编制完成。报告统计了新疆各县市数字乡村重点任务实施率，评价了各县市数字乡村发展水平，发布了包括 9 个县市经验的案例集。

2023 年 10 月 8 日　自治区党委办公厅、自治区人民政府办公厅印发《关于进一步深化农垦改革推进国有农牧场高质量发展的实施方案》，方案包括明确目标、深化农垦经营管理体制改革、深化农垦国有土地管理制度改革、加快推进农垦现代农业发展、加强对农垦改革发展的领导五大部分内容。

2023 年 10 月 9 日　全国智能农机装备产教融合共同体在昌吉市成立，并召开了第一届理事会。全国智能农机装备产教融合共同体由东风井关农业机械有限公司、新疆农业大学、新疆农业职业技术学院三家单位牵头，联合国内多个高校、科研单位及企业等共同成立，致力构建智能农机装备应用及人才交流的资源共享平台，促进智能农机装备产业发展和高素质技术技能人才的培养。

2023 年 10 月 9~11 日　以"果品展销庆丰收，产业兴旺促振兴"为主题的第九届新疆特色果品（阿克苏）交易会在新疆阿克苏红旗坡农贸物流园举行，旨在通过打造阿克苏区域品牌及特色果品产业链，实现买全区、卖全国的目标。交易会吸引了来自浙江省、兵团一师、全区 13 个地州市，及地区国有企业、各县（市）共计 296 家企业及疆外 282 家采购商，苹果、红枣、香梨等 1500 余种特色产品在交易会上亮相，为地区农业产业化发展注入可持续发展的新活力、新动能。

2023 年 10 月 12 日　2023 年自治区北疆东疆片区国产采棉机性能田间验证暨棉花产业装备转型升级交流会在乌苏市召开。与会人员观看了国内 5

家采棉机制造企业生产的 8 台采棉机及 5 台残膜回收机进行的作业性能田间验证及机具演示活动。自治区农业农村厅、自治区棉办、兵团农业农村局，伊犁州直、昌吉州、博州、阿勒泰地区、塔城地区、乌鲁木齐市、克拉玛依市、吐鲁番市、哈密市等地州市农业农村局和辖区棉花主产县市相关部门负责人参加了交流会。

2023 年 10 月 16 日　全区高质量发展（南疆片区）第二次会议在乌鲁木齐召开。会议深入贯彻落实习近平总书记听取自治区和兵团工作汇报时的重要讲话精神，完整准确全面贯彻新时代党的治疆方略，结合开展主题教育，对南疆高质量发展重点工作再研究、再部署、再推动，聚焦破解突出瓶颈，求真务实推动南疆高质量发展实现新突破。自治区党委书记马兴瑞出席会议并讲话。

2023 年 10 月 19 日　第四届新疆国际畜牧业博览会暨奶业展览会在乌鲁木齐开幕，展会以"相约畜牧博览会，共享丝路新机遇"为主题，汇聚了国内外畜牧业种、养、产、加、储、运、销等产业链各环节的 185 家优秀企业，涵盖优良种畜禽、地方优质畜禽产品、饲料及添加剂、兽药及生物制品、畜牧养殖机械、畜产品加工设备等多领域，充分展示了当前畜牧业的新科技、新成果和新项目，架起了新疆畜牧产业与国内外畜牧行业间交流合作的桥梁，取得了良好的社会效应和经济效益。

2023 年 10 月 20 日　2023 年自治区南疆片区采棉机性能田间验证暨棉花产业装备转型升级交流会在喀什地区巴楚县隆重召开。会议期间，与会人员在巴楚县多来提巴格乡高标准农田建设项目核心示范区，现场观看了采棉机、残膜回收机进行的作业性能田间验证及机具演示活动。自治区农业农村机械化发展中心相关处室负责同志，喀什地区、巴州、阿克苏、克州、和田地区有关部门负责同志，南疆片区各棉花主产县市及有关部门代表参加了此次会议。

2023 年 11 月 4 日　自治区党委办公厅、自治区人民政府办公厅印发《关于促进农民大幅增收的指导意见》，通过促进农村劳动力外出务工、加强务工技能培训、拓展务工就业渠道、强化务工服务管理等措施，扩大务工规模，大幅增加工资性收入，让广大农民群众享受更多发展成果，促进共同富裕。

2023 年 11 月 14 日　自然资源部办公厅印发《乡村振兴用地政策指南（2023 年）》，以切实提升自然资源领域服务保障乡村振兴用地的能力，提高基层用地管理水平，更好地服务地方经济发展。这是我国第一个乡村振兴用地政策指南，共包括 11 章 45 条，附录包括乡村振兴用地负面清单，引用的相关法律、法规、规章和文件清单两部分，在适用范围中将乡村振兴用地类型分为村民住宅、乡村产业用地、乡村公共基础设施用地、乡村公益事业用地和乡村生态保护与修复用地等，并依据《全国乡村重点产业指导目录（2021 年版）》《国务院关于印发"十四五"推进农业农村现代化规划的通知》等文件，分别明确了具体的项目类型。

2023 年 11 月 15~16 日　2023 新疆棉花产业发展论坛暨新疆棉花产销对接会在乌鲁木齐开幕，与会代表以"新形势　新机遇　新作为"为主题，共同围绕面对新形势，如何抢抓新机遇，持续提升新疆棉花市场竞争力、促进新疆棉花产销对接、扩大新疆棉花消费等方面展开深入讨论。来自政府有关部门、行业组织、棉花收购加工、贸易、进出口、纺织以及金融机构等棉花产业链企业代表 500 余人参加了本次会议。

2023 年 12 月 4 日　自治区党委农村工作领导小组召开全体会议，深入学习贯彻习近平总书记关于"三农"工作的重要论述，贯彻落实全国学习运用"千万工程"经验现场推进会工作要求，研究部署全区"三农"工作重点任务。会议听取 2023 年自治区"三农"工作情况汇报和自治区帮扶产业项目全覆盖核查整改情况汇报，研究讨论自治区四个涉农产业集群建设、新疆现代农业产业技术体系建设、财政支持自治区粮棉果畜农业特色产业高质量发展有关文件，以及自治区关于 2022 年度巩固拓展脱贫攻坚成果同乡村振兴有效衔接考核评估反馈问题整改情况报告。会议还研究讨论了《自治区党委农村工作领导小组工作规则》《自治区党委农村工作领导小组办公室工作细则》。

2023 年 12 月 18 日　国家级棉花棉纱交易中心揭牌仪式在乌鲁木齐市

隆重举行。新疆将充分利用新疆自由贸易试验区的政策红利,以高标准高质量建设国家级棉花棉纱交易中心为抓手,加强与周边国家棉花棉纱市场互联互通,努力成为立足国内、辐射周边、影响世界的棉花棉纱产销中心,为新疆融入国内国际双循环,服务"一带一路"核心区建设,打造亚欧黄金通道和向西开放的桥头堡作出积极贡献。

2023 年 12 月 24 日 自治区优质畜(禽)产品产业集群产业链链主企业座谈会召开。会议由自治区畜牧兽医局党组副书记、局长郑文新同志主持,14 个地州市畜牧兽医行政主管部门领导、6 名自治区现代农业畜牧产业技术体系领衔专家、16 家畜牧产业链链主企业代表、自治区畜牧兽医局有关处室负责同志,共计 60 余人参会。会议主要议题是贯彻落实中央农村工作会议精神,打造优质畜(禽)产品产业集群,服务肉牛肉羊、乳制品、生猪、家禽、马产业链链主企业发展。

2023 年 12 月 27 日 自治区农业农村厅公布 2023 年度自治区农业产业化重点龙头企业名单,确定新疆维吾尔药业有限责任公司等 562 家企业为自治区农业产业化重点龙头企业,其中乌鲁木齐市 38 家、伊犁州 63 家、塔城地区 46 家、阿勒泰地区 22 家、克拉玛依市 6 家、博州 24 家、昌吉州 79 家、哈密市 11 家、吐鲁番市 15 家、巴州 49 家、阿克苏地区 71 家、克州 11 家、喀什地区 68 家、和田地区 59 家。

皮 书

智库成果出版与传播平台

❉ 皮书定义 ❉

皮书是对中国与世界发展状况和热点问题进行年度监测，以专业的角度、专家的视野和实证研究方法，针对某一领域或区域现状与发展态势展开分析和预测，具备前沿性、原创性、实证性、连续性、时效性等特点的公开出版物，由一系列权威研究报告组成。

❉ 皮书作者 ❉

皮书系列报告作者以国内外一流研究机构、知名高校等重点智库的研究人员为主，多为相关领域一流专家学者，他们的观点代表了当下学界对中国与世界的现实和未来最高水平的解读与分析。

❉ 皮书荣誉 ❉

皮书作为中国社会科学院基础理论研究与应用对策研究融合发展的代表性成果，不仅是哲学社会科学工作者服务中国特色社会主义现代化建设的重要成果，更是助力中国特色新型智库建设、构建中国特色哲学社会科学"三大体系"的重要平台。皮书系列先后被列入"十二五""十三五""十四五"时期国家重点出版物出版专项规划项目；自2013年起，重点皮书被列入中国社会科学院国家哲学社会科学创新工程项目。

皮书网

（网址：www.pishu.cn）

发布皮书研创资讯，传播皮书精彩内容
引领皮书出版潮流，打造皮书服务平台

栏目设置

◆ **关于皮书**

何谓皮书、皮书分类、皮书大事记、
皮书荣誉、皮书出版第一人、皮书编辑部

◆ **最新资讯**

通知公告、新闻动态、媒体聚焦、
网站专题、视频直播、下载专区

◆ **皮书研创**

皮书规范、皮书出版、
皮书研究、研创团队

◆ **皮书评奖评价**

指标体系、皮书评价、皮书评奖

所获荣誉

◆ 2008年、2011年、2014年，皮书网均
在全国新闻出版业网站荣誉评选中获得
"最具商业价值网站"称号；

◆ 2012年，获得"出版业网站百强"称号。

网库合一

2014年，皮书网与皮书数据库端口合
一，实现资源共享，搭建智库成果融合创
新平台。

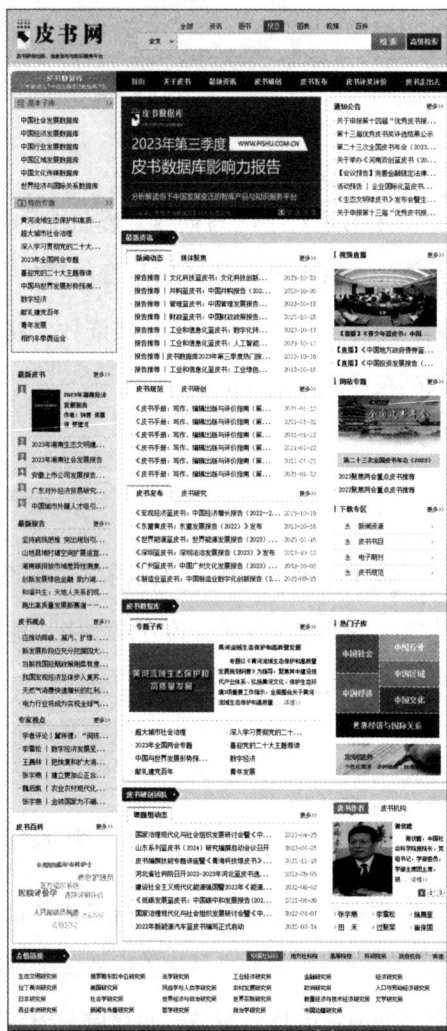

皮书网

"皮书说"
微信公众号

权威报告·连续出版·独家资源

皮书数据库
ANNUAL REPORT(YEARBOOK)
DATABASE

分析解读当下中国发展变迁的高端智库平台

所获荣誉

- 2022年，入选技术赋能"新闻+"推荐案例
- 2020年，入选全国新闻出版深度融合发展创新案例
- 2019年，入选国家新闻出版署数字出版精品遴选推荐计划
- 2016年，入选"十三五"国家重点电子出版物出版规划骨干工程
- 2013年，荣获"中国出版政府奖·网络出版物奖"提名奖

皮书数据库　　"社科数托邦"
　　　　　　　　微信公众号

成为用户

登录网址www.pishu.com.cn访问皮书数据库网站或下载皮书数据库APP，通过手机号码验证或邮箱验证即可成为皮书数据库用户。

用户福利

- 已注册用户购书后可免费获赠100元皮书数据库充值卡。刮开充值卡涂层获取充值密码，登录并进入"会员中心"—"在线充值"—"充值卡充值"，充值成功即可购买和查看数据库内容。
- 用户福利最终解释权归社会科学文献出版社所有。

数据库服务热线：010-59367265
数据库服务QQ：2475522410
数据库服务邮箱：database@ssap.cn
图书销售热线：010-59367070/7028
图书服务QQ：1265056568
图书服务邮箱：duzhe@ssap.cn

社会科学文献出版社 皮书系列
SOCIAL SCIENCES ACADEMIC PRESS (CHINA)

卡号： 786351558572
密码：

S 基本子库
SUB DATABASE

中国社会发展数据库（下设 12 个专题子库）

紧扣人口、政治、外交、法律、教育、医疗卫生、资源环境等 12 个社会发展领域的前沿和热点，全面整合专业著作、智库报告、学术资讯、调研数据等类型资源，帮助用户追踪中国社会发展动态、研究社会发展战略与政策、了解社会热点问题、分析社会发展趋势。

中国经济发展数据库（下设 12 专题子库）

内容涵盖宏观经济、产业经济、工业经济、农业经济、财政金融、房地产经济、城市经济、商业贸易等 12 个重点经济领域，为把握经济运行态势、洞察经济发展规律、研判经济发展趋势、进行经济调控决策提供参考和依据。

中国行业发展数据库（下设 17 个专题子库）

以中国国民经济行业分类为依据，覆盖金融业、旅游业、交通运输业、能源矿产业、制造业等 100 多个行业，跟踪分析国民经济相关行业市场运行状况和政策导向，汇集行业发展前沿资讯，为投资、从业及各种经济决策提供理论支撑和实践指导。

中国区域发展数据库（下设 4 个专题子库）

对中国特定区域内的经济、社会、文化等领域现状与发展情况进行深度分析和预测，涉及省级行政区、城市群、城市、农村等不同维度，研究层级至县及县以下行政区，为学者研究地方经济社会宏观态势、经验模式、发展案例提供支撑，为地方政府决策提供参考。

中国文化传媒数据库（下设 18 个专题子库）

内容覆盖文化产业、新闻传播、电影娱乐、文学艺术、群众文化、图书情报等 18 个重点研究领域，聚焦文化传媒领域发展前沿、热点话题、行业实践，服务用户的教学科研、文化投资、企业规划等需要。

世界经济与国际关系数据库（下设 6 个专题子库）

整合世界经济、国际政治、世界文化与科技、全球性问题、国际组织与国际法、区域研究 6 大领域研究成果，对世界经济形势、国际形势进行连续性深度分析，对年度热点问题进行专题解读，为研判全球发展趋势提供事实和数据支持。

S 基本子库
SUB DATABASE

中国社会发展数据库（下设 12 个专题子库）

紧扣人口、政治、外交、法律、教育、医疗卫生、资源环境等 12 个社会发展领域的前沿和热点，全面整合专业著作、智库报告、学术资讯、调研数据等类型资源，帮助用户追踪中国社会发展动态、研究社会发展战略与政策、了解社会热点问题、分析社会发展趋势。

中国经济发展数据库（下设 12 专题子库）

内容涵盖宏观经济、产业经济、工业经济、农业经济、财政金融、房地产经济、城市经济、商业贸易等 12 个重点经济领域，为把握经济运行态势、洞察经济发展规律、研判经济发展趋势、进行经济调控决策提供参考和依据。

中国行业发展数据库（下设 17 个专题子库）

以中国国民经济行业分类为依据，覆盖金融业、旅游业、交通运输业、能源矿产业、制造业等 100 多个行业，跟踪分析国民经济相关行业市场运行状况和政策导向，汇集行业发展前沿资讯，为投资、从业及各种经济决策提供理论支撑和实践指导。

中国区域发展数据库（下设 4 个专题子库）

对中国特定区域内的经济、社会、文化等领域现状与发展情况进行深度分析和预测，涉及省级行政区、城市群、城市、农村等不同维度，研究层级至县及县以下行政区，为学者研究地方经济社会宏观态势、经验模式、发展案例提供支撑，为地方政府决策提供参考。

中国文化传媒数据库（下设 18 个专题子库）

内容覆盖文化产业、新闻传播、电影娱乐、文学艺术、群众文化、图书情报等 18 个重点研究领域，聚焦文化传媒领域发展前沿、热点话题、行业实践，服务用户的教学科研、文化投资、企业规划等需要。

世界经济与国际关系数据库（下设 6 个专题子库）

整合世界经济、国际政治、世界文化与科技、全球性问题、国际组织与国际法、区域研究 6 大领域研究成果，对世界经济形势、国际形势进行连续性深度分析，对年度热点问题进行专题解读，为研判全球发展趋势提供事实和数据支持。

权威报告·连续出版·独家资源

皮书数据库
ANNUAL REPORT(YEARBOOK)
DATABASE

分析解读当下中国发展变迁的高端智库平台

所获荣誉

- 2022年，入选技术赋能"新闻+"推荐案例
- 2020年，入选全国新闻出版深度融合发展创新案例
- 2019年，入选国家新闻出版署数字出版精品遴选推荐计划
- 2016年，入选"十三五"国家重点电子出版物出版规划骨干工程
- 2013年，荣获"中国出版政府奖·网络出版物奖"提名奖

皮书数据库　"社科数托邦"微信公众号

成为用户

　　登录网址www.pishu.com.cn访问皮书数据库网站或下载皮书数据库APP，通过手机号码验证或邮箱验证即可成为皮书数据库用户。

用户福利

- 已注册用户购书后可免费获赠100元皮书数据库充值卡。刮开充值卡涂层获取充值密码，登录并进入"会员中心"—"在线充值"—"充值卡充值"，充值成功即可购买和查看数据库内容。
- 用户福利最终解释权归社会科学文献出版社所有。

数据库服务热线：010-59367265
数据库服务QQ：2475522410
数据库服务邮箱：database@ssap.cn
图书销售热线：010-59367070/7028
图书服务QQ：1265056568
图书服务邮箱：duzhe@ssap.cn

社会科学文献出版社　皮书系列
SOCIAL SCIENCES ACADEMIC PRESS (CHINA)

卡号：786351558572
密码：

法律声明

"皮书系列"（含蓝皮书、绿皮书、黄皮书）之品牌由社会科学文献出版社最早使用并持续至今，现已被中国图书行业所熟知。"皮书系列"的相关商标已在国家商标管理部门商标局注册，包括但不限于LOGO（▧）、皮书、Pishu、经济蓝皮书、社会蓝皮书等。"皮书系列"图书的注册商标专用权及封面设计、版式设计的著作权均为社会科学文献出版社所有。未经社会科学文献出版社书面授权许可，任何使用与"皮书系列"图书注册商标、封面设计、版式设计相同或者近似的文字、图形或其组合的行为均系侵权行为。

经作者授权，本书的专有出版权及信息网络传播权等为社会科学文献出版社享有。未经社会科学文献出版社书面授权许可，任何就本书内容的复制、发行或以数字形式进行网络传播的行为均系侵权行为。

社会科学文献出版社将通过法律途径追究上述侵权行为的法律责任，维护自身合法权益。

欢迎社会各界人士对侵犯社会科学文献出版社上述权利的侵权行为进行举报。电话：010-59367121，电子邮箱：fawubu@ssap.cn。

社会科学文献出版社